대한민

KB144328

Foreign Copyright:
Joonwon Lee
Address: 3F, 127, Yanghwa-ro, Mapo-gu, Seoul, Republic of Korea
          3rd Floor
Telephone: 82-2-3142-4151
E-mail: jwlee@cyber.co.kr

대한민국 박물관 기행

2015. 1. 15. 1판 1쇄 인쇄
2015. 8. 10. 1판 2쇄 발행
2020. 7. 23. 장정개정 1판 1쇄 발행

지은이 | 배기동
펴낸이 | 이종춘
펴낸곳 | BM (주)도서출판 성안당

주소 | 04032 서울시 마포구 양화로 127 첨단빌딩 3층(출판기획 R&D 센터)
      | 10881 경기도 파주시 문발로 112 출판문화정보산업단지(제작 및 물류)
전화 | 02) 3142-0036
      | 031) 950-6300
팩스 | 031) 955-0510
등록 | 1973. 2. 1. 제406-2005-000046호
출판사 홈페이지 | **www.cyber.co.kr**
ISBN | 978-89-315-8956-6 (03900)
정가 | 25,000원

이 책을 만든 사람들
책임 | 최옥현
기획 | 이호준
진행 | 조혜란
본문 디자인 | 상:想 company
표지 디자인 | 임진영
홍보 | 김계향, 유미나
국제부 | 이선민, 조혜란, 김혜숙
마케팅 | 구본철, 차정욱, 나진호, 이동후, 강호묵
마케팅 지원 | 장상범, 조광환
제작 | 김유석

대한민국
박물관
기 행

배기동(국립중앙박물관장) 지음

BM 책문

인생을 걸고 열정을 바친 사람들이 만든
보석 같은 박물관 답사기

처음에는 '발굴'의 의미가 뭔지 잘 몰랐다. 유물이니 고고학이니 하는 단어도 무척 낯설었고 마냥 어렵게만 보였다. 하지만 평생 도전해 보기로 작정하고 고고인류학과를 선택했으니, 그 정체라도 뭔지 알아보기로 했다. 그렇게 시작한 고고학 공부는 필자가 서울대학교박물관에서 일하기 시작하면서 평생친구가 되었다. 더운 여름날 동굴 같은 창고에서 혼자 남아 유물을 하나씩 만지며 유물카드를 정리하던 일이 아직도 선명하다. 수십 년 묵은 유물들의 먼지를 뒤집어쓴 채 방부제 냄새와 씨름하다가, 박물관 옆 분수대로 나가 신선한 공기를 맡는 게 일상이었다. 박물관의 하루는 쉽지 않았고 파김치가 되는 일이 잦았지만, 호암미술관과 서울대학교박물관을 거쳐 한양대학교박물관에 이르기까지 박물관은 필자의 손을 놓지 않았다.

고고학과 동행한 박물관 인생을 돌아보면, 박물관은 필자의 좋은 놀이터였다. 그것은 전곡선사박물관에서 일하고 있는 지금도 마찬가지다.

이른바 CSI과학수사대의 문화재파트장이 된 것처럼 깨어진 유물들을 상대로 역사퍼즐을 맞추는 일도 흥미로웠고, 그것에 현대적 의미를 부여해 과거와 현재의 소통을 모색하는 작업도 무척이나 즐거웠다. 그리고 발굴에 평생을 바친 사람들과 함께 했던 시간은 무엇과도 바꿀 수 없는 즐거운 순간이었다.

이 책에는 열정과 감각으로 가치 있는 유물을 지켜낸 사람들과, 그들이 소장한 특별한 유물들과 박물관들이 주인공으로 등장한다. 필자는 이 책을 통해 박물관들이 좀 더 세상 밖으로 나아가 더 많은 사람들과 즐겁게 만날 수 있었으면 좋겠다. 이것은 이 땅에 숨 쉬고 있는 유물들과 소장품들은 모두 우리의 소중한 자산이며, 그것을 통해 상상력과 창의력을 얻는 노력을 게을리하지 말아야 한다는 필자의 다짐에서 출발한다.

수없이 많은 얼굴을 가지고 있는 야누스적인 존재인 박물관 소장품들은, 아는 만큼 보이기도 하고 상상하는 만큼 마음을 열어주기도 한다. 그래서 박물관 기행은 이제 선택이 아니라 필수가 되었다고 감히 얘기하고 싶다. 필자 혼자만 알고 있기에는 우리 박물관에 소장된 유물과 수집품들이 너무도 아깝기 때문이고, 그래서 필자가 돌아본 박물관 이야기를 이 한 권의 책으로 담아냈다.

이 책을 쓰면서 더욱더 확신하게 된 것은, 어떤 이유를 만들어서라도 박물관에 가야 한다는 것이다. 박물관을 만나는 일은 코끼리의 다리를 더듬는 것처럼 무척 난해하게 느껴질 수도 있다. 하지만 우리가 떠나보내고 있는 이 초고속 디지털시대에, 과거의 유산을 직접 만나 느끼고 이야기하는 것만큼 소중한 경험은 없는 것 같다. 그러니 짧은 순간이라 할지라도 신데렐라처럼 왕자를 만나기 위해 시간을 내어준다면, 박물관의 유물은 우리에게 '지식을 업그레이드시켜 주는 유리구두'가 되어 줄 것이다.

박물관에서 일을 한 지가 벌써 40년이 넘었다. 고고학과 씨름하며 묻혀 있던 유물들을 세상 밖으로 안내하는 일을 하다 보니, 어느덧 나이도 먹을 만큼 먹어 근대문화유산을 바라볼 정도가 되었다. 그동안 수많은 발굴을 경험하면서 알게 된 우리 역사와 문화의 아름다움을 떠올려보면, 세상을 떠날 때까지 날마다 강연을 다녀도 부족할 정도다. 그래서 먼저 책을 통해 그 이야기를 풀어보기로 했다. 이 여정은 우리 박물관들이 품은 전통문화의 아름다움에서 출발해 세계문화와 소통하는 박물관 이야기로 이어진다.

이 책에서 필자는 우리나라 곳곳에 자리 잡고 있는 마흔 한 군데의 보석 같은 박물관들을 여덟 개의 테마로 나눠 소개했다. 물론 국립박물관이나 대형 사립박물관에도 소개할 것들이 많고, 이 책에 포함되지 않은 박물관들을 통해서도 나눌 얘기가 많다. 하지만 지면의 제약으로 인해 일단 이 박물관들을 먼저 소개하는 것으로 마무리하려 한다.

가치 있는 것을 수집하는 데 인생을 걸고 열정을 바친 사람들이 만들어낸 독특한 박물관들을 하나씩 만날 때마다 짜릿한 전율을 느낀다. 그들이 풀어내는 이야기는 단순한 유물이나 소장품에 관한 것을 넘어, 역사·문화·인생이 어우러진 맛깔스런 비빔밥처럼 필자를 감동시키고 행복하게 해준다. 그래서 박물관을 만나고 떠날 때마다 다음에는 그곳이 더 많은 사람들로 인산인해가 되길 바랄 뿐이다.

　이 책을 만드는 동안 각 박물관 관장들과 관원들이 자기 일처럼 협조해 준 데 대해 감사드린다. 이 책이 박물관의 품위를 손상하지 않기를 진심으로 바라고, 잘못된 점이 있더라도 너그러이 양해해 주기를 기대한다. 그리고 여러 날 노심초사하며 편집을 맡아 모양새 있게 만들어 준 이호준 주간에게 깊이 감사드린다. 자료 정리를 도와준 한양대학교 문화재연구소의 김기룡 선임연구원과 오정순 팀장, 그리고 이 책의 교정과 정리 작업을 도운 네 제자, 신동욱 군과 계영진 군, 그리고 이상현 군과 조영주 양에게도 고마움을 전한다.

　이 소박한 여정이 부디 여러 사람들에게 길잡이가 되어 마흔 한 군데의 박물관이 즐겁고 유쾌한 놀이터가 되길 소망한다.

두 손 모아,

심항 배기동 드림

차 / 례

제3부
자연과 인간, 그 달콤한 만남을 찾아서

제4부
치료의 역사, 사람에 집중했던 의학을 찾아서

차 / 례

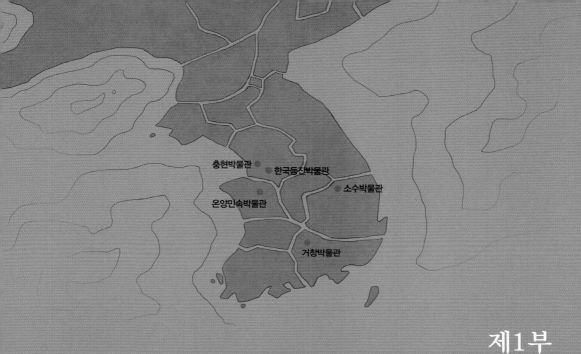

충현박물관 한국등잔박물관 소수박물관
온양민속박물관
거창박물관

제1부

명문가와 우리 문화,
열정과 지성을 찾아서

박물관은 과거의 유산들이 제2막을 시작하는 곳이다. 그들은 박물관에서 특별한 메시지를 전하며 새로운 생명을 꽃피운다. 우리는 박물관에서 만나는 과거의 이미지를 통해, 미래를 설계할 수 있는 무한한 상상력을 얻는다. 우리의 핏속에 의식 속에 깊이 묻혀 있던 문화 원형들을 만나 미래의 메시지를 받아 안는 것은 너무도 큰 행운이다. 이제 독특한 소장품들이 모인 다섯 군데 박물관에서 전통문화의 뿌리를 만나보자.

01

전통문화 1번지, 온양민속박물관

세종대왕의 온천에서 박물관을 만나다

"정원에 벚꽃이 만발한데 시간 내서 한번 오시지요."

온양민속박물관장을 오래 하신 신탁근 관장의 우정 어린 전화가 또 왔다. 2013년 가을에도 같은 전화를 받았지만, 크고 작은 일들이 길을 막는 바람에 발걸음을 하지 못했다. 그래서 이번에는 만사를 제쳐놓고 아침에 길을 나섰다. 서울에서 자동차로 한 시간 남짓이면 닿을 수 있으니, 가족과 함께 가벼운 나들이하듯 다녀올 수 있다.

우리나라 사립박물관 가운데 감탄을 자아내는 곳이 몇 군데 있는데, 그중에 한 곳이 바로 온양민속박물관이다. 규모나 시설 때문이 아니라, '어떻게 그 시대에 그런 생각을 품고 이런 박물관을 만들었을까!' 라는 생각이 들기 때문이다. 먹고 살기 바빠 문화라는 말이 사치처럼 간주되던 1970년대에, 개인이 다양한 민속품들을 한 자리에 모을 생각을 했으니 그저 놀라울 뿐이다. 그 결과 충청남도 온양에 자리한 이 박물관은, 민속품을 통해 우리 민족문화의 정수를 한 자리에서 보여 주는 전국에서 유일무이한 박물관이 되었다.

세종대왕이 온천욕을 즐긴 곳으로 유명한 온천 동네에 있는 이 박물관은, 대지가 10만 제곱미터가 넘고 건물이 거의 1만 제곱미터나 될 정도로 규모가 크다. 지난 1978년 설날 김원대 선생이 우리 민족문화와 관련된 유물들을 수집·보존·연구하기 위해 설립했는데, 박물관에는 자타가 공인할 만큼 양질의 민속품이 소장되어 있다. 국내에서 가장 가치 있는 문화원형 콘텐츠를 갖춘 박물관이기에, 우리 민족 문화의 정수를 알려면 이 박물관을 둘러보지 않으면 안 된다.

이 박물관은 온양시내에 있는데 온양역에서 버스로 5분 거리에 있다. 지금은 아산시에 편입되었지만 온양읍으로 있을 때는 충청남도 교통 및 관광의 거점도시였다. 예전에 서울에서 출발하는 사람들은 기차를 타고 가다가 온양역에 내렸지만, 이제는 KTX가 오고가는 온양아산역 덕분에 반시간 정도면 도착할 수 있다. 행정중심복합도시인 세종시가 들어서면서 이 지역은 여러 가지 혜택을 누리고 있는데, 서울에서 멀지 않아 대학도 많아지고 문화기관도 많아져 멀지 않아 문화거점도시가 될 듯하다.

에스프레소처럼 진한 전통문화의 향기

온양민속박물관으로 향하는 길. 온양 시내를 거쳐 가는데 번잡하지

박물관으로 들어가는 길 온양민속박물관 사진제공.

않아서 좋다. 널찍한 주차장에 차를 대고 한옥 대문으로 들어서니 오래된 대궐처럼 숲이 울창하다. 40여 년의 세월은 이곳을 역사가 숨 쉬는 곳으로, 그리고 전통문화를 음미할 수 있는 곳으로 만들었다. 박물관 건물의 입구에 있는 품위 있는 소나무도 박물관의 역사와 주인의 안목을 보여 주는 듯하다. 그리고 입구의 정자나무 아래로 옮겨온 우물 역시 우리 전통문화를 다시 한 번 떠올리게 한다.

옛날에 우물은 마을의 소식을 전하는 방송국 역할을 했다. 동네의 세세한 사연들이 물과 함께 이곳으로 모이고 흘러나갔던 곳이다. 박물관 앞마당에는 전통놀이를 할 수 있게 해두어서 가족 단위의 방문객들이 즐거운 시간을 보낼 수 있다. 필자는 이 박물관을 여러 차례 방문했는데, 대학생들을 데리고 답사하거나 외국 저명인사들을 안내할 때 이곳을 찾는 일이 많았기 때문이다.

입구의 소나무와 석탑을 지나 현관으로 들어서면 널찍한 중앙홀이 전시실로 가는 길을 연다. 중앙홀에는 설립자인 김원대 선생의 흉상이 조선옷을 입은 모습으로 서있다. 현재 박물관은 설립자의 따님이 이어받아 운영하고 있는데, 규모가 크고 경비가 많이 들어가기 때문에 박물관을 물려받았을 때 무척 힘들어했다. 입장료 수입만으로는 사실상 운영이 불가능한 게 사립박물관의 현실이다. 하지만 김 관장은 그런 힘든 상황을 뚫고 박물관을 꿋꿋이 지키고 있다.

설립자 김원대 선생은 과거에 계몽사라는 출판사를 경영했는데 당시로서는 무척 생소했던 여러 가지 문화사업을 했다. 그중에서 아직까지 우리 곁을 지키고 있는 보석 같은 존재가 바로 이 박물관이다. 신탁근 전 관장을 비롯해 박물관 설립 초기에 관여한 몇 분의 말씀을 들어보면, 김 선생은 전문가들까지 동원하는 열정으로 유물들을 모았다고 한다. 그 결과 이곳에 모인 소장품들은 품질과 보존상태가 최고 수준이라고 할 수 있다.

박물관에서 부활한 우리 삶의 속살

　박물관 전시는 상설전시실과 특별전시실에서 이루어지는데, 상설전시실에는 한국인의 삶과 삶터 그리고 한국의 아름다움을 모아 두었다. 삶이라는 테마는 태어나서 죽을 때까지 인간의 생활사를 담은 것인데, 그중에서도 반복되는 1년 동안의 삶에 초점을 맞추었다. 일생은 인간에게 주어진 삶의 큰 사이클이고, 1년 동안의 삶은 작은 사이클이다. 생로병사의 인간만사가 다 그 속에 녹아있을 것이고, 자연의 순리에 따라 사는 인간의 사계절이 그 속에 드러날 것이다. 그러니 이 전시를 보면 우리들의 삶과 문화와 일상을 쉽게 이해할 수 있다. 이런 요소들은 우리가 전통을 지키든 지키지 않든 우리들의 삶속에 유전자처럼 이어지고 있을 것이니, 이는 디지털문명 속에 산다고 해도 변하지 않을 것이다.

　필자는 이 박물관이 마련한 '반복되는 1년 동안의 삶'과 '인간의 생활사'라는 테마를 무척 의미 있는 시도라고 본다. 인간이 삶을 이어가는 방식과 흐름을 이해함으로써, 작은 문제나 세속적인 가치에 집착하지 않고 인간다운 길을 추구할 수 있기 때문이다. 요즘은 생명의 가치보다는 돈을 버는 데 치중하는 세상이니, 아이들을 이 박물관으로 데려와 삶의 긴 여정을 접해보도록 하는 것은 아이들의 꿈을 위해서나 나라의 장래를 위해서나 꼭 필요한 일인 것 같다.

　세상에 태어나 활동하다가 생을 마감하는 '통과의례'의 과정은 어느 누구나 동일하지만, 그 방식은 문화마다 다르고 지역마다 다르다. 요

즘 우리 생활에서 전통문화와 관련된 요소들이 많이 사라지긴 했지만, 우리의 정체성과 관련이 있는 우리 민속은 여전히 중요하다. 이 때문에 인간의 삶과 관련된 이런 통과의례를 박물관에서 볼 수 있다는 것은 무척 감사한 일이다.

그런데 이런 통과의례를 볼 때마다 가슴이 뭉클하거나 답답해지는 것은 왜일까? 생각해 보면 버클리 유학시절 스승님이 들려주시던 이야기 때문일는지도 모르겠다.

"인생은 일장춘몽인데 젊을 때는 그걸 모른단 말이지. 아까 학교 앞에서 차를 기다리는데 젊은이들이 다른 사람 눈치보지 않고 키스를 그렇게 길게 하는데 그걸 보고 내가 눈물이 막 났어. 두 사람이 저렇게 좋아하지만, 황홀한 순간은 순식간에 사라지니 말이야."

지나간 인생을 다시 살 수는 없지만, 이런 것을 보고 깨달음을 얻는다면 인생을 훨씬 아름답게 살 수 있지 않을까?

박물관은 모든 것을 보여 주지는 않지만 사유의 길로 이끄는데, 그 중에서도 이 박물관이 보여 주는 그림은 무척 놀랍다. 당연한 것으로 여겨왔던 우리 의식주에 대해 되돌아보게 하니 말이다. 박물관에 전시된 가구들을 보면 그것이 머물렀던 방이 생각나고, 밥상을 보면 그 상을 마주했던 사람들이 생각나며, 부엌을 보면 새벽부터 가족을 위해 밥을 짓던 어머니가 떠오른다. 전통혼례에서 흔히 보는 닭이나 장롱의 석류문양 같은 것들은 자손이 번성하길 염원하는 소망이 전통에 녹아든 것이다. 낮은 소반에 올라온 나무기러기는 부부가 금실 좋게 잘 살라는 뜻이다. 이 또한 자손이 번성하길 바라는 염원의 결과물이다. 우리 민속품들을 보면 작은 염원들이 모여 있는 것을 본다. 그러한 작은 기도들이 모여 우리를 키우고 행복하게 하는 것이다. 우리 조상들이 우리를 위해 그랬듯이, 우리 아이들도 다음 세대를 위해 함께 마음을 모으도록 이끌어줘야 하지 않을까? 온양민속박물관에 자리한 전통 민속품들은 이런 염원들을 일깨우고 한데 모으는 촉매제가 될 것이다.

김홍도의 〈평생도〉가 그려낸 인생

액자로 만들어진 김홍도의 〈평생도〉는 이 박물관의 보물이다. 이 작품은 조선 최고의 풍속화로 간주되는 김홍도의 화풍을 고스란히 담아냈는데, 이 박물관에서 가장 이해하기 쉽다. 왜냐하면 그림 속의 주제들을 쉽게 묘사해 놓아, 큐레이터에게 설명을 듣지 않아도 그림의 메시지를 명확하게 파악할 수 있기 때문이다.

사실 이 그림은 단원 김홍도가 홍이상과 홍계희의 평생을 그린 것이란다. 돌잔치, 장원급제, 관직으로 나아갈 때의 영광스러운 장면, 그리고 늙어 회혼례를 치르는 장면까지 모두 담았다. 인간의 인생을 모두 담은 이 〈평생도〉는 이후 조선시대 〈평생도〉의 본이 되었다고 하는데, 아마도 이 그림처럼 살아가는 것은 모든 이의 희망사항이었으리라. 조선인들은 이런 〈평생도〉를 가까이 하며 새로 태어나는 아이들도 이처럼 멋진 삶을 살기를 바랐던 것 같다. 이 또한 우리 아이들이 반드시 만나봐야 할 인생여정의 압축판이다. 이런 그림들은 약장수들의 구수한 만담과 함께 만나면 제격이겠지만, 지금은 어디서도 그 걸쭉한 소리를 들을 수 없으니 안타깝기만 하다.

요즘은 신혼여행지에서 헤어지는 부부도 있다는 슬픈 전설 같은 이야기도 들린다. 이런 분위기가 팽배한 것은 혼례도 인생도 너무 쉽게 생각하기 때문인 것 같다. 사랑보다는 경제력 같은 조건을 배우자 선택의 우선 조건으로 고려하기 때문에 빚어진 일인 것 같아서 왠지 씁쓸한 마음이 든다.

박물관 전시를 보면서 또 한 번 뭉클해지는 곳은 상례를 다룬 전시장이다. 요즘은 시골을 가도 전통 상례를 볼 기회가 거의 없다. 모두 양복을 입고 가슴에 삼베 깃이나 완장을 차는 것이 보통이다. 하지만 필자의 아버지가 돌아가셨을 때만 해도 삼베옷에 푸른 대나무 작대기를 짚고 손님이 오면 곡을

사대부의 일생을 그린 김홍도의 〈평생도〉 중 장원급제 모습 온양민속박물관 사진제공.

했다. 필자가 중학교 3학년 때였으니, 찾아온 사람들이 무척 안쓰러워했으리라. 그때는 무척 슬프기도 했지만, 슬픈 것만큼이나 힘이 들었던 것 같다. 문상객이 올 때마다 "아이고 아이고!"라고 곡을 하는 것이 어린 상주가 감당하기에는 힘에 부쳤던 것 같다. 오랜 세월이 흘렀지만, 그때 전통 상례를 치르던 일은 아마 필자가 생을 마감하는 순간까지도 잊히지 않을 것이다.

해학과 소통의 원조, 탈춤

인간의 일상을 전시한 공간에는 생업과 관련된 민속품들을 전시하고 있는데, 농업 위주로 꾸려져 있지만 어업이나 축산업은 물론이고 사냥이나 채집하는 모습까지 전시되어 있다. 이 박물관의 수집품들은 오래되긴 했지만, 관리를 철저히 해서인지 유물들의 상태가 좋아 무척 흡족했다. 그리고 수준급 유물들이 전시되어 있어서 우리 민속에 관심 있는 사람이라면 이곳부터 관람하는 게 좋을 것 같다.

여기에는 농업에 관한 거의 모든 자료가 구비되어 있는 듯하다. 지금은 대부분 사라진 것들이지만 우리 선조들의 지혜가 숨어 있다는 점에서, 후손들이 한 번씩은 꼭 보아야 할 유물들이다. 돌이켜보면 불과 100년 전까지만 해도, 사람들은 이곳에 전시된 도구들을 활용해 가뭄이나 홍수, 질병을 이겨내려고 노력했다. 하지만 아무리 잘 활용한다 해도 자연의 거센 힘 앞에 상당수의 민초들은 쓰러질 수밖에 없었다. 그러니 이런 도구들 하나마다 민초들의 간절한 사연과 애환이 배어있다 해도 과언이 아닐 것이다.

우리 문화의 아름다움은 이 박물관 곳곳에서 찾아볼 수 있다. 박물관에 전시된 가구나 의상 그리고 생활소품들은 모두 곁에 두고 싶은 마음이 들게 하는 최상품들이다. 이런 정도의 수집품을 모으는 것은 지금은 불가능하다. 선비의 방에 전시된 가구들을 비롯해 규방과 대청마루의 소품들이 마음을 끈다. 그중에는 자개를 박은 가구나 독특한 도자기도 눈에 띈다. 조선시대 백자명기들도 일품이고 철채대호 등도 아름다운 빛깔을 자랑한다.

이 박물관이 담고 있는 또 하나의 독특한 전시품은 '탈'이다.

01 제1전시실 민속품 전시 모습 온양민속박물관 사진제공. 02 제3전시실 공예품 전시 모습 온양민속박물관 사진제공.

탈은 그 어떤 소품보다 우리의 희로애락을 가장 잘 보여 준다. 억압받던 사람들은 이 탈을 쓰고 수많은 표정으로 애환을 노래했다. 민낯으로는 감히 하지 못하는 말과 행동이라도, 탈을 뒤집어쓰면 얘기가 달라진다. 비록 조선이 계급사회였지만, 지배층에서는 민간에서 이런 탈춤을 즐기는 것까지 막지는 않았다. 당시 탈을 쓴 민중들은 억압받는 상황을 노래하기도 하고 불합리한 상황을 조롱하기도 했으니, 이렇게나마 응어리를 풀 수 있었던 우리 전통사회의 여유와 사회적인 하모니를 감지할 수 있다.

우리의 탈은 다른 나라에 비해 단순하지만 강렬한 인상을 준다. 이것은 탈춤에서 이루어지는 조롱과 비판을 허용하는 사회적 합의가 있었기 때문일지도 모른다. 그러고 보니 우리가 살아가는 사회에는 탈과 탈춤이 사라진 지 오래다. 민중을 대변하는 소품으로서의 탈을 만드는 사람들도 찾기 어렵고, 탈춤을 추며 응어리를 풀어내는 것도 쉽지 않게 되었다. 하지만 우리 조상들은 탈을 쓰는 순간 서로를 향한 속내를 가감 없이 드러내며 신나게 소통했다. 요즘처럼 소통이 막힌 시대도 없었으니, 어쩌면 집집마다 탈 하나 들여놔야 할지도 모르겠다.

오늘날 우리 사회는 너무 직선적인 것 같다. 자기 마음에 조금이라도 맞지 않으면 당장 폭력적인 말이 치고 나온다. 하지만 나서서 해결하려고 애쓰는 사람은 찾기 힘들다. 아마 자신도 폭력의 희생양이 되거나 왕따의 대상이 될까봐 두려워하기 때문이리라.

필자가 어릴 적에는 동네에 가끔 서커스단이 찾아왔다. 그럴 때마다 동네사람들은 1년에 한 번 있을까 말까한 빅 이벤트를 즐기기 위해 모여들었다. 사람들이 다 모였다 싶으면 공연이 시작되었는데, 거기서 보았던 진득한 풍자는 아직도 머릿속에 생생하다. 때로 불량품을 만들어 팔아 괜한 가정불화를 만들기도 했지만, 사람들은 심청전, 춘향전, 각시타령을 보며 웃고 울었다. 어쩌면 이 박물관을 만나는 사람들도 필자가 서커스 공연을 보며 느꼈던 희열을 맛볼는지도 모르겠다.

금줄이 걸려 있는 대문을 복원한 모습도 눈에 띄는데, 이는 아이를 낳았을 때 잡귀의 침범을 막기 위해 설치한 우리 고유의 풍습이었다. 이런 풍습은 첨단 기술 중심의 세상을 살아가는 요즘과 같은 현대사회에서는 별로 의미 없어 보이기도 한다. 하지만 과연 그럴까? 과학을 주무르는 능력이 강해질수록 인간은 점점 더 교만해지는 것 같다. 이런 상황을 극복하기 위해서라도 우리 사회에 금줄을 부활시켜야 하지 않을까 생각해 본다. 당시 금줄은 잡귀만을 막기 위한 게 아니었다. 부정을 탈만한 모든 요소, 즉 잡스러운 인간들의 출입도 허락하지 않겠다는 의지가 담겨 있었다. 그러니 우리 사회에 팽배한 사악함과 교만 같은 잡스러운 기운이 저만치 물러나도록 너도나도 각자의 마음과 가정과 일터에 금줄을 쳐야 할지도 모른다. 조상들이 자신들의 삶을 지키고 후사를 이어나가기 위해 매달았던 금줄을, 이제 우리는 정신과 사회를 온전히 지켜나가기 위해 부활시켜야 하는 것이다.

정조대왕의 갑옷이 주는 역사의 감동

　이 박물관의 전시는 하나하나가 모두 귀한 감동을 주는 메시지를 담고 있다. 그중에서도 이 박물관에서만 볼 수 있는 대표적인 유물이 있는데, 그것은 정조대왕이 착용한 것으로 알려진 갑옷이다. 특별한 수집 스토리가 들어있는 청동반자나 고건축 분야에서 정말 귀하게 보는 '내부를 단청으로 장식한 목재 감실' 등은 한 번은 꼭 만나봐야 할 소장품들이다. 그리고 박물관의 건축도 소장품에 맞추어 설계한 것이어서 유물과 설치공간이 하나로 어우러지는 특별한 박물관이다. 이런 관점으로 건축한 박물관은 최근까지 없었던 것 같다.

　이 박물관은 내부 전시뿐만 아니라 야외 전시도 많은 사랑을 받고 있다. 양반집 누대를 비롯해 산골의 너와집, 물레방아와 연자방아, 그리고 시골집의 외양간이나 창고 등이 정겹게 복원되어 있다. 여름날 이곳의 연못을 만나면 마치 비밀의 화원으로 들어가는 듯한 느낌이 드는데, 이 또한 이 박물관이 소장한 명품이라 할 수 있다.

　돌아보면 정원에 모여 있는 석인들도 눈길

01 조선시대 갑옷 정조의 것으로 추정. 온양민속박물관 사진제공. **02 신주를 모셔 두는 감실** 온양민속박물관 사진제공.

을 끈다. 열을 지어 서 있는 석인들을 보면 정말 사람들처럼 보인다. 방문객들은 그 사이를 다니며 사진을 찍고 산보도 한다. 또 박물관 경내의 큼직한 불상 두 개와 작은 북방식 고인돌도 우리 문화의 진면목을 보여 준다. 이 박물관의 숲은 석인과 불상, 그리고 고인돌을 포근하게 품고 있기에 관람객들은 전혀 거부감 없이 마주 대할 수 있다. 특히 봄에 이곳을 찾으면 만개한 벚꽃길을 걸으며 우리 전통문화유산들을 만나는 행복을 만끽할 수 있다. 그러니 이 박물관을 찾으면 너무 급하게 떠날 생각은 하지 말자. 느림의 미학을 음미하고 반추하면서, 자연에서 느끼는 생명력과 우리 문화가 주는 카타르시스를 온몸으로 느껴보자.

이제 막 시작한 박물관 기행. 그래서인지 기대감은 저만치 앞서가며 필자의 손을 잡아 이끈다. 온양민속박물관이 안겨준 전통문화의 향기를 잔뜩 머금고 서둘러 다음 목적지로 향하는 길. 퇴계선생의 자취가 배어 있는 소수서원과 소수박물관이 기다리는 그곳, 경북 영주로 발걸음을 옮긴다.

02

서원과 유학을 품은
소수박물관

경상도의 강남

　이 땅에 살던 옛날 사람들은 어떻게 교육을 받았을까?

　《성균관 스캔들》이라는 드라마에서 달달하게 그려낸 조선의 대표적인 국립교육기관인 성균관을 비롯해, 요즘으로 따지면 지방자치단체에서 운영한 향교 같은 관학도 있었다. 하지만 사립학교도 큰 역할을 담당했는데, 지방 어디에나 실핏줄처럼 뻗어있던 서원이나 서당은 백성들을 문맹에서 해방시킨 소중한 사교육기관이었다. 물론 요즘의 홈스쿨링 Home schooling 처럼 집안에서 어른들에게 배우는 경우도 많았지만, 그때나 지금이나 공부와 사회성을 기르는 데는 아무래도 학교만한 게 없었으리라. 이번에 만날 주인공은 조선시대 사학의 대표라 할 수 있는 서원의 모든 것을 담은 소수박물관이다.

이 박물관은 바로 우리나라의 가장 오래된 서원인 소수서원의 내력과 역사를 보여 주는 박물관으로서, 이른바 '한국 최고 사립대학'의 역사를 담고 있다. 서원은 우리나라의 유서 깊은 고을에서 볼 수 있는데, 전통문화를 간직한 여러 채의 기와집과 정원들을 잘 보존하고 있다. 또한 전통적인 지방교육과 정신문화 유산을 간직하고 있기에 세계유산으로 등재하려는 노력을 이어가고 있다.

오래전 일이다. 대학 시절 같이 지냈던 프랑스 친구로부터 한 장의 편지를 받았다. 그 친구는 한국문화를 공부하고 있었는데 조선시대 소수서원의 직제와 서원을 빛낸 인물들을 물어왔다. 그때 소수서원의 역사를 들여다보면서 정말 감탄할 만한 인물들이 이곳을 거쳐간 것을 알게 되었다. 그 후 학생들과 소수서원을 지속적으로 방문하고 있는데, 이곳을 거닐 때마다 새로운 감동과 열정을 선물 받고 돌아간다. 그래서일까? 소수서원이나 소수박물관을 찾을 때면 소풍을 앞둔 어린아이처럼 기분이 들뜨고 기대감으로 넘친다.

중앙고속도로를 타고 충청북도 단양을 지나면 우리나라에서 손꼽을 만큼 긴 터널인 죽령터널을 지나게 된다. 죽령을 지나면 바로 인삼으로 유명한 풍기가 나오는데, 이곳은 조선의 대표 지리지인 《택리지》를 쓴 이중환이 한반도 제1의 피난처라고 언급한 곳이다. 소백준령으로 둘러싸여 있어서 천혜의 요새 같은 느낌을 풍기지만, 의외로 고구려 문물이 경상도로 들어오는 통로역할을 했다. 소수서원 부근에 있는 순흥의 벽화고분을 봐도 고구려의 영향이 유입된 것을 확인할 수 있고, 불교의 전래과정을 보더라도 이 지역이 문물 유입의 통로였다는 사실을 쉽게 알 수 있다. 그리고 고려나 조선으로 넘어와서는 문경새재와 함께 영남에서 서울로 가는 관문으로 자리 잡아 과거를 보러 가는 응시자들이나 물건을 파는 행상들이 지속적으로 드나들었다고 한다.

도읍으로 나아가는 길목에 자리 잡아서일까? 이중환은 경상도 인재의 절반이 안동을 위시한 이 일대에서 난다고 했다. 그의 말을 듣고 보니 이곳에 소수서원이 자리 잡은 이유를 알 것 같다. 입신양명을 추구하는 사람들이 너도나도 공부에 매달렸을 테니 말이다.

최초의 사액서원

소수서원은 우리나라 최초의 사액서원이다. 사액서원이라 함은 임금이 현판을 써서 주는 서원이라는 말이다. 당시에 대제학이던 신광한에게 명하여 짓게 한 이름으로 "이미 무너진 유학을 다시 이어 닦게 한다. 旣廢之學 紹而修之"라는 뜻이다. 서원은 오늘날의 사립대학에 해당하니,

소수서원 전경 영주시청 사진제공.

사액서원은 결국 국가가 보증하는 최고의 사립대학이라고 할 수 있다. 따라서 우리나라 사립대학의 역사는 500년에 육박하는 셈이다.

소수박물관 전경 소수박물관 사진제공.

소수서원은 풍기군수 주세붕이 이곳 출신의 유학자 안향 선생을 배향하기 위해 1541년에 사묘를 건립했다가 2년 뒤 백운동서원을 세운 데서 출발했다고 한다. 그가 서원을 세운 동기는 이렇다.

"교화는 시급한 것이고 어진 이를 존경하는 일에서 시작되어야 한다. 안향의 심성론과 경사상을 수용코자 (중략) 서원을 세웠다."

1546년에는 경상도 관찰사였던 안현이 서원의 경제적인 기반을 확충하여 향사뿐만 아니라 수학자들의 서적을 관리하기 위해 노비들을 배속시켜 서원의 운영체제를 확립해 주었다. 그 후 1548년에 풍기군수로 부임한 퇴계 이황이 서원을 널리 알리기 위해 임금에게 사액과 국가지원을 요청했다. 그 결과 1550년에 소수서원이라는 이름으로 사액서원이 되면서 국가의 지원을 받게 되었다. 이것은 나라의 서원 정책에

01 숙수사의 당간지
주 영주시청 사진제공.
02 주세붕영정(보물 제
717호) 소수박물관 사
진제공.

큰 영향을 미치게 된 최초의 국가공인제도였
다. 그래서 서원이 현인들에 대한 향사나 교
육뿐만 아니라 지방 사림들의 사회활동 중
심지로 각광을 받게 되었다.

이 소수서원은 대원군 때 서원 철폐령에
도 살아남은 47개 서원 가운데 하나이다. 지
금은 사적 제55호로 지정되었는데 국보와
보물이 여러 점 소장되어 있는 귀중한 곳이
다. 소장된 문화재 가운데는 국보 제111호인
대성지성문선왕 전좌도, 보물 제717호인 주
세붕 영정 등이 있다.

서원으로 들어가다 보면 엄청나게 큰 당
간지주가 서 있는 것을 볼 수 있다. 이것은
보물로 지정된 숙수사의 당간지주로, 원래
이 서원이 있던 자리에는 숙수사라는 사찰
이 있었다고 한다. '숙수'라는 이름은 '물도
하룻밤을 쉬어 가는 곳'이라는 뜻인데 명승
지를 가리키는 말이다.

팔불출의 애환이 서린 곳

서원으로 들어가는 입구에 있는 경렴정 景濂亭 은 서원 옆을 흐르는
개천인 '죽계'가 내려다보이는 곳인데, 서원에서 공부하던 유생들이 학

문을 토론하는 자리였다. 여기서 '렴'자는 중국의 대학자인 주돈이의 호인 "염계"에서 따왔다고 하니, 이 서원 곳곳을 부르는 이름에는 중국 유학을 이끈 대학자들의 정신을 이어 받으려는 마음이 담긴 셈이다. 경 렴정에서 강 건너편을 바라보면 경자바위가 보이는데, 주세붕이 서원 을 짓고 설립 이념이라 할 수 있는 '경敬'자를 새겨 넣은 것이다. 문을 통해 안으로 들어서면 우선 유생들이 강의를 듣던 명륜당을 만나게 되 고, 좀 더 나아가면 왼편으로 안향 선생을 모신 보물 제1402호 문성공 묘가 별도의 담장 안에 자리해 있다. 또 교수들의 숙소인 일신재와 직 방재, 그리고 유생들의 숙소인 학구재와 지락재 등이 명륜당 북쪽에 자 리 잡고 있다. 대부분의 서원들은 강당 뒤편에 묘를 배치했지만, 이곳 은 동학서묘의 배치를 따르면서 형식에 얽매이지 않는 파격을 보여 준 다. 방문이 펼쳐진 건물들 사이의 마당에 서 있으니 조용한 사방에서 유생들의 책읽는 소리가 들리는 듯하다.

언젠가 꽃 피는 봄날에 이곳을 찾았는데, 흐드러진 꽃들이 꽃잎을 날리는 모습에 마치 무협지의 무대에 와있는 듯한 느낌이 들었다. 이제 는 여기도 해설사들이 열심히 안내하며 설명하고 있어서 서원 곳곳에 담긴 역사를 충분히 이해할 수 있을 것 같다.

서원은 원생들이 함께 생활하며 배우는 곳이기에 하루의 모든 일과 가 이곳에서 이루어진다. 그래서 강당과 도서관, 그리고 기숙사가 마련 되어 있는 것이다. 뜰을 거닐다 보면 곳곳에 석물들이 보이는데 숙수 사에 있던 것들로 보인다. 특히 머리를 잃고 멍하니 서 있는 석등의 지 주와, 자리를 잃은 주초들을 볼 때마다 이 자리에 서원이 들어서게 된 사연이 무척이나 궁금하지만 알 길이 없다.

서원이라는 것은 오늘날의 기숙대학이라고 생각하면 된다. 돈이나

소수서원의 문성공묘
(보물 제1402호) 영주
시청 사진제공.

곡물을 싸가지고 와서 배웠는데, 사람에 따라 오래 머물기도 하고 쫓겨나기도 했다고 한다. 특히 아홉 가지 과목 가운데 여덟 과목에서 낙제하면 서원을 떠나야 하는 규칙이 있었던 모양이다. 그래서 흔히 좀 모자라는 사람을 '서원에서 낙제한 사람' 즉 '팔불출'이라 불렀는데, 이 말은 바로 이곳 영주 순흥지방의 서원 동네에서 나온 말이란다. 박물관에는 당시 유생들이 공부하던 교재가 전시되어 있는데, 한문으로 된 두꺼운 책은 언뜻 보기에도 만만치가 않았다. 그때는 참고서도 없었을 테니 유생들이 끙끙 앓는 때가 많았으리라.

서원은 죽계가 약간 휘돌아 나가는 안쪽에 자리 잡고 있다. 그래서 강이 감싸고 돌아가면서 절경을 만들었는데, 주세붕은 이곳을 중국 백록동서원이 있던 골짜기에 비유해 백운동서원이라고 이름 지었다. 지금은 전국에서 모여드는 관람객들을 위해 서원 뒤에 선비촌을 조성해 두었지만, 서원 뒤에 선비촌이 없고 자연 그대로의 골짜기를 보존했다면

죽계구곡 영주시청 사진제공.

유럽의 수도원 같은 고즈넉한 느낌이 들었으리라.

서원과 죽계 사이에는 네모난 축대로 둘러싸인 연못이 있는데, 이것은 과거에 끊어진 하천인 우각호였을 가능성도 있는 것 같다. 선비촌과 함께 관람객들에게 다양한 볼거리를 제공하는 소수박물관은 선비촌으로 들어간 뒤 다리를 건너가거나, 소수서원 쪽에서 작은 나무다리를 건너 찾아갈 수도 있다. 사실 이 박물관은 바로 강을 끼고 있는 우묵한 곳에 자리 잡고 있어서 습기가 많이 생길 수 있다는 점에서 전적을 다루는 박물관으로서는 입지가 좋지 않지만, 찾아오는 사람들이 편안하게 관람할 수 있도록 깔끔하게 정리되어 있다. 박물관 내부의 전시 분위기도 좋아서 소수서원을 둘러본 뒤에 소수박물관에서 관련 유물을 찾아보는 것도 좋겠다. 아직은 박물관이 잘 알려지지 않아서 우리나라 불교의 연원도 들여다보고 유교와 그 교육의 역사도 편안하게 살펴볼 수 있다.

왕의 길을 묻다

소수박물관은 건물면적이 1,000평에 육박하는 규모인데, 아래층에
중정을 두고 건물이 배치되어 있고 2층에는 정현관이 나 있다. 최근 개
관한 박물관으로서 유물도 많이 소장하고 있는 이 박물관 전시실에는,
2만 5,000점에 달하는 유물 가운데 600여 점이 전시되어 있다. 모두
4곳으로 구분되어 있는 전시관에서는, 유교문화뿐만 아니라 부근에서
발견된 가흥동 암각화를 복원한 것과 선사시대의 고인돌, 순흥의 벽화
고분, 금동당간 용두 등을 만날 수 있다. 이렇게 볼 때 이 박물관은 지
역문화의 대표적인 특징인 유교문화의 발달, 서원의 구조와 풍습, 관련
인물들의 업적까지 종합적으로 보여 주는 전시관이라 할 수 있다.

박물관에서 멀지 않은 순흥지역에서는 옛 신라 지역에서 유일하게
벽화고분이 두 개나 발견되었는데 모두 사적으로 지정되었다. 이 고분
들은 모두 고구려의 영향을 받았는데, 박물관에서는 관람객들을 위해

**영주시 순흥면 읍내리
벽화고분** 영주시청 사
진제공.

고분 내부를 복원해 전시하고 있다. 사실 풍기와 영주는 불교가 영남으로 전래된 경로를 보여 주는 용두나 반가사유상을 만날 수 있는 곳으로, 일본의 국보로 지정된 반가사유상의 고향도 이곳 영주로 알려져 있다. 하지만 조선시대에 이르면 불교의 자리를 유교가 대신한다. 이

《성학십도》 판목 영주시청 사진제공.

박물관에는 소수서원의 창건과 사액 과정, 그리고 소수서원에 배향된 인물들 등 소수서원의 역사를 전시하면서 유교가 지역에 뿌리내린 과정을 보여 준다. 당시 탁월한 교육철학자 주세붕은 백성을 유교로 교화하기 위해 노력했다고 한다.

소수박물관은 복원전시를 많이 기획했지만, 중요한 문화유산도 많이 찾아볼 수 있다. 박물관에 있는 주세붕의 초상이나, 퇴계가 선조의 교육을 위해 만든 《성학십도》의 원본은 이 박물관이 유교 본산의 하나임을 보여 주는 유물이다. 하지만 관람객이 보는 것은 전시를 위한 모사품이고, 진본은 초상화의 탈색과 훼손을 방지하기 위해 수장고에 보관하고 있다. 박물관에는 주세붕의 상반신을 담은 모사품이 전시되고 있는데, 16세기에 제작된 원본은 훼손이 심하기는 하지만 학자로서의 기품이 잘 나타나 있다. 진하고 강한 색으로 그려낸 이 작품은, 우리나라에서 가장 오래된 초상화로 알려져 있다. 그리고 방계로 왕이 된 선

조를 교육하기 위해 '성군이 되기 위한 10가지 덕목'을 교재로 만든 것이 바로 《성학십도》이다. 큼직한 병풍으로 전시장 안에 서 있는 이 작품은 늙은 재상인 퇴계가 자신이 공부한 학문의 정수를 모두 동원해 써내려 간 것이다. 어린 왕을 걱정하고 나라가 잘되기를 바라는 선비의 마음과 유교의 본질인 실천의 중요성을 배울 수 있는 유물이다.

그런데 《성학십도》가 이곳에 있는 이유를 알면 영주 시민들이 자부심을 가질 만도 하다. 임진왜란 당시 일본군들이 이 지역을 공격할 때, 이 지역 백성들이 고택에 소장되어 있던 이 유물을 뜯어 도배함으로써 일본군의 약탈을 막았다고 하니 참으로 귀한 유물이다. 그러니 이 유물 하나만으로도 이 박물관의 정신적 가치는 충분한 셈이다. 선조대왕도 이 것을 백성 모두가 알도록 명했다고 하는데, 오늘날 정치인들도 이 《성학십도》를 실천한다면 나라가 편안하지 않을까? 이외에도 이 박물관에는 명종이 써 보낸 소수서원 현판 글씨도 전시되어 있으며, 유교 관련 유물 외에도 향토문화를 보여 주는 불교문화재들도 찾아볼 수 있다.

유불의 악연

그런데 이곳의 불교문화재를 보면서 조선시대의 사회 흐름에 대해 생각하게 된다. 바로 조선시대에 불교와 유교가 어떤 관계를 맺고 있었는지에 대해 들여다보게 된 것이다. 소수서원이 있던 자리에는 원래 숙수사라는 사찰이 있었다. 이곳에는 숙수사의 당간지주가 남아 있는데, 이것은 보물로 지정될 정도로 역사·문화적 가치를 자랑한다. 그런데 그 자리를 헐어 서원을 지었으니 고개를 갸웃거릴 수밖에 없다. 물

해우당 고택 영주시청 사진제공.

론 소수서원이 들어서기 훨씬 이전에 숙수사가 사찰로서의 수명을 다했을 가능성도 있다. 하지만 당간지주가 지금까지 남아있는 것으로 볼 때, 소수서원이 들어설 당시에는 숙수사의 흔적이 지금보다 훨씬 많이 남아있었을 것이다. 위엄을 간직한 소수서원의 모습은 무척 아름답지만, 통일신라시대 이전에 지어진 것으로 알려진 천년 고찰 숙수사를 잃어버렸다고 생각하니 아쉬운 마음 가득하다. 안향 선생이 입신양명을 꿈꾸며 공부했던 그 절이, 그가 들여온 주자학으로 인해 생명을 마감한 모습을 보며 격세지감을 느낀다.

소수서원 바로 옆에 마련한 선비촌에는 해우당 고택, 만죽제 등 영주지역의 대표적인 고택을 복원해 두었다. 옛날의 마을처럼 기와집과 초가집, 그리고 외양간·대장간·방앗간·저잣거리 등을 만들어 두고 관람객들이 옛날의 마을 분위기를 느껴 보도록 만들어둔 것이다. 일종의 친환경 박물관 형태로 복원된 마을이라고 할까? 여기에 복원된 집들 중에는 경상북도 내륙산간지방의 전형적인 가옥들도 포함되어 있어서 이지역의 전통적인 살림살이를 한 자리에서 찾아볼 수 있다. 최근 우리나라 명문 사립대학들 주변이 너무 번잡하게 바뀌었다는 생각이 들지만, 이게 오늘날의 풍조인 것을 어쩌랴. 주세붕 선생이나 이황 선생이 타임슬립해 이런 광경을 목격한다면 무척이나 서운해 할 것 같다.

선비촌의 구역은 수신제가修身齊家·몸을 잘 수행하여 집을 잘 꾸려나감, 입신양명立身揚名·몸을 바르게 하여 명성을 떨침, 거무구안居無求安·살아가는 데 있어서 편안함을 구하지 말 것, 우도불우빈憂道不憂貧·도를 걱정하되 가난함을 걱정하지 말 것 이라는 4개로 구분되어 있다. 이는 유학자들이 추구했던 행동지침 같은 구절들이다. 이런 말들이 보편화되어서 젊은 사람들 사이에서 많이 사용된다면 선비촌을 만든 보람이 있을 것 같다.

소수박물관이 풀어내는 유학의 핵심적인 내용은 충효이지만, 유학은 무형의 담론으로 그치지 않고 세상을 사는 이유와 관점을 구체적으로 제시한다. 이 때문에 필자는 아들에게도 유학이 제시하는 삶의 원칙과 자세를 가르치곤 한다. 이 땅에 유학이 들어와 조선시대에 꽃을 피우기까지 우리 삶에 끼친 긍정적인 영향이 앞으로도 쭉 이어지길 바라는 마음 간절하다.

이곳에서 멀지 않은 곳에 의상대사가 창건한 우리나라 최고의 사찰 가운데 하나인 부석사가 있다. 누군가가 말했듯이 부석사 누대의 마루에 서면 끝없이 이어지는 첩첩산중의 모습이 인생의 기나긴 여정을 보여 주는 듯하다. 소수서원과 부석사, 이 두 건물이 지향하는 종교는 다르지만 인생에 소중한 교훈을 준다는 점에서 모두 다 우리의 성스러운 자리들이다. 우리나라 정신문화의 고향이라고 자부할만한 영주를 찾을 때마다, 소수서원 앞을 지키는 한 그루의 학자수가 되고 싶은 마음 가득하다. 그리고 이 서원과 죽계를 따라 앞으로도 많은 학자들이 끊이지 않고 찾아들면 좋겠다.

수많은 선비들의 입신양명을 지켜본 죽계를 건너며, 조선왕조 500년을 떠받쳤던 사대부의 삶을 돌이켜본다. 그 가운데 오리 이원익 선생을 빼놓을 수 없으니, 그의 종가에서 세운 충현박물관을 찾아 경기도 광명으로 향한다.

03

전국 유일의 종가박물관,
충현박물관

조선의 명재상, 이원익 선생의 종가를 찾다

우리가 자랑할 수 있는 문화 가운데 으뜸이라 할 수 있는 것은 우리가 사는 가옥일 것이다. 가까운 조상으로 그러한 것을 남긴 경우가 없어서 아쉽기도 하지만, 필자는 다른 집안의 고택이 남아있는 것만으로도 감사하다. 그 속에 들어서면 보이지는 않지만 무언가 배워야 할 것, 그리고 삶을 재구성할 비법이 있을 것 같기 때문이다. 그래서 여행길에 큰 기와집을 보면 문을 밀고 삐죽이 들어서서 기웃기웃 살피는 버릇이 있다. 종갓집의 마당에 서면 그저 그 집에 서린 문화에 물들 것만 같다. 우리의 정신과 자연 그리고 사는 사람의 세계관이 반영된 종가는 우리 문화에 있어서 압권 중에 압권이다. 단순한 살림집이라고 생각할 수도 있지만, 그보다 훨씬 많은 것을 담고 있는 것이 바로 종갓집

인 것이다. 그중에 오리대감의 종가는 우리나라를 대표하는 종가 가운데 하나일 것이다.

경기 지역의 종가를 대표하는 박물관이자 우리나라 종가의 역사를 담고 있는 충현박물관의 뿌리는, 조선시대 청백리의 대명사로 존경받는 오리 이원익 대감과 그의 가문이다. 광명에서는 광명 8경 가운데 하나로 꼽는 곳이다. 원래 이 일대는 종가의 땅이었으리라. 하지만 이제는 아파트와 가게들이 종가를 둘러싸고 있고, 오리 대감의 선영 앞으로 길이 나면서 종가와 선영은 떨어지게 되었다. 박물관은 주택가 한가운데에 자리 잡고 있기 때문에, 이곳을 모르는 사람은 바로 앞을 지나친다 해도 박물관이라는 사실을 눈치 채지 못한다.

충현박물관 입구는 돌담을 따라 산책하듯 걷다 보면 나온다. 작은 민속촌을 보는 것과 같은 이곳은 오리 이원익 선생의 종가에서 만든 전국 유일의 종가박물관이다. 박물관 건물과 함께 이원익 선생이 실제로 생활한 집과 사당, 그리고 분위기 좋은 정자 등이 박물관 부대시설

충현박물관 입구 충현 박물관 사진제공.

처럼 조성되어 있다. 때문에 건물 자체만으로도 훌륭한 박물관인 셈이다. 이 집을 보존하느라고 종손과 종부는 사실상 자신들의 인생을 걸었다. 종가와 주변 경관을 보존하기 위해 엄청난 지출까지 마다하지 않은 것이다. 지금은 도 지정문화재가 되어 지원을 받고 있지만, 그렇다 해도 종가에 살면서 구석구석을 돌보며 지키기란 쉽지 않다. 그래도 두 사람은 대갓집 종손들답게 재단법인을 세워 박물관과 종가를 헌신적으로 가꾸고 있다. 가끔씩 오리 선생의 묘가 있는 산에서 난 밤을 보내주실 때가 있는데, 그때마다 정성껏 손질하는 두 분의 모습이 어른거려 감사한 마음이 앞선다.

미국에서 온 지 얼마 되지 않아 집을 장만하려고 광명의 철산동에 땅을 산 적이 있다. 이때 안산에 있는 학교로 가기 위해 이곳을 수없이 지나다니기는 했지만, 이곳에 이런 명승이 있는 줄은 몰랐다. 아마도 그때 문화학자로서 정신 차리고 다녔더라면 풍광 좋은 이 종가가 눈에 들어왔을 것이다. 이곳은 광명 시내에서 KTX 광명역이 있는 방향으로 가다 보면 오른쪽에 있는데, 도심에 안겨 있기 때문에 차를 타고 가면서 보기는 어렵다. 하지만 내비게이션에 의지하면 찾는 데는 별 문제가 없다.

탄금암에서 오리 선생의 멋을 익히다

이 박물관은 기본적으로 이원익 선생의 일생을 들여다보는 곳이지만, 조선시대 사대부의 삶을 입체적으로 이해할 수 있는 더 없이 좋은 장소이다. 이원익 선생의 묘는 박물관 남쪽으로 펼쳐진 야산에 자리해

있어서 그곳에 오르면 맑은 기운이 감도는 소나무 숲이 울창하다. 앉아서 명상이라도 하면 도심 속 무릉도원이 따로 없다.

이곳을 처음 찾은 것은 짙푸른 향나무와 분홍빛 가득한 철쭉이 어우러지던 어느 봄날이었다. 마당과 담벼락 아래의 곳곳에 온갖 봄꽃이 만발하던 날이었다. 박물관협회 회원들이 함금자 관장의 초청을 받아 단체로 이곳을 방문한 것이었다. 박물관을 관람하고 뒷마당의 정자에 모두들 둘러앉았는데 누가 소리를 한 곡조 부르기 시작했다. 꽃밭에서 좋은 벗들과 함께 하니 누군가가 신이 나서 큰소리로 창을 시작한 것이다. 바로 앞에 이원익 선생이 거문고를 탔던 탄금암이 있으니 선생의 흥이 살아온 듯한 순간이었다.

"두레, 자네 춤 한번 추지 그래?"

사람들의 흥을 돋우며 얼쑤를 연발하던 김종규 명예회장이 권유하니, 두레 사장인 이숙희 씨가 흰 명주 손수건을 들고 나서더니 치마를 휘저으며 꾼처럼 춤을 춘다. 그리고 그날 함께 했던 김충렬 선생이 붓

오리 이원익 영정 충현
박물관 사진제공.

을 들어 화선지에 글을 남긴 것 같다. 나
중에 김충렬 선생은 필자가 전통문화학
교 총장으로 갔을 때 '옛것을 이용하여
새로운 문화를 창조한다.' 라는 의미의
글을 보내셨다. 이런저런 사연이 겹치면
서, 필자는 그날 이원익 선생 댁에서 보
낸 봄날의 하루를 잊지 못한다.

　오리 梧里 이원익 李元翼, 1547~1634 선
생은 태종 太宗 의 12번째 아들 익령군
益寧君 의 4대손으로, 선조·광해군·인조
를 모시면서 여섯 차례나 영의정을 지낸
인물이다. 요즘말로 하면 엘리트 중에
엘리트인 셈이다. 임금이 두 번이나 바
뀌는 가운데도 고위직을 유지했다는 것
은, 그가 당파와 파벌에 구애받지 않고
자신의 소임을 다했다는 것을 의미한다.
그리고 살벌한 정치싸움이 난무하는 와
중에, 그 어떤 당파도 그를 건드리지 못

했다는 것과 그의 가문에서 3대에 걸쳐 정승이 나왔다는 것은 많은 의
미를 담고 있다.

　이원익 선생의 집안은 왕실의 일원이라 아버지인 함천군까지 4대 동
안은 벼슬에 오르지 못했다. 그러나 선생 대에 와서 벼슬에 오르니, 그
는 주요한 요직을 두루 거치며 선정을 베풀어 백성들의 신망을 얻는
다. 광해군은 전대에 영의정이었던 이원익 선생을 유임했으나, 선생은

광해군이 정사를 제대로 돌보지 않자 사직하기에 이른다. 이후 그는 또다시 광해군의 부름을 받지만 잘못된 정사에 강력히 반대하다가 유배되기도 했다. 인조반정이 일어나자 선생은 다시 인조의 부름을 받아 영의정 자리에 올랐고 조선의 명재상이 되었다. 87세라는 짧지 않은 삶을 사는 동안, 선생은 임진왜란과 인조반정, 이괄의 난, 정묘호란 등 나라의 아픔을 몸소 겪어냈다. 만만치 않았던 광해군의 치세까지 이겨낸 선생은 탁월한 실무적 능력과 굳건한 신념으로 나라를 위해 모든 것을 바쳤다.

탄금암과 그 위로 보이는 관감당 충현박물관 사진제공.

왕이 지어준 집, 관감당

이런 인물이 83세가 되어서야 비로소 자신의 격에 맞는 집 한 채를 갖게 되었다니 이게 무슨 소리인가? 그는 여섯 차례나 영의정을 지냈지만 비바람을 가리지 못하는 낮고 좁은 두 칸짜리 초가에서 지냈고, 이를 알게 된 인조가 경기감사에게 명하여 친히 집을 하사했다고 한다. 그 청렴함과 결백함은 당시에 큰 귀감이 되었을 것이다. 그렇게 하사한 집이 관감당觀感堂이었다. 이 집의 주인인 선생을 보고 느끼라는 것이다. 왕이 네 차례나 집을 내렸지만 그는 거절하고 또 거절했다. 하지만 1530년에 왕이 재차 강하게 영을 내리자 그때서야 집을 하사 받은 뒤, 4년째 되던 해인 1534년에 세상을 떠난다. 이 5칸짜리 집은 1637년 병자호란으로 소실되었다가 1694년에 중수되었고, 다시 허물어진 것을

1917년에 중건하여 지금의 모습을 갖추게 되었다. 충현박물관이 있는 바로 이 일대가 인조가 집을 하사한 곳이자 선생이 말년에 여생을 보낸 곳이다. 문간채가 1940년대에 건립되어 이제는 안채와 문간채가 마당을 중심으로 미음 ㅁ 자 모양으로 배치되어 있다. 이곳은 원래 선생의 집과 함께 충현서원이 있던 곳이다. 이원익 선생은 생전에 이현사 二賢祠를 세워 강감찬과 서견을 모시고자 했지만 뜻을 이루지 못하고 세상을 떠났다. 그러자 동네의 뜻있는 사람들이 선생이 모시려 했던 두 사람에 더해 선생까지 모시는 삼현사 三賢祠를 세웠다고 한다. 그 뒤 숙종에게 '충현서원'이라는 현판을 하사받아 사액서원으로 발전했는데, 대원군의 서원철폐령으로 없어진 것을 선생의 13대 후손들이 충현박물관을 만들어 그 뜻을 이어가고 있다. 이곳은 사실상 최초의 종가박물관인데, 2006년에 개관한 이후 지금까지 박물관의 역할을 충실히 담당했다. 또한 소장하고 있는 자료들 가운데 귀한 것들이 많아서 여러 점이 경기도문화재로 지정되기도 했다.

박물관의 입구는 여느 종가처럼 솟을대문으로 되어 있다. 큼직한 안내간판을 지나 나무로 된 커다란 대갓집 문으로 들어오면 계단이 있고 오른쪽으로 전시관이 있다. 전시관은 입구 마당보다는 높아서 누대처럼 긴 주초 위에 서 있다. 그 아래에는 항아리와 절구 같은 것을 전시해 놓은 마당이 눈에 띄는데, 계단에 쌓여 있는 수십 개의 다듬잇돌이 눈길을 끈다. 이 다듬잇돌은 언뜻 크기와 모양이 비슷비슷하게 보이지만, 모아 진열해 놓고 보니 아래쪽 모양과 문양이 제각각이고 색깔도 조금씩 다르다. 이원익 선생의 직계 후손이 되는 이승규 교수와 종부인 함 관장이 취미로 모아둔 게 이렇게 매력적인 전시물이 된 것이다.

전시관에는 이원익 선생의 영정과 임금이 내린 교서들을 비롯해 선

전시실 앞 계단의 다듬
잇돌 충현박물관 사진
제공.

생의 문집들이 전시되어 있다. 가족 단위의 관람객들이 찾는다면 부모
가 자녀에게 하나씩 설명하며 조선시대 사대부들의 삶과 종가의 비밀
에 조금씩 다가갈 수 있을 것이다. 전시 공간은 1층과 2층으로 구성되
어 있다. 1층에는 지금까지 종가에서 사용해 왔던 민속품과 생활용품,
그리고 제기가 전시되어 있다. 출처를 알 수 없는 것들이 아니라, 이 집
에 살았던 분들이 직접 사용하던 손때 묻은 물건이라고 하니 무척 정
겹게 느껴진다. 여러 모양의 밥상이며 상자에, 찬장과 뒤주 등의 부엌
가구들까지 우리 눈에 친근한 것들로 가득하다. 그중에서 선생이 쓴
친필 유서와 손녀 계온에게 맡긴 시가 눈에 띄고, 2층에 오르면 선생
의 영정을 비롯해 교서와 문집 등의 유품들을 볼 수 있다. 여기에 선
생이 마지막까지 고민하던 생각과 후세를 향한 당부를 담은 유서를 살
짝 공개한다.

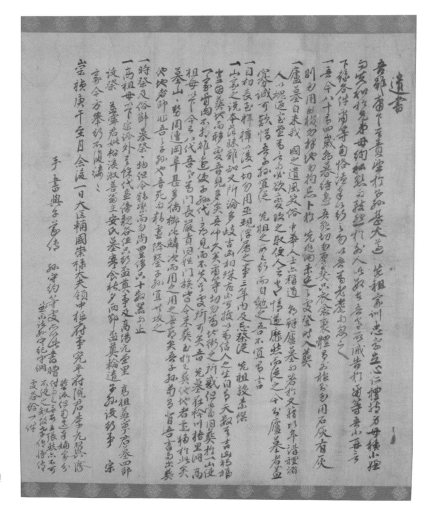

이원익 선생 유서 충현
박물관 사진제공.

"인생은 타고나면서 정해진 것이니 그 길흉화복이 어찌 묘의 위치 때문에 바뀌겠는가? (중략)

그러니 절대 풍수설에 현혹되지 말라! (후략)"

이 대학자의 유서는 가문의 후손들에게 남긴 글이었지만, 따지고 보면 오늘날의 우리들에게도 해당되는 글이다. 선생의 묘소는 광명 시가지를 내려다보는 충현박물관의 남쪽 능선에 있다. 묘는 부인묘와 함께 쌍분으로 되어 있는데, 신도비의 비문은 이준이 지었고 글씨는 손녀사위였던 명필 미수 허목許穆이 썼다. 신도비의 비문은 마모가 심하지만 내용을 확인할 수 있는 보석 같은 사료들이 있는데, 그중에 〈계해사궤장연첩〉이 특히 눈길을 끈다. 이것은 계해년1623년 인조 원년에 희수77세를 맞이한 선생에게 왕이 지팡이를 내리고 기로소에서 연회를 베푼 내용을 기록한 것이다. 임진왜란 이후 왕이 처음으로 시행한 것이라고 하니 그 의미가 더욱 크다고 하겠다.

이원익 선생의 〈도망〉(먼저 세상을 뜬 아내에게) 충현박물관 사진 제공.

죽은 아내를 향한 애끓는 사연

박물관을 둘러보다 보니 나이 지긋한 관람객들이 쉽사리 자리를 뜨지 못하는 곳이 있어서 슬쩍 고개를 내밀어 보았다. 그랬더니 〈도망悼亡〉이라는 전시물이 사람들을 만나고 있다. 선생이 죽은 아내를 그리워하며 쓴 장문의 시인데, 그 뜻이 가슴에 절절히 와 닿았다.

그대의 죽음을 애도하며

상투 틀고 쪽 찔러 부부된 지 여러 해
벼슬 하러 나다녔으니 독수공방 얼마던가
함께 한 날 손에 꼽고 난리에 병까지 앓았도다
십여 년을 혼미하였으니 캄캄하다 은정이 끊어진 것

천성이 순박했으니 악한 짓을 하지 않았다

무슨 죄를 지었기에 이런 액을 만났을까

난리를 피해 다니되 구렁텅이에 빠지지 않고

이날에야 귀향했건만 서러운 일이 웬 말이냐

사나 죽으나 미련은 없지만 자녀들 때문에 견디노라

병이 났으나 죽지 못하고 숨만 쉬고 있노라

그대를 떠나보내니 할 일 다 해 부럽도다

따라가고 싶은 마음에 오래 사는 것 원치 않으니

다른 세상에서 달리 만나더라도 그대와 인연 맺으리

박물관 건물을 나와서 돌담과 향나무가 어우러진 곳을 지나 종갓집의 부속건물인 관감당으로 들어선다. 그랬더니 도시의 풍광은 사라지고 고목과 꽃나무가 가득한 풍광이 펼쳐진다. 이 종갓집은 자연과 어우러져서 그런지 그야말로 산속에서 지내는 듯한 기분이 든다. 그 뒤로 '오리영우'가 있는데 이곳은 제사를 지내는 곳으로, 다른 집들과는 달리 위패를 모시지 않고 영정을 모시는 것이 특징이다. 현판이 달린 작은 문을 지나면 종가의 뒤편으로 이어지는데, 충현서원지가 초석만 드러낸 채 잔디밭으로 덮여 있다. 19세기에 소실된 뒤 복원이 어려웠기 때문이다.

오리 선생의 건강 비법

지은 지 꽤 오래되긴 했지만 관리를 잘한 종갓집 담벼락에는 담쟁이들이 기어오르며 고풍스러운 모습을 연출하고 있었고, 작은 꽃들도 곳

01 관감당 충현박물
관 사진제공. **02** 종
갓집 마당 충현박물관
사진제공. **03** 종갓집
대문 충현박물관 사진
제공. **04** 종갓집 내부
충현박물관 사진제공.

풍욕대 충현박물관 사진제공.

곳에 피어나 한옥의 운치를 더하고 있었다. 후원에 있는 정자는 후세가 선생의 업적을 기리기 위해 만든 것이고, 풍욕대는 선생이 여름에 서해바람을 즐기기 위해 마련한 자리인 듯싶다. 숲이 어우러진 것으로 미루어볼 때 선생이 정말로 기분 좋게 바람을 쐬며 여유를 즐겼을는지도 모르겠다.

요즘 불치병을 앓는 사람들 가운데 풍욕을 하는 사람들이 많다고 하는데, 풍욕은 피부로 숨을 쉬는 것으로 장수의 비결로 꼽히기도 한다. 아마도 풍욕은 오랫동안 원시생활을 하면서 인간의 몸이 적응한 결과로서 인간의 체내 순환을 도와주는 비법인 것 같다. 그러한 인간과 자연의 원리를 우리 선조들이 꿰뚫어보고 있었으니, 우리 선조들의 문화 수준은 참으로 넓고 깊은 것 같다. 사람이 없다면 그 옛날 이곳의 주인처럼 풍욕을 하고 싶었지만, 관람객이 줄을 잇고 아파트에서도 내려다보고 있으니 엄두도 못 낼 일이다.

충현박물관에는 선생의 부모인 함천군과 군부인 동래정씨의 묘를 비롯해, 선생의 숙부 이억령의 묘, 선생의 형인 이원보 내외의 묘가 함께 있다. 정작 선생의 묘는 이곳 충현박물관에서 선생의 호를 딴 오리로를 따라 남쪽으로 10분 정도 걸어가야 만날 수 있다. 현재 묘역은 선생과 부인 영일정씨의 묘를 쌍분으로 조성해 놓았는데, 봉분 주변에는 묘표, 장명등, 망주석, 문인석, 혼유석 등의 석물이 자리 잡고 있다. 언제 가도 정갈하게 다듬어져 있는 것이 선생에 대한 후손들의 애정이 느껴진다.

마지막으로, 전시실에 있는 이원익 선생의 유언을 통해 그와 가문의 정신을 들여다보자.

> "선조의 가훈을 받들어 충효로 마음을 세우고 인과 예절로 몸을 가지며, 형제간에 화목을 잃지 말고 사리사욕을 추구하여 남에게 원한을 사지 말라."

이 유언처럼 조상이 남긴 물건과 그 정신을 소중하게 간직하여 보존하고 기꺼이 대중들에게 공개한 이원익 선생의 후손들. 더 나아가 문화재단을 설립하여 종중의 재산을 사회에 환원하고 가문의 정신을 이어가고 있는 모습을, 선생은 어딘가에서 흐뭇하게 지켜보고 있을 것이다.

고층 아파트가 밀집한 광명에 이렇게 귀감으로 삼을 만한 고귀한 정신이 깃든 곳이 있다는 것은 인근 주민들에게 큰 복이리라. 현자는 죽어서도 많은 사람들을 행복하게 하니, 그 행복의 샘이 솟아나는 곳이 바로 이곳 충현박물관이다. 다만 찾아갈 때 박물관 입구에서 헤매는 경우가 많다고 하니, 얼른 해결되었으면 좋겠다.

요즘 세상은 김구 선생의 말씀대로 "문화가 나라의 힘"으로 자리 잡았다. 우리 한옥에 열광하고 그 의미를 찾으려고 노력하는 젊은이들이 늘어나는 것을 보며, 이제는 박동진 명창의 소리처럼 "우리 것이 좋은 것이여!"라고 감히 소리칠 수 있을 것 같다.

입신양명을 이룬 뒤 남은 생애를 편안하게 보낼 수도 있었지만, 마지막 순간까지 나라를 위해 헌신한 오리 이원익 선생. 그는 노블레스 오블리주를 실천한 진정한 선비였다. 그의 뜻을 생각하며 현대판 노블레스 오블리주의 주인공들을 만나기 위해 거창박물관이 자리한 경상남도로 향한다.

04

노블레스 오블리주가
살아있는 거창박물관

이른 아침의 거만한 방문객

"지금 박물관 문 열 거요?"

거창박물관 앞마당에 큰 소리가 울려 퍼진다.

아침 여덟 시에 도착해 한 시간을 기다린 탓에 약간의 흥분이 목소리에 묻어 나왔다.

아홉 시가 되어서야 흰 승용차 하나가 바쁘게 마당을 가로질러 박물관의 부속건물 앞으로 가서 서더니 젊은 여성이 허겁지겁 사무실로 뛰어드는 찰나에 필자가 큰 소리를 낸 것이다.

박물관으로 들어가는 셔터 문 앞에서 기다리다가 들어서는데 직원의 사투리가 가로막는다.

"방명록부터 적어 주이소."

오랜만에 들어보는 사투리다. 얼굴이 깔끔하게 생긴 젊은 여성의 요구에 마음이 좀 편해져서 방명록에 이름을 적으며 투정을 부려 본다.

"아침에 미리 와서 기다리는 사람은 처음이지요?"

이렇게 물으며 국제박물관위원회 한국위원장 ICOM KOREA이라고 적어 놓으니 직원이 약간 놀라는 기색이다. 나이 든 사람이 새벽부터 기다렸다고 했으니 일단 마음이 편치 않았을 것이다. 게다가 방명록에 적어놓은 소속을 보니 박물관 전문가처럼 보이기까지 하니 긴장하지 않을 수 없었을 게다.

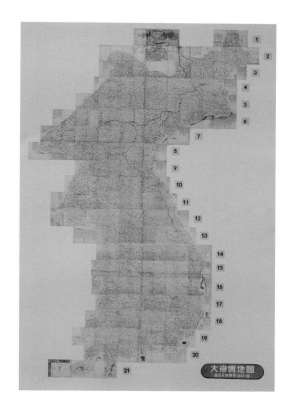

대동여지도 거창박물관 사진제공.

거창은 규모로만 따지면 전혀 '거창'하지 않다. 하지만 대구나 광주처럼 지방 대도시도 아닌 이런 곳에 1시간이나 일찍 와서 문이 열리기만을 기다린 데는 이유가 있었다. 흔히 지방자치단체의 박물관이라면 건물만 크고 화려할 뿐이고 정작 갖추어진 건 별로 없다고 생각할 수도 있지만, 일단 이곳을 찾으려면 그런 선입견부터 버려야 한다. 거창박물관은 '작은 국립박물관'이라고 할 만큼 콘텐츠가 잘 정리되어 있는 종합박물관이자, 청소년들의 교육을 위한 전통문화전시에 충실한 박물관이다. 우리나라 곳곳에 이런 박물관들이 있어야 사람들이 박물관을 이웃처럼 만날 수 있을 텐데……

몇 시간 전으로 타임슬립time slip. 새벽에 일어나 이런저런 정리 작업을 하고 호텔을 나섰다. 전날 밤에 산청에서 올라올 때 거창박물관에 들러 〈대동여지도 大東輿地圖 〉를 보고 오려 했지만 깜빡하는 바람에, 아침 여덟 시에 출발한 것이다. 사실 그 시간에는 어느 박물관이고 문을 여는 데가 없을 것이다. 하지만 거창까지 온다는 것은 상당한 결심이 필요한 터라 '박물관 면상이라도 보고 가자.' 하는 마음에 박물관을 찾아갔다.

박물관의 정원에서 발견하는 것들

이른 아침이어서 그런지 새들만이 박물관 앞마당의 큼직한 느티나무에 올라 새벽을 깨운다. 언뜻 먼 길을 달려온 과객의 사연이 궁금한 듯 호기심 어린 눈빛이다. 간판을 보니 그 나무는 이승만대통령이 묘목을 분양해 키운 것으로, 나름대로 사연을 간직하고 있었다.

거창박물관 전경 거창 박물관 사진제공.

박물관이 있는 문화센터는 중앙에 정원을 두고 여러 건물들이 들어서 있었는데, 그중에 남쪽을 바라보는 한옥 형태의 건물이 박물관으로 사용되는 곳이다. 박물관 입구로 향하다가 야외에 전시된 유물들에 눈이 갔다. 잘 가꾸어진 나무들 사이에 눈에 익은 유물들이 보였다. 박물관 입구 옆에 앉아 있던 돌부처를 만난 것. 얼굴에 마모가 심하기는 했지만, 순식간에 빨려들 것 같은 깊이가 느껴진다. 다소곳이 앉은 자태만으로도 가벼운 흥분을 자아내는 특이한 유물. 그러고 보니 이곳에는 이런 유물들이 나무들 사이사이에 보일 듯 말 듯 조화롭게 배치되어 있다.

아침에 아무도 없는 공간에서 유물들과 마주하다 보니, 새로운 발견을 한 아이처럼 시간 가는 줄 모르고 분주하게 내달린다. 열심히 사진을 찍으며 관찰하는데 박물관 옆에 돌로 만든 시비 하나가 눈에 들어온다. 《청구영언 靑丘永言》에 담긴 정온 鄭蘊, 1569~1641 선생의 시다.

01 얼굴이 심하게 마모된 여래좌상 거창박물관 소장. **02** 정온의 시조 거창박물관 소장.

책 덮고 창밖을 보니 강위에 배 떠 있다.
나르는 갈매기들 무슨 뜻을 머금었나.
에라, 공명도 말고 갈매기 따라서 놀기나 할까보다.

머리가 희어지는 나이에 객지에서 이런 시를 보니 마음이 푸근해 져서, 미국에 있는 벗에게도 사진을 찍어 보냈다. 시비의 한쪽에는 작은 분재를 얹어 두었는데, 누구의 마음인지 모르지만 이 또한 보는 이로 하여금 여유를 느끼게 한다.

이 시비의 뒤쪽에는 꽤 많은 선정비善政碑들과 동자상 하나가 소나무 그늘에 서 있는데, 그 옆에는 마을 조산의 돌무지가 있다. 어느 동리에 만들어진 것을 옮겨온 것이란다. 실제로는 조산을 중심으로 동자승이 자리해 있고 그것을 선정비들이 둘러싸고 있는 형국이다. 이제는 제자리를 잃은 옛사람들의 흔적이지만 이렇게 다시 모여 있으니, 민초들의 잔잔한 염원이 아침햇살에 증발하는 이슬에 녹아들어 온몸으로 배어드는 듯하다.

그런데 선정비를 둘러보면서 놀란 것은 몇 개가 두꺼운 철판으로 만

박규동 부사 철제 공덕비와 비각 거창박물관 소장.

들어졌다는 사실이다. 19세기의 어사나 고을 사또들의 선정을 기리기 위한 것인데, 당시에 이렇게 두껍고 큼직한 철판으로 선정비를 만든 것은 정말 대단한 일이다. 이것이면 칼을 스무 자루는 만들 수 있고 쟁기도 열 개는 만들 정도인데, 비를 만드는 데 사용했다는 것은 놀랄 일이고 이런 철판비는 필자도 처음 만나본다. 일제가 벌인 이른바 대동아전쟁 기간에 군수물자로 끌려가지 않고 어떻게 견뎌낼 수 있었는지 궁금하기도 하다. 선정비는 기역자 모양으로 열을 이루고 있는데 조선 중기에서 말기까지 만들어진 것이라고 한다. 거북좌대의 모습이나 갓 장식

의 변화에서 시대의 흐름을 느낄 수 있다.

이 구경을 다하도록 박물관 직원은 오지 않았다. 마당의 한가운데에 여러 개의 문화재들이 전시되어 있어서 보니, 철판으로 된 비가 돌로 된 비각에 들어앉은 게 눈에 들어왔다. 19세기 말에 세워진 것으로, 두 개의 돌이 받치고 우진각지붕의 석개를 얹은 모습이 앙증맞다. 당시로 서는 상당히 사치스러운 치장이었던 것으로 보인다. 그 옆에 누워 있는 것이 바로 가조유적에서 가져온 남방식 고인돌이다. 길게 누운 자세를 보며 상상의 나래를 펼쳐보면, 영락없이 목침을 베고 누운 부처다. 그 둘레에 소나무들을 어울리게 심은 데서 정원을 정성들여 가꾸었다는 사실을 알아챌 수 있었다. 이렇게 이런저런 것들을 다시 보기도 하면서 한 시간을 보낸 뒤에야 박물관 직원이 도착한 것이었다.

대동여지도와 고대문화의 갈림길

방명록에 사인을 하고 전시장으로 들어서니 〈대동여지도〉가 기다렸 다는 듯이 반긴다. 유명한 거창 둔마리 벽화고분이 복원되어 있는 바 로 앞에 전시되어 있었다. 이 지도는 1864년도에 제작된 〈대동여지도〉 의 수정증보판으로, 거창읍에 사는 밀양박씨 문중에서 기증한 것이라 고 한다. 길이가 길어서 천장에서 대각선 방향으로 비스듬하게 전시되 어 있었다. 이 큼직한 한반도 지도를 발로 걸어 다니면서 만들었다고 하니, 김정호 金正浩, ?~1866 선생의 집념과 인내심은 상상을 초월한다. 〈대동여지도〉를 보면 백두산과 두만강 쪽이 오늘날과는 다른 모양으 로 나타나 있는데, 이번에 한번 확인하려고 했지만 전시된 모양 때문에

금동보살입상 거창박물관 소장.

볼 수가 없었다. 이 판본은 초판과는 달리 지도의 옆에 지방지가 약간 붙어 있다는데 보기가 어렵다. 그런데 지도 해설에서 한 가지 궁금증을 풀었다. 너무 정교한 지도가 나라 밖으로 흘러나간다고 하여 흥선대원군 興宣大院君, 1820~1898 이 김정호 선생을 귀양보냈다고 하는 속설은 잘못된 것이라는 얘기다. 구한말을 대표하는 선비인 최한기 崔漢綺, 1803~1877 등의 후원이 있었다고는 하나, 당시로서는 여행경비와 판각비 板刻費 : 나무조각에 그림이나 글씨를 새기는 비용, 그리고 지도를 찍어내는 데 엄청난 돈이 들어갔을 터인데 어떻게 마련한 것인지 궁금하기만 하다. 이런 것이야말로 오늘날 우리 지식인이 느끼지 못하는 조선의 힘이 아닐까?

좁은 통로를 지나 다른 전시실로 가려는데 갑자기 스피커가 울린다. 거창양민학살사건 화보 앞을 지나니 센서가 작동한 까닭이다. 거창은 험준한 산세로 둘러싸여 있고 덕유산과 지리산 자락들이 이어지고 있는 곳이다. 이렇게 외부와 고립된 곳이다 보니 한국전쟁의 피비린내 나는 상황 속에서 그토록 슬픈 사건이 발생한 것일까? 거창 주민들로서는 꿈에도 잊지 못할 사건이었으리라.

착잡한 마음에 슬쩍 고개를 돌리는데, 반대편 벽에 국보급 문화재들이 지켜보고 있어서 깜짝 놀랐다.

'어찌 이런 게 여기에?'

이런 생각에 급하게 설명을 보니 그제야 이해가 되었다. "거창의 품을 떠난 유물"이라고 이름을 붙여 모조품을 전시한 것인데, 웬만한 문화재 전문가라면 알만한 유물들이다. 원래의 문화재들은 모두 이 지역

에서 도굴되어 나간 것이라는 얘기다. 이것을 전시하는 의도
는 분명하다. 그동안 문화유산을 잘 지키지 못한 것을 반
성하는 뜻이 담긴 전시인 셈이다. 국제박물관현장의 윤리
정신이 '문화유산 불법유통을 근절하는 것'이
라는 점에서, 아까 입구에서 필자가 적은
'국제박물관위원회 한국위원장'이라는 직
명의 책임을 통감하는 순간이었다.

백제 세발 달린 토기와
항아리 거창박물관 소
장.

　토기와 도자기 장에서도 지역박물관에서 기
대할 만한 것 이상의 유물들이 담겨 있었다. 신라, 가야, 백제
의 토기들을 비교하여 전시하고 있어서 우리 같은 전문가들도 제대로
정리할 수 있는 기회가 되는 전시였다. 우리나라 고대 삼국시대의 토기
들은 빛은 나지 않지만, 첫눈이 내리는 것을 볼 때처럼 시선을 떼지 못

가야토기 방울잔 거창
박물관 사진제공.

하게 하는 특별한 매력이 있다. 그래서 필자는 우리 고대 토기를 좋아
한다. 토기들과 함께 '세련된 가야토기', '부드러운 곡선의 아름다
운 백제토기'와 같은 제목이 토기의 특성을 한눈에 드러낸다. 모
두 이 지방에서 출토된 것이다. 경남 서부나 전남 동부, 특히 남
원 등지의 지리산 서쪽지방은 신라문화와 백제문화가 혼재하는
경우가 많다. 이곳은 원래 대가야의 근거지였지만 금관가야가 망
하면서 유민들이 합류한 때문인지 우륵의 전설도 남아 있다. 이
렇게 볼 때 이 지역에서는 고구려의 자리를 가야가 대신했다는
점에서, 거창은 또 다른 삼국시대의 문화 중심지라고 할 수 있
다. 한 지역에서 가야, 신라, 백제의 토기를 다 볼 수 있다니, 얼
마나 매력적인가!

　그런데 토기 외에도 빛깔 좋은 청자에 철채병과 분청자라병까

지 가득하다. 두터운 유약이 깨어진 것들도 있지만 정교한 인화문과 연화문상감 등 아주 공들여 만든 작품들이 눈을 고정시킨다. 어떤 경로를 통해 이런 시골에 이토록 진귀한 유물들이 유입되었는지 궁금해졌다. 하지만 거창박물관은 이름 그대로 토기와 자기에 그치지 않고 더욱 '거창한' 것들을 보여 준다. 진사항아리, 백자 여인상 등 수작들이 곳곳에 자리해 있어서 마음이 뿌듯해진다. 유물을 만나느라 한참 정신이 팔렸다가 퍼뜩 걱정이 앞선다. 진사채의 복숭아 연적과 깔끔한 문방구들은 누구나 탐을 낼만한 진귀한 것들이니 말이다.

여직원이 여전히 걱정이 되는지 필자를 먼발치에서 따라다니길래 슬쩍 물어본다.

"이 도자기들은 누가 수집한 것이지요?"

"왜 그라시는 데예?"

"아, 수집하신 분의 안목이 상당히 높아서요. 지방에서는 찾아보기 어려운 것들이 포함되어 있어서 한번 물어 봤어요."

"아래층에 가면예 이 박물관에 기증한 두 분 사진이 있십니더."

거창의 진정한 노블레스들

계단을 천천히 내려가니 지하에 동일한 규모의 전시장이 있는데, 그 입구에 "거창박물관은 이렇게 건립되었다"라는 제목으로 고인이 되신 최남식 선생과 김태순 선생을 소개하고 있었다. 김태순 선생은 거창문화원장을 지내신 분으로 '둔마리 벽화고분'을 발견했으며 박물관건립추

진위원장을 맡았고, 최남식 선생은 농업경영인으로서 박물관건립후원회장을 지냈던 분이다. 두 분이 유물 1,000여 점을 1983년에 국가에 기증하여 1988년에 박물관이 개관하였다고 한다.

전시실 안으로 들어서니 책과 교지 그리고 의상들이 한 세트 전시되어 있는데 한쪽 장은 모두 정온 鄭蘊, 1569~1641 선생의 유품들이다. 조

선 중기를 풍미한 대학자의 유물 일체가 전시되고 있는 셈이다. 선비의 비단옷이 품위가 있어서 한참을 들여다보았다. 색이 바래기는 했지만, 구름무늬가 수놓인 비단으로 만든 옷은 흔히 보는 한복과는 품격에서 엄청난 차이를 보였다. 임금이 내린 교지, 옷과 신발, 얼굴가리개를 포함한 의상 일

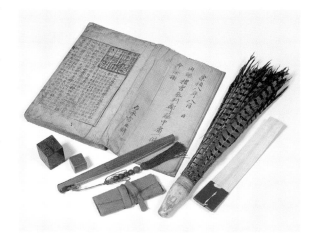

체, 사용하던 문방구, 그리고 전각 몇 점이 전시되고 있었다. 얼굴가리 개는 조선시대에 관리가 자신의 얼굴을 노출하지 않기 위해 사용하던 막대에 달린 천조각이다. 동계 정온 선생은 조선 중기의 척화파 충신인 데 병자호란 때 자결을 시도했지만 실패하고 낙향했다. 그 뒤 임금이 욕을 당하니 신하는 죽어 마땅하다는 생각으로 세상을 등지고 살다가 5년 만에 돌아가셨다. 지금은 광주의 현절사 顯節祠 에 배향되어 있다.

"왜 이 유품들은 지정되지 않았지요?"

"지는 잘 몰라예. 박물관과 이 문화센터의 행사를 관리하러 몇 달 전에 왔어예. 학예사 선생님이 따로 있어예. 오늘 성묘하러 가서 늦게 오실 거라예."

다른 한쪽 끝의 소개문을 보니 중요민속문화재로 지정되어 있단다. 그러면 그렇지.

이 전시를 보고 귀가하니, 절묘하게도 정온 선생이 가문의 전통으로 내려온 노블레스 오블리주를 실천했다는 전통문화를 다루는 조모 씨의 일간지 칼럼을 읽게 되었다. 이 지역에 가뭄이 들어서 사람들이 굶어 죽어갈 때, 선생은 자신의 집에서 건설공사를 일으켜 주변지역 사람들을 불러 모아 일을 시키고 돈을 나누어 주었다고 한다. 이 박물관에 선생의 유물을 기증한 후손들도 그 정신과 맥을 이은 셈이다.

전시실의 안쪽에는 '의식주에 담긴 모습'이라는 주제 하에 생활민속품들이 전시되어 있다. 삼베적삼, 여러 종류의 옛날 신들, 사냥도구에서부터 부엌살림까지 포함되어 있고 목공구 등이 포함되어 있는데, 그 중에 통나무를 파내어 만든 쥐틀을 보니 아주 단단히 만들어져 있었다. 여기에 전시된 생활민속품들도 모두 박물관 설립에 기여한 두 분이모은 거란다. 그 시절에 앞으로는 우리 전통생활의 세세한 부분까지 자

산이 될 것이라는 안목을 가지고 수집하였다니 놀라운 일이다. 민속품들과 함께 전통생활방식을 복원해둔 전시도 볼만하다. 여인의 방, 베틀이 있는 방, 한의사의 방, 어머니의 방, 선비의 방 등을 실감나게 그려내면서 그 방의 기능을 보여 주는 소품들을 함께 전시했는데, 이 정도면 아이들이 우리 전통문화를 대단히 쉽게 배울 수 있을 것 같았다.

문화를 지키는 것도 노블레스의 전통

거창이 산수가 빼어나 인재가 많을 것 같더니 역시 뜻이 깊은 사람들이 많다. 요즘도 집안의 전적들을 가지고 와서 기증하는 사람이 많단다. 이 때문에 거창박물관에는 전통생활 전반에 걸쳐 이토록 질이 높은 것들이 많이 전시되어 있는 것이리라. 하지만 나중에 만난 학예사는 한숨을 쉬었다.

"제가 10년 전에 깨우쳤다면, 이 동리에서 전적들이 바리바리 실려 나가는 것을 막을 수 있었을 낍니다."

사무실 앞에 문이 살짝 열린 방을 들여다보니 엄청난 규모의 전적들과 유물들이 쌓여있다. 이곳에서 평생을 살았던 지사들이 기증한 것이란다. 이 유물들 가운데는 김순범 선생이 기탁한 거창읍 관리들의 연대기를 적은 《읍선생안》이 있다. 이는 조선 초기부터 이어져온 이 지역 지방사의 일면을 보여 주는 경남의 문화재 자료로서, 박물관 옆에 전시된 선정비들과 함께 이 지역의 내재된 힘을 보여 주는 소장품이다.

이곳 학예사도 박물관 일을 평생의 업으로 여기는 사람이다. 그가 도착하기 전에 차를 내온 여직원의 말이다.

"그분이 이 박물관에만 22년 일하셨거든예. 박물관 건립을 추진하던 때부터 계셨어예."

그 얘길 들으며 속으로 맞장구를 친다.

'그러면 그렇지. 박물관을 이 정도로 꾸밀라 치면 그 정도는 되어야 말이 되지.'

한 박물관에서 거의 평생을 일하며 유물을 가족처럼 아끼는 동안, 그는 박물관을 넘어 누구보다도 거창을 잘 이해하고 사랑하는 사람이 되었다. 정온 선생이 자신의 모든 것을 나누어주면서까지 '더불어 행복한 사회'를 꿈꿨던 거창. 그를 비롯한 수많은 사람들을 움직인 힘은 바로 이 거창이라는 도시에서 나온 것이리라.

거창을 나서며 손때 묻은 고택들이 곳곳에 즐비한 것을 본다. 산업화를 거치며 우리네 밥상의 놋그릇과 수저들이 이리저리 팔려나간 것처럼, 오래된 것이라 불편하다고 쉽게 허물 수도 있었으리라. 하지만 그것마저도 뿌리치고 이렇게 대대로 이어가고 있으니, 박물관에 자리 잡을 만큼 소중한 것에 대한 애정은 오죽하랴. 거창박물관이 이토록 소중한 보물들을 간직하게 된 것은, 사람들이 이곳에 살면서 무엇이 소중한지를 끊임없이 배우며 자라왔기 때문이리라.

　도시가 사람을 알아줄 때 그 사람은 도시를 아름답게 한다. 거창은 이 작은 진리를 가장 잘 배울 수 있는 곳이 분명하다. 덕유산 줄기를 타고 산청으로 향하는 나의 마음은 거창에서 받은 기운으로 무척 상쾌하다. 앞으로 정온 선생이 필자를 자주 이곳으로 부르실 것 같다.

　그러니 조선의 대학자인 그가 주경야독하며 가까이했던 우리 등잔을 만나고 싶어진다. 우리 조상들의 삶에 늘 함께 했던 등잔의 빛을 따라 경기도 용인으로 가는 길. 먼 길 떠나는 과객의 앞에 등불만이 환하다.

05

밤과 달을 품은 곳, 한국등잔박물관

우리 역사에 낭만을 선물한 등잔

인간은 밤을 어떻게 극복했을까? 갑자기 불이 나가거나 깜깜한 밤길을 달빛 하나에 의지해 걸어갈 때면 이런 생각이 스치듯 지나갈는지도 모르겠다. 어릴 때 보았던 《전설의 고향》에서는 이렇게 밤에 산길을 걸어가던 과객을 등잔 하나로 이끌어 원한을 풀거나 인연을 맺은 신비로운 이야기가 전한다. 그리고 한석봉과 어머니가 등잔불을 끈 채 글씨와 떡 써는 솜씨를 비교한 끝에, 깨달음을 얻은 석봉이 글씨에 매진해 결국 대성했다는 일화도 있다. 그만큼 등잔은 우리 전통과 생활에 깊숙이 자리해 있었다.

돌이켜보면 촛불, 호롱불, 등불 등은 역사를 이어가며 우리 주변을 밝혀왔다. 하지만 지금은 이런 불에 의지해 생활하는 곳은 거의 없다.

한국등잔박물관 전경
수원화성의 모습을 본
따 만든 모양.

웬만한 오지라도 전기를 공급할 수 있게 되었기 때문이다. 그러다 보니
우리의 눈을 밝히던 불의 이름들은 어느 순간부터 마음을 밝혀주는
친근한 존재로 자리 잡았다. 한국등잔박물관으로 찾아가는 발걸음이
다른 때보다 더 가벼웠던 것은 어쩌면 이런 이유 때문인지도 모르겠다.

옛날 어두컴컴한 밤에 홀로 산길을 걷다보면 불 켜진 인가가 무척이
나 그리웠다. 한참을 헤매다가 불빛이 아련하게 비치는 창호문이 눈에
들어오면 한없는 안도감에 휩싸이곤 했다. 필자가 어릴 적에 시골에서
는 이런 산행이 다반사였는데, 그때 필자의 마음을 안도하게 했던 불빛
이 바로 등잔이 아니었나 싶다.

등잔은 주변 시야를 탁 트이게 할 만큼 불빛이 강하지는 않지만, 작
은 방에 모여든 가족의 마음을 편안하게 어루만진다. 또 은은한 불빛
아래에 앉으면 저절로 책을 펼치게 되고, 그런 아이가 대견하다는 듯

어머니는 바느질을 하며 지켜보신다. 낮에 있었던 힘든 일이나 가난한
살림살이는 아스라한 불빛 아래로 사라지고, 등잔 위로는 사랑하는 사
람의 얼굴과 미래의 꿈만 동그랗게 맺힌다. 완전히 떠나가 버렸다고 생
각했는데 가만히 돌아보니, 등잔은 우리의 추억을 잔뜩 머금은 채 지금
도 작은 불꽃을 태우고 있었다.

수원화성의 공심돈, 박물관이 되다

분당에서 열병합발전소 뒤 태재고개를 넘어가면 용인으로 가는 길
이 나온다. 용인 에버랜드로 가다가 정몽주 선생의 묘소로 올라가는 길
입구에 서면, 오늘 우리가 가려는 곳 '한국등잔박물관'이 보인다. 광주
에서 수원으로 이어지는 국도 변에 위치한 이곳은 회색조의 원형 벽돌

전시실의 각종 나무 등잔
한국등잔박물관 소장.

건물인데, 수원화성의 성곽을 상징하는 것이
란다. 왜 수원화성의 공심돈 이미지를 가지고
왔는지는 모르지만, 수원에서 오랫동안 의사
로 있었던 박물관 설립자 고 김동휘 선생의 수
원에 대한 특별한 애정 때문인 듯하다.

고 김동휘 선생에게 등잔은 특별한 의미였
다고 한다. 산부인과 의사였던 그는 우연한 기
회에 가난한 임산부의 분만을 도와주었는데,
그 답례로 오래된 등잔을 받으면서 수집에 관
심을 갖게 되었다고 한다. 그 뒤 1971년 한국
등잔박물관의 모태가 되는 작은 등잔 전시관

이 수원의 병원 한쪽에 문을 열었다. 그로부터 20여 년 뒤인 1997년에 지금의 자리로 신축 이전한 한국등잔박물관은, 설립자의 아들인 김형구 관장에 의해 운영되고 있으며 많은 사람들의 추억과 상상력을 자극하고 있다. 사립박물관의 상황을 어느 정도 알기에, 처음 방문했을 때 조심스럽게 물어보았다.

"사람들이 많이 오나요?"

"주변의 유치원과 초등학교에서 많이 오지요. 이제 주변 도시가 점차 커지니까 희망을 가져요. 그리고 방문하는 분들도 모두 즐겁게 지내다 돌아갑니다."

낙천적인 김 관장이 하는 얘기다. 그는 찾아오는 어린이들에게 굵직한 목소리로 옛이야기 하듯이 설명하는 멋진 할아버지다.

돌이켜보면 필자가 어릴 적에는 흔히 석유등잔을 사용했다. 사기 재질의 용기에 석유가 담겨 있고 불을 붙일 심지가 꽂혀있는 항아리 모양의 등잔이었다. 이 등잔에 불을 붙이면 시커먼 그을음이 생기기도 하는데, 그럴 때마다 어머니는 타버린 심지를 바늘로 살짝 긁어내어 불을 낮추시곤 했다. 이 등잔을 오래 켜고 있으면 콧속에도 그을음이 남게 되어 세수를 잘 하지 않으면 수염이 난 것처럼 보일 때도 있었다. 이런저런 생각을 하니 등잔을 비비면 소원을 들어주는 '지니'를 만난 것처럼 괜히 신이 나서 한참을 바라보게 된다.

비교적 쉽게 만들 수 있으면서도 주변을 제법 환하게 밝힐 수 있었으니, 등잔은 시대와 지역을 초월해 사랑받았을 게 분명하다. 그래서 그런지 어느 나라를 가든지 등잔을 만날 수 있다. 주로 흙으로 된 것들이 많은데, 돌로 만들어진

호롱(석유등잔) 한국등잔박물관 소장.

것들도 심심치 않게 눈에 띈다. 특히 중동에 가면 연옥으로 만들어진 등잔들도 있는데 반투명해서 그런지 불이 사방으로 퍼져나가 인기가 많다. 이런 것들은 은은하고 부드러운 빛을 내기 때문에 방의 분위기를 우아하게 만든다. 마치 《아라비안나이트》에서 사랑을 속삭일 때 사용하던 신비로운 등잔처럼.

등잔, 저승 가는 길까지 밝히다

등잔은 구석기시대부터 사용되었다고 알려져 있는데, 특히 동굴벽화를 그리려면 불이 절대적으로 필요했을 것이다. 구석기인들이 사용한 등잔이 발굴되었는데, 당시에는 거대한 동물들을 많이 잡았을 테니 기름걱정을 할 필요는 없었을 것이다. 우리나라에서도 순천의 월평 유적에서 등잔으로 사용한 것으로 보이는 오목한 돌이 나와 주목을 끌었다. 그래서 학계에서는 등잔을 모닥불과 함께 인류문명 진화의 씨앗이라고 보는 것이다.

지난 1970년대에 발굴된 백제의 유명한 왕릉인 무령왕릉은 벽돌로 된 무덤이다. 벽에 감실이 있고 그 속에 등잔을 두었다. 아마도 시체를 안치하고 등불을 켜두었던 모양인데, 죽은 사람이 저승에 갈 때 길을 잃지 않고 찾아가도록 등잔을 놓아둔 것이다. 이렇게 보면 등잔은 필수적인 생활도구인 동시에 심오한 종교적 의미가 담긴 물건이었다.

그런데 필자 생각에는 구석기시대부터 시작해 삼국시대를 거쳐 근대에 이르기까지 우리 곁을 지켰던 등잔이었으니, 그리 쉽게 역사 속으로 사라질 것 같지는 않다. 생활필수품은 아니더라도 우리의 삶을 풍요롭게 하는 새로운 의미의 문화상품으로 자리 잡게 될 가능성이 높아 보인다. 요즘 문화트렌드를 보면 등잔 디자인을 활용한 조명기구들이 토털 패션 개념으로 개발되어 사람들의 시선을 사로잡고 있는 듯하다. 이 박물관에서도 전통 가옥 형식의 방에다 가구들과 등잔들을

순천 월평유적에서 출토된 **오목한 돌** 조선대학교박물관 사진제공.

전시하고 있는데, 등잔들을 보면 마치 딱 맞는 옷을 입은 듯 다른 전시물들과 자연스럽게 어울리고 있다.

현대적인 느낌의 고급스런 전시는 아니지만, 부엌과 찬방, 안방과 사랑방 등 옛 방들을 그대로 재현해 놓고 각 방마다 따뜻한 온돌바닥에 등잔을 가져다 놓았다. 이런 풍경은 젊은 세대에게는 과거로 타임슬립하는 짜릿한 경험이 될 수도 있다. 이렇게 제자리를 찾은 등잔은 그 어떤 장식품보다 멋스럽고 운치가 있다. 손때 묻은 널찍한 고가구들과 길게 뻗은 등잔대의 조합은 디자인에서도 조화를 이루는데, 이런 등잔대의 길이, 모양, 장식은 등잔의 아름다움을 만드는 결정적 요소다. 이렇게 등잔은 기능에 따라 높이나 모양이 달라지는데, 여기에 다양한 변화를 가미해 예술적인 가구가 되도록 하는 것이 바로 등잔공예다. 등잔은 어떤 의미에서 선조들이 작은 방에 꾸민 유일한 예술작품이었을 것이다.

이곳에 모인 등잔을 둘러보다 보면, 걸개고리를 여러 개 만들어서 높이를 조절할 수 있도록 한 것도 있다. 그런데 문득 아련한 추억 하나가 등잔 불빛 너머

벽걸이용 등잔대 한국등잔박물관 소장.

로 스며들어왔다. 등잔대 아래의 접시는 등잔 받침으로 사용하는 것이지만, 필자가 어릴 때만 해도 할아버지들이 담배를 피우다가 곰방대를 등잔대에 땅땅 두드리며 재를 털곤 했다. 이 박물관에는 그 등잔과 비슷한 게 눈에 띄는데, 우리 집에 있던 그 놋쇠 등잔은 어디로 숨었는지 만날 길이 없다.

박물관의 등잔들은 나무뿐만 아니라 철, 은, 청동, 도자 등 제작된 소재도 다양하고 그 형태도 무궁무진하다. 삼국시대에는 토기 재질의 등잔도 사용했는데, 대표적인 것으로는 작은 잔이 여러 개 달린 '다등식토기등잔'이 있다. 철재로 된 것 중에 죽절문기둥 촛대는 조선 초기의 유생들이 사용한 것으로 보이고, 조선 후기에는 유기로 만든 촛대나 등잔대가 많이 나온다. 고려시대에는 구리가 많이 나서 청동촛대가 유행한 것 같은데, 이 박물관에도 발굴 과정에서 수습된 것으로 보이는 고려 등잔들이 전시되어 있다. 그런데 이중에서 특히 종이로 만든 등잔이 호기심을 불러일으킨다. 늘 불을 붙여야 하는 등잔을 종이 재질로 만들었다니!

종이 등잔을 어떻게 만들었는지 살펴보니, 한지를 꼬아 노끈을 만든 뒤 이를 다시 엮고 그 위에 옻칠로

01 유기촛대겸 등잔 한국등잔박물관 사진제공. **02 종이를 꼬아 만든 지승등잔** 한국등잔박물관 사진제공.

마감했단다. 과정을 듣기만 해도 엄청나게 손이 많이 가는 작업이라는 게 느껴질 정도다. 또 '대가지기둥 목재등가'라는 이름을 가진 등잔은 디자인이 어찌나 창의적이고 감각적인지 현대 디자이너들도 쉽게 생각해내지 못할 것이다.

사실 우리 조상들의 미적 감각에 대해서는 달리 설명하지 않아도 우리 모두가 익히 느끼고 있을 것이다. 등잔도 그렇다. 어차피 불만 잘 밝혀주면 되는 것을 똑같은 재료를 가지고 참 다양하게도 만들었다. 소나무로 만든 투박한 등잔도 멋스럽지만, 염주 문양을 새겨놓은 등잔대나 마디마디 조각을 해 놓은 대나무 모양의 등잔대도 있다. 나비문양이 비치는 불가리개판을 보면, 등잔불이 얼마나 우아하게 사람들을 비추었을까 저절로 상상하게 된다. 이 은은한 등잔불 아래에서 사람들은 가족과 함께 하는 행복한 시간을 꿈꿨으리라.

나비문양촛대 한국등잔박물관 사진제공.

등잔보다 귀한 초, 화촉을 밝히다

이 박물관에는 관람객들이 흥미를 가질만한 게 하나 더 있는데, 그것은 주변을 밝히는 기능을 넘어 방향제로 발전한 '초'다. 너무 귀해 평상시에는 궁중에서만 사용되었지만, 평생 딱 한 번 평민들에게 허락되었던 게 바로 이 초였다. 이 때문일까? 결혼식의 불을 밝혔던 '화촉'이라는 이름의 초는 사라졌지만 그 이름은 지금까지도 이어져, 결혼을 한다

결혼식에 사용하던 신부복과 화려하게 장식된 초(화촉) 한국등잔박물관 소장.

는 말을 아직까지도 "화촉을 밝힌다"라고 표현한다.

또 한국등잔박물관에서는 다른 나라의 등잔들도 감상할 수 있다. 이란, 스리랑카, 중국, 대만 등 세계 여러 나라의 등잔이 함께 전시되어 있는데 형태가 우리의 것과 많이 다르다. 등잔에도 나라나 지역마다 특징이 있으니, 생활환경의 차이가 등잔으로 나타난 것이리라. 그리고 등잔은 가장 우아한 생활예술품이었으니, 각 문화권에 속한 장인들은 자기 문화의 특성을 최대한 가미해 등잔을 만들었을 것이다.

박물관을 천천히 둘러보다 보면 등잔의 종류가 너무도 다양해 놀라게 된다. 수많은 등잔들 가운데 무엇을 주의 깊게 봐야할지 고민하는 관람객의 마음을 읽었을까? 박물관은 패널을 통해 관람객들과 대화를 시도하고 있다. 박물관 전시에서 흔히 볼 수 있는 딱딱한 안내문들과는 달리, 한국등잔박물관은 관람객에게 직접 이야기하듯 편안한 문체로 정보를 전달하고 있다. 수많은 등잔들 가운데 어떤 것들을 자세히 봐야 하는지 관람 포인트를 친절하게 짚어주고 자세히 관찰해 보라는 당부도 곁들인다.

이 박물관에서는 등잔을 비롯한 집안 살림들을 가구들과 함께 전시한 것은 물론이고, 별채의 농기구전시관에는 농사와 관련된 자료들을 전시하고 있다. 그래서 '옛날 사람들은 집에서 뭐하고 살았나?'라는 의문에 대한 해답을 얻을 수도 있고, 다양한 농사일도 체험할 수 있다. 공간에 비해 유물이 상대적으로 많이 진열된 느낌이 들기도 하지만, 집안의 풍경을 영화 세트처럼 보여 주고 있어서 과거 우리 조상들의 생활을 알고 싶어 하는 사람들에게는 좋은 체험의 시간이 될 것 같다.

이곳을 찾기 전에는 등잔만을 다루는 이 박물관에 대해 과소평가할는지도 모르겠다. 하지만 '그곳에 볼거리가 얼마나 되나?'라는 것보다도

'그곳에서 어떤 것을 느낄 수 있나?'라는 것을 중요하게 여긴다면, 등잔 박물관을 찾을 때 아마 큰 선물을 받아 안고 돌아가게 될 것이다.

박물관에 부속된 농기 구전시관 한국등잔박 물관 소장.

용인에는 우리가 숭배하는 명현들의 선영이 많다. 그만큼 의미 있는 곳이다. 한국등잔박물관에서 멀리 떨어지지 않은 곳에 정몽주 선생의 선영이 있다. 그곳의 맑은 기운이 여기 이 작은 골짜기를 감돌고 있는 듯하다. 그분 역시 우리 역사의 등불이 아니신가!

영집궁시박물관

쇳대박물관

옹기민속박물관

북아박물관

짚풀생활사
박물관

진천 종박물관

통영옻칠미술관

제2부

멋과 솜씨, 전통기술의
아름다움을 찾아서

우리 전통기술은 이 땅에서 살다 간 조상들의 지혜를 모은 것이다. 멋과 미와 흥이 담긴 발명의 도구를 통해 자연과 사람이 어떻게 하나가 되었는지를 확인할 수 있다. 짚풀공예, 쇳대, 궁시공예, 옹기, 종, 목공 등을 다루는 박물관을 찾아, 전통문화를 지켜나가는 우리 시대의 장인들과 문화인들을 만나보자. 자연스럽게 배어나는 지혜와 멋을 통해 우리 문화유산의 힘과 조상들의 문화 DNA를 만날 수 있다.

06

짚으로 만든 역사를
간직한 짚풀생활사박물관

인간의 가장 오래된 친구, 짚풀

문명이 발전하면 지나간 기술은 화석화되어 우리 눈에서 사라지고 박물관으로 옮겨진다. 그러나 새로운 기술을 개발해온 인간의 창의력은 문명이 발전한다 해도 여전히 결정적인 역할을 담당한다. 박물관에서 문명의 발전을 이끌 영감을 얻을 수 있다는 얘기다. 주말은 물론이고 평일에도 박물관이 차고 넘치는 이유가 바로 여기에 있다. 모두가 문명이 발전해온 과정과 거기에 기여한 인간의 지혜를 배우고 싶어 하기 때문일 게다.

짚풀생활사박물관에서는 짚이나 풀로 만든 인류의 발명품들을 둘러보는 것은 물론이고, 그 제작하는 과정까지 이해할 수 있다. 이곳에 소장된 것들이 생활과 연관이 있기 때문일까? 일단 제법 억센 재질이

라 할 수 있는 짚이나 풀로 만들어진 것들인데도 무척 정교해서 놀랐 짚풀생활사박물관 입구
고, 사극이나 민속촌 등지에서 종종 봐서 그런지 친근하게 느껴져 또
한 번 놀랐다.

혜화동 로터리를 돌아서 창경궁 방향으로 가면서 오른쪽으로 눈을
크게 떴다. 골목 입구에 있는 박물관 간판을 놓치면 막히는 길을 따
라 여러 바퀴를 돌아야 하기 때문이다. 서울 도심이 워낙 막히다 보니
차량으로 이동할 때는 목적지에 도착할 때까지 신경을 곤두세워야 한
다. 천천히 가다 보니, 갈색으로 된 문화재 간판이 우회전하라고 손짓
한다. 골목으로 들어서자 바로 전통 꽃담이 나오고 박물관 입구가 보
인다. 골목 깊숙이 들어가서 차를 주차하고 천천히 걸어 나오면, 현대
식 건물들 사이에 굳이 한옥 하나가 비집고 들어간 게 보이는데 이 건
물이 바로 박물관이다.

박물관 입구에는 엄마와 아이가 교육일정을 물어보려고 직원과 한
참 얘기를 나누고 있다.

'아하, 현명한 엄마가 아이에게 짚과 풀의 문화를 가르치려 하는구나! 그래, 아무 쓸모없어 보이는 풀들이지만 어떻게 사용하느냐에 따라 정말 유용하고 아름다운 물건들을 만들 수 있으니 말이야! 인류가 수백만 년 동안 풀과 나무를 활용해 왔던 방법을 배워나가는 것이 아이들에게는 중요한 것이지. 그래야 새로운 것들을 재창조할 수도 있을 테니 말이야.'

박물관 입구로 가려면 한옥을 벗어나 계단을 통해 아래로 내려가야 한다. 계단으로 내려가다 보면 중간에 팽이를 전시한 공간이 나온다. 여러 문화권 출신의 팽이들이 독특한 패션을 뽐내고 있다. 조명이 약간 어두워 눈에 시원하게 들어오지는 않았지만, 뚫어져라 쳐다보고 있으니 올라오던 엄마와 아이가 들여다보기 시작한다.

전 세계 여러 지역의 전통문화를 비교하고 싶을 때 팽이만큼 좋은 게 있을까. 크기가 작으면서도 모양이나 색깔이 다양하니, 한눈에 쉽게 비교할 수 있으니 말이다. 팽이들을 전시장 바깥에 따로 모아 '독립 전시'로 꾸민 건 바로 이런 이유 때문일 게다.

팽이전시 짚풀생활사 박물관 소장.

이곳에는 골프팽이와 자동차팽이 같은 특이한 팽이부터 위쪽을 화려하게 디자인한 팽이까지 다양하다. 전 세계에서 모인 기기묘묘한 팽이들. 개중에는 사랑을 점치는 팽이도 있다. 영원히 함께 할 수 있을지를 놓고 팽이로 사랑 점을 치기도 하는 모양이다. 하지만 사랑하는 남녀가 이 점을 치다가 나쁜 점이라도 나오면? 마음 한구석이 계속 찜찜할 테니 두 사람의 관계에 싫든 좋든 영향을 미칠 게 뻔하다. 하여간 전시물을 보고 있으면 별의별 생각이 드는 건 필자만은 아니겠지.

박물관 1층의 작은 마당

계단을 마저 내려가니 키 큰 소나무 꼭대기에 걸린 네모난 하늘이 작은 마당을 내려다본다. 무척이나 아늑한 공간. 마루 구석에 절구와 같은 민속품이 전시되어 있어서 더 정겹다. 하나의 동양화처럼 자연스레 자리한 이곳을 물먹은 암탉처럼 고개를 들어 올린 채 여러 바퀴나 돌았다. 퍼뜩 정신을 차리고 입구를 찾으니 큰 유리창이 손짓한다. 전시실 입구를 찾은 것이다.

짚풀, 보석이 되다

20평정도 되는 공간에 깔끔하게 전시된 것이 보기가 좋다. 먼지가

도롱이 짚풀생활사박
물관 소장.

날리고 너덜거릴 수도 있는 소재인 짚
풀로 만들어진 물품들을 유리장 안
에다 잘 정돈해 놓았다. 첫 번째 유
리장에는 큰 도래멍석이 카펫처럼 걸
려 있다. 이 멍석은 '한식 카펫'이라고
불러도 되겠다. 필자가 아는 분 중에
는 이 멍석을 바닥에 깔고 차상을 놓
은 경우도 있다. 동구미, 삼태기, 부
뚜 등 무척이나 정겨운 이름들. 그런
데 문득 '부뚜'의 뜻이 궁금해졌다. 일
단 스마트폰을 꺼내 검색해 본다. 요
즘은 초등학생 때부터 스마트폰을 이
용하니 다들 검색에 익숙하다. 필자
조차 이렇게 검색하고 있으니…….

스마트폰이 가리키는 부뚜의 뜻은
"타작마당에서 바람을 일으키는 돗
자리"란다. 이렇게 쉽게 찾을 수 있
다니! 이제는 의문이 생기면 언제 어
디서나 쉽게 답을 얻을 수 있는 세상이 되었다. 이러니 지식과 정보를
전달하는 방식도 달라져야 한다. 학생들과 소통하는 방법도 달라져야
할 테고.

부뚜에서 '뚜'는 돗자리라는 뜻에서 온 듯하다. 그러나 '부'라는 말
은 어디서 왔으며 무슨 뜻인지 분명하지 않다. 짚풀을 보러 와서 우리
말 공부를 하게 된 셈.

그러면 도롱이와 접사리는 뭘까? 둘 다 짚으로 만든 비옷을 말하는데, 어원을 찾기란 쉽지 않다. 한자어에 익숙해지면서 정작 우리말이 낯설게 된 상황. 그러다 보니 이렇게 재미있는 우리말을 이제는 박물관에서나 볼 수 있게 되었으니, 이 또한 오늘의 새로운 깨달음이다.

달걀꾸러미 짚풀생활
사박물관 소장.

유리장에 전시된 물건들을 하나씩 보면, 플라스틱이 나오기 전에는 우리 생활에 필요한 대부분의 장비들을 짚과 풀을 이용해 만들었다는 걸 알 수 있다. 요즘에는 상상도 못할 일이다. 옷도 짚, 끈도 짚, 가방도 짚, 카펫도 짚, 지붕도 짚, 개집도 짚, 닭집도 짚……. 짚으로 못 만드는 것이 없다. 물론 이 박물관에 짚으로 만들어진 모든 게 다 전시되어 있는 건 아니지만, 여기에 전시된 것만으로도 짚이 우리 조상과 얼마나 가까이 지내왔는지를 피부로 느끼게 된다.

전시장을 천천히 돌아보는데 갑자기 눈에 익은 꾸러미가 보인다. 짚으로 길게 엮은 예쁜 달걀꾸러미다. 지금은 플라스틱이나 재생종이로 만들어진 용기가 사용되지만, 플라스틱이 등장하기 전까지만 해도 짚으로 엮은 달걀꾸러미 외에는 다른 게 없었다. 짚으로 만들어진 꾸러미는 쿠션 역할까지 해서 달걀이 깨지지 않도록 막아주었다. 지금은 학교에서 선물 자체가 사라지다시피 했지만, 예전에 시골에서 선생님께 드리는 선물 중에 가장 흔한 게 바로 이 달걀꾸러미였을 것이다.

전시장 안쪽에는 짚풀의 표본들을 전시하고 있다. 이쯤 되면 짚풀로 만들어진 제품들이 언제부터 나타났는지 궁금해진다. 추적해 보면, 짚풀 관련 제품들은 구석기시대부터 나타난 것으로 보인다. 후기구석기시

짚풀공예의 다양한 식물 재료들 짚풀생활사 박물관 소장.

대부터 바늘이 출토되고 있으니, 당시에 실이 있었고 섬유를 만들어 사용했다는 얘기다. 물론 방추차 같은 것은 신석기시대에 나오지만.

그럼 그 전에 살았던 사람들은 물건을 어디에 넣고 다녔는지 궁금해진다. 그때는 아마도 가죽을 이용해 물건을 담을 수 있는 모양으로 만든 뒤, 가죽실로 기워 가방 같은 걸 만들었을 게다. 그래도 실을 뽑아서 짠 것은 신석기시대부터라고 보는 게 정확하다.

짚풀은 단순히 짚과 풀만을 말하는 게 아니고, 나무나 나무에서 가져온 섬유질 등을 통틀어 일컫는 말이다. 그런데 짚풀 등으로 만들면 구멍이 숭숭 뚫려있을 것 같지만, 공을 들여 탄탄하게 짜면 웬만한 포장보다 기능성이 더 낫다. 기본적으로 통기성이 상당히 뛰어난데, 수분이 침투하지 못하도록 옻칠을 하는 방식으로 기능을 업그레이드한 것도 있다.

　전시실 중앙에는 큰 화면에 기능 전수자가 짚풀 공예품을 재현하는 과정을 방송하고 있다. 그 옆에서는 짚풀 짜는 방법을 다양한 표본을 통해 보여 주는데, 사실 실이나 짚이나 나무섬유들이나 짜는 기법은 크게 다른 것 같지 않았다. 정성을 들여 만든 표본들 하나하나가 작품 같은 느낌을 준다. 그리고 가마니 짜듯이 넓게 짠 것들에 천연물감으로 색을 입혀 벽에 걸어두니 보자기 같은 느낌이 든다. 자수가 들어간 직물, 카펫, 그리고 이런 짚풀 제품들은 한 올 한 올에 만든 사람의 정신과 힘이 들어가 있다.

　4가닥 틈메우기, 13가닥 막대 엮기, 7가닥 나선, 넓은 고양이발, 10가닥 다이아몬드, 지네뒷면, 11가닥 리본, 제비초리, 머리 땋기, 가두리 참치, 박쥐 날개 등……. 이런 이름들은 모두 짚풀을 엮는 방법인데, 박물관에서는 하나씩 표본을 만들어 액자에 넣은 뒤 벽에 붙여 놓았다. 망태기의 이음새는 좀 더 큰 문양이 반복되는데, 정교한 느낌

짚풀공예의 꼬임새와 엮음새 짚풀생활사박물관 소장.

을 주는 동시에 식물의 껍질이 주는 신선함이 매력적이다. 일상적으로 사용하는 것과는 상당히 거리가 있는데도, 반복의 미가 고스란히 담긴 이런 물건들이 마냥 정겹고 끌린다.

　전시장 중앙에 있는 진열장에는 알록달록한 베갯모와 인두판이 여러 점 전시되어 있다.

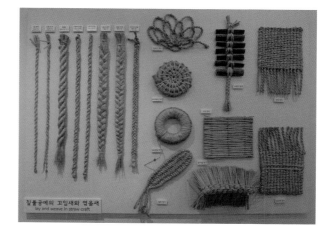

짚풀공예의 꼬임새와 엮음새
lay and weave in straw craft

보리짚을 물들여 만든
베갯모 짚풀생활사박
물관 소장.

이것들이 왜 전시되어 있나 했더
니, 보릿짚을 펴서 색깔을 입히고
인두로 지져 장식한 거란다. 이름
모르는 꽃들, 초가집, 병아리를
거느린 닭, 기하학적인 문양 등이
빨간색, 노란색, 초록색 등의 색
소로 화려하게 장식되어 있었다. 하지만 '원판 불변의 법칙'이라고, 짚풀
이 지닌 담백함만은 속일 수가 없다.

선대의 여인들은 어머니를 통해 전수받아 짚풀에 물을 들였을 게다.
서양의 물품이 들어오면서 한때 외면당하던 우리 전통 물품들. 하지만
건강과 멋을 찾는 분위기가 무르익으면서 많은 사람들에게 사랑받게
되었다. 앞으로는 전통 기법을 지키면서도 발전시킬 방법까지 함께 고
민해 봐야 할 것 같다.

짚으로 모든 것을 말하다

지하에 위치한 전시실을 나와서 계단에 의지해 위층으로 올라가는
데, 계단이 끝나는 지점에 '집'이라는 주제로 작은 전시가 열렸다. 크레
용으로 그린 작가들의 작품도 있고, 새들이 직접 만든 새집이랑 사람이
짚으로 만들어준 새집도 있다. 그래, 짚으로 지은 집! 듣기만 해도 따스
하고 포근하다. 그 옆에는 장승이 보란 듯이 서있는데, 나무를 뼈대로
세우고 멍석을 짜서 씌운 뒤 머리를 땋아 내렸다. 허리를 굽힌 모습이
꼭 휴대전화 매장 앞에 자리한 춤추는 풍선 인형 같다.

한참을 뚫어져라 바라보다
가 고개를 돌리니 벽에 짚풀
로 만들어진 주머니 같은 게
눈에 띈다. 종다래끼라는 특
이한 이름을 가진 이 녀석은
옛날 씨 뿌릴 때 사용하던 씨
앗 담는 망태기였다. 요즘으
로 치면 매는 가방이랄까?

종다래끼 짚풀생활사
박물관 소장.

그런데 종이 씨앗이라면, 다래끼는 뭘까? 돌이켜보면 이전에는 사
람들이 무엇을 가지고 다닐 때 소매나 품속에 끼거나 보자기에 말아서
어깨나 허리에 걸치곤 했다. 그게 아니라면 망태기나 다래끼에 넣은 뒤
어깨나 허리 그리고 목에 걸고 다니기도 했는데, 여기서 다래끼는 작은
등산용 가방이나 그와 같은 형태로 만들어진 일종의 책가방이었다.

또 재미있는 것은 짚으로 만든 가면들이다. 양주산대, 안동하회, 고
성오광대 등의 캐릭터를 짚과 대껍질 등을 이용해 가면으로 만들었는
데, 개성으로 똘똘 뭉친 것들이지만 한편
으로 무척이나 친근하게 다가온다. 특히
이미지를 결정하는 눈매
에서 독창성과 해학을 동
시에 느낄 수 있다. 색을
입히기가 어려워 캐릭터
의 특성을 시각적으로 표
현하는 데 어려움이 있지
만, 구멍을 내는 등의 방

**짚 등 식물새끼로 만든 탈(심
우성 선생의 기증품)** 짚풀생
활사박물관 소장.

식으로 기괴한 모습을 그려내기도 했다. 이렇게 만드는 사람의 감성과 계층의 현실, 그리고 시대별 트렌드를 반영한 가면으로 춤추다 보면, 마치 특정한 시대의 누군가가 된 듯한 느낌이 들 것 같다. 게다가 짚풀로 만든 가면이라니! 나무로 만든 것보다 훨씬 가벼우니 춤꾼들도 더욱 신명나게 춤추지 않았을까?

보통 안동하회탈춤을 추는 사람들은 대대로 가면을 보관했다가 공연할 때 꺼내서 사용했다. 그래서 오래되고 예술성이 높다고 그 탈들을 국보로 지정한 것이다. 이런 점을 생각한다면 하회탈춤을 연출할 경우, 나무 대신 상대적으로 저렴한 짚으로 하회탈을 만들어 사용할 수도 있겠다.

설명서를 읽어보니, 이 짚풀 가면들은 가면극을 연구한 민속학자인 돌아가신 심우성 선생이 기증한 거란다. 그는 공주 가면극박물관을 만든 분이고 현대의 여러 가지 전통춤이나 가면극을 계승하는 데 크게 기여한 분이다. 아마도 인 관장이 홀로 이 박물관을 만들 때 걱정을 많이 하서서 소장품을 기증한 것 같다.

우리나라 최고(最古)의 짚신, 현대 짚풀공예를 만나다

〈껍데기는 가라〉라는 시로 유명한 고 신동엽 시인의 부인인 인 관장이 이 박물관을 만들 때는, 전통문화를 보존·계승하는 문제가 위기를 맞았을 때였다. 특히 민중의 생활을 대변하는 짚풀문화는, 재료를 확보하기가 점점 어려워지고 플라스틱 제품이 계속 나오면서 살아남기가 더욱 어려웠다. 전통문화를 보존하는 게 얼마나 중요한지를 제

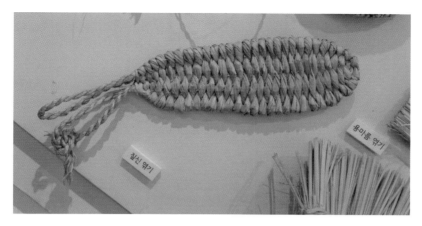

짚신의 바닥을 만드는
과정 짚풀생활사박물
관 소장.

대로 이해하지 못한 사람이라면, 그 시점에 이런 박물관을 절대 세우지 못했을 것이다. 그래서 인 관장은 자기 박물관에 대한 애착이 남다르다. 그렇지 않았다면 경제적 희생을 감수해 가면서 박물관을 꾸려 갈 수 없었으리라.

이곳에는 짚신 외에 여러 가지 신발들도 전시되어 있다. 그리고 신발을 만들 때 사용하는 도구들도 같이 전시해 두고 있어서 어떻게 만드는지를 알 수 있다. 요즘처럼 가죽구두나 기능성 운동화들이 보편화된 시대에 이런 광경을 볼 수 있다는 것은 무척 인상적이다. 필자가 어릴 적만 하더라도 시골사람들은 직접 짚신을 삼아 신고 다녔다. 그러다가 고무신이 보급되기 시작하면서 짚신은 급속히 사라진 것이다. 짚신을 신으면 때로 발뒤꿈치가 까져 상당히 아프다. 모두가 아득하기만 한 추억이다.

짚신이 추억으로 가는 타임슈즈라도 된 것일까? 짚신을 한참 들여다보는데 갑자기 인 관장을 처음 만났던 때가 떠올랐다. 물론 짚신과 관련된 추억이다.

출토된 짚신을 복원한 모습 농업박물관 사진 제공.

필자와 인 관장의 인연은 2000년대 초에 부여의 관북리유적에서 쏟아져 나온 부여짚신을 함께 다루게 되면서 시작되었다. 부여 관북리는 부여관아가 있던 곳의 아래쪽 일대인데, 학계에서는 이 일대를 고대 백제 궁궐터의 일부로 여기고 있다. 여기를 발굴하다가 습지가 나왔는데, 그 습지에서 짚신이 여러 점 발견된 것이다. 습지에서는 짚풀 같은 것들이 잘 보존되는 성질이 있다. 그때 부여문화재연구소가 관북리유적을 발굴했는데, 짚신을 흙으로부터 분리할 수가 없어서 흙덩이를 통째로 떠와서 냉동실에 보관하고 있었다. 그것을 꺼내서 보는 순간, 1,500년 전에 살았던 사람의 발이 들어있는 듯한 느낌을 받았다. 전체적인 모양이 그대로 보존되어 있었고 짚풀의 짜임새가 생생하게 남아 있어서 무척이나 감동을 주었다.

"인 관장님, 관장님이 부여의 짚신유물을 가지고 고고역사박물관 위원회에서 한국대표로 발표해 보세요."

2004년에 세계박물관협회 서울대회 사무총장을 하던 시절, 우리나라 박물관 전문가들이 너무 적어 발표할 사람들을 찾아 동분서주하다가 인 관장에게 이런 제의를 했다.

"그거 영어로 해야 하는 거 아니에요?"

"아니, 그림 슬라이드를 좀 준비하고 우리말로 하세요. 통역하면 되니까."

우여곡절 끝에 제의를 수락한 인 관장은 열정적으로 발표를 준비했다. 그는 연세가 많지만 자신이 담당한 분야에서 가장 중요한 발표를 해냈고, 우리나라 박물관의 깊이를 제대로 보여 주었다. 이때의 인연으로 멀리서나마 인 관장을 응원하고 있다.

옹기들도 짚으로 싼다. 잘 깨어지는 것들을 보호하기 위해서다. 이렇게 짚은 결국 우리 생활에서 옷도 되고, 가방도 되고, 포장용기도 되고, 신발도 되고, 방석도 되고, 지붕도 되고, 벽도 되고, 장신구도 되는 등 모든 것을 해결할 수 있는 재료가 된다.

"그 머리 위에 있는 짚으로 만든 용은 누구의 작품이에요?"

전시장을 관리하던 학예사의 머리 위에 짚으로 만든 용이 걸려 있었는데, 너무 사실적이어서 전문작가가 만든 작품일 거라고 기대하며

짚으로 만든 용 짚풀생
활사박물관 소장.

물었다.

"이전에 있던 학예사가 만든 거라고 들었어요."

이 정도의 솜씨를 가진 사람이면 이 박물관의 지킴이가 되었어야 할 듯싶다. 하지만 떠나갔다고 해도 그 열정이 어디 가겠는가. 그분은 어디에선가 이런 솜씨를 또 다른 멋진 일에 쓰고 있을 게다. 나가는 입구에도 그의 작품인 듯한 것이 여러 개 있다. 호랑이가 가죽을 남겨 자신의 존재를 증명하듯이, 우리네 인간도 이렇게 자신의 흔적을 남겨 다른 사람과 교감할 수 있으면 얼마나 좋을까?

짚풀이 엮어내는 문화의 빛깔을 꿈꾸다

전시장을 나오면서 한옥으로 된 교육실을 보니, 이곳을 다녀간 사람들의 작품이 보인다. 물론 어린이들이 대부분이지만, 짚을 만지는 것 자체가 어린이들에게는 큰 선물이 되었으리라. 짚풀이 가진 그 독특한 질감으로 어린이들의 감성은 무럭무럭 커나갈 테니 말이다. 오감을 활용해 뭔가를 만들어 가면서, 어린이들은 끊임없이 상상력과 창의력을 키워나간다. 그리고 그 결과는 우리나라의 미래가 될 것이다.

필자가 둘러본 나라들 가운데 우리나라만큼 짚풀공예가 발달한 나라는 없었다. 물론 열대나 아열대 지역의 경우 짚풀공예가 발달하긴 했지만, 그런 나라에서도 짚신 같은 건 찾아보기 어렵다. 우리나라가 온대 지역에 속하기 때문에, 선조들은 계절의 변화에 적응하기 위해 다양한 제품들을 짚풀로 만들어내지 않았을까? 이렇게 보면 우리 전통문화유산은 자연이 준 엄청난 선물이라 해도 과언이 아니다.

다음 특별전시는 전통염색이란다. 베갯모의 보릿짚을 알록달록하게 밝히는 색깔 말이다. 벌써부터 다음 전시가 기다려지는 것은, 짚풀생활사박물관에 대한 믿음 때문이리라. 사람에게 믿음을 주기란 쉽지 않다. 더구나 확실한 보장도 없는 것에 매달려 평생을 바치기란 더더욱 어렵다. 하지만 이 두 가지를 함께 해내고 있는 박물관이기에 두고두고 찾고 싶은 마음 가득하다.

우리 전통문화의 가장 낮은 자리에서 누구와도 부담 없이 만나주었던 우리 짚풀. 짚풀에게서 내어줌의 미학을 발견하고 나니, 우리의 소중한 것을 지켜주었던 쇳대가 떠오른다. 그 다양한 모양과 해학적인 의미를 찾아 서울 대학로의 쇳대박물관으로 떠난다.

07

우리나라 쇠붙이의
보물창고, 쇳대박물관

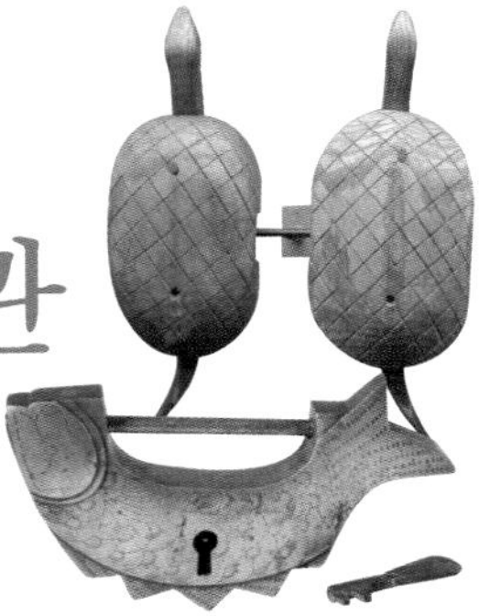

녹이 슨 쇠붙이에서 역사를 엿보다

"쇳대? 그게 뭔데요?"

아이들은 쇳대박물관은 고사하고 쇳대가 어떤 물건인지도 모른다. 하지만 어른들도 별반 다르지 않다. 쇳대가 뭔지 아냐고 물으면 금세 말을 더듬거나 고개를 숙이기 일쑤다. 하지만 시골에서 자란 50대 이상은 이 쇳대라는 물건이 우리의 전통을 가득 머금고 있다는 사실을 알고 있다.

쇳대는 열쇠다. 가장 우리다운 것들로 가득한 보물창고를 지키는 열쇠. '쇠'라는 것은 '철'을 말하지만, 철을 한자로 풀면 '금'이고 이것은 '돈'과 통한다. 하지만 쇳대는 돈만을 지키는 열쇠는 아니다. 귀중한 것을 담고 있는 창고라면, 쇳대는 인간의 잣대에 기대지 않고 주인의 바

쇳대박물관 전경 쇳대
박물관 사진제공.

람과 기대에 부응한다. 쇳대박물관은 이렇게 주인의 소망을 잔뜩 담은
소중한 보물창고를 지키는 자물쇠와 열쇠로 가득하다.

쇳대박물관은 사람이 언제나 붐비는 동숭동 대학로 거리의 뒤편에
있다. 대학로의 중간쯤에서 낙산 방향으로 들어서면 골목의 모서리에
빨간 건물이 얼굴을 내미는데, 이게 바로 쇳대박물관이다. 이름은 구
식이지만 무척이나 현대적인 이 건물은, 건축가 승효상 씨의 작품으로
쇳대의 이미지를 잘 드러냈다. 쇠의 이미지로 치장한 건물은 그 입구부

터 대학로에 자리 잡기에는 사치스러워 보였다. 계단을 올라 박물관의 좁은 입구에 서면 마치 박물관의 쇳대가 된 기분이 든다.

건물의 2층에 들어서니 관장인 최홍규 씨가 반바지의 스포티한 차림으로 맞이한다. 관장이라고 하면 근엄한 모습이 먼저 떠오를지 모른다. 하지만 유명한 '최가네 철물점'의 대표인 그는 자유인의 모습을 한 멋쟁이다. 항상 차분하고 낮은 목소리로 사람을 매혹시키는 젠틀맨이다. 필자가 볼 때, 그는 우리나라에서 가장 입지전적인 문화인이다. 덕포진교육박물관에 다녀왔다고 하니, 그는 자랑하듯 이렇게 말한다.

"이인숙 관장님은 제가 있으면 훤하게 잘 보인다고 해요."

덕포진교육박물관의 이인숙 관장은 시각장애인이고, 이곳 쇳대박물관의 최 관장은 항상 **빡빡**머리를 하고 다닌다. 그래서 최 관장이 이런 얘기를 던진 것이다.

2층 토기 전시장 쇳대
박물관 소장.

2층 큰 홀 가운데에 있는 긴 테이블을 사이에 두고 이야기를 듣는 와중에 정면에 전시된 토기장이 눈에 들어왔다. 삼국시대에 만들어진 손잡이 달린 컵, 목이 짧은 항아리, 큼직한 항아리 등등 회색과 분홍색으로 치장한 우리 고대의 토기들이 칸칸마다 자리하고 있었다. 전면 대형 유리 바탕에 토기의 실루엣이 보이도록 깔끔하게 전시되어 있었는데, 이런 것만 봐도 그의 취향이 잘 드러난다. 문득 고개를 들면 쇠로 된 자전거가 천장에 매달려 있고, 다른 한쪽 벽에는 철사로 만든 작품이 한가득이다. 아마도 유명 작가의 작품이리라. 그는 쇠로 만든 것에 엄청난 애착을 보였는데, 철제 유물 속에 들어있는 전설 같은 이야기에 머리부터 발끝까지 빠져든 듯했다. 그가 쇳대를 모은 건 바로 이런 이유 때문이리라.

지금까지 이 박물관을 여러 번 찾았지만 하나하나 뜯어보기 위해 온 것은 처음이다. 하지만 아무리 자주 찾는다 해도, 박물관이 담고 있는 것들을 다 이해하지는 못할 것 같다. 아마도 필자가 찾을 때마다 박물관의 유물들이 다른 목소리를 내기 때문이리라. 그래서일까? 필자는 박물관에 갈 때마다 새로운 것을 발견한다. 흔히 박물관을 대충 훑듯이 지나치고는 마치 '다 본 것'으로 생각하는 경우가 많은데, 이 얼마나 위험한 생각인가.

하늘로 열린 창, 박물관의 문을 열다

전시실은 3층에 있다. 올라가는데 흘낏 쳐다보는 흑백사진 한 장. 안경 낀 늙은 아저씨가 여러 개의 자물쇠를 큼직한 헝겊 판에 달고 있다.

여러 자물쇠를 단 헝겊판을 달고 있는 나이 많은 아저씨 사진 쇳대박물관 소장.

어릴 적 시장에서 봤던 바로 그 아저씨에 그 열쇠다. 두툼한 안경을 쓴 아저씨는 누가 지나가는 줄도 모른 채 열쇠 만드는 일에 흠뻑 빠져 있다.

전시실로 들어가기 직전, 통로 입구로 작은 하늘이 열리고 그 아래에는 작은 돌 사람[15시]이 서 있다. 실내공간이지만 밖으로 이어져 있다는 느낌이 들어서 마음이 밝아진다. 한참 동안이나 눈길을 주고 있었더니 최 관장이 묻는다.

"이 공간들은 어때요?"

"원래 박물관이 좀 답답한 느낌이 드는 공간인데, 이만큼 눈으로 숨쉬게 만든 걸 보니 정말 대단합니다!"

"저는 승효상 씨를 대단히 좋아합니다. 제가 건축을 두 번 부탁드린 건 그 분이 유일합니다."

현재 최 관장은 또 다른 곳에 공방을 겸한 박물관을 기획하고 있는데 그 설계를 승효상 씨에게 맡긴 모양이었다. 승효상 씨가 꾸민 공간으로 들어가면 누구나 할 것 없이 '나를 위한 공간이구나.' 하고 느끼게 된다. 그래서 필자도 그가 창조한 공간을 좋아하는 것이리라. 이 박물관의 겉옷에 해당하는 붉은 철판에서도 그런 점이 느껴지는데, 철은 다른 금속과는 달리 가장 친환경적이다. 왜냐고? 바로 썩기 때문이다. 부식된 철판이 주는 붉은색은 금속에서 느끼는 건조함이나 딱딱함보다는 흙에 가까운 감성을 불러일으킨다. 그리고 붉은 피를 연상하게 하여 생동감을 불러일으킨다. 이런 점에서 이 박물관이 차려입은 '녹슨 철판'은 대단히 인간적이다.

쇳대박물관의 전시장으로 들어
서니 잘 차려진 보석상이 눈에 들
어온다. 그곳으로 머리를 들이는 사
람들은, 왜 입구에 하늘로 열린 창
이 있는지를 알게 된다. 밝음과 어
두움이 극적으로 대비되는 카타르
시스의 공간이 갑자기 눈앞에 뛰어
든다. 설계자는 전시의 극적인 효과
를 건축이라는 황홀한 공간으로 이
끌어낸 것이다.

어두운 전시장 내부에 자물쇠들
이 반짝인다. 옛날에 고물장수들의
리어카에 실려 있던 자물쇠들을 떠
올려보면, 여기 진열장 속에 있는
것들은 정말 호강하는 셈이다.

전통적인 쇳대는 한마디로 단순
함의 극치를 보여 준다. 그렇기 때

전시실 **통로 입구의 작은
석인** 쇳대박물관 소장.

문에 이것을 한 번이라도 본 사람들은 '저것으로 어떻게 중요한 물건을
지킬까?'라고 의문을 가질 수도 있다. 하지만 그 속에는 상당한 물리학
적 원리와 과학이 들어 있다. 금속품 기능보유자인 박문열 선생이 보여
준 복잡한 자물쇠의 경우 일곱 단계로 해제하지 않으면 열리지 않는 것
이 있는데, 단순한 쇳대로 이 일곱 단계를 풀어 나가도록 만들어진 게
바로 전통 자물쇠이다. 그러니 이 일곱 단계의 해제 과정을 거쳐야 열

수 있는 박문열 자물쇠는, 오늘날 아파트 문에 붙은 번호 입력 방식의 디지털 도어락보다 더 복잡하고 암호해독 컴퓨터로도 풀 수 없는 기발한 발명품인 셈이다.

인간의 욕망을 채운 자물쇠

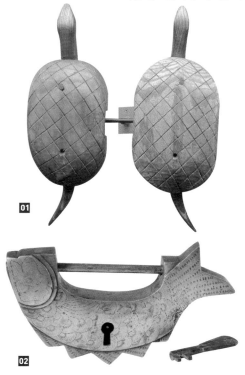

01

02

안내문에 새겨져 있듯이, 우리나라의 자물쇠와 열쇠는 인간의 염원이 담긴 유물이다. 그래서일까? 이 두 가지 친근한 녀석들은 상징을 품고 있다. 전시장에 들어서자마자 오른편으로 나무로 깎은 물고기와 거북이가 눈에 확 들어온다. 거북이가 어쩌다가 자물쇠의 손잡이 구실을 하게 되었을까? 어쩌면 거북이가 장수를 상징하는 길한 동물이어서 그런지도 모르겠다.

거북이나 이와 비슷하게 생긴 자라나 한 번 물면 목이 잘리더라도 물고 있는 동물로 알려져 있다. 어릴 적 대구 집에서 4킬로미터 정도 떨어져 있던 수성못에 자라를 잡으러 가면 형들이 절대로 물리지 말라고 하던 기억도 새록새록 떠오른다. 사람들은 이런 점에 착안해서, 자물쇠에 거북이나 자라 모양을 붙여 두면 도둑을 막고 재산을 지킬 수 있다고 생각했을 것이다. 또 그 옆에 있는 청동 물고기는 어릴 적 마루 구석에 놓여 있던 뒤주 이마 장식과 같다.

옆에서 설명하던 최 관장이 씩 웃으며 덧붙인다.

"배 관장님, 문빗장과 자물쇠를 왜 물고기 모양으로 만든 줄 아세요?"

글쎄, 왜 그랬을까?

한참을 생각해도 답이 떠오르지 않는다.

항복하고 최 관장의 설명을 들으니 그제야 눈이 밝아진다.

'그래, 맞다! 물고기는 자더라도 눈을 감지 않잖아.'

하하. 필자가 어릴 적에 이런 이야기를 들었다면 민속학자가 되었을지도 모르겠다.

동아프리카의 어느 나라에서는 부자들의 집을 마사이 족들이 지킨다고 한다. 이들은 나무창을 하나 들고 대문에 서면 밤새 자지 않고 지키는 것으로 유명하다. 그래서 동아프리카의 부호들에게 인기가 많다. 이런 점에서 이들은 인간자물쇠인 셈이다. 옛날이나 지금이나 재산을

용형 쇳대 쇳대박물관 사진제공.

열쇠패 숏대박물관 사진제공.

지키고 생명을 보호하는 일은 가진 사람들의 가장 큰 고민거리였으리라. 알리바바의 주문처럼 이 거북이나 물고기가 주인을 지켜준다면 얼마나 든든할까?

이 박물관의 놋쇠로 된 가구 자물쇠는 무척이나 화려하다. 은실을 이용해 섬세하게 문양을 넣은 것을 비롯해, 음각으로 꽃을 새긴 것이나 가정의 화복을 비는 문구를 새긴 것 등 어느 것 하나 평범한 게 없다.

전시장에 있는 물건 중에 고려 때의 것으로 알려진 금동제 자물쇠가 하나 있는데 용으로 장식이 되어 있다. 이거야 말로 자물쇠의 역할을 못하는 자물쇠이리라. 왜? 금으로 만든 자물쇠가 바깥에 노출되어 있는데 어느 누구라도 견물생심이 생기지 않겠는가. 그것부터 떼어 갈 것이니 자물쇠를 채우는 의미가 없다. 또 그런 자물쇠는 분명 왕궁의 장롱 같은 것을 채우는 데 쓰일 텐데, 어떤 도둑이 간 크게 그런 곳을 털려고 하겠는가. 이렇게 볼 때 이 금동 자물쇠는 그냥 아름다운 장식이었으리라.

이런 자물쇠를 만들어 사용한 사람들은 어떤 사람들이었을까? 아마도 최고의 문화생활을 누리고 살았으리라. 열쇠는 부의 상징으로서 부적과 같은 성격을 가지고 있다. 옛날에 길상문 좋은 일을 상징하는 무늬을 새긴 별전을 비단으로 엮은 '열쇠패'는 혼인할 때 사용하던 예물인데, '부자로 사세요!'라는 의미를 담은 부적 같은 것이었다. 이런 전통 때문인지 요즘도 젊은이들이 결혼할 때 혼수로 아파트 열쇠나 자동차 열쇠 등을 주는 경우가 있다고 한다.

쇳대박물관의 전시장은 다른 곳에 비해 크지는 않다. 하지만 쇳대박물관을 찾는 사람들은 이곳의 전시품들을 보며 무척이나 정갈함을 느낀다. 마음속에 몰래 숨겨두었던 어지러운 골방이 순식간에 정리되는 그런 묘한 느낌이다.

그러다가 한쪽 구석에 이상한 자물쇠가 빛나고 있어서 저절로 눈길이 갔다.

"이건 서양에서 사용하던 정조대랍니다."

최 관장의 설명을 들으니 그때서야 이해가 되었다. 여성의 것과 남성의 것이 있는데 정말 허리에 차고 자물쇠로 잠그게 되어 있다. 순간 '얼마나 불편했을까?' 하는 생각과 함께 '남성이 저걸 찬다고 해서 과연 얼마나 실용성이 있었을까?' 하는 생각이 들었다. 아마도 남성이 전장에 나갈 때 여성에게 정조대를 채운 뒤, 여성을 위로하는 차원에서 자신이 착용한 것이라는 생각이 들었다. 하지만 중세에 전장에서 여성을 만날 기회는 거의 없었을 것이므로, 남성 정조대란 것은 사실상 여성을 안심시키기 위한 용도로 만들어졌으리라.

남성용 정조대(왼쪽)와 여성용 정조대 쇳대박물관 소장.

전통 공방을 통째로 옮겨오다

사실 이 박물관에서 정말 중요한 것은 이런 자물쇠와 쇳대를 만드는 우리 전통 공방이다. 전시장의 양쪽에는 두 개의 공방이 있는데, 원래 장인들이 사용하던 것을 먼지 한 톨까지 훑어서 그대로 가져온 것이란다. 최 관장의 앞서 가는 혜안이 우리의 문화재를 지켜낸 것이다.

첫 번째 공방은 이경로 씨의 것이다. 입구에 역대 문화재청장으로부터 받은 상장이 붙어 있어서 그 관록을 짐작하게 한다. 전면에 반복된 벌집 속에 쌀 미 米 자를 양각으로 처리한 은제 옥쇄함은 뚜껑에 꼭지가 달리고 양쪽에 둥근 손잡이가 달린 것인데, 규모가 상당히 커서 얼마나 정성 들여 제작했는지 한 눈에 알 수 있다. 크고 작은 연장들이 선반에 가지런히 걸려 있고 때 묻고 흠집 가득한 작업대에서는 장인의 연륜이 보인다.

"제가 먼지 하나까지 그대로 가져온 겁니다."

최 관장은 이 공방을 무척이나 자랑스러워했다. 그의 말처럼 아주 작은 도구조차 원래의 필통에 꽂혀 있다. 그리고 공방은 지금도 사용하고 있는 것처럼 잘 정돈되어 있다.

전통공방 복원 모습
쇳대박물관 소장.

또 다른 공방은 바로 중요무형문화재 제64호 두석장 김극천 선생의 통영 작업실을 그대로 옮겨온 것이다. 두석장이란 장석, 즉 가구에 붙이는 여러 종류의 황동과 백동 장식을 만드는 장인을 말한다. 예쁘장한 빨간색 2층장 앞에는 작은 모루, 구멍뚜르개, 여러 크기의 망치들, 활비비 등 그가 사용하던 공구들이 빈틈없이 전시되어 있다. 색동방석 위에 주저앉아 하루 종일 작업한 뒤 고된 허리를 펴던 그의 모습이 빛바랜 사진 속에서 되살아난다.

필자는 두석장식의 의미를 조금은 알고 있다. 한옥 방안에서 거의 유일하게 빛나는 물건이 가구에 붙은 이 장식들이다. 어두침침한 밤이면 촛불의 은은한 빛을 반사하여 방의 분위기를 지켜주던 장석들이다. 나비, 박쥐, 인동문, 만자문 등 투각과 새김무늬로 이루어진 장식은 우리 선조의 모든 생활을 지켜보던 바로 그 눈일 것이다.

이제 우리 주변에서 이런 금속공방을 찾아보기란 어렵다. 사진 속에서나 볼 수 있는 공간이 이 박물관에 와 있는 것이다. 작은 소품들이 가득한 이런 작업공간에 들어서면, 뭔가 만들고 싶은 마음에 누구라도 손이 근질근질하게 될 것이다. 고대 사람들의 도구를 연구하는 필자로서는 이런 공방이나 철물점이야말로 작은 박물관이다. 그래서 시골 장날이면 반드시 철물점에 들른다. 먼 외국에 가서도 철물점이나 대장간이 있으면 차를 세우고 둘러보곤 한다. 뭔가 색다른 게 있는지, 아니면 그곳에서 무엇을 만들어내는지 궁금해 한참을 기웃거리는 것이다. 언젠가 동굴탐사를 하고 돌아오는 길에 평창에 들러 시장 한복판에 있는 철물점에 들어가니, 옛날부터 사용하던 단야로가 있고 그 옆에 철공방이 그대로 있었다. 요즘 보기 힘든 엄청나게 큰 주물 철솥 단지들이 문 앞에 쌓여 있고, 물건이 쌓여 좁아진 가게 문으로 들어서니 눈앞에 단야로가 시커먼 모습으로 마주섰다. 기억을 더듬어 보면, 우묵한 바닥에서 솟아오르던 단야로는 무척이나 신비한 느낌을 주었다. 수십 수백 번을 달구어져 피부색이 변한 흑청색 연장들이 병마용갱의 토용처럼 벽과 선반에 기댄 채 서 있었는데, 그 공간을 뒤덮은 먼지조차도 섹시한 문화재가 하얀 슬립을 아슬아슬하게 걸친 것처럼 보였다.

지금 이 박물관의 공방에 서서 연장 하나하나에 눈을 돌리니, 일에 심취하던 장인이 조물주의 형상과 겹쳐진다. 아주 특별한 철물점 주인인 최 관장도 그런 장인임에 틀림없다.

자물쇠를 만드는 공정은 대단히 복잡하다. 갈고 뚫는 등의 금속공예는 기본이고, '특별한 문양을 만들어내는 정'으로 일일이 두드려 작업해야 한다. 이 공방에 들어서면 그런 작업들이 어떻게 이루어지는지를 금세 이해할 수 있고, 그런 공정에 얼마나 공이 들어가는지를 알게 된다. 통영에서 옮겨온 또 다른 공방은 가구에 붙이는 금속장식들을 만드는 곳이다. 최 관장이 이곳으로 옮겨왔다는 사실을 알고는 통영시장이 와서 보고 한탄을 하더란다.

보물의 가치를 모르면 결국 빼앗기고 마는 것이다. 이런 사실을 깨달았다면, 우리는 아름다운 전통문화를 지금보다 훨씬 더 많이 지킬 수 있었을지도 모른다. 그나마 최 관장 같은 사람이 있어서 이런 공방이나마 지킬 수 있었으니 얼마나 다행인가!

최 관장이 자랑스러운 표정으로 필자를 이끈 곳은 유물 수장고였다. 우리나라 박물관에서 유물 수장고를 보여 주는 것은 엄청난 배려이다. 작은 방에는 서랍으로 가득했는데, 서랍을 빼 보니 자물쇠와 쇳대가 빼곡히 들어차 있었다. 세상 모든 쇳대가 여기에 숨은 것처럼.

쇳대의 열정, 수집 명문가를 만들다

조심스레 쇳대를 살피고 있는데, 최 관장이 병따개처럼 보이는 쇳대가 가득 쌓인 서랍을 열어 보인다. 최 관장의 아들이 모은 것이란다. 포도주 병따개도 또 다른 쇳대다. 여는 것이니까.

"관장님, 이것 보세요. 우리 아들이 모은 것이랍니다."

살펴보니 스티로폼을 병따개에 맞게 홈을 파서 서랍 속에 넣어 두었다. 우리 같은 선사고고학자들이 유적에서 석기를 발굴한 다음에 서로 섞이지 않게 보존하기 위해 흔히 사용하는 방법이다. 박물관 관리에 대한 교육을 받지 않은 최 관장이었지만, 이렇게 정성껏 보존했으니 물건이 그 가치를 잃어버리지 않고 이토록 빛나게 된 것이다. 박물관의 유물, 아니 보통 사람들의 유물도 그 유물을 보존한 사람의 이력이 높으

스티로폼에 홈을 맞추어 만든 포도주 병따개 서랍장 쇳대박물관 소장.

면 그 가치가 올라간다. 그래서 유물을 구할 때 누가 수집한 것인지를 따지는 것도 중요하다. 유물의 이력은 사람의 이력과 마찬가지로 그 유물을 들여다보는 거울이다.

서양의 포도주 병따개는 화려한 장식을 하고 있어서 겉으로 보기에는 병따개라고 생각할 수 없는 것들도 있었다. 어떤 것은 우리나라 전통 열쇠처럼 만들어져 있었는데, 그 속에 나선형 송곳이 들어 있었다. 그리고 몸통에는 상감기법으로 된 멋있는 문양이 자리해 있었다.

병을 따는 것도 하나의 의식이다. 우리도 소주병을 딸 때 쓸데없는 의식을 하는 경우들이 많다. 그리고 병을 따고 나서도 술을 한 번 뿌리는 것과 같은 의식을 치르기도 한다. 이런 점에서 포도주 병따개의 아름다운 장식은, 대화를 시작하는 계기가 될 것이다. 포도주의 화려한 병따개는 술병을 따는 것보다는 말문을 따는 효과가 있지 않을까? 그래서 술판에서 비밀이 새는 것일까? 말문을 따게 되니 마음속의 말이 술술 나오게 되는 것이겠지.

최 관장의 아들도 최 관장을 닮아 마니아가 된 것을 보니, 최 관장이 유명한 수집가가 된 것은 집안 내력인가 보다. 앞으로 쇳대박물관도 분야별로 여러 개가 생기고, 쇳대대학이 세워질지도 모른다는 생각이 들었다.

쇳대박물관에 다녀오니 이런저런 상상이 봇물 터지듯 흘러나온다. 이렇게 볼 때 쇳대박물관은 꽉 막혀 있던 혜안을 단숨에 여는 쇳대인가 보다.

짚풀이 부드러움에서 강함을 가르쳐 주었다면, 쇳대는 우리 전통이 발효시킨 멋스러움과 상상력을 선물해 주었다. 하지만 전통문화를 찾아가는 길은 여기가 끝이 아니다. 활과 화살에도 쇳대 못지않은 물리학적 원리가 숨어 있으니, 오늘날 최첨단 기술의 원리를 그대로 담고 있는 궁시의 세계를 만나는 것도 또 다른 즐거움일 것이다. 그래서 그런지 그 비밀의 열쇠를 쥐고 있는 영집궁시박물관으로 향하는 발걸음은 무척이나 가볍다.

08

전통 활과 화살의 고향, 영집궁시박물관

파주 헤이리 뒷산에서 과녁을 향해 쏘다

영집궁시라니? '궁시'라는 게 무슨 뜻인지 아는 사람들도 정작 '영집'에서 막힌다. 도대체 뭐란 말인가? 영집궁시박물관을 처음 접한 사람들은 풀기 힘든 수수께끼를 접한 것처럼 고개를 절레절레 흔든다.

영집궁시박물관은 활을 연구하고 전시하는 박물관으로, 영집은 이 박물관을 설립한 유영기 관장의 호다. 최근까지 헤이리에는 독특한 아이템으로 승부하는 박물관들이 많이 등장했지만, 이 박물관은 헤이리에 들어선 그 어떤 박물관보다 먼저 자리 잡았다. '궁시'라는 말은 '활'과 '화살'을 뜻하는 한자어이다. 이 박물관이 없었다면 《신기전》이나 《최종병기 활》과 같은 영화의 핵심 콘텐츠가 어떻게 달라졌을지 모른다. 활이나 화살을 만드는 사람들은 많지만, 정작 그것들을 연구해서 보여 주는 박물관은 이곳이 유일하기 때문이다.

　가을날 오후, 해가 기울어지는 임진강을 보며 박물관을 찾았다. 자유로가 처음 생길 때 헤이리를 비롯한 이 지역을 개발하기 전에 대대적인 발굴을 했다. 그때 지금의 헤이리 북편 언덕의 법흥리 일대를 발굴하면서 통일신라의 작은 석곽묘를 발굴했는데, 도로를 놓으면 그게 사라질 거라는 생각에 숲속에 복원한 뒤 묻고 나왔다. 하지만 그 자리에 공장이 서 있는 것을 보니 필자의 어리석음에 크게 실소를 한다. 법흥리 일대에는 그러한 석곽묘가 몇 기 발견되었는데 정작 우리 눈을 휘둥그레하게 만든 것은 조선시대의 민묘에서 나온 철상감백자병이었다. 용케도 도굴 당하지 않고 남아 있었던 것이 신기하기도 하였다. 발굴할 당시 도굴꾼들이 쇠꼬챙이로 여러 곳을 찌른 흔적이 발견되었는데, 이 병은 그들의 쇠꼬챙이를 가까스로 피한 것이었다. 조선시대 초기의 것으로 발굴품으로는 유일한 것이었는데, 그때 돌아가신 한병삼 국립박물관장이 특유의 저음으로, "배 교수, 이번에 한 건 하셨구먼."이라고 하면서 치하해 주기도 하셨다. 이런 저런 생각을 하면서 헤이리 뒤편에 자리한 실향민들을 위한 묘지인 경모공원을 옆으로 끼고 돌아나오니, 헤이리의 식당가들이 끝나고 시골길이 벌판과 산들을 요리조리 피해 잽싸게 달아난다. 가도 가도 '박물관스러운' 건물은 보이지 않으니, 작은 고개를 오를 때는 '내가 잘못 왔나?' 하는 생각

영집궁시박물관 전경
영집궁시박물관 사진
제공.

이 들 정도였다.

고개에서 오른쪽으로 꺾자마자 '여기 이런 곳이?'라는 생각이 들 정도로 큼직한 잔디마당을 낀 작은 정원이 나온다. 소나무가 비스듬히 서 있고, 마당의 중앙에는 돌로 둥글게 자리를 만들어 지붕 없는 정자처럼 만들어 두었다. 마음속으로 '아, 나도 이런 곳이 하나 있으면 친구들과 차를 마시며 담소를 나눌 텐데.'라는 생각이 들었다. 또 쓸데없는 생각을 한다고 스스로 꾸지람을 한다.

잔디밭의 끝에는 과녁이 서 있다. 박물관에 오는 어린이들이 활을 만들어 체험해 보는 교육시설일 것이다. 어디로 가야 하나 망설이며 서성거리고 있는데, 박물관의 부관장 유세희 선생이 반갑게 맞아준다.

"아, 연락을 받긴 했지만 관장님처럼 높은 분이 정말 오실 줄은 몰랐습니다."

겸손하고 유하게 보이기는 하지만 성실하고 단단한 내공을 가진 그는, 가업을 빛내기 위해 집으로 돌아온 문화지사이다. 고대 활과 화살에 대한 새로운 시각과 창조적 활용을 인정받고 있는 신세대 유망주다.

박물관 앞마당의 과녁
영집궁시박물관 소장.

"관장님은 계신가요?"

슬쩍 물어보자 한 사람이 안채로 뛰어간다.

"오늘 부근에 왔다가 한번 보고 가려고 들렀습니다만, 방해가 안 되면 좋겠습니다."

간단하게 인사를 하고 박물관으로 들어가니 유 부관장이 특별전부터 설명하기 시작한다.

활의 모든 것, 이곳에 있소이다

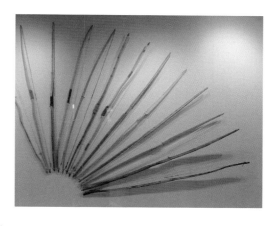

현대 **목궁 전시** 영집궁
시박물관 소장.

　새로운 목궁에 대한 전시인데, 목궁
은 보편적인 활이기는 하지만 잘 알려
지지 않은 전통적인 기술이다. 일반인
들이 많이 보는 것은 각궁이다. 목궁
은 회나무나 스므나무, 싸리나무나 대
추나무 등과 같이 잘 부러지지 않는 나
무로 길고 단순하게 만든 직궁인데, 멧돼지도 잡을 정도로 아주 강하
다. 이 목궁을 만드는 데는 나무의 종류와 가공방법이 중요하다. 부러
뜨리지 않고 탄력을 유지하면서 지속적으로 사용하려면 가공을 잘 해
야 한다. 활을 멜 때 사전 조정 작업이 필요한 각궁보다는 바로 사용할
수 있다는 건 절대적인 장점이다. 개인적으로는 단단한 나무를 매끈하
게 다듬은 목궁이 좋은데, 이는 목궁 특유의 자연적인 느낌 때문이다.
지난해 모나코 국왕인 알베르 공이 전곡선사박물관에 왔을 때도 연천
의 한 장인이 만든 같은 종류의 목궁을 선사하였는데, 그는 윌리엄 텔
의 활을 받은 것처럼 신기하게 만지작거리곤 했다.

　그러던 중에 유영기 관장이 정말 예상치 못한 손님이라고 인사를 하
신다. 체구는 작지만 아직도 건강한 모습이고 활에 대한 애착으로 의
욕이 넘치는 분이었다. 이제는 본인이 활동하시기가 어려운 점이 있으
니 아드님에게 박물관을 맡기려고 하는 모양이다.

　오래 전부터 파주에 자리 잡은 특이한 박물관. 활과 화살이라는 전
시품도 특이하지만, 굳이 이곳 파주에 박물관을 세운 이유가 뭔지 궁
금했다.

전시장에 걸린 각궁
영집궁시박물관 소장.

"왜 이곳에 박물관을 세우셨어요?"

사실 파주 일대만 하더라도 헤이리나 엘지디스플레이 단지가 들어서기 전에는 오지나 마찬가지였다. 그 시절, 특별한 인연이 아니라면 이곳에 자리 잡는다는 건 말이 안 되는 거였기에, 그 사연을 졸라서라도 알고 싶었다. 들어보니 선대의 묘소로 쓰려고 이 일대를 미리 사둔 것이라고 한다.

"막상 박물관을 하려고 하니 땅값이 비싸서 할 데가 별로 없더라고요. 그래서 사 둔 땅에 들어오게 되었지요."

1990년대 중후반에 박물관을 세운 사람들은 아마도 같은 사정 때문에 서울의 변두리로 가셨으리라. 박물관이란 게 어느 정도 규모의 땅이 필요하니, 비교적 땅값이 저렴한 변두리나 교외로 나갈 수밖에 없었을 것이다. 그런데 이제는 그 변두리에도 새로운 박물관을 짓는 건 무척 어렵게 되었다.

"여기에 박물관 터를 닦을 때는 온통 진흙투성이여서 정말 힘들었지요."

아무도 살지 않는 산속에 박물관을 꾸미려고 한 시도도 약간의 편집증이 없다면 불가능한 일이었다. 그래도 여전히 궁금증이 남았다. 서울 변두리라면 파주 외에도 박물관을 세울 만한 곳은 많지 않은가? 하지만 유 관장의 설명을 듣고서야 '그렇구나!' 싶었다. 파주에서 보이는 임진강 건너편이 그의 고향이었던 것이다.

유영기 관장은 1996년에 중요무형문화재 47호 궁시장 기능보유자로 지정되었다. 그는 조부 때부터 장단에서 화살을 만드는 일에 종사하여 가업을 기업의 규모로 키워냈다. 이제 그의 아들이 이어받을 참이니 화살 만드는 가업이 적어도 4대에 걸쳐 이어지는 셈이다.

그의 활 이야기는 그칠 줄 몰랐다. 관심을 기울이는 사람이 조금이라도 있다면 밤새 이어갈 기세였다. 마른 침을 삼키며 잠시 말을 섞을 기회를 엿보았다. 평소 궁금하게 생각하고 있었던 영화 《최종병기 활》의 내용이 정말 가능한지 확인할 수 있는 기회였기 때문이다. '영화의 마지막 대결 장면에 나오는 것처럼, 화살을 쏘아서 정말로 그렇게 정확하게 맞힐 수 있을까?', '만주인의 활과는 어느 정도 차이가 날까?', '그렇게 빨리 속사가 될까?'와 같은 질문들이 저마다 먼저 튀어나오겠다고 머릿속에서 아우성쳤다.

최고의 물리학, 활의 원리

활은 얼핏 보면 그저 막대기에 줄을 댄 것처럼 보이지만, 세세한 설명을 들으면 그 속에 엄청난 과학이 스며들어 있음을 알게 된다. 활은 물리학적 탄성의 원리를 활용한 무기다. 그런데 탄성의 과학은 그리 간단하지 않다. 활은 반발탄성을 높이는 게 핵심으로, 나무건 뿔이건 묶는 방법이건 시위의 재료이건 간에 탄성을 강화하는 기술이 좋은 활을 만드는 관건이다. 그리고 탄성을 높이는 기술은 문화마다 조금씩 차이가 있고 활용할 수 있는 재료와 환경에 따라서 달라질 수 있다. 같은 나무도 남사면에서 자란 것과 북사면에서 자란 것의 탄성이 다르기 때문에 환경이 중요하다.

유영기 관장도 글에서 적었지만, 활은 이제 전쟁무기도 아니고 사냥 도구도 아니다. 단지 스포츠나 특수한 집단의 사냥에 사용되는 퇴화된 전통문화의 하나이다. 그러나 이렇게 기능이 제한된 전통문화도 어떻게 활용하느냐에 따라 운동이 될 수도 있고 인간의 마음을 다스리는 데 적절하게 활용될 수도 있다. 또한 그 속에 깃든 자연과학적인 지식은 청소년들의 교육에 더할 나위 없이 좋은 소재다. 재료의 특성이나 가공방법의 차이가 만들어내는 변화는, 자연에 대해 좀 더 정확하게 알아갈 수 있도록 이끌어주기 때문이다. 그래서 필자가 전통문화대학교 총장을 할 적에 학생들이 필수적으로 국궁을 할 수 있으면 좋겠다는 생각에 국궁장을 만들려고 한 적이 있다.

전시장에 걸린 각궁들은 모두 고사리처럼 오그라져 있다. 이런 것을 '만궁'

전시장에 걸린 각궁
영집궁시박물관 소장.

이라고 부르는데, 오그라진 것을 펴면 두 개의 S자를 합친 모양의 보통 활이 된다. 이 만궁은 활의 탄력을 높이기 위해 반대편으로 두 번 꺾어서 메게 되어 있는데, 이때 나무가 부러질 수 있으므로 요즘의 합판처럼 나무를 겹으로 대고 그 사이에 소의 힘줄을 잘게 잘라 넣은 뒤 일부나 한쪽의 전부를 뿔로 덮는다. 이게 바로 우리나라 역대 왕조가 전쟁할 때 사용한 '각궁'이다. 보통은 물소 뿔을 사용해 각궁을 만들었다고 하는데, 그렇다면 얼마 전까지만 해도 우리나라에 물소가 살았다는 얘기? 하지만 이건 사실이 아니다. 지금도 대부분의 원자재를 수입해 제품을 만든 뒤 수출하는 것처럼, 각궁도 물소 뿔을 수입해 만들었다고 한다. 선사시대에 살았던 우리나라 물소가 지금까지 살아남았다면, 굳이 수입하지 않아도 되었을 텐데…….

활을 만드는 데 사용하는 뿔의 역사도 들어볼 만하다. 유세희 부관장이 열심히 설명하는데,

"조선이 청나라와 대적할 때의 얘기입니다. 당시 청나라는 조선에 물소 뿔을 수출했지요. 그런데 사단이 난 겁니다. 조선이 물소 뿔로 너무 좋은 활을 만들어서 쏘아대니, 청나라로서는 짜증이 난 거지요. 때문에 물소 뿔의 조선 수출을 금지시키고 맙니다."

이 말을 듣자마자 퍼뜩 떠오르는 한 가지 생각!

'오늘날로 따지면 일종의 전략무기 수출금지와 같은 것이구나!'

유 관장은 듣는 사람이 지루할 새라 다시 이야기를 이어간다.

"그래서 조선사람들은 청나라 조정의 영향이 없는 남쪽 먼 곳에서 물소 뿔을 사오든지, 아니면 일본을 통해서 수입했던 거죠. 청나라가 일본에 대해서는 수출 금수조치를 하지 않았거든요."

문제는 일본사람들은 뿔을 볼 줄 몰라서 무더기로 사와서 조선 사람

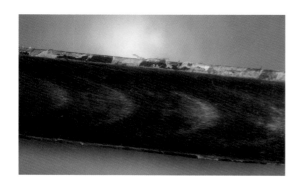

검은색 바탕의 흰색 반점(인자문) 영집궁시박물관 사진제공.

에게 떠안긴 것이다. 그럼에도 불구하고 뾰족한 대안이 없던 조선사람들은 울며 겨자 먹기로 일본사람들이 사온 것을 모두 수입하게 되는데, 문제는 수입해온 뿔의 질이 고르지 않았다는 것이다. 각궁의 재료로 사용되는 뿔은 기다란 화살의 등면과 접해야 하기 때문에, 펴짐성이 좋아야 하고 잘 부러지지 않아야 한다.

"뿔은 어떤 게 좋은가요?"

"보통은 검은색 뿔이 좋지요. 그런데 멋쟁이들은 뿔에 흰색반점이 있는 것을 좋아합니다. 고관들이 사용하는 것들이 대부분 검은색에 흰색반점이 들어가 있는 것들입니다."

"이걸 보세요."

진열장 한쪽을 빛내고 있는 아주 잘 만들어진 활의 겉면에 바로 그런 뿔이 붙어 있었다. 그 뿔에는 흰색반점이 밤하늘의 혜성이 지난 것처럼 V자 모양으로 연속해서 나 있었다.

"그런데 이런 뿔은 결이 강해서 환경에 따라 쪼개지는 경우가 있습니다. 그래서 활을 오래 사용하려는 사람에게는 좋지 않을 수도 있습니다."

활에 붙인 뿔이 쪼개지거나 부서지면 수리가 복잡하다. 그리고 수리한 활은 부러질 가능성이 높은 활이라고 하여 하자가 있는 것으로 본다. 각궁을 사용할 때는 고사리처럼 생긴 것을 다시 뒤집어서 시위를 메야 하는데 이때 잘못하면 부러지는 수가 많다. 그래서 각궁을 가지고 다니다가 사용할 때는, 뿔과 소의 힘줄에 살짝 열을 가해 연화시킨 뒤에 뒤집어서 시위를 멘다.

그런데 물소 뿔이 귀하니 대나무를 뿔 대신 사용해 활을 만들었는데, 이를 '죽궁'이라고 한다. 각궁보다 질이 떨어지기는 하지만 뿔 사용을 줄이기 위해 나라에서 장려했다고 한다. 그런데 형태는 각궁과 비슷하다. 조선 초기 세종조의 기록에도 보이고 중종 대에는 장려했다는 기록까지 보이는데, 죽궁은 그 사거리가 목궁보다 2배가 넘었다고 한다. 이런 죽궁은 박물관에 전시된 것 가운데 38선 이북에 속한 경기도 개풍군에서 수집된 것도 있는데, 최근까지 임진강 지역에서도 많이 사용했다고 한다. 오래전이기는 하여도 임진강변에서 활쏘기 대회가 열리기도 했다고 한다.

한쪽 진열장에는 세계 각국에서 온 활들이 전시되어 있는데, 대부분 활쏘기 대회에 참가하러 우리나라에 온 사람들과 교환한 것들이라고 한다. 진열장 벽에 걸린 기다란 각궁은 '만주활'이란다. 《최종병기 활》에서 만주인과 조선인이 활로 대결할 때 만주인이 사용하던 바로 그런 활이다. 둘 다 각궁이지만 만주활은 확실히 조선활보다는 긴 편이다. 그런데 활은 길다고 더 많이 나가는 게 아니란다. 유 관장은 조선 각궁이 작지만 정확하고 멀리 쏠 수 있기 때문에 가장 훌륭한 활로 평가받는다고 했다.

만주활과 조선활이 결정적으로 다른 것은 고자 부분이란다. 고자란 활의 양쪽 끝에 시위를 매는 부

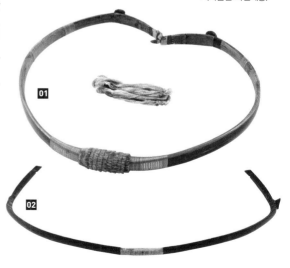

01 한국 **각궁** 영집궁시박물관 사진제공. **02** 중국 **청대 각궁** 영집궁시박물관 사진제공.

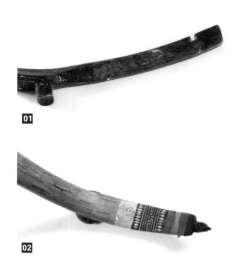

분인데, 이 부분은 활의 나무 방향과 반대가 되기 때문에 다른 나무를 깎아서 붙여 잇는다. 그런데 잇는 기법이 문화마다 다르다고 한다. 만주활은 고자부가 길고 그 끝에 시위를 걸기 때문에 시위의 탄력이 덜하단다. 반면에 조선활은 고자부가 짧고 시위를 활의 본체에 가깝게 매기 때문에 아주 강한 탄력을 가지게 된다는 것이다.

아하! 역시 《최종병기 활》의 비밀은 바로 이거로구나. 그래서 그 대머리 만주족 장군이 예상하지 못할 정도로 정확하게 조선 활이 그를 쓰러뜨릴 수 있었구나.

01 청대 활 고자 영집궁시박물관 사진제공.
02 한국 각궁 고자 영집궁시박물관 사진제공.

고고학 발굴에서 화살촉은 많이 출토되지만 정작 활은 나무와 뿔로 되어 있어서 잘 발견되지 않는다. 그런데 동래읍성의 해자 그리고 광주 신창리 유적 등 습지로 된 유적에서 활의 몸체부가 발견된 것이 있는데, 이런 것은 고대 활을 이해하는 데 큰 도움이 된다. 동래읍성 활의 경우에는, 고자부가 발견되어 활의 연결부위를 복원하는 데 중요한 단서를 제공한다고 한다. 그런데 활이 실물로 고고학 유적에서 발견되는 것은 많지 않지만, 고구려 고분벽화에는 수렵도에 활이 그려져 있다. 예전부터 고구려인들이 활을 잘 쏘기로 유명했는데, 오늘날 만주활과 조선활이 다른 것을 보면 당시의 고구려인들은 만주인들과는 다른 것일까? 혈연적으로는 만주인이 우리 민족에 가장 가까운 종족이라는데, 같은 지역에 살면서도 활 문화가 다른 것은 문화적으로 연구할 주제인 것 같다.

박물관의 한쪽 벽에 붙은 고구려 고분벽화 수렵도의 '마상에서 활 쏘는 장면'은 유명하다. 말을 달리면서 만궁, 아마도 각궁을 쏘는데 그 화살촉이 특이하다. 주먹 반 정도 되는 둥그런 것이 화살의 끝에 달려 있는 것이다.

"이런 화살을 효시라고 하지요."

사냥을 할 때 동물들을 겁주기 위해 소리가 울리는 효시라는 화살을 쏘는데, 효시의 살촉부에는 둥그런 울림통이 붙어 있다. 흔히 쇠나 나무 같은 것으로 만들고 지금도 사용한다. 그리고 필요에 따라서는 소리 신호로도 활용한다.

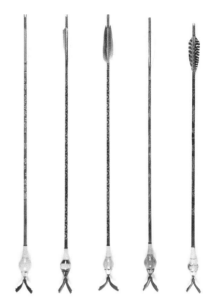

화살의 살촉부에 울림통이 붙은 효시들. 영집 궁시박물관 사진제공.

"얼마 전까지만 해도 이런 걸 동물 몰이용 화살이라고 생각했지요."

유 선생은 대단히 중요한 발견을 한 사람처럼 서두를 꺼냈다.

"그런데 실험을 해보니까, 이런 효시를 사용하면 상처를 훨씬 크게 만들 수 있다는 걸 알 수 있었죠."

화살의 강한 힘 때문에 울림통이 동물들의 몸속으로 파고들어가면서 찢어진 상처를 더욱 크게 만들어, 동물들을 회복 불능 상태로 몰아갈 수 있다는 것이다. 고구려 고분벽화의 '호랑이 수렵도'처럼 호랑이를 잡으려면, 효시를 사용해야 잡을 가능성을 높일 수 있다는 얘기다. 그러고 보니 마상의 궁수들이 사용하는 화살 끝에는 검은색의 둥근 덩어리가 달려있다. 모두 효시를 사용하고 있는 것이다. 재미있는 것은 효시는 앞에 붙은 덩어리의 모양과 구멍의 모양에 따라 소리가 달라

고구려 벽화문 쌍영총의 호랑이 수렵도 속 효시 모습 영집궁시박물관 소장.

지기 때문에 신호음으로도 사용되는데, 이와 관련해서 이 박물관에는 다양한 모양의 사진이 전시되어 있고 그 소리들까지 녹음되어 있다. 지금으로 말하자면 휴대전화인 셈이다. 멀리서 그 울림소리를 듣고 구분해 쏜 사람의 뜻을 알게 된다는 점에서, 휴대전화의 전신이라 해도 고개를 끄덕일 만하다.

박물관의 한쪽에는 영화 《신기전》에 사용했던 수레가 전시되어 있다. 국방문화재연구원 이재 원장과 함께 개발한 것이라고 했다. 아직도 화약이 달린 화살들이 구멍에 꽂혀있다.

"이것을 가지고 실험할 때는 정말 신났죠."

로켓포 같은 것이 폭죽처럼 날아가니, 실험에 참여한 사람들은 그 전광석화 같은 속도와 불빛을 보며 선조들의 창조 정신에 감탄했을 것이다. 당시 우리가 이런 무기를 대량생산해 사용했더라면 그 어떤 적군도 감당하지 못했을 것이다. 화약과 활의 결합, 그리고 화약의 폭발성을 추진력과 살상력으로 이용한 기술융합의 훌륭한 사례이다. 우리가 이 작은 나라에 살지만 신기전을 만든 창의력과 순발력이 있었기에 대국의 옆에서도 당당히 맞설 수 있었으리라.

영화 《신기전》에 사용된 다연발 화살 영집궁시박물관 소장.

　방 하나로 된 전시실이지만 그 속에 숨어 있는 과학과 역사는 무궁무진하다. 어쩌면 하루 내내 들어도 부족할 듯하다. 아들 유 선생이 바쁘게 뛰어가더니 책을 한 아름 가지고 온다. 박물관의 도록들이다. 책을 보면서 다시 궁금증이 생긴다.

　"활을 쏘게 되면 최대 어느 정도까지 날아가나요?"

　이것은 사람과 활, 그리고 날씨에 따라 영향을 받겠지만, 평소에 늘 궁금하던 거였다.

　"약 450미터까지 날아갑니다."

　이 정도 거리라면 상당하다. 사실 생각보다 훨씬 멀리 날아가서 깜짝 놀랐다. 화살이 날아가는 거리는 화살의 상태나 모양에 따라 달라지기도 한다. 예를 들어, 화살촉의 무게와 모양, 대의 길이와 무게, 그리고 깃의 종류 등이 영향을 미칠 것이다. 화살촉의 모양은 기능에 따라 달라지는데, 단지 상처를 내는 게 목적이라면 뾰족한 것만으로도 충분하다. 하지만 상처를 크게 내어 피를 많이 흘리게 하려면, 화살촉의 날이 넓어야 할 것이고 심하면 고구려 수렵도의 화살처럼 효시 같은 것을 사용해야 할 것이다.

활과 화살의 미학, 장인정신으로 부활하다

선사시대에 만들어진 화살촉도 날이 납작한 것은 상처를 내기 위해 사용된 것으로 추정되고, 삼각촉은 들어가면서 벌어지게 만드니까 상처를 크게 벌리는 역할을 한 것으로 보인다. 그런데 활 중에는 통 속에 넣고 쏘는 작은 화살이 있는데 이것을 편전 또는 아기살이라고 한다. 이 화살은 아주 작은데 통속에 넣어서 쏘기 때문에 통전이라고도 불리고, 사거리가 적어도 100보 정도 더 길고 대단히 빠르기 때문에 화살이 날아오는 줄도 모른 채 당하는 경우가 많다고 한다. 당나라에도 있었다고 하지만 조선의 발명품으로 전하고 있다. 그래서 이 편전을 만드는 기술이나 쏘는 기술은 철저히 비밀로 하였다고 한다.

20세기 초까지도 국궁이나 전통 활을 가지고 겨루는 대회가 있었다고 한다. 파주 일대의 임진강에서도 그런 대회가 있었다는 기록이 있다. 그런데 이런 전통문화는 많이 장려하여 사라지지 않게 하는 게 중요하다. 개중에는 '총이 있는데 무슨 활이냐.'라고 생각하는 사람들이

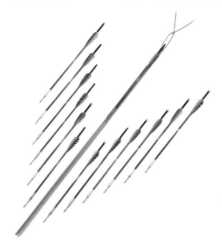

편전과 통아 영집궁시
박물관 사진제공.

있을지도 모른다. 하지만 전통문화에는 자연을 이용한 여러 가지 기술들이 숨어 있는 경우가 많기 때문에, 그런 기술들을 현대적인 제품을 만드는 데 활용할 수 있을지도 모른다.

유영기 선생이 쓴 책의 서문을 보자.

"현재는 활쏘기가 전쟁의 도구로 사용되지는 않습니다. (중략) 그것들이 과거의 역할을 모두 담당하지 않는다고 하더라도, 역사 이전의 과거로부터 현재까지 긴 여정을 인류와 함께한 충

분히 보존해야만 할 가치가 있는 것이며 그것들에도 보이지 않는 그들의 문화가 배어 있는 것입니다."

이 박물관에는 한 장의 사진이 붙어 있다. 돌아가신 김박영 선생이다. 그는 중요무형문화재 47호 활 제작 기능보유자였다. 그가 활을 만들 때 사용한 손때 묻은 연장들이 그의 사진 앞에 전시되어 있다. 활을 만드는 데도 도구가 수도 없이 많다. 칼도 아주 다양한 크기와 날을 가진 것들이 다 있다. 정말 정밀공작이고 요즘으로 치면 총 만드는 작업인 셈이다. 역사 기록을 보면, 나라에서는 150명에 달하는 장인을 각 지역에 두고 국가방위산업이었던 활을 만들게 함으로써 만일의 사태에 대비했다. 유 관장의 조상도 그중에 끼어있었을 것이다.

중요무형문화재 47호 고 김박영 선생의 활 제작 모습 영집궁시박물관 소장.

오늘날에는 우리 양궁이 전 세계를 제패하고 있다. 올림픽 양궁 금메달리스트 김진호를 배출한 예천은 원래 유명한 국궁 산지였다. 전통은 사라진 것 같지만 우리 혈관을 타고 흘러내려 왔다. 우리는 이런 문화유전자를 후손에게 계속 물려주어야 하지 않을까? 이런 점에서 유세희 부관장 같은 후예들의 역할에 기대가 크다.

활의 매력에 푹 빠지고 나니 그 둥근 선이 더욱더 아름답게 느껴진다. 우리 조상들과 수천 년 동안 함께 해온 그 오묘한 곡선의 미학은 우리 먹거리를 담는 옹기에서도 살아 숨 쉰다. 그 숨 쉬는 그릇이 기다리는 서울시 도봉구로 길을 재촉한다.

09

숨 쉬는 항아리가 모인 곳, 옹기민속박물관

진한 우리 맛을 담은 옹기를 찾아서

언제부턴가 우리 주택가를 아파트가 점령해버렸다. 이제 단독주택을 만나려면 부촌이나 서민들의 주거지를 찾아가야 한다. 그만큼 아파트문화는 도시의 일부로 자리 잡았다. 그런데 아파트는 주거문화뿐만 아니라 먹거리문화까지 바꿔버렸다. 불과 몇 십 년 전까지만 해도 김장독은 우리 생활의 일부였지만, 이젠 도심에서 그런 독을 구경하기란 하늘에 별 따기가 되어버렸다.

아파트에는 장독대가 없다. 이제는 집집마다 김치냉장고를 장독대 삼아 김치나 된장을 보관한다. 늘 따로 보관하던 것들을 하나의 공간에다 밀어 넣다 보니 냄새가 뒤섞여 제대로 된 맛을 기대할 수도 없다. 하루를 기운차게 하고 풍요롭게 했던 옹기 속 먹거리들은 그 진득한 맛

과 함께 추억 속으로 사라져버렸다.

돌이켜보면 일상생활에서 가장 소중한 자산은 장독에 들어있는 것들이었다. 음식도 맛깔스러웠지만 장독대에 놓인 옹기들은 가족의 삶을 연결시켜 주는 매개체가 되기도 했다.

"아침 먹게 뒷마당 김장독에서 김치 좀 꺼내 오너라."

어머니가 말씀하시면 손을 호호 불면서 양재기를 가지고 뒷마당으로 나서야 했다. 꽁꽁 얼어붙은 뒷마당 텃밭에 목만 달랑 내놓고 땅 속에 묻혀 있는 김칫독은 짚으로 된 옷을 입고 겨울을 난다. 잔뜩 웅크리고 있는 옹기로 다가가 김치를 한 포기 꺼낸 뒤 그 위를 다시 배추 우거지로 덮고 뚜껑을 씌워준다. 그렇게 깔끔하게 마무리하지 않으면 그날 김치당번은 여지없이 꾸지람을 듣곤 했다. 김치에 바람이 들어가면 안 되기 때문이었다. 당시 시골 아침 풍경은 늘 이런 식이었다. 과학이 아무리 발달해도 옹기를 통해 배어든 자연의 손맛을 뛰어넘지는 못할 것이다. 땅의 좋은 기운만을 걸러내 김치에 배어들게 하는 비결은 우리 옹기만의 특기니까.

장독이나 김칫독 같은 옹기들은 우리 선조의 지혜가 담긴 최고의 발명품이다. 한마디로 예술에 석굴암이 있다면 생활에는 옹기가 있다고 해도 과언이 아니다. 왜냐하면, 다른 나라는 도저히 따라할 수 없는 발명품이기 때문이다. 지금까지 직간접적으로 수많은 불상을 보았지만 석굴암 같은 아우라를 주는 건 없었다. 그 속에 담긴 정신과 조형미, 정교한 과학은 이 세상 그 누구도 흉내 낼 수 없는 예술품이다. 필자가 옹기를 석굴암만큼이나 놀라운 자산으로 간주하는 것은, 옹기가 우리 생활에서 그만큼 절대적인 위치를 차지한다고 보기 때문이다.

숨 쉬는 그릇의 비밀

필자가 아는 한, 옹기는 '숨 쉬는 그릇'이다. 아름다움을 평가하는 기준은 저마다 다르겠지만, 그릇이 숨을 쉰다면 제법 큰 점수를 줘도 괜찮지 않을까? 중국의 자사도예품도 숨을 쉰다고 강변할지도 모르겠다. 하지만 자사도예품을 밥 먹는 데 사용한다는 얘기는 들어보지 못했다. 주로 차를 마시는 도구로 사용되는 이 도예품은 가격도 엄청나게 비싸다. 그렇다면 우리 옹기는 어떨까? 옹기는 자기와는 달리 웬만한 흙을 가지고도 만들 수 있기 때문에, 옛날에는 전국 곳곳에서 옹기 굽는 연기가 끊어지지 않았다. 이런 이유로 옹기는 다른 그릇에 비해 가격이 무척 저렴했다. 가격이 그만큼 착했기 때문에, 어느 집이든 옹기를 가질 수가 있었고 제법 풍성한 장독대를 구성할 수 있었다. 요즘은 장을 담아두던 옹기들이 밥이나 반찬 같은 다른 먹거리를 담는 데도 쓰이고 있으니, 장독대를 멀리 떠나보낸 터라 반갑기도 하고 위로가 되기도 한다.

이외에 옹기의 장점을 한 가지 더 든다면, 관리가 쉽다는 점이다. 바깥에서 그토록 오랜 세월을 보내도 낡은 티가 전혀 안 난다. 먼지가 묻었다 해도 더럽다기보다는 오히려 중후한 멋을 풍기며 색다른 아름다움을 드러낸다. 뚜껑을 열어놓고 방치하지 않는 이상, 세월이 흘러도 바깥의 더러운 것이 옹기 속으로 들어가지는 못한다.

"옹기박물관이 도봉 9경의 하나라고요?"

이 박물관은 도봉산, 연산군묘 등과

함께 서울시 도봉구청에서 정한 아홉 개의 명소 가운데 당당히 한 자리를 차지하고 있다. 아마도 조선 말기부터 시작해 최근까지 만들어진 온갖 옹기들을 모아 놓았다는 문화적 상징성 때문이리라.

대학생이었을 때 필자는 버스를 타고 수유리를 거쳐 등교하곤 했다. 길고 긴 버스여행을 하는 동안 눈에 항상 들어오는 것은 인수봉과 백운대의 고고한 모습이었다. 그래서 두 시간이 넘는 버스길이었지만, 그 경관을 보는 작은 기쁨으로 꿋꿋이 버텨냈다. 하지만 이제는 길가에 고층건물들이 들어섰기 때문에, 그 영롱한 산의 모습을 보려면 선택받은 곳으로 이동해야 하는데 그런 곳 가운데 하나가 바로 옹기박물관이다.

옹기는 우리 전통물품 가운데 가장 인상적인 것이다. 우리가 거주하는 공간 어디를 둘러봐도 조선시대와 구한말의 흔적을 찾기란 쉽지 않다. 이것은 우리가 입는 옷은 물론이고, 그것을 보관하는 장롱에서도 마찬가지다. 하지만 옹기만큼은 그대로다. 지금 당장 냉장고를 열어보라. 앙증맞은 옹기단지 한두 개 정도 찾기란 어렵지 않다. 사실 필자도 청송옹기장에서 사온 옹기를 국 끓일 때나 김치를 보관할 때 사용하고 있다. 옹기는 그만큼 기능이 탁월하고 음식 맛도 잘 유지한다.

이러다 보니 김치냉장고를 만드는 사람들은 옹기에 담아낸 '그 맛'을 재현하려고 안간힘을 쓴다. 숨 쉬는 옹기와 100퍼센트 동일한 기능을 하는 제품을 만들 수는 없겠지만, 그 수준에 최대한 근접하기 위해 노력하고 있다. 의식주 가운데 우리의 먹거리를 오랫동안 책임져 왔고 누구나 옆에 두고 싶어 한다는 점에서, 옹기는 예나 지금이나 미칠 듯한 존재감을 자랑하고 있다.

이 때문일까? 옹기는 분단된 현실에서도 막강 파워를 과시한다. 우리 민족이 남북한으로 갈라져 정치·사회·문화 분야에서 이질적인 부분이 많아졌지만, 옹기 덕분에 우리 고유의 맛만큼은 지켜낼 수 있었다. 이 옹기박물관의 설립자인 고 정병락 선생은 이런 사실을 누구보다 정확히 꿰뚫어보고 있었다. 그는 오랜 세월이 지나 통일이 되었을 때 우리 민족이 공유할 수 있는 문화가 무엇일까 고민하다가 옹기를 모으게 되었다고 한다.

현 옹기박물관장은 세상을 떠난 설립자의 아내 이영자 선생인데, 그는 부군의 뜻을 이어받아 이 박물관을 운영하고 있다. 사립박물관이 그러하듯 운영비 조달이 쉽지 않지만, 부군이 꿈꿨던 남북문화통일의 미래를 기대하며 열정적으로 꾸려가고 있다. 특히 주민들이나 주변 학교 학생들이 옹기박물관의 도예체험교실에 꾸준히 참가한다고 했다. 아마도 이곳이 박물관으로는 드물게도 도자기를 굽는 독립적인 노를 설치해 체계적으로 교육하고 있기 때문이리라.

옹기에서 조상들의 지혜를 배우다

옹기박물관은 우이동 골짜기에서 내려오는 작은 하천 옆길에 있는데, 박물관으로 들어서면 주변 가옥들과는 사뭇 다르다는 것을 느끼게 된다. 밝은 색 돌로 낮게 담을 두른 붉은 벽돌집에다, 정원에는 소나무와 돌하르방, 문인석들이 조화를 이루며 전통미를 자아낸다. 소장품들은 주로 건물의 지하와 2층에 있는데, 지하에는 옹기를 전시했

옹기민속박물관 전경
옹기민속박물관 사진
제공.

고 2층에는 민속품들이 전시되어 있다. 옹기박물관에 민속품이 전시된 까닭은, 이 박물관은 1991년에 고려민속박물관으로 개관했기 때문이다.

이 박물관이 다른 곳과 차별화되는 점은 옹기를 직접 만들어볼 수 있는 살아있는 체험학습이다. 체험학습장은 마당의 별채에 마련되어 있는데, 옹기나 도자기를 빚는 방은 물론이고 빚어낸 그릇을 굽는 노까지 마련해 놓아서 인기가 많단다. 학습장에는 체험학습에 참여한 학생들이 만든 작품들이 옹기종기 모여 있다. 솜씨가 서툴다 해도, 어린 학생들의 열정이 담긴 이런 옹기들은 그 자체로 감동이다.

"어, 이 토기는 어디서 수집하신 거지요?"

1층의 홀 모서리에 놓여있는 토기를 보고 이영자 관장에게 물었다.

"인도네시아의 어느 마을에서 보았는데 신기해서 샀지요."

필자가 물어본 이유는, 토기의 아가리 아래쪽에 구멍이 뚫려있고 아가리 부위를 새끼 같은 것으로 둘러싼 게 너무도 신기했기 때문이었다. 그리고 우리나라 청동기시대의 가장 대표적인 토기가 바로 공열토기 구멍 뚫린 토기인데, 이 인도네시아 토기는 바로 그 공열토기를 연상시켰기 때문이다. 우리나라 고고학자들이 "청동

01 인도네시아 토기 옹기민속박물관 사진 제공. 02 공열토기 한양대학교박물관 사진 제공.

기시대 공열토기의 구멍이 무슨 용도일까?"라는 주제로 수없이 토론했지만 결론을 내지 못했는데, 아마도 이 토기가 해답을 줄 수도 있을 것 같다. 이런 것만 봐도 고대 유물은 역사의 흔적인 동시에 미래로 나아가는 출발점이다. 고대 유물이 선사하는 아이디어를 잘 갈무리하면 새로운 창조를 할 수 있기 때문이다.

지하 전시실로 내려가서 보니 곳곳에 옹기들이다. 옹기로 제작하면, 사람이 만들 수 있는 그릇 형태 가운데 가장 큰 것을 만들 수 있다. 장을 담그는 단지 같은 것은 사람이 들어가 앉아도 공간이 남는다. 김칫독도 마찬가지다. 그런데 그렇게 큰 것을 어떻게 만드나 궁금했는데, 마침 가족과 함께 경상북도 청송의 옹기장을 방문할 기회가 생겨 궁금증을 풀게 되었다. 가장 궁금했던 것은, 옹기를 빚은 뒤 이동시키는 방법이었다.

"선생님, 지금 만들고 계신 이 큰 독을 어떻게 가마로 옮기나요? 말린 뒤에 운반하려면 자칫 깨어질 것 같은데요?"

필자가 독을 만드는 장인을 보고 걱정스러운 듯이 물었다. 그런데 답은 의외로 간단했다. 바로 아기 업을 때 사용하는 홑이불이었다. 두 개의 홑이불을 넓게 펴서 큰 항아리의 궁둥이를 감싼 뒤 들어 옮기는 게 아닌가? 야호! 그 기발한 기술에 넋이 빠져 멍하게 바라보았던 적이 있다. 옹기박물관에는 이렇게 구운 옹기들로 전시실을 가득 채우고 있었는데, 아마도 전국 곳곳에서 수집한 것이리라.

일반적으로 옹기는 겉면이 반짝이는데, 그 이유는 '광명단'을 발라서 굽기 때문이다. 광명단은 옹기의 유약인데 '반짝이는 붉은 칠'이라는 뜻을 담고 있다. 좀 촌스럽다고 느낄지도 모르겠지만 자꾸 보면 정감이 가는 색깔이다. 1970년대 이전에 태어난 사람들이라면 장독대에서 흔히 보던 색이었을 테니, 우리 시대 장년층의 어린시절 추억이 배어있는 색감이라 해도 과언이 아니다.

전설과 신앙이 담긴 우리 항아리

흔히 옹기는 초화문이라 부르는 선을 몇 개 그어 구워내는 게 대부분이라. 다 비슷비슷하다고 생각하지만 사실 지역에 따라 조금씩 다르다. 비슷해 보이는 초화문이라 해도 난초 모양을 비롯해 꽃모양이 제법 다양하다. 또 도형 모양을 꾹꾹 눌러 띠처럼 두른 것도 있는데, 지방마

초화문 항아리 옹기민속박물관 사진제공.

다 이런 패턴을 조금씩 다르게 가져간다고 했다. 요즘 사람들 가운데 그 차이를 알아채는 사람은 거의 없겠지만, 필자의 할머니 세대는 같은 지역의 옹기라 하더라도 서로 다른 가마에서 구웠다는 것까지 알아챘으리라.

전시실에는 여러 가지 옹기들이 전시되어 있는데, 그중에서 굴뚝 옹기는 유독 특별하게 보인다. 길쭉한 모습도 시선을 끌지만, 모자를 쓴 것처럼 위쪽에 구멍을 숭숭 뚫은 지붕장식도 무척 특이하다. 무슨 탑처럼 생겼다. 이외에도 요즘은 보기 힘든 등잔집이나 화로, 그리고 옹기확 같은 것들이 전시되어 있다. 시대

가 바뀌면서 최첨단 소재로 만들어진 그릇들이 점차 옹기의 자리를 대신하겠지만, 우리 전통의 명맥이 끊어지지 않는 한 옹기는 영원할 것이다.

한참 관람하다가 고추를 새끼줄에 끼워 큼직한 항아리의 어깨에 둘러쳐 놓은 것을 보고 물어본다.

"왜 옹기에 고추를 매달아 두는 거죠?"

"부정 타면 장맛이 좋지 않으니까 이렇게 매달아둔 거죠. 우리 민속신앙입니다."

우리 조상들은 중요한 일을 그르치지 않기 위해 금줄을 매고 신에게 빌었다.

옹기굴뚝 옹기민속박물관 사진제공.

"그런데 옹기는 지방마다 양식이 다른가요? 내가 보기는 별 차이가 없던데……."

초화문이 조금씩 다르다는 것 외에도 확실히 차이가 나는 '그 무엇'이 있을 것 같았기에 이 관장에게 물었다.

"비슷하게 보이기는 하지만 그래도 차이가 있어요. 서울에서 만들어진 것들은 키가 크고 홀쭉한 편이고, 경상도에서 만들어진 것들은 배가 부른 것이 많고, 전라도에서 만들어진 것들은 어깨부분이 넓어지고 바닥이 좁지요."

새끼줄을 어깨에 걸친 장항아리 옹기민속박물관 사진제공.

설명을 듣고 보니 전시실에 놓여 있는 항아리의 출신지를 알 수 있을 것 같다. 그래도 모르는 것들이 많다.

"경상도에서 만들어진 것들은 밝은 색이 많아요."

색상도 지역을 구분하는 중요한 기준이 되나 보다.

옹기는 왕족이나 평민들이 똑같이 사용하는 그릇이다. 조선의 궁궐에서도 옹기를 썼기 때문이다. 이 박물관

조선시대 궁궐에서 사용한 항아리(어미독) 옹기민속박물관 사진제공.

에도 궁궐에서 사용했던 옹기가 있다. 그렇다고 특별히 다른 기능이 있는 것은 아니고, 왕이 드시던 쌀을 넣어두던 독인데 어깨부위에 산과 소나무 그림을 그려 넣어 권위를 드러내고 있다. 다른 옹기와 비교해 세련되긴 했지만 질적인 면에서는 차이가 없다. 그래서 옹기는 평등한 그릇이라고 하지 않는가.

1960년대까지만 해도 "테 매이소! 테 매이소!"라고 고함을 치면서 돌아다니는 사람들이 있었다. 지게나 리어카에 도구를 싣고 다니며 깨진 옹기를 수리하는 옹기수리공이 바로 그 소리의 주인공이었다. 작은 틈만 보일 때는 접착제 같은 것으로 해결하고, 그릇이 완전히 깨지면 철사로 그릇의 테두리를 묶어 사용했다. 당시는 물자가 무척이나 귀했기 때문에 무엇이든 고쳐 사용했는데, 이 때문에 장독대에서 철사를 두른 독을 종종 찾아볼 수 있었다. 어려운 살림에 그 흔한 옹기도 귀한 것이었던 셈이다.

김치는 세계유산, 그러면 옹기는?

김치가 유네스코 무형유산이 된 지금, 김치를 이해하려면 옹기문화를 이해하는 것이 필수적이다. 김칫독의 발효기술을 이해하지 못하면, 세계적으로 인정받은 우리의 소중한 유산을 제대로 이어나가기 어렵다. 전 세계의 중위도 지방에는 모두 김치 비슷한 음식이 있지만, 우리 김치가 유독 맛있고 건강에 좋은 것은 바로 옹기로 만든 김칫독 때문이라고 생각한다. 아무리 다른 나라에서 김치를 만들어낸다 해도, 제대로 된 김치 맛은 옹기에서 찾을 수 있다는 사실을 잊어서는 안 될 것이다. 생활습관이 바뀌어 전통을 엿볼 수 있는 게 모두 사라진다 해도, 유전자를 바꾸지 않는 한 옹기는 우리 삶의 한켠에 자리한 채 전통을 맛깔스럽게 발효시킬 것이다. 건강에 대한 관심이 점점 높아지는 상황에서, 옹기와 옹기박물관에 대한 관심이 앞으로 더욱더 높아졌으면 좋겠다.

모든 이가 사용하는 옹기가 먹거리 평등을 말한다면, 종은 모든 이의 소원이 담긴 조화의 결정체다. 그 영혼의 울림을 만나기 위해 충북 진천으로 향한다.

10

영혼의 울림을 담은
진천 종박물관

세상을 담은 소리, 영혼을 깨우는 소리

"댕, 댕, 댕……."

생의 희로애락이 부질없다는 듯 범종은 그렇게도 울어댔다. 특유의 저음은 끊어질 것 같다가도 어느새 힘을 얻어 절의 마당을 천천히 어루만진다. 그렇게 한 바퀴 탑돌이를 한 뒤 미련 한 줌 남기지 않겠다는 듯 뒤돌아보지 않고 종루를 떠난다. 사람이 머무는 곳이라면 어디든 향기처럼 퍼져나가는 사찰의 종소리는 종교를 떠나 모든 이들의 마음속에 찾아가 평화라는 이름으로 공명한다.

소리, 그중에서도 사찰에서 울려 퍼지는 종소리는 법문이다. 말이 없는 가르침이다. 온 세상 사람들의 마음을 대변해 흐느끼기도 하고 외치기도 하는 울림이다. 이 울림을 낳은 종소리를 들으러 가는 길에 먼

전시실의 법구사물 가
운데 성덕대왕신종 모
형 진천 종박물관 사
진제공.

저 관음을 만난다.

불교에서 관음觀音은 관세음을 줄여 부르는 말인데, 산스크리트어로
는 "세상의 소리를 듣는 부처"라는 뜻이란다. 중국인들이 불교를 받아
들이면서 관음 혹은 관세음이라고 한 것은 바로 이 때문이다. 인간이
란 누구나 살아있는 동안 무언가를 갈망하게 되어 있으니, 자신의 목소
리를 들어줄 신적인 존재가 있다는 말에 선뜻 자리를 내어주었으리라.

낙산사 홍련암에는 바닥이 없는 불당이 있다. 그 불당 아래에는 동
해의 파도가 잠깐씩 머물다 물러가는데, 그때마다 그곳에서는 '크르르
크르르' 하며 짐승이 포효하는 소리가 난다. 그리고 그 소리는 이내 관
음보살이 자리한 법당 위로 솟아오른다. 파도를 중생이라 하면 파도소
리는 그들이 빚어낸 원통함과 갈망일 것이다. 때문에 '홍련암'이 이런
모습으로 이곳에 서 있는 게 이해가 된다. 자신의 빈 공간으로 중생들
을 허락하고 그 목소리를 남김없이 들어주는 존재인 관음이 머무르는
곳이니 말이다.

홍련암은 세상에 찢기고 시달린 아픈 마음을 푸는 자리인 동시에, 그 아픔을 딛고 일어서기 위해 무언가를 간절히 구하는 자리다. 그래서 사람들의 발걸음이 끊이질 않는다. 범종의 소리를 들으며 마음이 한없이 편해지는 걸 보면, 우리의 범종 소리는 관음의 소리가 아닐까? 에밀레의 전설을 생각하면 그럴지도 모르겠다는 생각이 든다. 영혼을 깨우는 듯한 그 소리를 듣다 보면, 인간의 힘을 넘어선 신적 존재의 개입을 자연스레 인정하게 되는 것이다.

이제 종소리의 비밀을 풀기 위해 종을 가득 품고 있는 곳으로 향한다. 충북 진천의 종 박물관. 바로 그곳에서 소리의 비밀에 한 발자국 다가서 본다.

나는 떠난다. 청동의 표면에서
일제히 날아가는 진폭의 새가 되어
광막한 하나의 울음이 되어
하나의 소리가 되어,

(중략)

나는 바람을 타고
들에서는 푸름이 된다.
꽃에서는 웃음이 되고
천상에서는 악기가 된다.

(후략)

박남수 시인의 〈종소리〉라는 시다. 인간 내면의 자유와 희망, 욕망과 절규를 대변하는 것이 종이라고 노래하고 있다. 바로 관세음의 메시지다.

하늘의 뜻을 전하는 메신저

지금은 소리가 크다는 이유로 듣기 힘들지만 과거에는 일요일 아침 교회의 종소리는 환희의 노래였고, 땅거미가 질 무렵 골짜기를 걸어 올라가며 듣는 산사의 종소리는 인간의 영혼을 명상으로 이끌었다. 눈이 떨어지지 않아 이불 속에서 뒤척이고 있을 때 딸랑거리며 지나가는 두부장수의 종소리는 '이제 일하러 가야 할 시간'이라고 경각심을 불러일으킨다. 연말의 구세군 종소리는 듣는 사람으로 하여금 심금을 울려 많은 불우한 이웃들을 생각하게 만드는 힘을 가졌다.

저마다의 울림을 품고 있는 종은 인간이 만들어낸 최고의 발명품 가운데 하나일 것이다. 청동기시대의 주요 유물을 들여다봐도 이런 점은 쉽게 추측할 수 있다. 가공하기가 쉽지 않았을 게 분명한데도, 청동기시대부터는 어느 사회이건 간에 금속으로 만든 종이 존재하니 말이다. 우리나라 청동기시대에도 특별한 목적을 지닌 물품들을 청동으로 제작하는 경우가 많았는데, 그중에도 청동방울이나 여덟 개의 종이 하나의 자루에 달린 '팔주령'은 대부분의 청동기 유적지에서 찾아볼 수 있다. 물론 방울은 여러모로 종과 다르긴 하지만, 금속의 울림으로 메시지를 전달한다는 점에서는 동일하다고 볼 수도 있다. 이렇게 보면 종은 엄청난 시간 동안 인간의 문명과 인연을 맺어온 것이다. 그런데 이런 종의 모든 것을 보고 들을 수 있는 곳이 바로 충청북도 진천에 있는 종 박물관이니, 사찰의 종소리만으로도 감동하는 필자로서는 그곳으로 향하는 발걸음이 무척이나 떨렸다.

종 박물관에서는 종의 기원과 변천사는 물론이고 각 나라의 종과 제작기술, 그리고 종소리와 종 치는 법도 배울 수 있다. 우리나라에서 만들어진 대표적인 종의 모형도 볼 수 있기 때문에, 종의 변화와 제작기술을 일목요연하게 이해할 수 있다.

사실 고대에는 거대한 종을 만들기가 쉽지 않았을 것이다. 그래서 에밀레종 설화 같은 게 생겨나지 않았을까? 이 박물관에서도 에밀레종이 스토리를 이끌어간다.

"박물관을 설립하신 원광식 선생이 아버님이시지요?"

원보현 학예실장에게 물었다.

"네. 지난 2005년에 소장하시고 계시던 종들을 내놓아서 이곳에 박물관을 개관했지요."

원 실장은 원광식 선생의 따님으로 박물관에서 학예실장을 맡고 있

진천 종박물관 전경 진천 종박물관 사진제공.

는데, 부친의 모든 작업을 기록하고 관리하는 분이다. 그런데 종에 평생을 바친 부친의 선물일까? 부친의 발걸음을 따라가다 보니 어느새 현대 범종사를 연구하는 종전문가가 되었다. 감식안도 뛰어나 멀리서도 종을 보면 부친이 만든 것인지 아닌지를 확인할 수 있단다.

원 실장의 이야기를 들어보자.

"종소리를 제대로 들으려면 종을 친 다음 그 주위를 원을 그리며 한 바퀴 돌아봐야 해요. 원 안에서 종소리가 크게 들리다가 작게 들리는 현상이 반복되는 신기한 경험을 할 수 있거든요. 이게 우리나라 종에서 들을 수 있는 '맥놀이 현상'이라는 거예요."

원광식 선생이 복원한 상원사 동종의 비천상 진천 종박물관 사진제공.

넓찍한 광장에 안긴 박물관 건물은 유리로 둘러서인지 마치 유리 우주선처럼 보이는데, 하늘을 향해 올라가는 소리를 형상화한 듯하다. 유리재질을 사용해 종 모양으로 만들어 놓은 입구로 들어가다 보면, 맥놀이가 들리는 것 같다. 이런 맥놀이는 에밀레종, 즉 성덕대왕 신종에서 가장 아름답게 울려퍼지는데, 우리나라 종은 세계에서 유래를 찾아볼 수 없을 정도로 크고 아름다우며 소리 또한 탁월하다. 이것만 봐도 선조들의 기술이 얼마나 세련되었는지를 확인할 수 있다. 비록 금속을 도입하는 데는 늦었을지 몰라도, 그 가공기술만 놓고 보면 세계 최고라고 자부해도 지나치지 않을 것이다.

다른 나라의 종 가운데 우리 종만큼 오랫동안 심금을 울리는 게 또 있을까. 아름다운 소리로 그치지 않고, 에밀레종은 우아한 장식까지 품었다. 비천공양상은 그 무거운 종이 날개옷을 입고 있는 듯하지 않은가? 마치 하늘로 가뿐히 날아오를 것처럼 말이다.

종소리의 달인을 만나다

이 박물관의 설립자인 원광식 선생은 국가중요무형문화재 112호 주철장鑄鐵匠이다. 이른바 인간문화재인 셈이다. 원 선생의 손에서 만들어진 종이 7,000개가 넘는다고 하니, 그가 얼마나 많은 종을 탄생시켰는지를 알 수 있다.

원광식 선생은 우리나라 고대 종의 원천기술을 복원한 분이다. 박물관의 제2전시실에 복원되어 있는 밀랍주조법이 바로 그것이다. 종의 표면에 표현되어 있는 비천과 연화 등의 아름다운 무늬가 살아 숨 쉬는 것처럼 보존되어 있는 것은 바로 이 기법으로 만들어졌기 때문일 것이

제2전시실의 제작공정 전시 모습 진천 종박물관 사진제공.

다. 사실 밀랍주조기술은 전설의 기술이라고 할 수 있다. 왜냐하면 이렇게 큰 종을 밀랍주조로 만들려면, 시간과 노력과 정성은 물론이고 탁월한 기술에다 적지 않은 비용까지 부담해야 하기 때문이다. 상황이 이정도이니 만들고 싶어도 일단 제쳐놓고 보는 게 바로 밀랍주조법이다. 그래서인지 원 선생도 2000년도에 이르러서야 이 기술을 복원했다.

"요즘은 밀랍 대신에 어떤 재료를 사용하나요?"

좀 더 기술적인 질문을 던져본다. 밀랍은 쉽게 말해 천연왁스인데, 고대에는 벌집에서 채취해 사용했다. 에밀레종 같은 규모의 종을 만들려면 밀랍도 엄청나게 들어갔을 것이다. 그런데 요즘에는 종 생산량이 고대와는 비교할 수 없을 정도로 증가했으니 들어가는 밀랍의 양도 상상을 초월할 것이다. 그래서 밀랍 대신에 어떤 걸 사용하는지 물어본 것인데, 전혀 기대하지 않았던 대답이 돌아왔다.

"밀랍을 사용하지요. 그런데 밀랍과 소기름을 섞어서 만듭니다."

원 실장의 대답이다. 기술자는 아니지만, 그는 종 제작기술을 파악하고 있는 것은 물론이고 그 제작과정을 실제로 많이 보았을 것이다.

"거푸집은 어떻게 만드나요?"

흙으로 만든다는 것을 알고는 있었지만, 무거운 쇳물을 견디려면 흙의 구조가 웬만큼 단단하지 않고서는 쇠의 무게를 견디지 못할 것이기 때문이다. 이 때문에 적절한 거푸집 재료를 찾기 위해 별의별 시도를 하며 경주 일대를 다 뒤진 끝에, 결국 감포 부근에서 활석과 니암을 발견해 거푸집용 흙으로 사용하게 되었단다.

원광식 선생이 걸어온 길을 들여다보면, 종장으로서 그의 일생은 결코 순탄하지 않았다. 젊은 시절인 1968년에 종을 만들다가 쇳물이 튀어 실명까지 하는 불운을 겪기도 했다. 그 후 수덕사의 종을 만들어

명성을 떨치며 우리나라 종 제작 분야에서 독보적인 위치를 차지하게 되었다.

"원래 성종사는 용인 신갈에 있지 않았나요?"

원보현 학예실장에게 물었다.

"예 용인에 있었어요."

"저도 1970년대 초에 신갈에 있던 성종사에 한번 가본 적이 있어요."

원 실장이 깜짝 놀란다. 잘 기억이 나지는 않지만, 그때 성종사에서 필자 친구의 지인을 만난 적이 있다. 그때만 해도 서울에서 신갈로 가는 교통편이 좋지 않은 시절이어서 성종사에서 하룻밤을 보내게 되었는데, 큰 공장의 중앙에 성덕대왕 신종 같은 것이 걸려 있었다. 당시 필자는 경주에서나 볼 수 있을 것으로 기대했던 종이 그곳에 있어서 신기하게 생각했다. 아마도 성종사가 문을 닫으려고 할 때였던 것 같은데, 묘한 인연이 있는 셈이다. 원 실장을 볼 때마다 반가운 마음이 드는 것은 바로 이런 아련한 인연 때문이리라.

종 박물관에는 일본에 있는 우리 종들을 복제한 것들도 몇 개 보이는데, 원 선생이 종을 복제하기 시작한 계기는 바로 여기서 출발했다고 한다. 지난 1990년대 초에 일본 고묘지에서 9세기경에 만들어진 신라종을 복제해 달라고 원 선생한테 요청한 것이다. 진품은 보물고에 보관하고 복제품을 일반에게 공개하려는 의도였다. 그 작업을 하는 과정에 종의 크기를 축소한 모형들이 자연스레 박물관에 남게 되었단다. 일본 절에 있는 종을 복제한 작품은 운주지와 고묘지에 소장되어 있는 신라종 2구와 텐린지와 엔세이지 소장 고려종 2구까지 모두 4구가 있다. 이토록 열정적으로 종을 복제하는 일본의 절을 보며, 문화재를 보존하려는 그들의 의지를 읽을 수 있었다.

"아마도 아버지의 말씀대로 중요한 종들을 복제하여 일본처럼 보물
고에 두었다면 지난 2005년도에 소실한 낙산사의 동종도 아직 남아 있
었을 거예요."

원 실장은 안타까운 푸념을 쏟아낸다. 고인류 두개골의 경우 모형을
떠서 보관하고 연구하듯이, 고대의 종들도 석고 같은 것으로 복제해 두
는 것도 좋은 보완책이 될 것 같다.

한국 범종의 비밀

세상에서 가장 아름다운 종인 우리나라의 범종들은 그 구조가 다
른 나라의 종들에서 볼 수 없는 '음통'이 있다. 바로 이것이 우리 종소
리의 아름다움을 극대화하는 기술인 셈이다. 종의 어깨 위에 용 모양

제1전시실 범종 전시
진천 종박물관 사진제공.

으로 장식된 원통이 붙은 것을 볼 수 있는데 바로 이것이 음통이다. 그리고 마당에 있는 성덕대왕 신종의 아래쪽에는 웅덩이를 만들어 두었는데 이것이 바로 소리를 미묘하게 울리고 오래 지속되도록 하는 기술이다. 종소리와 여기서 반사되어 나오는 소리가 간섭을 일으켜 이른바 '맥놀이'라고 하는 공명현상을 일으키는데, 이 소리가 가슴속 깊이 파고드는 절절한 울림이 되는 것이다.

"아버지가 만든 종 가운데 가장 큰 것은 뭔가요?"

"아마도 세계평화의 종일 겁니다. 화천 세계평화의 종 공원에 있지요. 2008년에 만들었는데 1만 관이니 37.5톤이에요."

성덕대왕신종이 20톤 정도이니 거의 두 배에 가까운 어마어마한 종이다.

"그 종의 재료는 전 세계 분쟁지역의 탄피랍니다."

원 실장은 재료에 따라 종에 특별한 의미가 담길 수 있다는 사실을 담담하게 전했다.

그런데 20톤이 넘으면 풍부한 여음을 얻을 수 없다고 한다. 종이 크다고 다 좋은 게 아니라는 얘기다. 성덕대왕신종이 최고의 종이 될 수 있었던 것은 여러 가지 이유가 있겠지만, 바로 무게를 최적화시켰기 때문일 것이다.

제철유적이 꽃을 피운 곳에서 종소리 울려퍼지다

종 박물관에는 사찰의 범종 외에도 여러 가지 종들이 많이 보였는데, 그중에 특히 눈에 띈 것은 교회의 종이다. 종의 머리가 흔들릴 때마

다 속에 든 공이가 종벽을 때려서 소리를 내는 것인데, 예전에는 동네 교회마다 하나씩 매달려 있었다. 어릴 적에 이 소리를 들으면 목사님이 주시던 과자가 생각나곤 했다. 그런데 이와 비슷하게 생긴 '자유의 종'이 대학 때 사회정의를 위해 목소리를 높이던 우리의 용기를 북돋워주었다. 필자가 대학박물관 학예사로 있을 때, 동숭동에 있던 캠퍼스가 사라지면서 박물관에서 기증받아 수장하던 종도 바로 이런 종이었다.

"진천에 자리 잡으신 걸 보니 뭔가 특별한 연고가 있었나 봅니다."

인간문화재들이 어떤 곳에 자리를 잡는 데는 분명 이유가 있다. 때문에 필자는 충북 진천에 종과 관련된 특별한 역사가 숨어 있을 거라고 짐작한 것이다. 우리나라에서는 고대에 종을 만들었거나 청동기를 제작한 유적지가 아직까지 발굴되지 않았고 단지 거푸집만 발견되었기에, 원 선생이 이곳에 정착한 이유가 너무도 궁금했다.

그런데 박물관의 설명을 들으니 고개가 절로 끄덕여졌다. 이 지역에서 고대의 제철유적이 발견된 것이다. 박물관이 위치한 충청북도 진천에는 고대 백제가 철을 생산한 석장리유적이 있다. 이 유적지는 철 생산 및 그 공정과 관련된 노가 36기나 나올 정도로 굉장히 큰 규모의 철 생산지였다. 규모에 있어서도 장방형의 대형 제철로를 포함하여 다양한 형태의 시설들이 함께 공존하고 있고, 철 관련 시설 외에도 토기와 제사유구 같은 삶의 흔적들도 남아 있다. 따라서 철 생산 기술이 뛰어났던 백제의 금속가공 방식에 대해 알 수 있는 중요한 유적이 바로 이곳에 있기에, 관람객들은 같은 지역에 자리한 종 박물관에서 철과 종에 대해 보다 더 깊이 몰입할 수 있다.

이 석장리유적 외에도 충주나 음성 일대에서 제철 유적들이 여러 곳 확인된 것으로 볼 때, 이 지역에서는 금속기를 만드는 고도의 열역학적 첨단기술이 오랫동안 지속되었다고 볼 수 있다. 그리고 이 부근에 있는 운천동의 사지에서도 신라의 동종이 발견된 바가 있다. 이렇게 볼 때

**새끼줄 너머로 보이는
성덕대왕신종** 진천 종
박물관 사진제공.

이곳 진천은 청동종의 제작지로 적격이라 할 수 있다.

종 박물관은 면적도 제법 넓고 야외전시장도 잘 꾸며져 있다. 야외에는 성덕대왕신종을 축소해 복원한 것과 상원사종 복제품, 그리고 진천의 제야의 종 타종식 때 쓰이기도 하는 '생거진천대종'이 있다. 종로의 보신각종은 특별한 날에 예약을 통해서만 쳐볼 수 있지만, 이 생거진천대종은 관람객이면 누구나 대종각에 올라 종을 쳐볼 수 있다. 그러니 특별한 날이 아니더라도 소원을 담아 종을 쳐보는 행복한 경험을 해볼 수 있다.

그런데 이 야외전시장에 전시된 모든 종들이 바로 원광식 선생이 제작한 종이라고 하니 놀랍기만 하다.

"같은 종에서는 항상 같은 소리만 나나요?"

어리석은 질문인 줄 알면서도 궁금해 물어본다.

"아니지요. 어떻게 치느냐에 따라 소리와 울림이 다릅니다. 종을 치는 간격, 속도, 힘, 그리고 종을 치는 날의 온도와 습도에 따라 종소리가 다릅니다."

종소리 학자인 원보현 학예실장의 답이다. 중요한 것은 간절한 마음을 담아 가볍게 그리고 종의 떨림과 여운을 충분히 즐기라는 것이다.

에밀레종, 관음보살의 울림을 전하다

종 모양을 그대로 본뜬 박물관의 두 전시실에서는 각각 다른 테마를 중심으로 종에 대해 이야기를 풀어낸다. 제1전시실에서는 종의 역사와 함께 고대부터 근대까지 각 시대를 대표하는 종들이 복원·전시되어 있다. 이 때문에 종들을 직접 비교하면서 차이점과 특징을 확인할 수 있다. 모두 원광식 선생이 전통 밀랍주조공법으로 복원한 종들로서, 보통의 복제품과는 차원이 다르다. 특히 전시실에 들어서자마자 보이는 성덕대왕신종은 원 선생이 진품과 동일한 모양과 크기로 제작한 것인데, 이를 본 관람객들은 연신 감탄사를 내뱉는다. 우리나라에 남아 있는 종 가운데 가장 큰 이 종은, '에밀레종'이라는 애칭으로 더 잘 알려져 있다. 이 전시실은 우리나라의 국보급 종을 모아놓은 만큼 무게감이 있으며, 전시실 조명을 약간 어둡게 해서 그런지 관람객들의 마음도 차분해진다.

제2전시실에서는 종 제작 과정과 제작기법, 종 제작에 필요한 도구 등 종을 만들기 위한 사람들의 노력을 볼 수 있다. 특히 관심을 끄는 것은 종의 소리를 분석한 코너이다. 거대한 쇳덩어리가 내는 소리가 어찌나 다양하고 아름다운지 어른과 아이 모두 종소리에 귀를 기울인다. 그리고 보니 제1전시실에 있는 편종도 크기가 같은 16개의 종이 매달려 있는데도 두께를 다르게 하여 각각 다른 음계를 내도록 했다. 세종이 절대음감의 소유자였으며 조선 초기 음악의 발달에 큰 역할을 했다는 이야기가 편종을 통해 전해온다.

이제 떠나갈 시간. 어디선가 종이 울린다. 귓전에 은은한 울림이 느껴진다. 그

종을 제작하는 원광식 선생 진천 종박물관 사진제공.

울림은 바로 이 박물관의 울림이다. 종은 우레와 같은 소리를 내지는 않지만 우리나라의 전통기술로 만들어진 종은 인간의 마음을 평화로 인도한다. 그리고 모든 것에 생명을 불어넣는 울림을 품은 채 세상 밖으로 나아간다. 관음보살의 목소리를 한 채.

원 선생의 말씀을 들으면 그 경지가 어디서 끝나는지 알 수가 없다. 반세기를 종을 만들면서 살아온 그분의 말은 쇠를 두드리듯 필자의 마음을 두드린다.

"종소리만큼 기분 좋은 소리가 또 어디 있어? 소리를 듣는 순간에는 모든 번뇌가 사라지거든. 그건 소리를 가슴속에 넣어 본 사람만이 알아."

아직도 인생 최고의 종은 만들어 보지 못했다는 원 선생. 이 박물관의 울림을 이해함으로써 그의 소매 끝자락이라도 잡으려 한다면 욕심일까?

"생거진천 살아 진천"이라는 속설이 거대한 울림으로 공명하는 것은, 종 박물관의 울림 때문일까? 관음의 거대한 울림은 종 박물관을 떠나 온 지금도 귓전에 여전하다.

우리의 종이 우리 민족의 울림을 간직하고 있다면, 우리만의 색감이라고 자신 있게 내세울 수 있는 것은 바로 옻의 색감이다. 고대 중국에서 전래되기는 했지만 세계 최고의 기술을 꽃피운 우리 옻칠. 그 비밀을 밝히기 위해 경남 통영으로 향한다.

11

천년의 색을 입은
통영옻칠미술관

미술박물관 가는 길

통영은 모든 것을 갖춘 항구다. 그러면서 역사와 문화, 서정 그리고 기술까지 갖춘 독특한 도시다. 통영의 언덕에서 빛나는 바다를 바라보다 보면, 마치 등대처럼 끝없이 그 자리를 지키고 싶어진다. 그러다가 우리 세대의 유명한 시인 청마 유치환 선생의 집에 올라 내려다보면 모른 척 다가오는 작은 배들이 나그네의 마음을 설레게 한다. 사람 사는 냄새가 풍기는 다닥다닥 붙은 집들도 콧날이 시큰할 정도로 아름답다. 30여 년 전 친구가 고시공부를 하러 가서 가끔씩 전해주던 통영의 풍경은 아직도 유효한 것 같다.

중앙어시장 부근에서 물메기국을 한 사발 시원하게 먹고는 언덕으로 차를 몰고 올라섰다. 물메기국은 동해안에 가면 곰치국이라고도 하는데, 물컹한 생선에다 살이 연한 무를 턱턱 썰어 넣고 끓여 맑은 국을 만들면 숙취에 더할 나위 없이 좋다. 특히 몸이 아픈 아내는 뜨끈한 국물 한 사발을 거침없이 들이키며 무척이나 맛있어 한다. 뜨거운 여름날, 제대로 피서를 가지 못해 미안한 마음에 말미를 내어 태안의 청포대를 거쳐 하루를 묵고 길을 나섰는데 이렇게도 고마워한다. 필자가 항상 바쁜 생활을 하니 어딜 가자는 말을 못하고 살아왔기에, 고마워하는 아내를 보니 미안함이 더욱 솟구쳤다.

통영의 한 호텔의 뜨끈한 방에서 자고 아침 일찍 한산도 앞을 지나 박경리문학관에 들른 뒤 청마의 집을 지나 이곳 중앙시장으로 온 길이었다. 예정시간보다 조금 지체되기는 했지만, 통영을 지나면서 꼭 가봐야 할 곳을 그냥 지나쳐 버리는 것 같아서 차를 몰고 언덕 위로 향했다. 통영옻칠미술관을 찾아 나선 것이다. 이곳은 미술관이지만 전통기술을 보여 준다는 점에서 '미술박물관'이라고 할 수 있다. 그런데 언덕을 넘어도 나타나야 할 미술관이 보이지 않았다. 어쩔 수 없이 차를 돌렸는데 우아한 양옥이 언덕 끝에 서서 바다를 내려다보고 있다. 그 옆으로 나 있는 길 하나. 마치 '여기야, 여기!' 하고 부르는 것 같다. 그 길이 바로 통영옻칠미술관으로 올라가는 입구다.

범상치 않은 이름, 옻칠미술관

이 미술관은 납작하게 지어진 단층 건물에 자리 잡고 있다. 언젠가는 꼭 찾아가야겠다고 생각했던 곳. 숙명여자대학교에서 은퇴한 김성수 교수가 자신의 사재와 작품을 털어서 만든 미술관이다. 미술관의

입구에서 표를 사면서 "혹시 관장님 계세요?"라고 묻는데 필자 뒤에서 누군가가 "우리 회장님 아니십니까?" 하고 묻는다. 연세가 많은 관장님이 항상 깍듯이 대접해 주셔서 어렵게 생각했는데, 오늘도 이렇게 반갑게 맞아 주신다. 협회에서 만났을 때도 항상 영국 신사처럼 행동하셔서 존경의 마음을 가지고 있었는데 오늘 그분의 미술관에서 조우하게 되었다.

전시실로 발걸음을 옮기면서 자연스럽게 회고하는 말씀으로 이야기가 시작되었다.

"내가 이곳에 처음 왔을 때는 허허벌판이었지. 아마도 그때가 아니었으면 미술관을 만들지 못했을 거야."

스스로 대견스럽게 생각하고 계시는 듯했다. 그럴 만한 게 아직도 집이 듬성듬성 있기는 하지만, 미술관이 들어서면서 서울의 저명한 인사들이 드나드는 명소가 되었단다. 그러면서 알 만한 사람들이 이곳에다 집을 짓기 시작했다고 한다. 아까 입구에서 본 우아한 양옥도 유명한 작곡가의 후손이 지은 집이란다. 이 미술관도 간단한 단층건물처럼 보이지만, 멋스러운 창문으로 시작해 잘 꾸며진 전시실과 교육실에 경관이 좋은 카페까지 갖추고 있었다.

"왜 이곳에 미술관을 지으신 건가요?"

미술관을 서울에 열었다면 더 많은 사람들이 찾아왔을 것이고, 전통 옻칠을 더 널리 알릴 수 있었을 거라는 생각 때문이었다.

"저에게 통영은 미술의 고향이에요. 그래서 다른 어떤 곳보다 이곳에다 제 뜻을 펴고 싶었지요. 요즘 카슈라는 것으로 작품을 많이 하는데 이 때문에 전통 옻이 사라지고 있어요. 이러다 보면 우리 전통옻칠이라는 게 언젠가는 끝장 날 것 같아서 이걸 보존하려고 결심했지요. 옻칠미술관이라고 한 것도 바로 그런 뜻이지요."

우리나라 끝이라고 해도 과언이 아닐 만한 곳에 그것도 옻칠이라는 잘 알려지지 않은 미술관을 짓게 된 이유를 한 치의 주저함도 없이 말하는 김 관장. 그는 옻칠미술관이라는 이름을 붙이게 된 사연까지 열정적으로 이어나갔다.

그는 카슈로 그린 "라커 페인팅" 미술과 구분하기 위해 반드시 옻칠이라는 말을 쓴다고 했다. 평생 옻을 연구하고 작품을 만든 장인이

제1전시실 통영옻칠미술관 사진제공.

자 과학자, 그리고 미술작가로서 깊은 생각이 배어있는 미술관 이름인 셈이다. 중학교 1학년 때부터 서구식 미술교육원에서 나전칠기작업을 해온 김 관장은 독보적인 옻칠공예기법을 완성했고, 세계적으로도 알려져서 한국을 방문하는 유명한 미술가들이 이곳을 자주 방문한다고 했다.

여인의 피부를 닮은 옻칠 작품

멀리서 온 손님을 배려하듯, 그는 화려하고도 정제된 옻칠 작품들을 하나씩 설명하기 시작했다. 그러면서 전통 옻의 소중함에 대해서도 놓치지 않았다. 그 역시 필자가 전통문화대학교 총장을 지낸 것을 기억하시고, 전통문화 중에서 옻이 매우 중요하며 상업적 가치도 충분하다는 것을 강조했다. 사실 필자도 전통기술 중에서 옻이 가장 효용성이 높다

제3전시실 통영옻칠
미술관 사진제공.

고 보고 상업적으로 개발할 방법을 모색하다가 총장직을 그만 두게 되어 늘 아쉬웠던 참이었다. 전통문화대학교 연수원에서는 옻으로 여러 가지 작업을 했는데, 생활필수품이나 첨단소재를 만드는 데 적용하거나 전통염료 및 전통문양으로 여러 가지 공예품을 만드는 데 집중했다. 이 두 가지는 상업적으로 활용할 여지가 충분한 전통기술 분야라고 생각한다. 그런데 난점은 옻을 생산하는 게 쉽지 않다는 것이었다.

"제가 충청도의 어느 군수를 설득해 수만 평에 옻나무를 심었는데, 군수가 바뀌니 관심이 없어져서 지속적으로 가꾸지 못했어요. 때문에 결국 나무가 다 죽어버렸지요."

이 대목에서는 무척이나 안타까운 듯, 김 관장은 허공만 바라봤다.

근래에 원주처럼 옻을 특화하는 지자체가 있어서 옻 생산이 점점 늘어나고 있단다. 하지만 생산보다 수요가 급속히 증가하고 있고 중국에서 수입하는 것이 훨씬 싸기 때문에 국산 옻은 사업성이 없다고 했다.

통영이 칠기로 유명한 이유는 통영 앞바다에서 건져 올린 조개로 자개를 만들고, 이 자개로 가구나 공예품을 제작할 때 옻칠도 함께 하기 때문이다. 조선시대 400년 동안, 통영의 장인들은 수군통제영에 있는 공방에서 옻칠공예를 해왔다. 남쪽에서 잘 자라는 옻나무에서 옻을 쉽게 채취할 수 있고, 앞바다에서 좋은 자개까지 생산할 수 있으니 가구나 공예품 생산에 최적의 조건을 갖춘 셈이다.

아침에 통영의 칠기전시장에서도 자개로 장식한 화려한 가구들을 보았다. 자개농은 우리 어머니 세대에서는 누구나 시집올 때 몇 점씩 가지고 오는 게 보통이었다. 그러나 자개공예는 엄청난 품이 들고 옻 자체도 엄청나게 비싼 탓에, 대량 생산된 저가 가구들이 수입되면서 우리 주변에서 점차 사라지기 시작했다. 옻칠과 자개공예가 매우 중요한 문화유산임에도 불구하고, 이제 자개가구는 물론이고 그 명맥을 잇는 사람들도 찾아보기 어려워졌다. 그래서 김 관장이 옻칠미술관을 설립한 것이다.

그런데 이 미술관에 전시된 것들은 우리가 생각하는 자개농이나 자개상 같은 생활가구가 아니고 자개를 사용한 순수 옻칠공예작품이다. 때문에 상상하던 공예작품과는 전혀 다른 미술품을 만나게 된 관람객들은 깜짝 놀라기도 한다. 개중에는 옻에 색소를 입혀 유화처럼 그린 작품이 있고, 자개를 잘게 자른 뒤 극도로 세밀한 모자이크 기법을 적용해 옻칠만의 미를 강조한 작품도 있다. 옻은 화학물감과는 달리, 윤이 나고 은은하면서도 부드러운 질감을 느끼게 해준다. 그래서 추상적인 조형이라고 해도 유화와는 다른 이미지가 창조되는 것을 볼 수 있다. 미술관에는 김 관장의 작품들이 여러 점 전시되어 있는데, 그의 시대별 작품 성향이 어떻게 변화하는지를 볼 수 있으며 옻칠미술의 정수도 함께 느낄 수 있다.

또 이곳에서는 옻칠회화라는 말과 자주 만나게 된다. 옻칠은 그나마 익숙하지만, 회화라는 단어와 짝을 맺어 주니 너무도 낯설게 다가온다. 하지만 김 관장은 이 '옻칠'이라는 용어를 고집한다. 이런 작은 것부터 지켜내야 우리 전통을 지킬 수 있고 한류의 물결도 더 크게 일으킬 수 있다고 한다.

전시장에 걸린 그림들은 너도 나도 먼저 봐달라고 아우성이다. 옻칠에 색소를 입혀 유화물감처럼 사용해 그려낸 '헤엄치는 물고기 그림'에 홀리듯 이끌린다. 옻칠이 가지고 있는 부드러운 질감으로 인해, 물고기가 살아있는 듯 결을 따라 흐른다. 그런데 옻으로 어떻게 이런 우아한 색상을 낼 수 있는지 그 기법이 궁금하기도 하다. 통영 앞바다를 그린

01 전시 작품 〈숲〉(하정선) 통영옻칠미술관 사진제공. 02 전시 작품 〈칠예의 문〉(김성수) 통영옻칠미술관 사진제공.

그림은 붓의 터치와 다양한 색감이 어우러져 유화와 같은 느낌을 더욱 강하게 주는 작품인데, 자개에 반사되는 빛이 더욱 귀하게 느껴지도록 구성한 것이 특징이다. 전통 공예기술인 옻칠과 자개, 그리고 유화 기법을 융합해 만들었기에, 이 그림은 전통기법을 잘 활용한 수준 높은 작품이라 할만하다.

'백양나무 숲'을 표현한 작품은 자개 옻칠미술의 극치를 보여준다. 자개를 가지고 반짝이는 흰색을 표현했는데, 하얀 껍질을 한 '자작나무' 숲을 표현한 것으로 신비감을 준다. 그리고 그 하얀 빛이 모두 자개에서 나온다는 것을 알게 되면, 그림에 숨어 있는 엄청난 내공에 감탄하게 된다.

이런 작품과는 달리 김 관장은 옻의 질감과 색감, 그리고 공예 기법으로 추상적인 이미지를 구현했다. 그는 주제가 담고 있는 의미를 탄탄한 구도와 역동적 움직임으로 구현함으로써 감동을 불러일으킨다. 한옥의 열린 문을 앞에 두고 너울거리면서 상승하는 새의 도도한 모습과, 붉은 심장처럼 그려낸 배경의 태양은 마치 불사조의 비상을 보

는 듯하다. 그리고 정교하게 그려낸 옻 특유의 부드러운 선이 옻칠미
술의 특징을 보여 주고 있다. 이 그림과 같은 계열의 다른 두 작품에서
도, 김 관장은 새가 큰 원을 그리면서 시원스럽게 상승하는 모습을 우
아하게 표현해 대단히 정제된 느낌을 담아냈다. 어떤 대상을 그리건 간
에, 옻칠미술은 특유의 반질거리면서 부드러운 질감으로 고풍스럽고
친근한 느낌을 전한다. 자개 역시 은은하게 빛나며 옻칠과 함께 절묘
하게 어우러진다.

아름다운 만큼 강력한 옻의 위력

　사실 옻은 신비의 물질이다. 옻은 나무의 진액으로 원래 우윳빛을
내지만, 여기에 여러 가지 물감을 섞어 다양한 색감을 표현할 수 있다.
옻나무 수액을 받아서 불순물을 제거한 것을 생옻이라고 하고, 이것
에 열을 가해서 수분을 뺀 것은 정제옻이라고 한다. 언젠가 약주를 잘

옻 표현 기술 통영옻칠
미술관 사진제공.

하는 선배한테 주선 酒仙이 된 비결
을 물었더니 전혀 예상치 못했던 답
이 돌아왔다.

　"응, 가끔 지리산 옆 산청에 가서
스님이 해주시는 생옻을 한 번씩 먹
어. 따지고 보면 내장에 옻칠하는 셈
이지. 하하하."

　생옻을 먹으면 내장을 튼튼하게
하는 모양이다. 하지만 이런 비방도

준비가 잘 된 곳에서 해야지 잘못하면 낭패를 당할 수도 있단다. 그러니 공인받은 전문가의 도움을 받아 복용하는 게 안전할 게다.

옻의 효능 중에는 수분 조절과 전자파 흡수는 물론이고 벌레를 쫓는 기능도 있단다.

"제가 처음 여기 왔을 때는 벌레가 말도 못하게 많이 들어왔었지요."

시골의 산 한가운데에 박물관을 지었으니 벌레들이 많을 수밖에.

"그런데 여기에 옻칠작품들을 걸어 놓고 한두 해 지나니까 벌레들이 사라지더군요."

김 관장은 이 말을 하면서 스스로도 신기한 듯 눈을 반짝거렸다.

옻이 정화작용을 하는 것은 잘 알려져 있다. 우리 전통 옻에 매료된 K선생은 자신이 거주하는 한옥에 여러 차례 옻을 입혔는데, 그 경비가 집을 짓는 값보다도 더 들어갔다고 했다. 얘기를 듣던 김 관장이 갑자기 한숨을 푹 내쉬었다.

"그것으로 예술작품을 만들었으면 좋았을 것을……."

아마도 옻이 엄청나게 비싸기 때문이리라. 사실 주식으로 따진다면, 옻은 '물감 종목의 대장주'라 할 수 있다. 그런데 우리나라에서 생산되는 옻의 양은 그리 많지 않아서, 중국에서 옻을 직접 수입하기도 하고 중국의 원재료를 가공한 일본제품을 들여오기도 한다.

대부분 수입에 의존하고 있다니! 도무지 이해가 되지 않아 슬쩍 물어본다.

"우리나라에도 옻마을이 곳곳에 있었는데 생산량이 그렇게 적습니까?"

칠원, 칠서, 칠곡 등의 이름은 모두 옻마을 이름이다. 그러나 이제는

신라 고분 출토 천마도와 칠기굽다리접시 통영옻칠미술관 사진제공.

이런 마을에도 옻을 재배하는 집은 별로 없다. 1960년대에 자개농이 사라지고 일본제 화학라커인 호마이카가 들어오면서, 전통적인 옻칠공예는 화석으로나 찾아볼 수 있게 된 셈이다. 그런데 일본에서는 예술로서 그리고 고급 생활도구 제작기법으로서 그 맥을 이어오며 엄청난 발전을 이뤄냈다. 그래서 옻칠공예를 하던 유명 작가들은 모두 일본에서 명성이 높고 작품도 많이 팔리고 있다.

옻칠공예는 아마도 고대에 중국에서 들어왔을 것이다. 채협총과 같은 고대 낙랑의 고분에서 나오는 칠기들이 바로 당시의 문화흐름을 반영한다. 그리고 창원 다호리 고분이나 아산 남성리 청동기 유적 등에서 칠기들이 보이는 것으로 미루어 볼 때, 기원전 3세기 전후에 한반도에 칠기들이 들어온 것으로 생각된다. 신라의 고분에서도 칠기에 그려진 그림들이 나타나는데, 썩어 없어지는 다른 목재들과는 달리 옻칠한 제기에 그린 그림들은 비교적 잘 보존되었다. 이것만으로도 옻은 무척이나 신비한 물질이다. 옻은 유기물임에도 불구하고 미생물에 강하다는 것을 보여 준 셈이다. 일상생활에서 옻 칠기를 사용하는 게 건강에 좋다고 하는 이유도 바로 이 때문이 아닐까?

옻칠 자개공예는 세밀함과 동시에 끈기를 요구한다. 전시장 한쪽에 자개공예의 과정을 보여 주는 공간이 있는데, 그중에 가장 어렵게 느껴지는 것은 조개를 대단히 얇게 떠내는 공정이다. 이곳에 전시된 작품 가운데 아주 작은 크기의 작품도 있는데, 작은 공간에 정교하게 구현한 예술성에 흠뻑 빠져들 것이다.

전시실을 둘러보고 카페에 앉으니 전망이 시원하게 펼쳐진다. 언덕 너머로 눈에 들어오는 바다가 동화 속 풍경 같다. 이 선물가게에는 여러 가지 옻칠공예품들이 전시되어 있는데, 작은 액세서리에서부터 큼직한 그릇과 소반까지 있다. 나무의 질감이나 색상이 하나 같이 예쁘다. 나무 칠기그릇이 보기 좋아서 한 세트를 샀더니, 김 관장이 예쁜 액세서리를 가방에 넣어 준다. 카페에 오는 사람들 중에는 김 관장에게 반갑게 인사하는 사람들이 많다. 모두 이 지역 사람으로 김 관장의 팬인가 보다.

집의 그림자가 길어지는 것을 보고 서울로 가기 위해 마당으로 나섰다. 오늘 아침에 바로 상경한다는 것이 통영이 좋아서 하루를 꼬박 보냈다. 오랜 숙제를 해결한 듯해 가벼운 마음으로 길을 나섰다. 하루를 보냈어도 또다시 하루를 지내고픈 곳. 바로 그런 곳이 이곳 통영옻칠박물관이다. 좀 더 있으면 하루 더 눌러앉을 것 같아 서둘러 서울로 발걸음을 뗐다. 요즈음 가끔씩 집사람은 '우리 통영에 한번 가자!'라고 보챈다. 통영이 너무도 시적인 도시박물관이고 통영전통의 대표박물관은 바로 통영옻칠미술관이라고 할 수 있다.

12

예술혼이 깃든 나무의 공간, 목아박물관

나무의 화려한 변신을 볼 수 있는 곳

우리나라는 나무의 나라이다. 나무는 열대지방에서 자라는 것들이 질이 좋다고 하지만, 우리는 거친 나무들을 아름답게 만드는 재주가 있다. 목조건축의 아름다움도 그렇지만, 목조각은 나무와 우리의 손재주가 합쳐진 최고의 걸작이라 할 수 있다. 불행하게도 고대의 목조각들이 많이 남아 있지는 않지만, 불교의 조각에서 볼 수 있는 솜씨는 신의 경지라고 할 수 있다. 송광사 불합이나 불영사 불탱 등의 오래된 목조각을 보면 상상을 초월한다. 경기도 여주에 있는 목아박물관은 바로 이런 빼어난 목조각들을 감상하면서 우리나라 목조각의 흐름을 들여다볼 수 있는 곳이다.

박물관의 이름인 '목아'는 이곳을 세운 인간문화재 박찬수 선생의 호

목아박물관 전경 목아
박물관 사진제공.

이다. 목아라는 이름에서 알 수 있듯이 그는 '나무의 화신'이다. 평생
나무와 함께 했고 나무를 통해 세상과 소통하며 많은 이들에게 감동
을 주었으니 그렇게 불러도 전혀 이상하지 않다. 그리고 또 다른 '목아'
라고 할 수 있는 이 박물관에는, 전통 목공예 작품과 함께 목공예 분
야 인간문화재인 박찬수 관장의 작품이 전시되어 있어서 전통건축 기
법과 미학을 엿볼 수 있다.

　영동고속도로를 타고 가다가 여주로 내려와 신륵사에서 남쪽으로 더
들어간 한적한 전통 마을에 이르면 이곳 목아박물관을 만날 수 있다.
이 박물관은 이곳에 자리 잡은 지가 꽤 오래 되었기 때문에 근방에 모
르는 이들이 없고 이정표도 잘 되어 있어서 찾기가 어렵지는 않다. 여
주는 영릉과 신륵사가 자리해 있을 뿐만 아니라 부근에 명성황후의 생
가도 있어서 우리 문화의 본산 같은 곳이다. 예전에 필자는 남한강 상
류에 있는 흔암리에서 청동기시대 유적을 발굴한 적이 있는데, 그때 잠
시 들렀던 신륵사에서 중국 남종화의 한 장면을 보는 듯한 느낌을 받
았다. 연두빛 버들이 싹을 터뜨리고 물안개가 피어오르는 봄날의 풍광

이 그림처럼 아름다웠는데, 지금도 눈을 감으면 그때의 모습이 선명하다. 그래서 여주에서 만났던 남한강 풍경은 마음이 어지러울 때마다 고향처럼 쉬었다 가라고 유혹한다. 최근에 4대강 사업으로 경관이 많이 변했을 터이지만 그래도 강이 사라지지는 않았을 테니 새 봄에는 다시 한 번 만나고 싶다.

박물관은 전체적으로 옛 것을 정비하여 새로 단장한 느낌이 든다. 들어가는 입구는 화강암을 재료로 솟대를 형상화하였다. 그리고 입구를 통과해 들어가면 일주문이 나오는데, 이곳에 걸린 '맞이문'이라는 현판이 방문자들을 환영한다. 특이한 것은 우리나라에서 보기 힘든 청기와를 지붕에 얹은 것이다. 그런데 이 청기와를 보면 딱 떠오르는 게 있다. 바로 청와대다. 그러나 청와대의 청기와를 두고 사대주의의 표상이라고 생각해 우리의 전통 기와인 검은 기와를 사용해야 한다고 주장하는 사람들도 있다. 중국은 예로부터 천하의 중심으로 자부하며 황색을 사용했는데, 우리나라는 그 동쪽에 있는 주변국이라 나무를 상징하는 청색을 사용했다고 본 것이다. 그러나 이것은 역사적 사실을 제대로 파악하지 못하고 오해한 것이다.

사실 고려는 원나라에 눌려 지내기는 했지만 황제국이라는 자부심을 지키려고 노력한 위대한 나라였다. 우리나라 고려시대 청자는 누구나 세계에서 가장 아름다운 빛깔이라 찬양한다. 이런 청자 기술은 기와를 굽는 데도 이용되었으며, 이 고급스러운 청자기와는 고려시대 궁궐과 대사찰에서 사용되었다. 이런 청자기와의 전통은 조선시대에도 중요한 건물에 사용되었는데 이게 바로 우리가 지금 보는 청기와다. 그러니 청와대에 청기와를 사용하는 것은 역사적인 면이나 상징적인 면에서도 무척 의미 있는 것이다.

인간문화재가 꿈꾸는 종교간 화해

'맞이문'을 지나 안으로 들어가면 야외조각공원이 나온다. 이 공원에는 시대별 목조 건축양식을 볼 수 있는 3동의 목조건물과 여러 조각들이 있지만, 무엇보다 눈길을 끄는 것은 '하늘교회'라는 현대 조각이다. 입구에 놓여 있어서 눈길을 끈다기보다는, 이 작품의 외형이 오래전부터 우리 곁을 지켰던 첨성대를 본 따 만들어졌기 때문이다. 그런데 이 작품에다 왜 '하늘교회'라는 이름을 붙였을까? 그 의미를 알아보기 위해 내부로 들어가 보았다.

'교회'라는 이름에서 짐작할 수 있듯이 내부에는 예수님 상이 자리해 있다. '하늘'의 의미는 천문을 관측했던 신라 첨성대의 겉모습을 가져왔기에 붙여진 이름이다. 현대조각에 대한 날카로운 비평을 할 만큼 현대미술에 대한 이해가 깊지는 않지만, 전통 건축물에서 따온 외관과 외국에서 도입한 내장의 결합은 현재 우리 사회의 모습을 반영하고 있다는 것을 확인할 수 있었다. 우리 고유의 전통과 외래적인 것의 모범적인 융합이라 할 수 있는 이런 시도가 앞으로도 많아졌으면 좋겠다. 목아 선생 또한 불교의 탱화에 유교와 불교, 그리고 기독교의 교조를 그린 것이 있는데 파리의 전시에서 큰 관심을 끌었다. 그가 추구하는 평화주의 예술운동의 단면을 확인할 수 있는 작품이라 한참을 들여다보았다.

하늘교회를 나서면, 건물의 중앙부가 양 옆에 비해 높이 솟아 있는 특이한 형태의 기와건물이 눈에 들어온다. 그런데 정작 우리 눈을 사로잡는 것은, 이 건물의 외형보다도 중앙의 현판이다. '한얼울늘집'이라고 되어 있었는데 도무지 그 뜻을 가늠할 수가 없어서, 내부로 들어가 보았다. 중앙에 흰 수염과 하얀 도포를 걸친 노인이 용좌에 앉아있는

한얼울늘집 목아박물
관 사진제공.

데, 양 옆에는 나무로 된 도인이 서 있는 게 아닌가. 한눈에 단군을 형
상화한 것임을 알 수 있었다. 아하! 그렇다면 현판에 쓰인 글자는 '천',
'지', '인'을 뜻하는 것이리라. 나중에 안내판을 보고 알게 되었지만, '한
얼울늘집'이라는 이름에는 사람을 뜻하는 '한얼', 땅을 뜻하는 '한울',
하늘을 뜻하는 '한늘'의 세 글자를 합쳐 '개천문'의 의미를 담았다는 것
을 알게 되었다.

　이 야외전시공원에는 불교와 관련된 조각상 외에도 소소한 재미와
볼거리가 많다. 그중에서도 앉아서 잠을 자고 있는 동자상, 기도하는 모
습의 조각상, 엄마 품에 안긴 채 고개를 들어 바라보는 아이 조각상 등
일상의 모습을 담은 작품들이 정원과 어우러져 마음을 차분하게 한다.
목아 선생은 너무도 섬세한 목공예를 선보이다가도, 장승과 같은 엄청
난 힘을 발산하는 조각을 창조하기도 한다. 필자가 일했던 전통문화대
학교의 교정에도 목아 선생이 만든 장승들이 버티고 서서 학교를 든든
히 지키고 있다. 그가 만든 불상이나 인물상을 보면 표정과 선이 마치
살아 있는 듯 역동적이다.

　수많은 조각품들을 만나다 보면 시간의 흐름도 잊어버리게 된다. 그

러다가 퍼뜩 정신이 들어 야외조각공원 안쪽에 위치한 목아박물관의
본관으로 이동했다. 이 본관의 붉은 벽돌은 서울대학교 문리대 건물에
쓰였던 것을 재활용한 것이라고 한다. 서울대학교 문리대는 원래 서울
시 종로구 동숭동에 있었는데, 필자는 고고인류학과에 재학할 때 그 건
물에서 공부했다. 일전에 동숭아트센터에 갔을 때 억울한 느낌이 든 것
은, 필자가 공부하던 추억의 공간이 흔적도 없이 사라졌기 때문이었다.
그런데 그 건물의 붉은 벽돌이 이곳에 와 있으니 기분이 야릇했다.

3층 전시실 목아박물
관 사진제공.

죽은 나무도 살리는 장인의 예술혼

　　박물관 관람은 3층에서 시작해 1층으로 내려오도록 동선이 짜여 있
다. 3층의 목조각전시실에는 목아 선생이 평생 동안 조각한 150여 점
의 대표작품들이 전시되어 있다. 박물관의 이름이기도 한 '목아'라는 명
칭은 '죽은 나무에서 싹을 띄워 새 생명을 불어 넣는다.'라는 의미인데,
그의 스승인 오녹원 큰스님께서 지어주신 호라고 한다. 섬세한 손길이
세심하게 스며들어간 이 전시관의 작품들을 보고 있으면, 나무를 평생
다루어온 장인의 열정이 전해져 가슴을 뜨겁게 한다. 이곳에 있는 전
시품들은 고대 우리 조상들이 만든 원형의 신비로움에는 미치지 못하
겠지만, 지금은 사라져버린 고대의 목공기술을 복원하려는 장인의
정신을 담아내고 있다.

법상 목아박물관 사진
제공.

　　이곳에 전시된 작품들 가운데 가장 눈길을 끄는 것은
2층에 전시된 법상이다. 이 법상은 1989년 전승공예대전
에서 대통령상을 받은 작품으로 500년이 넘은 쓰러진 느

티나무로 만들었다고 한다. 법상은 설법을 하는 대좌를 이르는 말인데, 대좌가 지닌 의미에 대해 제대로 아는 사람은 드물다. 대좌에는 대부분 불상이 자리해 있기 때문에, 대좌의 참모습을 보지 못하고 불상만 감상하게 되는 것이다. 그렇다면 불상이 없는 대좌가 있을까? 불교미술을 좋아하거나 우리나라 정통사찰에 관심이 많은 사람이라면, 양산 통도사, 오대산 상원사, 설악산 봉정암, 태백산 정암사, 사자산 법흥사의 적멸보궁을 떠올릴 것이다. 이런 사찰에는 전각 내부에 본존불이 없다. 적멸보궁의 뒤편에 부처님의 진신사리가 안치되어 있기 때문에, 부처님의 이미지를 형상화한 불상이 필요 없기 때문이다. 그래서 이 전각에는 대좌들만 놓여있는 것이다. 그리고 야외에서 고고학 조사를 하다 보면, 불상이 없이 돌로 만들어진 대좌만 확인되는 경우도 많다. 작품으로 승화된 대좌는 화려함이 깃들어 역사적 유물과는 차이가 있지만, 이 화려함 때문인지 오히려 당장이라도 부처님이 대좌에 올라 설법을 하실 것만 같다.

조각도구전시 목아박물관 사진제공.

또 목조각을 만드는 데 사용하는 도구들도 전시해 놓았는데, 이를 통해 장인들의 손놀림과 땀방울을 엿볼 수 있다. 단순하게 조각품들만 전시되어 있다면 '아, 잘 만들었구나. 정말 예쁘다!'라고 하며 돌아설 수도 있지만, 장인들의 두 번째 손이 되어 나무와 교감하는 이 도구들을 하나씩 보다 보면 작품을 만드는 시공간으로 장인들과 함께 이동하는 듯하다. 손때로 반질반질하게 변해버린 나무틀과 철재도구들에서 조각품에 생명을 불어넣는 장인들의 모습까지 그려볼 수 있다.

목아 선생은 산청사람이라는 점을 자랑스럽게 생각한다. 아마도 그가 태어난 곳은 산청에서도 가장 높은 상촌이라는 산골마을이다. 상촌이라는 이름은 우리말로 하면 윗마을이다. 높은 곳에 있는 마을이라는 뜻이다. 그래서 지리산의 나무 정기가 그의 뼛속 깊이 박히게 되었는지도 모른다. 산청에 가면 선생을 기념하기 위한 목공예교육장이 산청박물관 바로 앞에 세워져 있다. 지난번에 그곳에서 만나서 구형왕릉과 유의태의 샘으로 산보도 같이 했는데, 전통에 대한 해박한 지식과 세심하고도 시원한 성품은 그의 조각들이 뿜어내는 기운과 마찬가지였다. 오랜만에 박물관 정원의 정자에서 억세지만 정감이 묻어나는 투박한 경상도 사투리로 담소를 하면서 차를 나누었다.

신륵사에서 만난 목조각의 원류

목아박물관에서 4킬로미터 정도 떨어진 곳에는 신륵사가 있다. 신륵사는 유교가 번성하기 시작한 조선시대 초기에 왕찰로 사용되던 곳이다. 남한강변에 위치한 멋진 정자와 조선시대 전탑도 좋지만, 목아 선생의 불상을 보니 극락보전에 본존불로 봉안되어 있는 아미타여래삼존상이 보고 싶다. 모두 예술의 극치라고 할 수 있지만, 오랜 세월을 거쳐 오면서 사람들의 염원을 담아냈던 그 불상을 간절히 만나고 싶다. 이 불상은 1610년 조선시대 광해군 대에 조성된 것으로, 2014년 초에 보물로 지정되었기에 이참에 다시 한 번 만나고 싶은 마음이 들었다.

신륵사 극락보전이 있는 곳까지 가려면 주차장에서 한참을 걸어 들어가야 한다. 사찰을 다니면서 늘 느끼는 것이지만, 사찰의 중심부로 나아갈수록 주차장 주변의 복잡한 현세에서 극락으로 다가가는 느낌을 준다. '아미타여래삼존상'이 봉안된 극락보전 역시 경기도 유형문화재로 지정되어 있으며, 신륵사의 전각들 대부분은 문화재로 지정되어 있다. 그래서인지 주차장의 많은 인파에도 불구하고, 신륵사 경내에서만큼은 차분한 느낌이 든다.

신륵사에서도 많은 것을 볼 수 있지만, 이번에는 한 가지만 생각하자고 마음먹어서인지 무척이나 여유롭다. 극락보전으로 들어가 부처님께 세 번 절한 뒤 우두커니 서서 본존불을 바라보았다. 좌우의 보살상이 드러내는 화려함과 대조적으로, 본존불은 소박한 옷매무새를 통해 단순미를 극단적으로 보여 준다. 또한 본존불의 온화한 표정은 작은 전각 내부를 꽉 채우는 위엄을 드러낸다. 신륵사 불상에서 느껴지는 세월의 흐름과 이를 묵묵히 받아들여 되새김질해낸 정숙함은 그 어떤 작품과도 비교할 수 없으리라. 현대의 작품들도 수많은 세월의 땀내음을 받아들인 뒤에는, 어느 순간 유물이 되고 중요한 문화재가 될 것이다. 정적이면서도 그 안에 스며든 시간의 드라마틱한 자취들이 이런 작품들을 문화재로 자리 잡게 한 것이리라.

신륵사 불상을 조각한 조선시대 목공이 열정과 기원을 담아 흘린 땀방울은, 수백 년의 세월을 흐르고 흘러 목아 선생에게로 흘러내렸을 것이다. 400년이 넘는 세월 동안 수많은 사람들이 기도하고 지켜온 신륵사 불상과 목아 선생의 작품이 아련하게 겹쳐지면서, 예술혼을 지닌 장인들의 헌신에 저절로 고개가 숙여진다.

뛰어난 예술혼으로 상상을 현실로 옮겨낸 조선의 목공들. 이제 그 후예들은 자연사박물관에서 상상력을 키워가고 있으니, 그 신비롭고 놀라운 공룡의 세계를 찾아 계룡산으로 떠나자.

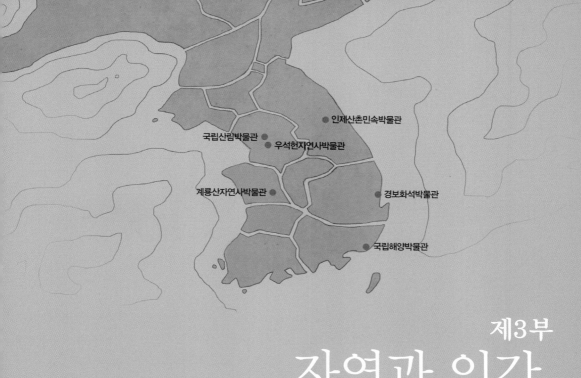

인제산촌민속박물관

국립산림박물관

우석헌자연사박물관

계룡산자연사박물관

경보화석박물관

국립해양박물관

제3부

자연과 인간, 그 달콤한 만남을 찾아서

자연은 이 땅 모든 것의 어머니다. 만물의 영장이라는 인간도 '자연스럽게' 살아가는 것을 최고의 미덕으로 여긴다. 이런 대자연의 원리와 법칙, 그곳에서 살아간 수많은 동식물과 시간 이야기를 담은 게 바로 자연사박물관이다. '인간이 바라보는 자연'과 '자연이 그려나가는 자연'의 차이를 이해하고 경험하는 곳. 지구의 탄생부터 공룡과 선사시대 인류, 그리고 지금 우리 시대에 이르기까지 자연이 지구에서 그려낸 멋진 그림을 감상해 보자.

13

날아다니는 공룡의 터, 계룡산자연사박물관

계룡산에는 공룡이 산다

계룡산을 찾을 때마다 항상 신비로움을 느낀다. 이름 때문도 아니

공룡 형상을 닮은 계룡산 능선 계룡산자연사박물관 사진제공.

고, 유명한 풍수지리학자가 무슨 말을 해서도 아니다. 서울에서 가다 보면 평탄하거나 그저 얌전한 낮은 산들이 연속해서 지나다가 갑자기 수억 년이 된 돌들이 힘을 꽉 주고 엉켜있는 듯한 계룡산을 마주하게 되면, 말로는 표현할 수 없는 미지의 힘을 느끼게 되기 때문이다. 필자가 풍수지리학자는 아니지만, 이 산을 여러 사람이 주목한 이유가 있을 거라는 생각이 든다. 그런데 이 계룡산에는 풍수 외에도 사람들의 이목을 끌만한 게 있으니, 그것은 전 세계 어느 곳에서도 발견되지 않은 공룡 유적이 이곳에 나타났다는 점이다.

  우리나라에도 공룡 화석이 발견된 곳이 많다. 서울에서 가까운 시화호, 경상남도 고성, 그리고 경북 의성에도 공룡의 유적들이 남아 있다. 그러나 정작 공룡 화석을 볼 수 있는 곳은 자연사박물관이다. 계룡산자연사박물관은 사립박물관이지만 엄청나게 큰 박물관이다. 10년 전에 이 박물관이 문을 열 때 가서 보고, '아, 이 박물관이 정말 잘 되었으면 좋겠다.'라고 생각했다. 국립자연사박물관이 없으니 이 거대한 규모의 사립박물관이라도 잘 되어 어린이들의 꿈을 키워 주었으면 하는 바람 때문이었다. 이곳에서 꿈을 키운 아이들은 훗날 자연사학자로 자라나거나 《쥐라기 공원》을 만든 스티븐 스필버그처럼 영화제작자로 성장할 것이다.

유성에서 현충원을 지나 계룡산으로 접어들 즈음에 큰 건물이 보이면 바로 계룡산자연사박물관이다. 계룡산이 명승의 하나이고 사시사철 아름다운 풍광을 만들어내기 때문에, 산을 찾았다가 잠시 들를 만한 곳이기도 하다. 박물관의 현관에 서면 건너편 산이 한 눈에 펼쳐져서 박물관에서도 꽃구경이나 단풍구경을 할 수 있다. 대학에 다닐 적에 주말에 친구랑 둘이서 무전여행을 한 적이 있다. 갑사에서 하룻밤을 잔 뒤 고개를 넘어 동학사로 내려왔는데 골짜기에 엄청나게 많은 시구가 적혀 있었다. 그만큼 많은 시인묵객이 찾았다는 얘기다. 그리고 갑사 뒷마당의 큰 나무에 아침햇살이 비치는데 그 모습이 너무도 아름다웠다. 멍하니 취해서 바라보고 있는데, 한 스님이 다가와 그것이 염주를 만드는 보리수나무라는 사실을 알려 주셨다. 그때부터 지금까지 필자는 보리수나무를 무척 아낀다. 또 그날 보리수나무 밑에서 스님과 담소했던 게 아직까지도 기억에 생생하다.

이 때문일까? 필자는 한양대학교 박물관의 좁은 정원에도 보리수나무를 한 그루 심었던 적이 있다. 갑사의 보리수나무처럼 커나가기를 바라면서…… . 젊은 시절의 아련한 추억 탓인지, 계룡산은 필자에게 늘 흐뭇한 미소를 짓게 해준다.

박물관으로 가는 길은 경사가 제법 급하다. 이것은 달리 말해, 박물관에 올라서면 경치가 그만큼 좋다는 말이기도 하다. 현관에서 보는 맞은편 산의 화강석은 이곳 박물관이 자랑하는 청운공룡과 같은 시대에 만들어진 것이라고 하니 이 또한 인연인가 보다. 마당 이곳저곳에는 공룡들이 복원되어 있는데, 찾아오는 어린이들을 위해 준비한 것이리라. 화강석으로 예쁘게 만든 홍예석 다리를 지나 현관에 들어서자마자, 입이 쩍 벌어지도록 위용을 자랑하는 것이 있는데 바로 공룡화석이다. 길이가 25미터이고 높이가 16미터에 달하는 이 박물관의 공룡은, 다른 자연사박물관의 중앙홀을 차지하고 있는 녀석들과는 근본적으로 다르다. 왜냐하면 이 공룡은 실물 화석이고 이런 공룡이 우리나라에서는 발굴된 적이 없기 때문이다. 이 공룡을 '청운'이라고 명명하여 학계에서도 공식명칭으로 사용하고 있다. 청운은 이 박물관을 운영

박물관 중앙 홀의 청운 공룡 화석 계룡산자연 사박물관 사진제공.

하는 재단의 이름이자 설립자 고 이기석 선생의 호이기도 하다. 개인이 이렇게 큰 박물관을 세우고 운영하는 것을 보면 그 정도의 명예는 주어야 한다고 생각한다.

이 공룡은 긴 목을 가진 초식공룡으로 2001년에 미국 와이오밍주에서 캔자스대학이 발굴한 것으로, 골격이 85퍼센트 정도나 남아 있어서 그 가치가 대단히 높고 현재 전시되어 있는 것이 바로 진품이다. 이 공룡과 비슷한 종인 브라키오사우루스의 경우, 시카고 필드박물관이나 독일의 훔볼트 박물관에 전시되어 있다. 하지만 골격의 완전도가 이보다 훨씬 떨어지기 때문에, 청운공룡의 가치가 월등히 높다고 할 수 있다. 그래서 이 박물관에서 청운공룡을 구경하는 것은 완전한 공룡의 모습을 진품으로 구경할 수 있는 좋은 기회인 셈이다. 그리고 이 공룡이 발굴될 당시에 육식공룡의 이빨도 하나 얻어서 같이 전시한다고 하니, 여러 가지 상상력을 불러일으킨다는 점에서 무척이나 의미 있는 관람인 셈이다.

지금까지 공룡은 선사시대를 대표하는 동물로 오해받곤 했다. 하지만 선사시대는 역사시대 이전을 말하는 것으로, 인간이 등장한 시점부터 역사시대 이전까지를 말하는 게 보통이다. 그런데 공룡은 지금으로부터 6,500만 년 전에 지구상에서 사라졌기 때문에, 우리 인간과는 사실상 관계가 없다. 공룡은 지구를 누볐던 최강의 존재로 알려져 있지만, 공룡이 멸종한 이유를 알면 생물이라는 게 우주나 자연 앞에서 얼마나 힘없는 존재인가를 절실히 느끼게 된다. 갑작스런 자연의 변화에 적응하지 못해 순식간에 멸종했다고 하니, 자연의 위력 앞에 절로 고개가 숙여진다.

공룡의 멸종에 대한 견해 가운데는 흥미로운 게 하나 있다. 캘리포니

아대학교 버클리캠퍼스의 대학원에서 천문학을 공부하던 월터 알바레스는, 지질학 교수였던 아버지 루이스 알바레스와 학문적인 융합을 통해 가장 그럴듯한 이론을 만들어냈다. 이들은 외계의 별이 지구를 아마겟돈처럼 두드리는 바람에, 1억 5,000만 년 동안 지구를 호령하던 공룡이 일시에 멸종한 것이라는 '별똥별학설'을 주장했다. 그들이 이 학설을 제기하자, 이를 검증하기 위한 과학적인 조사가 잇따랐다. 그러면 도대체 이 별똥별학설이라는 게 얼마나 설득력이 있는지 한번 살펴보자.

우주에서 날아온 146킬로그램의 철운석 계룡산자연사박물관 사진 제공.

월터 부자의 주장에 따르면, 우선 10킬로미터에 육박하는 커다란 별똥별이 유카탄 반도에 떨어졌다고 한다. 그때 뜨거운 열기가 삼림을 태웠고, 이 때문에 연기와 수증기가 대기권을 덮으면서 엄청나게 큰 쓰나미들이 온 대륙을 휘저었다고 한다. 이로 인해 공룡의 먹이가 부족하게 되어 초식공룡부터 육식공룡까지 차례대로 멸종하게 되었다는 학설이다. 이 외에 기후변동이나 화산의 폭발 그리고 질병 등으로 공룡이 멸종했다는 학설이 있지만, 아직까지 별똥별 학설만큼 설득력이 있는 주장은 제기되지 않았다. 이것을 보면 학문의 융합이라는 것이 얼마나 큰 힘을 발휘하는지를 깨닫게 된다.

그런데 영화 《쥐라기 공원》에서도 미국 서부에서 발굴하는 장면이 나온다. 그때 나온 벨로시랩터 벨로키랍토르, Velociraptor 가 발견된 지역은 공룡의 전성기인 백악기의 마지막 층이 잘 나타나는 지역이다. 그런데 공룡이 멸종했으리라 추정되는 백악기와 신생대 사이의 지층에서 "이리듐"이라는 특별한 원소가 많이 발견되었는데, 이 이리듐은 지구의 마그마나 별똥별 같은 외계행성에서 나오는 것이란다. 때문에 별똥별학설이 주목 받게 되었고, 지금까지도 공룡의 멸종을 설명하는 일반적인 학설로 자리 잡게 된 것이다. 계룡산자연사박물관의 청운공룡화석도 그 지층에서 나온 것이어서 무척 의미 있는 전시인 셈이다.

공룡과 우주를 함께 만나는 곳

1층에는 각종 공룡 화석들과 함께 자료들이 전시되어 있어서, 쭉 둘러보다 보면 공룡시대인 중생대를 체계적으로 정리하는 기분이 든다. '공룡'은 우리말로도 "공포의 용"이라는 뜻이지만, 그리스어에서 파생한 DINOSAUR 다이나소어라는 용어도 "흉하게 생긴 도마뱀"이라는 뜻이란다. 몸집이 엄청 큰 데다 손톱과 발톱이 날카롭고 등이나 꼬리에 뾰족한 공격용 무기까지 달고 있으니 공포감을 자아냈기 때문이리라. 그런데 20세기 전반까지 사람들은 공룡을 느린 속도로 움직이는 냉혈동물로 생각했지만, 후반에 들어 각종 연구를 통해 공룡이 상당히 동작이 빠른 사회적인 동물이라는 사실이 밝혀졌다.

공룡은 현재까지 500속, 그리고 종으로는 적어도 1,000종 이상이 전 세계에서 확인되었다. 그런데 초기 공룡 중에는 사람처럼 두 발로 서서 걸어 다닌 녀석들도 있다고 하니, 아마도 《쥐라기 공원》에서처럼 펄쩍펄쩍 뛰어다니는 놈들이 있었던 게 사실인 모양이다. 그런데 우스운 것은 이 덩치 큰 놈들이 알을 낳을 때는 새처럼 둥지를 만들었다고 한다. 그 큰 덩치로 알을 품고 돌보는 것을 상상하면 괜히 웃음이 나온다. 우리나라에서도 공룡알이 수습된 곳이 있는데, 그런 것들이 남아 있다는 게 무척이나 신기하다. 또한 어미들이 알을 둥지에 낳아 돌보았다고 생각하니, 생명은 크건 작건 간에 모성애가 종의 유지에 필수적인 모양이다.

거대한 공룡에 압도당하고 나서 2층으로 올라가면 이제 자연의 신비가 기다리고 있다. 아래층에서 보았던 공룡의 멸종에서도 우주가 언급되지만, 본격적인 우주이야기는 2층에서 만나볼 수 있다. 지구가 우주에서 탄생하던 그날, 이 세상의 모든 이야기가 시작된다. 그런데 흔히 우주나 지구의 탄생 시기에 대해 여러 가지 학설이 난무하고 있기 때문에 헷갈릴 수도 있다. 하지만 지구와 태양계의 형성 시기를 45억 년 전이라고 생각하는 것이 보편적인 듯하다.

드넓은 우주를 그려보면, 인간이라는 존재가 너무도 작은 먼지처럼 느껴진다. 이 박물관 전시실에서 바라보는 은하계와 별들은 우리의 삶에 있어서 없어서는 안 될 꿈과 감성을 선물한다. 그리고 박물관에서 우주를 보고 나면 드넓은 우주에 비해 터무니없이 작은 인간의 존재를 자각하게 되면서, 삶과 죽음에 대해 새로운 시선으로 바라보는 계기를 마련할 수도 있다. 종교를 가진 사람들은 자신이 믿는 신에 대해 경외감을 가질 수 있고, 그렇지 않은 사람들은 자신이 새롭게 태어날 곳을 꿈꾸며 상상의 나래를 펼 수도 있으리라. 꿈 많은 아이들이 밤에 이곳에서 별을 관찰하는 프로그램이 있단다. 조한희 관장의 자랑으로는 박물관의 옥상은 별을 관찰하기에 가장 좋은 장소 중의 하나란다. 공기도 깨끗하고 높기 때문에 별이 잘 보이리라. 청명한 가을날 단풍이 짙을 무렵의 어느 날 밤에 한번 방문하여도 좋을 듯하다.

자연에게서 겸손함을 배우다

전시장을 둘러보다가 월별 탄생석이 있기에 필자의 생일과 연결해 보았다. 양력을 넣어보니 성실, 친절, 선의라는 단어가 나오고, 음력을 넣으니 우정, 희망, 결백이 나온다. 비록 심심풀이로 넣어본 것이긴 하지만, 결과가 좋게 나오니 얼굴에 미소가 번진다. 어쩌면 우리 돌 하나 소중하지 않은 것이 어디 있겠는가. 그것이 만들어지는 데도 자연의 섭리가 작용했을 터. 그러니 자신의 탄생석을 알아보는 모든 사람들이 필자처럼 행복을 저금했으면 좋겠다.

2층에서 꼭 보아야 할 것은 바로 청상아리 화석이다. 이 청상아리는 바다의 무법자라고 하는 무서운 물고기다. 길이가 3.2미터 정도이고 무게가 60에서 130킬로그램 정도 나가는 게 보통이지만, 1톤이나 되는 거대한 상어가 잡힌 적도 있다. 생태계에서는 수컷이 암컷보다 더 큰 경우가 대부분이지만, 상어는 암놈이 수놈보다도 크다. 또 헤엄치는

2층 전시실의 흰긴수염 고래 화석 계룡산자연 사박물관 사진제공.

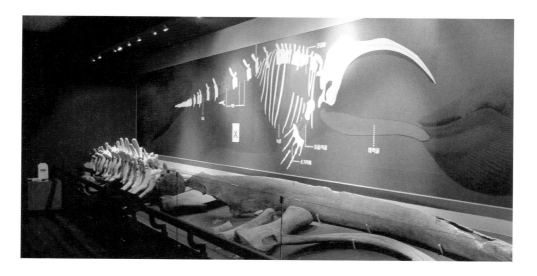

전시실의 백상아리 모습 계룡산자연사박물관 사진제공.

속도도 시속 60킬로미터나 될 정도로 빠르고, 수온보다도 체온을 올릴 수 있어서 섭씨 16도 이상이면 살아남을 수 있기 때문에 해저 150미터에서도 생존할 수 있다. 따지고 보면 네이비실 Navy Seal 에 해당하는 물고기인 셈이다.

이 청상아리는 사람을 공격하는 것은 물론이고 작은 배도 공격하는 종류로서, 헤밍웨이의 소설 《노인과 바다》에서 바다의 약탈자로 나오는 녀석이다. 다른 물고기와는 달리 뼈가 모두 연골로 되어 있다. 이 때문일까? 어릴 적에 상처가 나면 상어뼈를 갈아서 상처 부위에 뿌려주던 기억이 난다. 당시에 집집마다 상어뼛가루를 상비약처럼 보관해 두고 있었던 걸 보면 제법 효과가 있었던 것 같다. 아마도 상어뼈에 지혈제 성분이 포함되어 있었으리라.

재미있는 것은 이 청상아리는 앞으로만 헤엄을 칠 수 있고, 다른 물고기와는 달리 아가미를 보호하는 덮개도 없고 부레도 없다. 대신 기름 성분의 '간'이 부레 역할을 한다. 대부분의 물고기들은 이빨이 모노

돈트 같은 종류의 이빨 로 나지만, 상어의 경우에는 몇 겹으로 난다. 그래서 한 번 물면 죽어도 놓지 않고, 물리면 빠져나오기 어렵다.

3층으로 올라가면 이제 인간 냄새가 난다. 사람이 세상에 나타나 인간이 되어가는 모습을 보여 준다. 이 박물관은 인간이 자연계의 한 구성원으로서 탄생했고 그 영향 속에서 진화했다는 점을 진화론의 입장에서 보여 준다. 지금 현대문명을 앞세운 인간이 생태계의 최고 지배자를 넘어 마치 신이라도 된 것처럼 우쭐대지만, 1층에서 본 것처럼 그토록 번성하던 공룡도 자연의 변화 앞에서는 한 순간에 사라졌다. 2억 5,000만 년 동안 주인노릇을 했지만, 이제는 화석으로 전시되거나 연료로 사용될 뿐이다. 그러니 겨우 700만 년 정도밖에 살지 못한 인간은 절대 오만해서는 안 된다. 우리가 가진 문명의 힘이란 것은 어쩌면 청상아리의 이빨보다 못한 것일 수도 있기 때문이다.

자연은 항상 평형을 유지하려고 한다. 생물과 자연 역시 평형의 개념에서 출발해야 하는 것이다. 식물에서 동물 그리고 인간으로 오는 에너지의 흐름에서도 평형이 중요한데, 자연은 빠르게 평형으로 돌아가는 것을 깨뜨리는 그 어떤 것도 용납하지 않는다. 어쩌면 평형을 유지하기 위해, 여러 전설에 등장하듯이 엄청난 홍수를 일으켜 모든 것을 쓸어버릴지도 모른다.

·

우리나라에서 가장 오래된 학봉장군 미라

3층에는 이 박물관이 청운공룡에 버금갈 만큼 자랑하는 게 있는데, 바로 '미라'이다. 미라는 사후세계에서도 잘 살아달라는 의미에서 죽은 자의 시신에 특별한 처리를 하는 것으로, '죽은 자에 대한 예우'라고 보면 된다. 우리나라에서는 미라가 잘 발견되지 않지만, 가끔 온도와 습도가 잘 맞아 비교적 온전한 형태의 미라가 발견되기도 하고 늪지에 버려진 시체 같은 게 미라 형태로 발견되기도 한다. 보존상태가 매우 양호한 경우에는, 마치 미라가 만들어진 때로 돌아간 듯한 느낌까지 받는다.

이곳에 전시된 미라는 "학봉장군 미라"라고 부르는 것인데, 부부의 미라가 완전한 형태로 전시되어 있다. 학봉장군은 약 600년 전의 사람으로 41세 나이에 죽었는데 폐기종을 앓고 있었다. 우리나라에서 가장 오래된 미라인 셈이다. 2004년 대전 목달동 여산 송씨 종중 묘역에서 발견된 것인데, 이 미라들은 박사논문으로도 발표될 만큼 많은 연구자들의 관심을 끌었다. 사실 고고학자들에게 미라만큼 중요한 자료는 없다. 학봉장군의 미라만 하더라도 병을 치료하기 위해 한방에서 "포황"이라고 부르는 애기부들의 꽃가루를 많이 먹었던 것을 알 수 있다. 포황은 각혈을 하는 사람들이 지혈을 위해 먹었던 것이고, 이분이 중증 폐질환을 앓고 있었다는 점에서 약으로 복용한 것으로 보인다. 부인의

3층 전시실의 **학봉장군 미라** 계룡산자연사박물관 소장.

미라 역시 머리카락이 그대로 남아 있고 피부가 상한 데가 없을 정도로 잘 남아 있다. 그런데 부인은 렙토스피라에 감염되었다는 것을 유전자분석을 통해 알아냈는데, 당시에는 수인성 질병이 흔하게 유행했을 것이라는 점을 짐작하게 한다. 이 미라를 보면서, "만물의 영장"이라는 인간은 자연이라는 거대한 선로 가운데 하나의 정거장일 뿐이라는 생각이 든다. 이게 바로 이 전시의 숨어 있는 맥락이 아닐까?

이 박물관에는 곳곳에 교육적인 코너들이 많은데, 어린이들이 호기심을 갖고 참여하거나 배우는 모습들이 자주 보였다. 이런 박물관이 있는 도시는 이미 "교육 특별시"라고 해도 지나치지 않으리라.《쥬라기 공원》의 제작자 스티븐 스필버그는 어린 시절 자연사박물관에서 공룡과 고고학 유물들을 만지면서 컸다고 하지 않는가?

박물관은 콘텐츠 개발의 핵심이자 창의 교육의 시발점이다. 이 박물관의 설립자인 이기석 선생도 이미 "국가의 노벨상은 자연사박물관의 숫자와 비례한다."라고 하면서 이 박물관의 설립 취지를 밝히지 않았던가. 그의 뜻을 이어 2대 관장을 맡은 조한희 교수는 "자연사박물관은 문화와 과학의 소통의 장으로서, 어린이부터 청소년에 이르기까지 꿈을 키우는 장소로 미래를 밝히는 조명 역할을 하는 곳"이라고 했다. 이 박물관을 비롯해 자연사박물관이 우리 사회에서 어떤 역할을 해야 하는지 명확히 정리한 셈이다.

언덕을 내려오며 이곳에 박물관이 들어선 것은 '하늘의 뜻'이라는 생각이 들었다. 왜냐하면 용이라는 글자가 들어가 있는 계룡산에 바로 자연사박물관이 들어섰고, 그 박물관을 대표하는 게 바로 청운이라는 공룡이니 말이다.

언덕을 조잘대며 올라가는 아이들이 공룡의 정기를 받아 너도나도 기린아로 성장했으면 좋겠다. 그리고 이곳을 찾은 아이들의 꿈이 하나씩 실현되어 자연사를 다시 쓰는 행복한 순간을 꿈꿔본다.

이제 계룡산 쥐라기 공원에서 마음껏 상상의 나래를 펼쳤으니, 이곳에 모여든 아이들의 다음 목적지는 드넓은 바다가 되겠지. '세상의 모든 바다이야기가 시작되는 곳'이라고 자신 있게 이야기하는 국립해양박물관이 기다리는 곳으로.

14

세상의 모든 바다를 만나는 곳, 국립해양박물관

가족이 함께 즐기는 바다박물관

국립해양박물관의 모토는 "세상의 모든 바다이야기가 시작되는 곳"이다. 그만큼 바다에 올인한 박물관이고 바다를 전문적으로 연구하는 박물관이라는 얘기다. 바다에 대한 자부심으로 가득한 이 박물관은 조용필의 노래로 유명한 오륙도와 마주보며 유리배처럼 떠 있다. 사실 이 지역은 우리나라 바다 이야기의 본고장이라고 할 수 있다. 신석기시대의 동삼동 패총이 있고 해양대학교가 있으며 해양 관련 전문학교들이 있다.

줄줄이 늘어선 자동차의 행렬을 뒤로 하고 영도다리를 건너 동삼동으로 오는 중간쯤에 이르면 이 박물관이 쑤욱 모습을 드러낸다. 널찍한 광장을 가로질러 박물관으로 들어가게 되는데, 박물관 초입에 들어

국립해양박물관 전경
국립해양박물관 사진
제공.

서면 회색빛 패널과 유리로 된 거대한 구조물을 만나게 된다. 주차장에서 보면 마치 바다로 막 출항하려는 한 척의 배를 떠올리게 된다. 박물관 교육학을 배우는 대학원생들과 함께 버스에서 내리니 이 지역의 원로박물관 종사자인 안광선 선생이 기다리고 있다. 안내를 받아 홀로 들어서니 이곳에서 학예사로 일하고 있는 김윤아 군, 김소영 군, 그리고 백승주 군이 반갑게 맞이한다. 박물관은 휴일에 더욱 바쁘니 이렇게 나와서 일을 할 수 밖에 없을 것이다. 오랜만에 보는 제자들이 반갑다. 어느 박물관에 가든 아는 얼굴들이 있어서 마음이 뿌듯하다.

주차장에서 들어올 때는 잘 안 보여서 몰랐는데 박물관에서 바라보는 전망은 일품이다. 옛날 모나코 해양박물관에 가서 지중해를 바라보는 것보다도 훨씬 풍경이 시원하고 아름답다. 부산의 육지에서 튀어나온 반도와 오륙도, 그리고 작은 등대들이 만들어내는 풍광이다. 홀 안쪽으로 눈을 돌리니 큰 배가 한 척 서 있다. 베니스에서 공수해 온 곤돌라선과 바이킹선이다.

"선생님, 운이 좋으면 저기 오륙도 옆으로 크루즈가 들어오는 풍경을 볼 수 있어요."

김윤아 군이 가리키는 곳은 박물관의 동쪽 정현관에 펼쳐진 오륙도가 있는 부산 앞바다 풍경이었다. 대형 컨테이너선이 부산항을 향해 천천히 움직이고 있는 모습도 박물관의 의미를 더해 주는 듯하다.

지난 2012년에 문을 연 박물관의 연혁과 규모에 대한 개괄적인 브리핑을 세미나실에서 받고 2층 전시실로 향했다. 엘리베이터도 있었지만 굳이 걸어 올라가기로 한 것은, 신축 박물관의 디자인과 함께 시원하게 펼쳐진 앞바다를 감상하고 싶어서였다. 올라가면서 홀의 천장에서 내려오는 조각물을 보니 돛단배 형상이다. 이것은 해양박물관의 기념조형물 마린모멘텀 로서, 먼 바다를 향해 나아가는 배를 상징한다. 눈에 띄지 않지만 조금씩 회전하며 바다를 향한 항해를 꿈꾸고 있다. 이런 조형물들을 통해 보여 주려는 것은, 이 박물관은 어디론가를 향해 나아가는 배라는 얘기다. 필자도 이제 바다에 관한 모든 것을 알아보기 위해 이 박물관을 한 군데씩 항해하려 한다.

박물관의 전체 구성은 기존의 역사박물관과 과학관의 중간 형태라고 보면 된다. 왜냐하면 신생박물관으로서 교육적인 것을 지향하는 동시에, 수족관과 터치풀, 요트체험실 등의 체험공간을 비치해 관람객들이 보고 듣고 느끼고 생각하면서 즐길 수 있도록 준비한 것이다. 전시실 내에는 수많은 아이들이 와글거리면서 체험하느라 분주한 걸 보면, 1차적인 목표는 달성한 듯하다.

2층에는 어린이박물관과 기획전시실을 비치했는데, 어린이박물관은 미취학 어린이들이 마음껏 뛰어놀면서 바다를 만나는 공간이다. 가족을 잃어버린 아기 펭귄이 가족을 찾으러 가는 동안 갯벌과 우리 바다 3

면에서 사는 물고기를 만나는 것으로 시작한다. 그러다가 항구에서 수출되는 컨테이너를 작동해 보기도 하고, 노랑잠수함의 조종석에 앉아 보기도 하며, 깊은 바다를 체험하는 등의 '공간 동화'로 구성되어 있다. 어린이박물관에서는 해양환경을 생각해 보는 동화구연과 마술공연이 시간대별로 펼쳐진다. 그리고 전국의 특별한 등대사진을 보면서 자신만의 등대를 그려보는 시간도 가질 수 있다.

영도, 조선통신사, 그리고 대마도

해양박물관의 기획전시실에서는 1년에 2~3회의 특별한 전시가 개최된다. 개관 특별전으로 "고대의 항구" 전시가 열렸고, 박물관이 위치한 영도 바닷가 사람들의 삶과 인생이 고스란히 담긴 "바다의 삶과 영도 − 都市漁父歌 도시어부가" 등 다양한 전시가 열리고 있다.

사실 영도는 필자가 중고등학교를 다닌 곳이다. 이곳에서 육지의 경남중학교와 고등학교를 다녔는데, 당시 친구들은 섬놈이라고 놀려댔다. 그래도 대구에서 이사온 필자에게 영도는 무척 인상 깊은 곳이었다. 바다 속이 새파랗게 보이는 이송도에서 수영을 하고 작살로 물고기를 잡던 그 시절이 필자의 인생에 있어서 가장 꿈 많던 시절이었기 때문이다.

그런데 영도는 원래 절영도에서 온 말인데 절영도 絕影島 라고 하는 말은 한자어로 '그림자가 끊어진 섬'이라는 뜻이다. 무슨 뜻일까? 섬의 그림자가 없다는 말인가? 확인해 보니 이 섬의 이름은 말과 관련이 있다고 한다. 조선시대에는 이곳에서 말을 키웠는데 어찌나 잘 달리는지

해양생물 수족관 국립
해양박물관 사진제공.

말이 뛰면 그림자를 볼 수 없다고 하여 붙여진 이름이란다. 섬의 옛 이름이 목도, 즉 목장이 있는 섬이고 일본의 대마도 對馬島 는 '말을 마주보는 섬'이라는 뜻이니 틀림없는 것 같다. 영도의 끝에서 보면 맑은 날에는 대마도가 보인다. 그러고 보면 대마도는 우리 땅이었는데, 아마도 조선 조정이 일본과 바로 맞닥뜨리기 싫어서 그냥 두는 바람에 일본의 소유가 된 것 같다.

"바다를 배우다"의 주제관인 3층으로 올라가는 에스컬레이터를 타는 순간 어린이들의 눈은 큼직해진다.

"우와!"

원통형의 대형 수족관에서 한가로이 노니는 여러 가지 수중생물이 관람객의 눈을 유혹하기 때문이다. 중앙으로 뚫린 통로를 따라 사방이 물로 가득한 곳을 지나면 용왕님을 만나러 가는 토끼 같은 기분이 든다. 전문 아쿠아리움이라고 하기에는 규모가 작지만, 국립해양박물관은 "서식지 외 보전기관"으로 지정되어 국제적인 보호종인 "푸른바다거북–광복이와 애월이"를 볼 수 있다. 또 한 달에 한 번꼴로 헤엄치는 모습을 볼 수 있는 초록 곰치와, 하루의 대부분을 잠자며 지내는 지브라상어 등을 만날 수 있다. 특이한 거주자도 있는데, 횟감으로 횟집에 팔려왔지만 죽을 고비를 여러 번 넘기고 살아남아 박물관에 기증된 14년 된 홍민어도 유유히 헤엄치고 있다. 그 색깔만으로도 눈길을 끄는 노랑가오리는, 우아한 몸놀림으로 수족관을 무도장으로 만들고 있다. 언젠가 남태평양의 얍 섬에서 본 '만타레이'라는 가오리는 그 지역의 상징이었는데, 배를 타고 나가면 흰 산호초 위를 거대한 날개를 일렁이며 따라오곤 했다. 국립해양박물관의 노랑가오리를 보니 바다의 무용수처럼 헤엄치던 만타레이가 떠오른다.

메인 수조 옆의 터치풀은 아마도 해양박물관이 준비한 새로운 형태의 전시라고 할 수 있을 것이다. 어린이들은 물에 손을 대고 장난치는 것을 대단히 좋아하는데, 이 전시는 어린이들이 조개와 불가사리 등을 직접 관찰할 수 있는 새로운 체험전시인 셈이다. 형형색색의 산호수조와 열대어 수조가 눈길을 사로잡는데, 관람객들은 해양생물을 직접 만져봄으로써 평소에 접하기 어려운 바다생물들을 생생하게 만날 수 있다.

3층 해양인물전시실
국립해양박물관 사진
제공.

복원된 조선통신사선
국립해양박물관 사진
제공.

  3층의 전시공간은 항해선박관 · 해양역사인물관 · 해양문화관으로 구
성되어 있다. 해양선박관으로 들어서면 단청으로 화려하게 채색된 대형
목선이 볼만하다. 이 배는 1811년 조선통신사가 마지막 일본 사행에 사
용했던 정사선을 여러 문헌자료를 기초로 고증을 거쳐 실제 크기의 절
반 규모로 복원 · 건조한 조선통신사선이다.

  국내의 고선박과 선박제작자들이 한데 모여 관련문헌을 근거로 하
여 철저하게 고증한 끝에 제작한 국내 최대의 조선통신사선이다. 조선
통신사에 관해서는 인물이나 일본에서의 활동, 주고받은 글과 선물 등
에 대해서는 많은 기록이 남아있으나, 선박에 관한 자료는 외부 치수
일부만 단편적으로 남아있어서, 고증을 하는 데 많은 노력을 기울였다
고 한다. 특히 배의 외부와 상부구조에 대한 것은 그림으로 남아있어
서 확인할 수 있지만, 격군들이 사용했을 하부구조는 현존하는 기
록이 없어서 복원하는 데 큰 어려움이 있었다고 한다. 하지만 국내 최
고의 고선박전문가들이 근대 한선에 관한 기록 등을 바탕으로 배를 완
성하여, 지금 당장 바다에 띄워도 먼 바다로 항해할 수 있도록 복원했

다고 한다.

필자가 일본 교토의 비와꼬자연사박물관에 갔을 때 들은 재미있는 이야기가 있다. 조선통신사선이 시코쿠를 지나 이 방향으로 들어오려면 산을 넘어야 하는데, 배를 지고 산을 넘은 경우도 있었다고 한다. 그야말로 전설 같은 이야기다. 이 배를 보니 그 얘기가 떠오르면서 '뜻이 있는 곳에 길이 있다.'라는 가르침이 함께 겹쳐졌다. 인간이 목표를 세우고 노력한다면 못 할 게 없다는 얘기다. 비와꼬자연사박물관에서도 이와 비슷한 배가 있었는데, 조선통신사선도 비와꼬를 지나 교토로 향했을 것이다. 부산 자성대에 조선통신사역사관이 있으니 언젠가 한 번 확인해볼 것이다.

조선통신사선과 더불어 상설전시를 빛내는 국립해양박물관의 소장품이 있다. 그것은 세계 최초의 해도첩《바다의 신비 Dell'arcano del Mare》이다. 이 해도첩은 1646년 영국의 탐험가이자 지도제작자인 로버트 더들리가 이탈리아에서 제작한 초판본이다. 이 책에는 항해, 조선, 천문, 메르카토르도법 등 항해탐험에 대한 총체적인 내용과 전 세계 해도 146장이 6권 3책으로 구성되어 있다. 우리나라가 포함된 해도는 2장이 실렸고, 긴 타원형으로 그려져 있다. 세계에 10권이 남아 있고, 아시아에서는 국립해양박물관이 최초로 소장·공개하는 유물이다.

네덜란드의 과학박물관

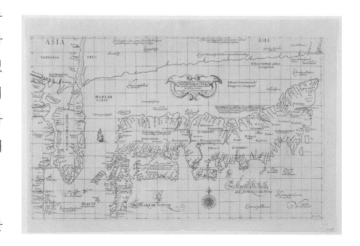

《바다의 신비(Dell'arca-no del Mare)》 국립해양박물관 사진제공.

에 가면 정말 꼭 보아야 하는 것이 망원경들이다. 네덜란드 사람들은 배를 타고 전 세계로 나아가려 했기 때문에 항해술을 지속적으로 발전시켰다. 네덜란드 과학박물관에는 아주 원시적인 망원경에서부터 발달한 것까지 다 있는데, 천체를 관측하여 대양 항해를 할 수 있었던 그들의 해양천문지식이 놀라울 따름이다. 우리 어린이들도 이러한 해도를 보면서 아직 가보지 못한 미지의 세계를 찾아내는 꿈을 가지면 좋겠다.

배를 타고 이어도로 가자

우리 바다가 생성되고 선사·역사시대를 거쳐 근대에 이르기까지 해양의 역사를 보여 주는 "해양역사관"의 대표유물은, 조선시대 세곡운반의 기록을 보여 주는 《조행일록 漕行日錄, 1863》이다. 이 문서는 전라도 함열현관이면서 세곡을 운반하는 영운관이라는 직책을 맡은 임교진 林

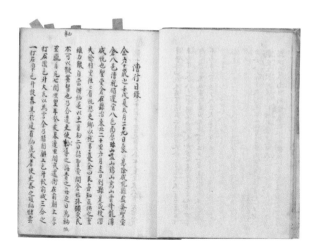

《조행일록》 국립해양 박물관 사진제공.

喬鎭 이 세곡을 전라도에서 한양까지 해상으로 운반하는 과정의 세곡 내역과 노정을 날짜별로 기록한 것으로, 현존하는 조운일기 중 가장 오래된 기록이다.

또 조선 후기에 제작된 《함경도 해안지도첩》도 귀중한 자료이다. 이 지도첩은 1870년대 이후에 함경도 단천에서 원산까지 해안지역을 총 35면에 걸쳐 작성한 채색 지도첩이다. 지도의 상하여백에 해안지형의 마을 모습을 상세하게 기록했는데, 각 마을마다 본 읍에서의 거리, 지역 간의 수로 거리, 가구 수, 수심과 창고, 염막 등 주요시설에 대해 기록되어 있다. 우리 조상들이 기록에 둔하다고들 하는데 이런 문서들을 보면 그렇지도 않은 것 같다. 아마도 많은 전란과 일제강점기, 한국전쟁 등을 거치면서 기록들이 소실되어 그럴 것이다. 《조선왕조실록》같은 것만 봐도 알 수 있지만, 이렇게 방대한 기록을 유지한 왕조는 중세를 통틀어 거의 없다. 그러니 세계기록유산으로 등재된 것이다. 여기에 전시된 해양기록들을 봐도 지방수령들이 세세한 내용까지 기록하고 있었으니, 우리 조상들이 제대로 된 기록을 남기지 않았다는 얘기는 사실과 다른 듯하다.

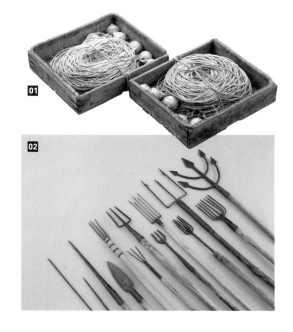

01 주낙 국립해양박물관 사진제공. **02 작살** 국립해양박물관 사진제공.

　"해양문화관"에서는 바다에서 살아가면서 남긴 삶의 흔적들이 전시되고 있다. 어로에 사용된 작살과 통발 등 여러 가지 채취도구, 김과 소금을 만드는 도구들을 볼 수 있다. 그리고 전통 소금제작방식이었던 "자염"의 제작방식을 보여 주는 영상과, 디오라마를 통해 천일염이 들어오면서부터 사라졌던 전통 소금제작방식을 알 수 있다. 풍어를 기원하는 무신도, 전북 부안의 위도 띠뱃놀이에서 제작되는 띠배, 바닷길을 나섰다가 풍랑을 만나 아시아를 표류한 최부의 표해록, 어피로 만든 유서통 같은 공예품 등 다양한 해양문화를 접할 수 있다.

　"바다로 나아가다"라는 슬로건을 내걸고 있는 4층 전시실은 조선과 항만 등의 해양산업관과 극지와 심해에서 진행하고 있는 지속가능한 개발의 해양과학관, 동해와 독도 관련 자료를 제시하는 해양영토관을 통해 해양의 새로운 미래를 만날 수 있다. 필자는 이어도 기지를 볼 때마다 가슴이 설레는데, 어쩌면 이어도의 전설 때문인지도 모르겠다. 요즘에 와서야 암초로 판명되었지만, 이어도의 전설은 정말 매력적이다. 왜냐하면 제주도 전설에서 이어도는 '환상의 유토피아'로 알려져 있고, 그 전설을 소재로 소설가 이청준이 《이어도》라는 아름다운 작품을 남겼다. 그는 소설을 시작하면서, "섬은 늘 거기 있었지만 아무도 본 사람이 없었는데, 섬을 본 사람은 모두 섬으로 가버렸고 돌아온 사람이 없었다."라고 적었다.

　그 섬은 파랑도여서 잘 보이지 않았을 것이다. 썰물이 되면 간혹 볼 수 있었겠지만, 잠깐 사이에 환상처럼 사라졌을 테니까. 그 파랑도가 우리의 심금을 울리고 미래 비전이 된다. 박물관의 이어도 기지를 보며 바다를 향한 우리의 꿈이 이루어지기를 기도하는 마음이다.

　"해양산업관"의 선박갤러리에서는 국내 조선소에서 만들어지는 다양한 선박이 전시되어 있고, 디지털 패널을 통해 선박에 대한 상세한 사진과 정보를 검색할 수 있다. 또한 일제강점기 수산시험장에 의해 시작된 해류조사 포스터와 조석간의 변화를 기록하는 검조의 등은 우리나라 해양조사의 역사를 말해준다. 또한 우리 기술로 개발한 최초의 해양관측위성인 천리안 위성모형이 전시되어 있고, 위성에서 보내주는 한반도의 위성정보를 실시간으로 확인할 수 있다.

　해양영토관에서 가장 대표적인 유물은 뭐니 뭐니 해도 "죽도제찰 竹

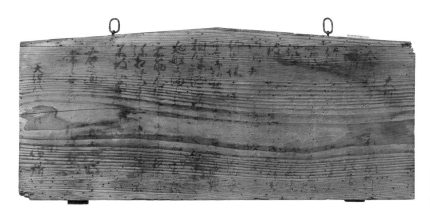

죽도제찰(竹島制札)
국립해양박물관 사진
제공.

島制札 ”일 것이다. 이 유물은 1837년 일본 니가타해안에 세운 경고판으로 "울릉도와 독도 일대는 조선의 땅이므로 항해 및 어로를 금지한다."라는 내용이 적혀있어, 독도가 우리나라 영토임을 다시 한 번 입증하는 중요한 자료이다. 그 외에도 〈일로청한명세신도, 1903〉 등 일본지도나 문서 가운데 독도가 우리나라 땅으로 표기된 자료를 확인할 수 있다.

해양영토관을 벗어나면 우리 바다를 지키는 해양경찰과 해군의 자료를 만날 수 있다. 바다를 수호하는 양 기관의 역할과 임무를 영상을 통해 보고 각 기관의 늠름한 제복을 만날 수 있다. 이 구역은 해군에서 보유하고 있는 다양한 기종의 군함을 한눈에 만날 수 있고, 남성 관람객들이 가장 즐겁게 머무르는 공간이다.

책을 통해 열어가는 미래의 바다

박물관 1층에 교육실이 있어서 기웃거리니 신발을 벗고 들어오란다. 아이들이 퍼질러 앉아서 노는 공간이어야 하니 자연히 청결을 유지하는 것이 좋으리라. 바다 속을 그림으로 보여 주는 전시가 열렸는데, 아이들이 삼삼오오 부모들과 모여들기 시작하더니 젊은 선생님이 나와서 마술을 한다. 헉! 아이들이 열광한다. 어떻게 하는지는 몰라도 종이부스러기가 날려서 홀에 흩어지니 모두들 즐거워하는 눈빛이다. 좀처럼 그런 풍경에 눈을 두지 않는 필자도 그 젊은 마술사에게 반해 한동안 멍하니 서있었다. 박물관에서 마술이라니! 이제 박물관은 유물을 전시하는 공간을 넘어, 모두가 엔터테인먼트를 즐기는 공간이 되어가는 모양이다.

여기서 한 가지 놓쳐서는 안 되는 게 있다. 1층에는 일반인들이 잘 인지하지 못하는 보석 같은 공간이 있는데, 바로 해양도서관이다. 해양 관련 전문도서관을 표방하며 개관 이후 3만 권의 장서를 확보한 도서관이다. 해양 관련 도서로서는 엄청난 분량인 걸 보면, 출발이 늦은 해양박물관이 이곳에 선택과 집중을 하는 듯 보였다. 그런데 이보다 더 시선을 끄는 것은, 입구로 들어서기도 전에 유리창을 통해 보이는 어린이도서관의 환상적인 모습이다. 바다에 접해 있는 어린이도서관에서 아이들은 자유롭게 앉기도 하고 눕기도 하면서 책을 읽는다. 그리고 아이들은 읽고 싶은 책을 골라 와서 부모와 함께 읽는데 그 모습이 무척 정겹다.

한 바퀴 둘러보며 세세하게 살펴본 결과, 해양박물관은 어린 아이부터 어른들에 이르기까지 즐거움과 희망을 주는 박물관이라는 생각이 들었다. 앞으로 우리나라를 넘어 세계로 발돋움하려면, 좋은 자료를 지속적으로 확보하고 더 많은 해양유물과 생물 소장품을 확보해야 하며 더욱 다양하고 정교한 교육 프로그램을 개발해야 한다. 이것은 이 박물관에 몸담고 있는 사람들뿐만 아니라, 이곳을 찾을 모든 방문객들의 희망일 것이다.

필자는 우리의 보배는 사람이요 땅이요 빛나는 문화유산이지만, 미래는 바다에 있다고 믿는다. 여기 필자가 소년시절을 보낸 부산 영도에서 출범하는 해양박물관도 아직은 어린아이다. 하지만 언젠가 이 박물관이 많은 사람들에게 사랑받을 만큼 자라게 되면, 박물관 건물이 배가 되어 저 먼 바다 건너 세계로 향하게 될 것이다. 국립해양박물관이 수평선 넘어 꿈길을 열어가는 그 모습을 속히 볼 수 있었으면 좋겠다.

자연 가운데 나무와 숲은 우리가 가장 '자연스럽게' 생명을 이어가도록 해주는 어머니 같은 존재다. '아낌없이 주는 나무'를 만나러 우리 숲의 모든 것을 담은 광릉 숲 산림박물관으로 가보자.

15

오감으로 나무와 숲을 느끼는 국립산림박물관

광릉으로 가는 길

주위를 둘러보면, 근현대에 새로 지은 것을 제외하고는 모든 곳에 조상들의 손때가 묻어있다. 전주나 북촌에 남아 있는 우리 한옥이 그렇고, 오래된 사찰이면 늘 하나씩 간직하고 있는 문화재 또한 옛사람들의 이야기를 간직하고 있다. 하지만 우리 숲에도 진한 역사가 숨어 있다는 것은 모르고 지나칠 때가 많다. 오늘 만나볼 국립수목원은 바로 이런 우리 숲의 원형과 역사를 간직한 아름다운 숲이다.

국립수목원의 원래 이름은 광릉 光陵 수목원이었다. 조선의 일곱 번째 임금이었던 세조와 그의 아내 정희왕후가 묻힌 광릉 주변에 조성된 숲이라서 그런 이름이 붙은 것이다. 필자는 이 수목원을 만날 때마다 우리 조상들이 얼마나 자연과 하나가 되길 염원했는지를 깨닫게 된다.

이 수목원은 사실 박물관으로 시작한 것은 아니지만 이제는 하나의 박물관이 되었다. 의미 있는 소장품이 하나씩 늘어가고 있다는 점에서, 그리고 우리나라 자연사를 대표하는 소장품들을 만날 수 있다는 점에서 무척 소중한 자연사박물관이다.

너무 일찍 출발한 탓에 박물관 문이 채 열리기 전에 도착했기에, 수목원 안내소에서 한참을 기다리다가 같은 길목에 있는 '우석헌자연사박물관'에 다녀오기로 했다. 기다리며 버리는 시간이 너무 아까워 차를 돌려 서울 방향으로 다시 나온 것이다. 포천으로 향하는 길은 늘 그렇듯이 막히는데, 이를 감안해 새벽같이 출발했더니 국립수목원은 물론이고 우석헌자연사박물관까지 만나는 행운을 누린 셈이다.

예기치 않게 우석헌자연사박물관을 만난 뒤에 느긋한 마음으로 수목원에 들어서니 열대수목을 위한 유리온실이 시스루 see through 를 연출한다. 두 개의 유리 온실에 열대지방과 사막에서 살아가는 식물들이 모여 있다. 모두들 기후가 다른 객지까지 와서 정말 고생이 심하다. 때

마침 필자가 아프리카에서 봤던 것들이 있어서 반가웠다. 선인장이라서 하이파이브는 하지 못했지만. 온실에는 온대지역에 속하는 우리나라에서는 볼 수 없는 희한한 식물들로 가득해 무척이나 이국적이었다. 자연사를 몸으로 보여 주는 친구들에게 이 고생을 시키고 있으니, 이곳을 관리하거나 관람하는 사람들은 자연의 신비에 대해 하나라도 더 배웠으면 좋겠다는 생각을 해본다.

우리 주변에서 흔하게 보는 박물관들은 오래된 것들 가운데 고고학적으로나 민속학적으로 가치가 있거나 가르침을 주는 것들을 모아 전시하는 게 대부분이다. 하지만 엄밀히 말해 문화적으로 의미 있는 것들이라면 그 어떤 것도 박물관의 한 자리를 차지할 수 있다. 다시 말해서 동물원이나 식물원도 모두 박물관의 범주에 들어간다.

아낌없이 주는 나무들로 가득한 나무박물관

중세에 박물관이라는 공간이 처음 만들어질 때, 박물관 건립을 주도한 국왕이나 귀족들은 오래된 물건들은 물론이고 진귀한 식물이나 동물들을 함께 모아놓고 관람하는 것을 자랑스럽게 생각했다. 우리나라에도 식물원이나 이와 유사한 박물관들이 많이 있지만 아직까지는 잘 알려지지 않은 것 같다. 하지만 각 시도에서도 수목원들을 운영하고 있기 때문에, 마음먹고 찾아 나서면 제법 괜찮은 박물관을 만날 수 있다.

그런데 시설을 만드는 데 많은 비용을 투자해야 하기 때문에, 수목원이나 나무와 관련된 박물관들은 나라에서 설립한 것들이 많다. 그 중에는 동식물 분야를 깊이 있게 연구함으로써 가시적인 성과를 내기 위한 학술 목적의 기관들이 대부분이었다. 그런데 요즘에는 자연사에 대한 일반인들의 관심이 늘어나면서 식물원의 운영방침도 많이 달라졌다. 수목원이 품고 있는 자연림을 있는 그대로 보존하며 연구하는 것에 그치지 않고, 수목과 관련된 박물관을 별도로 만들거나 관람객들이 흥미를 가질 수 있는 체계적인 교육프로그램을 고안하기도 한다.

그렇다면 이런 수목원을 제대로 만나려면 어떻게 해야 할까?

나무는 인간이 세상에 모습을 드러낸 직후부터 위험을 피할 수 있는 집이 되어 주었고 몸을 보호하는 옷이 되어 주었으며 먹을 것까지 제공해 주었다. 그야말로 의식주를 아낌없이 제공하며 순정을 다 바쳤던 것이다. 게다가 손발 다음으로 편하게 사용할 수 있는 도구까지 되어 주었으니, 인류가 생존하는 데 절대적인 역할을 한 셈이다. 인간이 석기를 사용한 것은 인류가 출현한 지 250만 년이 지난 시점이지만, 나무는 인간이 탄생하던 순간부터 도구로써 함께했으니 놀랍기만 하다. 인류와 가장 가깝다고 하는 침팬지의 경우에도 나무를 꺾어 흰개미를 잡는다. 인류와 나무가 도구로 만난 사건은 너무 오래되었기에 고고학 발굴에서도 흔적을 찾기 어렵지만, 나무는 일찍부터 인간이 자연에서 생존할 수 있도록 도움을 주었을 것이다.

그런데 아까 온실에서 만난 것처럼, 사는 곳이 다른 나무들을 한 자리에 모으기란 쉽지 않다. 종류마다 좋아하는 환경이 서로 다르기에, 다양한 종류의 나무들을 한 자리에 모으려고 대형 온실을 만들려면 엄청난 경비가 들어가기 때문이다. 설령 경비를 많이 들인다고 하더라도, 오랜 세월에 걸쳐 서로 다른 환경에 적응해 온 나무들을 같은 공간에 모아두기란 쉽지 않은 일이다. 그래서 특정한 나라가 좋은 수목원이나 식물원을 가지려면 경제력이나 시스템을 제대로 갖춰야 한다.

나무는 인간에게 가장 유용한 자원이기 때문에, 좋은 수목원을 세우고 운영하는 것은 국가의 백년대계를 위해 필수적이다. 인간이 편안하게 숨 쉬며 상상의 세계로 들어갈 수 있는 숲이야말로, 인간의 처음이자 끝이기 때문이다. 우주전쟁을 그린 영화를 보면 답답함을 느낄 때가 많은데, 이는 나무를 볼 수 없기 때문이다. 인간이 신과 함께 머물렀던 동산에도 나무가 함께 했고, 쫓겨나 절망 가운데 숨을 곳을 찾았을 때도 나무가 함께 했다. 그리고 인간이 신과 영웅과 요정을 노래한 문화의 출발도 바로 숲이었다. 생각이 여기에 이르자, 국립수목원에 있는 나무는 물론이고 우리 주변에 있는 작은 나무 한 그루도 무척 새롭게 다가온다.

수목원으로 열린 길에는 아름드리나무가 쭉쭉 뻗어 있어서 그런지 서양의 대저택으로 들어가는 느낌이 든다. 우리 민족과 생사고락을 함께 한 소나무를 비롯해 침엽수와 활엽수가 진한 향기를 뿜내고 있는 이곳. 잘 가꾸어져 있는 정원 안팎에는 이국적인 나무들도 보이는데, 검푸른 자태가 마음을 상쾌하게 한다.

광릉의 국립수목원은 세계적인 수준이다. 온대지역의 중간에 위치한 우리나라는 '나무박물관'이라고 할 정도인데, 그 축소판이 바로 국립수목원이다. 다양한 온대수종은 물론이고, 세계 각지에서 이식된 수종들과 열대·아열대 식물들을 위한 유리온실식물원까지 있다. 원장 신 박사는 오래전부터 필자와 학문융합 연구를 함께 진행해온 동반자이다. 자연과학자이지만 문화에 대한 인식이 깊어서, 자연사박물관 건립을 위한 기초연구 등을 할 때 필자에게 식물학분야에 대한 조언을 아끼지 않았다. 그래서인지 "아낌없이 주는 나무"처럼 아직까지 좋은 인연을 이어가고 있다.

산림박물관 전경 국립
수목원 사진제공.

나무를 배우는 산림박물관, 나무를 느끼는 수목전시원

수목원은 전체가 야외박물관이다. 특히 입구로 들어가서 오른편으로 꺾어진 곳에 있는 큼직한 본관건물의 1층에 있는 산림박물관은 내부를 잣나무와 낙엽송 등으로 장식했는데 모두 광릉숲에서 얻은 것이란다. 이 박물관에는 살아있는 숲, 산림문화관, 다면영상관, 산림생명관, 한국의 자연, 그리고 특별전시실까지 모두 6개의 전시실이 있다. '살아 있는 숲'이라는 전시실에서는 숲의 변화를 영상으로 설명하는데, 이 방에는 우리나라의 주요 목재표본들은 물론이고 수입목재들까지 전시되어 있어서 나무를 입체적으로 배울 수 있다.

'산림문화관'에서는 나무가 다양한 방식으로 활용되는 모습을 보여주는데, 선사시대부터 나무가 인간과 함께 했다는 것을 보여 주려는 듯 신석기시대 나무삽을 복원해 전시하고 있다. 그런데 문화관 한켠에 전시된 목화씨 이야기가 눈길을 끈다. 필자가 학교에서 배울 때는 문익점

목재표본 전시실의 '살
아있는 숲' 국립수목원
사진제공.

이 중국에서 면화씨를 가져올 때 붓 대롱에 숨겨왔다고 했는데, 최근
에는 그런 이야기는 허무맹랑한 것이라고 한다. 좀 더 연구가 필요하겠
지만, 고고학 발굴로 끊어진 역사가 복원되고 역사교과서가 새로 써지
는 상황과 무척 비슷한 것 같다.

'산림생명관'은 생물의 진화를 설명하고 있는데, 인간과 식물, 인간과
곤충, 생물다양성의 중요성 등을 설명하고 있다. 그리고 이 방에는 유
네스코 생물권 보전지역인 광릉 숲의 디오라마 전시가 있어서 수목원
전체를 들여다볼 수 있다.

1제곱킬로미터 정도의 '수목전시원'에는 나무의 특성에 따라 수생식
물원, 식약용식물원, 넝쿨식물원, 외국수목보존원, 고산식물원, 난대
식물원 등의 전문수목원이 조성되어 있는데, 모두 3,000종 이상이 심
어져 있다고 한다. 외국 수목들이 한반도에서도 잘 자랄 수 있는지를
시험하기 위해 1920년대부터 만들었다고 하는 외국수목보존원에는,
62과 510종이나 되는 수목들이 심어져 있다. 이중에는 독일가문비나

식약용식물원 국립수목원 사진제공.

무, 은단풍, 북유럽의 구주소나무, 캐나다 박태기, 중국단풍, 모리스풍년화 등이 있단다.

약이 되는 식물 가운데는 꿩의 다리, 범의 꼬리, 놋젓가락나물, 삼지구엽초 등 재미있는 이름이 많다. 놋젓가락나물은 뿌리가 맹독성이라는데, 중풍치료에 사용된다고 하니 독약과 보약이 따로 없는 듯하다. 난대성 식물 중에 눈에 띄는 것은 단연 월계수나무다. 중근동에 많이 서식하는 이 나무를 우리나라에서 보게 될 줄은 몰랐다. 필자가 가끔 산보하러 올라가는 성남 분당의 바라산 꼭대기의 동네에 사찰이 하나 있는데, 그 산록에 대나무가 많이 심어져 있었다. 의외로 손이 많이 가는 대나무를 이토록 풍성하게 키워낸 게 놀라워 스님에게 물으니, 어린 것을 가지고 와서 법당 앞 양지바른 곳에서 젖먹이 키우듯 애지중지 길러낸 것이란다. 하늘은 스스로 돕는 자를 돕는다는 말처럼, 스님의 정성이 하늘에 닿아 대나무가 숲으로 우거질 수 있었으리라. 그때의 그 대나무처럼, 국립수목원의 난대성 식물들도 추위에 당당하게 적응하고

현신규 박사 기념비 국립수목원 사진제공.

있는 것을 보며 경이로움을 느꼈다.

이 국립수목원에 마련된 식물원 중에는 '손으로 보는 식물원'이라는 무척 특이한 곳이 있다. 앞을 볼 수 없는 시각장애인을 위해 만든 것이라는데, 향기와 감촉이 독특한 식물들을 모아 전시하고 있다. 그리고 만든 취지에 맞게 식물원과 나무에 대한 설명을 점자로 표기하여 시각장애인들도 식물원을 탐방하며 즐길 수 있도록 해놓았다. 이 정도면 우리나라를 대표하는 수목원이라 할 수 있지 않을까?

시각장애인들이 많이 찾는 곳이기에, '손으로 보는 식물원'의 식구들은 무척 특이하다. 줄기가 화살 같다고 하여 이름 붙여진 화살나무, 줄기와 잎을 문지르면 생강냄새가 나는 생강나무, 잎사귀에서 누린내가 난다고 하여 이름이 붙여진 누리장나무 등이다. 모두가 냄새로 금세 알아볼 수 있는 나무들이다. 소태나무도 유명한데, 흔히 쓴맛을 표현할 때 '소태 같다'라고 표현하는 것처럼 이 나무에게서는 쓴맛이 난다.

국립수목원 박물관에는 볼만한 곳들이 많지만, 그중에서도 반드시

봐야 할 곳을 꼽는다면 바로 '숲의 명예전당'이다. 필자가 대구에서 초등학교를 다닐 적만 해도, 주변에 민둥산이 많았고 홍수에는 산사태가 나기 십상이었다. 하지만 이제는 어디를 가나 짙은 숲이 야산을 뒤덮고 있으니, 우리 숲을 이만큼 가꿔낸 분들을 생각하면 경외감이 들 정도다.

현사시나무를 만든 현신규 박사는 세계적인 육종학자다. 선생의 비와 흉상이 숲의 명예전당에 모셔져 있다. 또 함께 자리한 임종국 선생은 오늘날 병치유로 유명한 장성의 편백림을 조성한 모범적인 산림경영자라고 한다. 이런 분들이 계셨기에 우리가 숲을 누리며 살게 된 것이리라.

울창한 광릉 숲을 보고 있자니 갑자기 어디선가 호랑이 울음소리가 들린다. 설마 이 숲에 호랑이가? 물어보니 진짜로 산다고 했다. 수목원 안에는 동물원이 있는데, 그곳에 호랑이를 비롯해 반달곰 등 이 땅에 서식했던 야생동물이 지금도 살고 있단다. 그리고 독수리나 부엉이 같은 맹금류에 속하는 새들도 있다고 했다. 우리 조상 때부터 잘 가꿔온 이 울창한 숲에서 야생동물들을 만나는 느낌은 아마 무척 짜릿하지 않을까?

우리 가구에서 만난 '나무와 한국문화'

필자가 국립수목원을 찾았을 때, 이곳 박물관이 준비한 특별전의 주제는 '나무와 한국문화'였다. 그래서 나무로 만들어진 한국전통가구와 악기를 선정한 뒤 진품과 복원품을 전시했는데, 작은 전시였지만 나무의 특성과 아름다움을 이해할 수 있었다. 나무로 벽을 마감한 방에 가구가 자리해 있으니 그야말로 편안한 '나무공간'이다. 그리고 나무박사들이 준비하고 해설까지 해주니 시간 가는 줄 몰랐던 것 같다.

가구의 연대를 적어둔 것들이 있어서 신기한 마음에 물어보니, 나무의 나이테로 알아냈다고 한다. 나이테는 성장패턴이 비슷해 연대를 추정할 수 있다. 지구상에서 나이테로 연대를 계산할 수 있는 것은 약 4,000년 정도다. 미국 서부 화이트산맥 쪽에서 나오는 오래된 나무들 가운데는 이 정도 나이를 먹은 친구들이 있다고 하니 놀라울 따름이다.

나무박물관에 소장된 목기 중에 조선 중기의 것들이 여러 개나 있어서 놀랐다. 이번 전시는 명품이 아니더라도 그 물건의 배경을 이해한다면 충분히 지적흥분을 자아낼 수 있다는 사실을 보여 주었다.

우리 가구들 중에는 구름이 흘러가는 무늬목으로 만들어진 것들이 있는데, 이런 나무를 궤목이라 한다. 묘한 상상을 불러일으키는 이 나무는 옛날 동리의 정자나무로 알려진 느티나무인데, 우리 가구에 무한

먹감나무 머릿장 국립
수목원 사진제공.

한 신비함을 더한다. 그리고 나무 중에는 소나무가 투박하지만 자연미를 강조하는데, 약간 무른 대신에 오래되면 그 모서리와 면이 닳아서 나이 든 사람의 풍모처럼 푸근함을 준다.

가구에서 검은색을 내는 나무는 먹감나무인데, 가공하면 수묵화처럼 짙은 회색조의 무늬가 퍼져 있는 것을 볼 수 있다. 이 나무는 정교한 가구의 문살이나 상 위에다 상감할 때 사용된다. 박물관에 있는 작은 통영장 위에도 먹감나무의 상감이 박혀 있는데 17세기의 것이란다. 우리 어머니 세대에는 집집마다 오동으로 만든 2층장을 가지고 있었다. 오동은 가볍고 튼튼하여 가구재로 적합하기 때문에, 옛날에는 딸아이가 태어나면 오동나무를 집 마당에 심어 시집갈 때가 되면 베어서 장을 만들었다고 한다. 우리 집에도 20년 전에 구입해 지금까지 사용하고 있는데 단순하면서도 실용적이라 마음에 든다. 이런 오동나무 장은 장식이 많지 않고 오동의 결이 세월이 가면서 낮은 부조모양으로 도드라져서 은은한 아름다움이 있다. 강화반다지는 반다지 가구 가운데 비

강화반다지 국립수목원 사진제공.

교적 화려한 장식을 가지고 있다. 장식 백동을 닦아서 방안에 두면 아마도 나비가 앉은 것처럼 보일 것이다. 이 장식을 만드는 것도 대단히 중요한 기술이자 예술이다. 아마도 옛날에는 이런 장식이 붙은 가구로 방안의 미학을 만들었을 것이다.

산림박물관의 수장고를 구경한 것도 소중한 경험이었다. 일반인들에게는 보여 주지 않겠지만 필자가 박물관전문가이자 고고학을 하는 학자이니 특혜를 얻은 셈이다. 20세기 초반, 이 땅에 들어온 유럽인들이 식물을 채집해 보관하면서 하나씩 그림을 그려 석판화로 인쇄한 책이 있다. 그 치밀함에 감탄했지만 한편으로 아연실색했던 것은, 그들이 그때 이런 식으로 우리 땅을 속속들이 들여다보고 있었다는 점이다. 이는 제국주의자들이 식민지로 삼은 곳을 대상으로 학자들을 앞세워 추진하던 전략으로, 그 음흉한 시선들을 엿볼 수 있었기에 씁쓸한 느낌이 들었다.

식물원을 찾을 때마다 필자는 한 가지 아련한 추억과 마주친다. 미국에서 대학을 다닐 때 화분분석학 강의를 듣는데 화분을 구분할 때 라틴어로 된 학명을 외우는 데 애를 먹었기 때문이다. 그때 미국인 여자 대학원생이 학교 뒤에 있던 식물원으로 필자를 안내한 뒤 식물들 앞에서 학명을 줄줄 외우는 게 어찌나 부러웠던지……. 예쁘게 생긴 나무의 이름을 잘 아는 것은 특별한 지적 자산일 것이다. 그런데 이 국립수목원에 담겨져 있는 나무 정보는 상상을 초월할 정도다. 국립수목원에는 이 산림박물관 말고도 산림생물표본관, 도서실, 종자은행 등 우리나라의 숲이나 식물에 대한 정보들이 곳곳에 자리해 있다. 끊임없이 나무와 숲에 대한 정보가 앞을 가리니, 이곳에서 살게 되면 수목의 학명에 아무리 자신이 없는 필자라도 저절로 외울 수 있지 않을까 하는 행복한 상상을 해본다. 아니, 그 전에 이곳의 교육프로그램이 기가 막히게 잘 되어 있으니 그것부터 들으면 더 좋을지도 모르고.

　이곳에는 주말이면 사람들로 차고 넘치는데, 그중에 아픈 사람들이 그렇게 많이 찾는다고 한다. 왜냐하면 숲이 바로 치유의 공간이기 때문이다. 그런데 너무 많이 오게 되면 나무가 아플 수도 있기 때문에, 주말에는 방문객 수를 조절할 수밖에 없단다. 가슴 아픈 일이다. 서울 근교에 이런 곳이 있다는 게 너무도 고맙고, 왜 이런 곳을 더 많이 만들지 않았는지, 이토록 아름다운 곳들을 왜 더 많이 보존하지 않았는지 멀지 않은 조상을 탓하고 싶다.

　이제는 이곳 국립수목원을 떠나야 할 시간. 이 국립수목원처럼 숲과 나무 그리고 동물들의 보금자리는 우리가 디디고 살아가는 땅이다. 그 땅의 역사를 만나는 곳이 산림박물관과 이웃해 있다. 같은 광릉 숲에 깃들어 있는 우석헌자연사박물관에서 땅이 품은 보석 같은 광물들과 지구의 역사를 만나보자.

16

화석을 만지며 배우는 곳, 우석헌자연사박물관

공룡이 맞이하는 박물관

　과거에는 갑작스런 환경변화에 적응하지 못해 멸종하는 동식물들이 많았지만, 산업혁명이 일어난 시점부터는 인간이 제멋대로 환경을 바꿔버려서 자연환경에 영향을 끼친 경우가 많다. 동식물들은 본능적으로 환경변화를 준비하고 적절히 대처하기 때문에 오랫동안 살아남았지만, 인간의 탐욕에는 무척이나 힘들어하는 것 같다. 요즘 주목 받고 있는 지구온난화만 하더라도 사람 탓이다. 수확을 많이 거두려고 유전자 변형을 시도하고 새로운 농약을 개발해 성과를 거두는 듯하지만, 그로 인해 동식물은 심각한 타격을 받고 인간 또한 공격받고 있다. 노자는 《도덕경》에서 자연에 순응하며 살라고 주장했는데, 사실 자연의 법칙을 잘 이해하고 살면 탈 없이 살 수 있다는 것을 설파한 것이다. 엄청난

우석헌자연사박물관 전경 우석헌자연사박물관 사진제공.

과학발달과 개발경쟁으로 인해 '자연스럽게' 살아가기 힘든 세상이 되었지만, 더 나은 미래를 꿈꾼다면 지금이라도 자연의 법칙을 이해하기 위해 노력해야 하지 않을까? 그 법칙을 가장 역동적으로 보여 주는 곳이 바로 국립수목원으로 가는 길에 자리한 자연사박물관이다.

우석헌은 '어리석지만 아름다운 돌의 집'이라는 뜻이다. 이 박물관의 지하에 가면 셀 수 없이 많은 아름답고 신비한 돌들이 전시되어 있으니 그 이름이 맞다. 우석헌은 이 박물관을 세운 김정우 선생의 호에서 온 말이다. 김 선생은 전 세계 수십 개국을 돌아다니면서 돌을 모았는데 점차 확장되어 돌뿐만 아니라 화석 등의 자연사 유물들까지 모아서 지난 2003년 남양주시 진접에 박물관을 열었다. 광릉으로 가는 47번 국도를 따라가다가 공룡의 모습이 보이는 곳이 바로 우석헌자연사박물관이다. 원래는 1988년부터 남산타워에 광물전시관을 운영하다가 2003년에 이곳으로 옮겨왔는데, 지금과 같은 이름으로 바꾼 것은 지난 2008년이다.

우석헌자연사박물관은 자연과 공존하는 인간을 보여 주기 위한 공간이다. 사실 우리는 그동안 자연을 너무 혹사시켰다. 인류가 문화를 창조한 이래 문명이 발달하면 할수록 인간은 자연의 얼굴을 할퀴며 살고 있다고 표현해도 과언이 아니다. 그래서 우리는 자연사와 더불어 그 속에서 인간이 어떤 방식으로 존재해야 하는지를 연구할 수밖에 없게 되었다. 요즘 일어나는 자연재해를 보면서, 이제는 자연을 정확히 알고 자연과 더불어 살아가는 문화를 만드는 것이 사회의 중요한 가치이자 명제가 되었다. 우석헌의 설립취지 즉 '자연과의 공존' 그리고 '인류 미래에 대한 창조적 비전'이라는 단어가 와 닿는 이유이다. 그래서 그런지 규모가 크지는 않지만 전시장이 깔끔하고 교육적으로 흥미를 유발하도록 구성되어 있다.

필자가 우석헌을 방문한 것은 이 박물관에서 몇 차례 공식행사를 하기 위해서였는데, 이곳을 방문할 때마다 아이들이 공룡에 열광하는 광경을 여러 차례 보았다. 이 박물관에는 공룡화석도 있지만 공룡의 생태를 이해할 수 있는 복원 전시가 아이들을 매료시킨다. 공룡의 모습이 비교적 크게 만들어져 있고 육식공룡들이 다른 공룡들을 잡아먹는 모습을 재현한 것들도 보인다. 아주 작은 아기 공룡들이 알을 깨고 나오는 모습도 보이는데, 이 모습을 보며 아이들은 둘리를 떠올릴 것이다. 약

공룡모형 전시 모습 우석헌자연사박물관 사진제공.

간 기괴한 면은 있지만, 한번 보면 영원히 잊지 못할 것이고 내내 이 박물관에 다녀온 추억을 떠올릴 것이다.

우석헌자연사박물관을 찾은 사람들이라면 대부분 공룡을 복원전시한 2층에서 가족사진을 촬영하는 것 같다. 만지고 타는 등의 스킨십을 할 수 있어서 아이들이 행복한 추억을 담기에는 이보다 더 좋을 수 없다. 이 건물 입구 높은 곳에는 공룡이 한 마리 뛰어내릴 준비를 하고 있는데, 그 모습은 《쥐라기 공원》이라는 영화에서 아이들을 뒤쫓던 그 영리한 공룡처럼 보인다.

신의 손이 보이는 암모나이트

박물관의 내부 상설전시실은 약간 거친 외관과는 달리 아기자기하게 꾸며놓았다. 예쁘장하고 색깔 있는 구성에다 조명을 잘 해서 깔끔한 분

지구역사실 전경 우석헌자연사박물관 사진 제공.

위기를 연출했다. 유물에 대해서만큼은 조명을 어둡게 해놓았는데, 이
는 유물을 보호하고 집중하도록 하기 위해서일 것이다. '지구의 역사'를
정리한 방에 들어서면, 지구의 시대에 맞추어 화석들의 전시가 이어진
다. 입구에는 '구룡'이라는 이름의 패널이 있는데, 화석이 발굴된 당시
의 모습으로 공룡을 전시해 놓았다. 살은 없지만 뼈가 그대로 남은 화
석이어서 사람들을 무섭게 만든다. 칸네메예리아라는 공룡인데 호주에
서 발견된 것이란다. 어린 녀석들이 제대로 꿈도 펴보지 못하고 자연재
앙으로 죽었으니 안타깝지만, 이렇게나마 후세까지 그 존재감을 보이
고 있으니 억울함이 덜하지 않을까 생각해 본다.

　내부로 들어서면 다양한 모양의 진열장에 화석들이 전시되어 있다.
고생대부터 신생대에 이르는 화석들이 전시되어 있는데, 고생대를 대
표하는 삼엽충과 중생대를 대표하는 화석의 하나인 암모나이트가 자리
잡고 있다. 이것들은 어느 자연사박물관에서도 볼 수 있는 흔한 화석이
지만, 다른 종들과 비교해 보여 주고 내부를 들여다볼 수 있도록 하여

다양성을 체험할 수 있도록 해놓은 게 강점이다. 사실 암모나이트는 원시적인 생물이지만 모양이 정말 완벽하다는 생각이 든다. 그 구조를 한참 들여다보고 있으면, 어떤 의미에서 세상의 원리를 보여 주는 듯하다. 나사모양의 원형, 유선형, 그리고 켜로 이어지는 구조와, 작은 것에서 큰 것으로 확대되어가는 모습 등이 무척 인상적으로 다가온다. 단면에서 드러나는 디자인은 기하학적이면서도 율동을 느끼게 한다. 어쩌면 미래 사람들은 이 암모나이트에서 힌트를 얻어 우주선을 개발하지 않을까?

암모나이트 화석 우석 헌자연사박물관 사진 제공.

이 박물관은 소장된 화석을 중심으로 그림과 설명을 곁들여 전체 자연사에서 해당 화석의 시기적 위치를 파악할 수 있게 함으로써, 관람객들이 진화에 대해 쉽게 이해할 수 있도록 돕고 있다. 이 때문에 지구생물의 시작에서부터 신생대에 이르는 생물의 진화양상을 편안하고 즐겁게 이해할 수 있다. 간단명료하게 설명을 달아 관람객들이 부담 없이 읽고 지나가도록 해놓았다는 점도 이 박물관 전시의 돋보이는 점이라 할 수 있다.

그런데 화석의 모습을 보면 당시 화석의 주인공이 어떻게 죽었는지를 알 수 있다는 게 무척 인상적이었다. 자라나 거북의 머리가 나와 있으면 이미 죽었던 것이 화석이 된 것이란다. 그리고 목이 들어가 있으면 살아있던 상태로 매몰되고 화석이 된 것이라고 한다. 떠올려 보니 끔찍하기 이를 데 없다. 그야말로 생매장이니 말이다. 아마 자연의 재앙이 없었다면 화석을 찾아보기 어려웠을 게다. 그러니 살아서 화석이 된 것들은 결국 다음 세대를 위해 살신성인한 셈이다. 그런데 화석이야기 중에서 재미있는 것은 화석을 처음 연구한 사람이 고생물학자가 아니고 중세의 서기, 즉 회사원 같은 사람이었다는 점이다. 스테노 steno 라고 불리던 그 사람은 상어의 이빨화석들을 가지고 연구하여 그 변화를 알아냈는데, 이런 점에서 그는 최초로 고생물학을 연구한 셈이다.

전시장에는 큼직한 공룡이 당장이라도 뛰어다닐 것처럼 서 있다. 그 아래에는 공룡의 알들이 전시되어 있는데, '왜 그렇게 큰 놈들이 알을 낳았을까?'라는 어린아이 같은 의문이 들었다. 생물의 진화과정에서 보면 알이 먼저 나타나는 게 당연하지만, 산더미만한 덩치를 가진 놈들이 알을 낳는다고 생각하니 포유류의 관점에서 보면 진화가 덜 된 느낌이 든다. 박물관에서 보는 공룡의 알은 큰 것도 있지만 생각보다 작은 것들도 많다. 육식공룡의 알 화석은 여러 개가 한데 모여 있는데, 아마도 공룡이 알을 낳은 지 얼마 되지 않아 큰 지각변동이 일어난 모양이다. 그래도 부서지지 않고 그대로 보존된 것 같은데 아무리 봐도 신통하다.

공룡의 유정란을 볼 수 있는 곳

이 박물관에서 꼭 봐야 할 화석을 꼽는다면 오비랩터의 유정란 화석이다. 유정란이라는 것은 수컷의 정자가 들어가 있어서 부화하면 새끼가 될 수 있는 알을 말한다. 왜 유정란이 중요할까? 공룡알 중에서는 유정란이 희귀하단다. 현재 1,000개의 알 중에서 2개 정도가 수정란이라고 하는데, 전문가들은 당시 수컷들의 숫자가 줄어들었거나 생식기능이 떨어져, 즉 정자를 만들 수 있는 기능이 퇴화되었기 때문일 것이

라고 본다. 그런데 이런 것을 보며 공룡의 멸종에 대해 새로운 가설을
떠올려보게 된다. 일반적으로 자연의 생태계에서는 어떤 종의 암컷이
수효가 줄어들면 전체 개체수가 줄어들어 멸종하게 되는데, 이 경우에
는 수컷의 수가 줄어들거나 생식기능이 떨어져 알이 부실하게 되었다
니 전혀 새로운 이야기이다. 어쨌든 당시 공룡들이 화학조미료나 유전
자변형 식품을 먹지도 않았을 텐데 수컷의 생식능력이 왜 떨어지게 되
었는지는 여전히 수수께끼다.

중생대를 공룡의 시대라고 한다면 신생대는 젖먹이동물의 전성시대
다. 신생대에는 지금 우리가 보고 있는 동물들이 모두 출현했다. 그중
에서 아이들이 좋아하는 동물이 바로 코끼리다. 체구가 크고 긴 상아
때문에 모든 이들의 사랑을 받고 있는 코끼리 종류는 신생대에 지속적
으로 진화해 왔는데, 그 마지막 단계에 등장한 게 바로 가장 덩치가 크
고 추운 지방에서 살았던 매머드였다. 이 박물관의 수장고에도 코끼리

검치호랑이 우석헌자연
사박물관 사진제공.

화석이 하나 전시되어 있는데, 공간이
부족해 당분간 전시실에서 만날 수는
없을 것 같다.

'열린 수장고'라는 이름이 붙은 수
장고는 모두에게 개방되어 있다는 뜻
인데, 부모들이나 아이들이나 이곳을
찾은 사람들이라면 누구나 눈이 휘둥
그레질 것이다. 수만 점의 암석과 화석
그리고 동물 표본들이 전시되어 있으

니 말이다. 다른 전시장에서도 예쁜 광물들을 많이 볼 수 있지만, 이
곳에서 보는 느낌은 정말 특별하다. 이렇게 많은 암석표본들을 한 자리
에서 맨눈으로 볼 수 있는 곳은 우리나라 어디에도 없을 테니까. 한 마
디로 너무 많아서 무엇부터 먼저 봐야 할지 모를 지경이다. 이 수장고
를 둘러보게 되면, '이 지구에 이렇게 많은 종의 광물이 있었구나!' 하
고 저절로 감탄하게 된다.

그런데 기억할 게 하나 있다. 광물과 암석은 다른 것으로, 광물은 한
가지 원소로 구성된 것이고 암석은 여러 가지 광물이 모여서 만들어진
것이다. 광물을 보고 있으면 고유한 구조와 색깔을 띠고 있는데, 정말
신의 손이 만들어낸 조화라고 할 수밖에 없다. 수정은 돌의 하나로 취
급되지만 사실은 광물이다. 수정을 보고 있으면 어떻게 그런 각도로 자
라날까 하는 생각이 든다. 지구의 신비는 이 광물들과 암석들 속에 담
겨있다고 해도 과언이 아니다.

요즘은 우리가 상상하지 못했던 물질들이 발견되어 새로운 세상을
여는 경우가 많다. 희토류는 얼마 전까지 거들떠보지도 않던 자원이지

만, 이제는 세계가 이것을 확보하기 위해 혈안이 되어 있다. 이 열린 수장고에 모인 수많은 광물들 중에서도 미래의 자원이 될 수 있는 것들이 있을 수 있다. 시간이 있어서 찬찬히 살펴본다면, 여러 광물을 서로 비교하면서 지구의 비밀을 추적해 보는 기회를 만들 수도 있다. 열린 수장고에는 이런 광물들뿐만 아니라 매머드로 추정되는 두개골 화석도 있고 큰 송곳니로 유명한 검치호랑이 화석도 복원되어 있다.

진짜 화석을 만져보며 나만의 화석을 만들어 보자

이 박물관의 또 다른 특징은 수중생태관을 만들어 놓은 것이다. 수중동물의 세계도 엄청나게 다양하고 신비하기 때문에 그것만을 특화시켜 보여 주는 자연사박물관도 있다. 이곳의 수중생태관은 그런 전문 자연사박물관에 비해 규모는 작지만, 수중동물의 특성을 잘 이해할 수

수중생태관 우석헌자
연사박물관 사진제공.

있도록 구성해 놓았다. 수중생태관은 생물의 진화에서 가장 중요한 자연생태계라고 할 수 있는 바다의 진화를 보여 주는 곳이다. 이곳에는 다양한 어룡과 수장룡 화석이 전시되어 있고 여러 가지 어류화석들도 전시되어 있는데, 특히 물고기 지느러미의 세밀한 모습을 담고 있는 화석이 인상적이다. 또한 길이 2미터 정도 되는 3,000만 년 전의 자라화석을 만져보는 색다른 경험을 즐길 수 있다. 요즘 박물관 전시를 보면 만져볼 수 있게 한 경우가 늘어나고 있다. 아마도 그냥 보는 것과 만져보는 것과는 인지의 정도가 엄청나게 다를 것이다. 그리고 훨씬 오랫동안 추억과 감동으로 남을 것이다. 이 박물관에서는 그런 기회를 많이 만들어 주려고 하는 것 같다.

이 박물관에는 가족 단위의 관람객들이 많은 듯하다. 그런 탓인지 다양한 교육프로그램이 많이 열리는데, 그중에 눈에 띄는 것은 색깔이 있는 작은 암석 알갱이를 가지고 암모나이트를 모자이크 형태로 만든 것이다. 앞에서도 얘기했지만, 암모나이트의 예술적 완전성을 어린아이들이 체험할 수 있는 좋은 기회인 듯싶다. 그런데 그중에서도 가장 짜릿한 교육프로그램은 진품 화석을 만져보며 복제화석을 만드는 시간이라고 하겠다. 이 시간은 화석을 제대로 만져볼 수 있는 기회인데, 틀을 떠서 새로운 표본을 만드는 것도 신기하지만 만져보는 과정에서 화석을 세세히 관찰할 수 있으니 고생물학자가 된 기분이 든다.

지구의 역사를 이야기하다 보면 스스로의 존재가 한없이 작게 느껴진다. 수십억 년의 흔적들을 따라 진화의 기나긴 여정을 돌아보면, 지금 이 시대를 살아가는 한 사람 한 사람이 얼마나 귀한 자연의 선물인지를 깨닫게 된다. 작은 박물관에서 큰 느낌을 가지고 나온다면 이 또한 행복한 여정이다. 여기서 국도를 따라 조금만 더 북쪽으로 가면 국립수목원이 있다. 과거의 자연사를 담은 우석헌과 현재의 자연사가 펼쳐져 있는 국립수목원 모두를 만날 수 있기에, 이곳 광릉으로 향하는 길은 앞으로도 많은 사람들의 사랑을 받을 것 같다.

경상도 지역은 중생대 퇴적암이 많아서 화석의 보고로 알려져 있다. 우석헌자연사박물관처럼 이곳에도 지구의 역사를 배울 수 있는 곳이 있다. 동해바다가 시원하게 바라보이는 곳에 대륙이 떠다니고 있다는 증거를 간직한 박물관이 있다니 완전 머스트 해브 아이템 must have item 일 수밖에. 그럼 우리나라 최초의 화석전문박물관인 경보화석박물관으로 출발!

17

화석으로 지구 역사를 읽는 경보화석박물관

동해안의 시골 휴게소에 박물관이?

동해안을 따라 올라오다가 포항 시가지를 벗어나면, 어느 틈엔가 마중 나온 동해바다에 가슴이 시원해진다. 포항에서 해안도로를 따라 올라오면, 길의 높낮이에 따라 바다 풍경이 달라져 운전하기가 무척이나 즐겁다. 굳이 관동팔경 같은 절경이 아니더라도, 곳곳에 자리한 백사장과 돌섬 그리고 동해의 씩씩한 파도가 보는 사람으로 하여금 탄성을 지르게 한다. 그러다 보면 여름날 사람들로 붐비는 장사해수욕장을 만나게 되는데, 그곳을 지나면 길의 왼쪽으로 경보화석박물관이 눈에 들어온다. 건물에 크게 이름이 쓰여 있어서 놓칠 일은 없다. 그리고 이 길을 따라 계속 강릉으로 가려고 해도 이곳에서 쉬어가야 한다. 바로 휴게소와 같이 있기 때문이다.

경보화석박물관 전경
경보화석박물관 사진
제공.

경보화석박물관은 우리나라 최초의 화석전문박물관이다. 이 박물관이 들어선 때는 1996년으로, 그때만 해도 개인이 이런 박물관을 설립한다는 건 꿈 같은 얘기였다. 더구나 길목이라고는 하지만 도시에서 많이 떨어진 해변에 세운다는 것은 상상할 수조차 없던 때였다. 그러니 이 박물관을 설립한 강해중 관장의 혜안과 열정에 감탄할 수밖에 없다.

이 박물관에는 적어도 30개국이 넘는 나라에서 수집된 2,500여 점에 달하는 수준 높은 화석들이 독특한 암석들과 함께 전시·보존되어 있다. 지구가 탄생하면서 지금까지 오는 동안 형성된 거의 모든 화석 및 암석이 소장되어 있기 때문에, 지구의 역사가 한 집에 들어 있는 셈이다. 수도권이나 대도시에 있었으면 더 많이 발전했을 테지만, 강 관장은 고향인 포항을 고집했다. 그래서 이곳뿐만 아니라 포항 호미곶의 새천년 기념관에도 이 박물관의 분관이 있다.

규화목 경보화석박물
관 사진제공.

길 위의 자연사

경상도를 여행하면서 길옆으로 가지런히 발달한 지층을 보면, 책을
한 권씩 겹쳐둔 것처럼 보일 때가 있다. 이렇게 도로변을 따라 지층의
변화를 관찰할 수 있는데, 경상도에는 중생대의 퇴적암이 많아서 공룡
화석뿐만 아니라 여러 종류의 화석들이 남겨져 있다. 경상북도 의성지
역에서도 화석의 발견이 심심치 않게 보고되기도 한다. 화석은 흙이 쌓
여서 만들어지는 퇴적암에서 발견된다. 그런 걸 보면 경상도 지방은 지
금은 높은 산들이 많지만 과거에는 평평하고 낮았던 모양이다.

입구에 전시된 규화목은 이곳에서 태고의 이야기가 펼쳐질 것이라
는 사실을 미리 보여 준다. 삼엽충 같은 게 들어찬 것만이 화석이 아니
라, 사실 규화목도 화석의 일종이다. 나무가 유리질 성분이 많은 돌이
된 것인데, 실제로 동남아시아 지역에서는 구석기시대 인류들도 이 규
화목을 이용해 석기를 만들었다. 돌에 나뭇결이 남아 있지만, 반질반
질한 표면을 보면 돌이 틀림없다. 박물관 안에는 바로 이런 규화목들

이 많이 전시되어 있다.

진열장이나 정원, 그리고 테라스에서도 규화목을 볼 수 있다. 아마도 동남아시아에서 수집된 게 대부분인 것 같았는데, 열대지방의 나무들이 쓰러져 묻혀 서서히 규화 유리화 되었기 때문이다. 규화목이 놓인 계단으로 올라가면 2층과 3층으로 주 전시실이 열린다. 자, 이 지구박물관에서 무엇을 볼 것인가? 이것이 문제로다.

2층에 있는 제1전시관에는 1,500여 점에 이르는 동식물 화석자료들과 광물 등이 전시되어 있다. 이 박물관이 자랑하는 대표적인 화석인 공룡알무더기 화석과 꽃봉오리 화석도 바로 이곳에서 관람객들을 맞이하고 있다. 전시장은 화려하지 않지만, 크고 작은 화석들이 벽과 중앙에 있는 진열장에 꽉 들어차 있다. 하지만 빼어난 가치를 지닌 전시품에도 상대적으로 짧은 설명이 붙어 있는 건, 사립박물관의 어려움을 반영하는 것이리라. 이 박물관의 야외 옥상 전시실에는 규화목 등의 큼직한 화석이 전시되어 있는데, 화석과 함께 푸른 동해가 시원하게 들어온다.

강 관장도 설립 후 지난 15년 동안 사립박물관 운동에 대단히 적극적이었다. 자료의 구입이나 박물관의 운영을 사재로만 감당해야 했으니, 그동안 얼마나 답답하고 힘들었을까? 공립박물관의 경우에도 입장료 수입이 운영비의 10퍼센트를 넘는 곳이 거의 없다. 그러니 우리나라에서 사립박물관을 운영하는 것은 기적에 가까운 일이다.

물론 사립박물관의 규모는 공립이나 국립에 비해 작아서 상대적으로 운영비가 적게 든다. 하지만 제대로 지원을 받지 못하기 때문에 운영하는 데 어려움이 많다. 그렇기 때문에 이런 박물관들을 볼 때마다 설립자의 귀한 뜻이 우리 사회에 뿌리를 잘 내렸으면 하는 마음 간절하다.

지구 45억 년 가운데 수많은 생물들이 남긴 기록이 여기에 있다. 사실 생물이 돌이 된다는 것 자체가 지구의 신비라고 할 수 있지 않을까? 모든 생물들은 유기물이어서 결국 지구의 순환과정에서 썩어 다른 생

제2전시실 경보화석
박물관 사진제공.

물의 영양분이 될 거라고 생각하는 게 보통이다. 하지만 화석은 썩어야할 생물이 돌이 된 것이다. 물론 돌도 결국 닳아 없어지겠지만, 그 생물의 모습을 유지한 채 비교적 오래 남아 있을 수 있으니 신비롭기만 하다. 물질의 순환이라는 관점에서 본다면 일종의 돌연변이라고 할 수 있는데, 어쩌면 조물주가 지구의 모습을 단번에 지우지 않고 배려한 것일지도 모르겠다. 그가 이 세상을 창조했다면, 사람들이 창조의 신비를 연구할 수 있도록 조금씩 남겨 둔 것일지도 모르겠다. 어쨌든 화석은 우리가 살고 있는 지구의 역사를 이해하는 일종의 샘플 같은 것이다. 슬쩍 쳐다보기만 해도 아득한 옛날의 풍광이 보이는 듯하다.

"아빠, 화석은 어떤 환경에서 만들어지나요?"

아들 녀석이 제법 유식하게 묻는다.

"죽어서 땅에 묻히는 생물들이 전부 화석이 되는 건 아냐. 생물이 죽어서 묻히는 장소가 중요한 거야. 죽은 다음 곧바로 땅에 묻힌 뒤 일정한 온도와 습도를 유지한 채 오랜 시간이 흐르면 이렇게 화석이 되는 거야. 오랜 기간 동안 미세한 광물들이 그 생물 안으로 흘러들어가 원래의 형태를 유지하며 돌처럼 굳은 거지. 이렇게 되기까지 정말 엄청난 시간이 걸린 거란다."

아직 스무 살도 안 된 녀석이 세월의 길이를 알겠나 싶지만, 필자의 나이도 화석이 겪었을 시간의 흐름에 비하면 아무것도 아니다.

이 박물관에서는 고생대부터 중생대, 그리고 신생대까지 모든 지질시대의 화석들을 만날 수 있다. 누구나 알만한 대표적인 것으로는 고생대의 삼엽충과 중생대의 공룡, 그리고 신생대의 물소 머리뼈 같은 화석이다. 때문에 이 박물관에서는 각 시대를 대표하는 동물화석을 만날 수 있다.

삼엽충 화석 경보화석
박물관 사진제공.

그런데 안타까운 점도 없지 않다. 국립박물관처럼 시설이 좋은 곳에서는 충분한 인력과 자금을 들여 관람객들이 이해하기 쉽도록 소장품들을 소개한다. 하지만 사립박물관에서는 전시품이 차고 넘친다 해도 세세하게 설명을 달만한 인력이나 재원이 절대 부족하다. 이런 열악한 상황이지만, 많은 중소 규모의 사립박물관들은 오늘도 최선을 다해 관람객들을 맞이한다.

사립박물관이 국립박물관보다 전시품에 대한 안내가 상대적으로 부족하기 때문에, 충분한 정보를 얻기 힘든 경우도 있다. 하지만 박물관은 과거를 발견하는 장소이니, 과거의 물건을 통해 뭔가 가치 있는 것을 스스로 발견하려고 한다면 많은 것을 배울 수가 있다.

지구에서 최초로 살았던 생명체는 원생동물이라는 단세포 동물인데, 그 다음에 나타나는 것 중에 하나가 바로 삼엽충이다. 삼엽충이 살았던 시대를 우리는 고생대 캄브리아기라고 부르는데, 이는 캄브리아기 지층이 발견된 영국의 지명을 따서 지은 것이다. 그 지층에서 바로 이 삼엽충이 발견된 것이다.

이 박물관에는 삼엽충이 여러 마리가 있다. 이 생물에 '충'이라는 이름을 붙인 이유는, 머리, 몸통, 꼬리로 구성된 절지동물 형태를 하고 있기 때문이다. 이 생물은 아마도 지구생물 중에서 가장 오래 살아남은 화석종이 아닌가 한다. 적어도 5억 9,000만 년 전부터 중생대가 시작되는 2억 4,500만 년 전까지 살았기 때문이다. 물론 삼엽충도 지역에 따라 다양한 모습을 보이기도 하고 긴 시간 동안 진화했지만, 이 캄브리아기에 지속적으로 출현한다. 이 생물은 대륙이 하나로 되어 있었을 때부터 존재했기 때문에, 유럽뿐만 아니라 아메리카와 우리나라에서도 발견된다.

암모나이트는 자연사박물관에서 전시되는 대표적인 것으로, 중생대 바다에 살았던 암몬조개의 화석이다. 이 박물관에도 여러 점이 전시되어 있다. 암몬조개는 숫양의 뿔처럼 생겼는데, 이 조개의 이름인 암몬은 숫양의 모습을 하고 있던 이집트 신에게서 따온 것이다.

암모나이트 화석은 뱀이 똬리 튼 것과 비슷하다고 해서 유럽에서는 "뱀돌"이라고도 불렸다. 그리고 영국에는 성녀가 뱀의 목을 잘라버리자 돌로 변했다는 전설이 있는데, 바로 이 암모나이트를 두고 하는 말이다. 그런데 이 박물관에 소장된 암모나이트 중에는 표면에 주름이 있는 것도 있고 없는 것도 있다. 그리고 내부 구조가 단순한 것과 복잡한 것이 있는데, 이것은 모두 암몬조개의 진화과정을 보여 주는 것이다.

암모나이트는 그 구조가 아름답기 때문에 자연사박물관들이 로고로 사용하는 경우가 많다. 그런데 이 암모나이트와 사촌이 되는 생물이 아직도 존재한다고 하면 믿을 수 있을까? 바로 노틸러스 조개라고 알려진 "앵무조개"이다. 앵무조개와 같은 선조에게서 갈라져 나와 중생대에 번성하다가 멸종한 게 바로 암모나이트다. 앵무조개는 아직도 태평양의 깊은 바다 속에서 헤엄쳐 다니고 있다. 그래서 앵무조개를 살아 있는 화석이라고 부른다.

그런데 이 박물관의 중생대 화석 중에서 꼭 봐야 할 게 있는데 바로 메소사우루스 화석이다. 호수에 살았던 이 작은 공룡의 화석은 박물관에서 설명한 것처럼 '대륙표이설'을 입증하는 화석이기 때문이다. 대륙표이설은 대륙이 수평으로 이동했다고 보는 가설인데, 오늘날 5대륙은 원래 하나였다가 둘로 쪼개지고 다시 여러 개의 대륙으로 나뉘

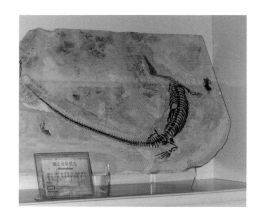

메소사우루스 화석

어졌다가 다시 붙기도 하여 오늘날의 모습이 된 것이다. 이 메소사우루스 화석은 남아메리카와 아프리카에서 공통으로 발견되는 것이어서, 이 공룡은 두 대륙이 붙어 있을 때 대륙을 오가며 살았던 것으로 추정된다. 그래서 대륙이 이동한 증거가 되는 화석 가운데 하나이다.

이 박물관의 신생대를 대표하는 화석은 바로 매머드이다. 완전히 복원된 것은 아니지만, 거대한 상아와 이빨을 보면 매머드의 엄청나게 큰 덩치를 상상할 수 있다. 고생대를 대표하는 게 삼엽충이고 중생대의 대표로 공룡과 암모나이트가 나선다면, 신생대에는 바로 이 매머드가 있다. 그런데 이 동물은 지구 역사상 멸종의 역사를 보여 주는 마지막 동물이기도 하다. 이런 매머드는 코끼리 종류 가운데 가장 몸집이 크기 때문에, 덩치 큰 것의 대명사가 되었다.

매머드는 툰드라지대에서 살았지만, 이동할 때 가끔 얼음구덩이에 빠지는 경우가 있었다. 이런 경우 다음 해 봄에 얼음이 녹으면서 다른 곳으로 흘러가기도 하지만, 가끔씩은 그대로 얼어붙어 얼음 속에 영원히 갇히는 경우도 있었다. 이렇게 얼음 속에 갇힌 매머드가 녹아내리는 빙하 속에서 가끔씩 발견된다. 그중에 유명한 것이 바로 "디마"라고 불리는 아기 매머드이다. 이 아기 매머드는 털이 그대로 남아 있을 정도로 보존상태가 좋아서 매머드의 생태를 밝히는 중요한 자료로 활용되고 있다.

이런 경우와는 달리 매머드의 뼈가 무더기로 발견되는 경우도 있다. 죽은 매머드의 뼈가 녹아내리는 빙하수를 따라 이동하다가 얼음 속의 먼지들과 함께 개울가에 쌓이는 경우가 바로 그것이다. 이때 엄청나게 많은 매머드 뼈가 한 자리에서 발견되는 경우도 있다. 전라북도 부안의 상왕등도 앞바다에서도 매머드의 이빨이 발견된 적이 있는 것을 보면, 매머드는 툰드라뿐만 아니라 우리나라까지 내려와서 살았다는 것을 알 수 있다.

그런데 매머드는 툰드라에 살면서 무엇을 먹고 살았을까? 매머드의 이빨을 보면 우선 식물들을 오랫동안 씹을 수 있도록 진화했다. 상아질 주름이 있는 넓적한 어금니로 맷돌처럼 툰드라의 풀들을 씹어서 먹고 살았던 것이다. 매머드는 이 엄청나게 크고 긴 이빨을 무기로 활용했다. 이빨 가운데는 100킬로그램이 넘는 것도 있는데, 그 주인의 몸집은 아마도 엄청났을 것이다.

화석박물관을 떠나며 동해안의 추억을 발굴하다

이 박물관에는 화석이나 광물들이 전시되어 있을 뿐만 아니라, 이 **식물화석 전시**

런 것들을 활용해 만든 여러 가지 공예품들도 전시되어 있다. 오래된 나무로 깎은 동물 모양의 장신구나, 화석이 들어 있는 돌을 예쁘게 다듬어 만든 것들도 있다.

멋진 해안도로를 달리다가 이런 곳에 들러 바다를 바라보며 차를 한 잔 마실 수 있다면 괜찮은 삶을 살고 있는 것이리라. 강 관장은 기념품 가게에 있던 화석 하나를 선물로 주면서 이렇게 강조한다.

"아드님 방에 두시면 집중력이 좋아져 공부를 잘하게 될 겁니다."

그 얘기가 나오자 필자는 기다렸다는 듯 아들에게 압박을 가한다.

"야, 너의 방에 있는 화석은 이 박물관에서 받은 거야. 게으르던 네가 나아진 건 순전히 화석 덕분이지."

"아빠, 그러면 더 큰 걸로 사오시지 그랬어요."

아들 녀석이 뭔가 심통이 난 모양이다. 여행길에 괜히 기분 나쁘게 한 건가 싶어 슬쩍 넘어간다.

"그러게 말이다."

주차장으로 내려서는 계단에서 바다를 내려다보는 풍경은 바다가 훤히 드러나지 않아 아쉬운 점이 있다. 하지만 그 앞으로 이어져 있는 강릉으로 올라가는 해안국도는 정말 아름다운 길이다. 그리고 이 길은 필자의 달콤하고도 씁쓸한 추억이 담긴 허니문 길이다.

필자는 발굴을 하던 와중에 결혼을 하게 되었는데, 결혼식을 잘 준비하지 못해 당시로서는 다반사였던 제주도로 가지 못하고 경주와 설악산으로 신혼여행을 떠났다. 그때 경주여행을 마치고 시외버스에 오른 필자부부는 바로 이 길을 따라 설악동으로 향했다. 동해국도를 내려다보니 그때의 일이 새록새록 떠오른다. 경주시외버스터미널에서 버스를 탔는데 중간기착지인 포항에서 자리가 생겨 아내를 먼저 앉게 했는데, 멀찍이 한 자리가 더 생기자 아내는 옆자리에 앉아있던 할머니에게 자리를 바꾸어달라고 부탁했다. 하지만 듣지도 않고 눈을 감아버리는 게 아닌가. 새색시의 간곡한 청을 들어주지 않았던 그 할머니는 동해시에 들어가서야 내렸다. 요즘 사람들에게 시외버스를 타고 입석으로 신혼여행을 했다고 얘기하면 배꼽을 쥘 것이다. 가족여행길이니 그때의 일이 더욱더 아련하다.

이제는 서울로 올라가야 할 시간. "어디로 갈까?" 하고 아내가 묻길래 반사적으로 "설악산?" 하고 되물었더니, 다들 좋다고 난리다. 하지만 추억의 동해국도를 오르다가 영해에서 오래된 한정식집을 찾아 점심을 먹고 나니, 갈 길이 아득하여 모두의 동의를 얻어 불영사로 향했다. 불영사는 서울로 가는 길에 있기에 쉬어가기에 안성맞춤이었는데, 만나보니 그야말로 꿈속에서나 볼 수 있는 그림 같은 곳이다. 꿈길을 걷는 듯 몸과 마음에 휴식을 듬뿍 선사했던 행복한 추억이었다.

설악산을 만나지 못한 아쉬움에 자꾸만 강원도만 검색하게 된다. 그런데 산과 바다를 동시에 만날 수 있는 이 강원도 지역은 그 자체가 자연사박물관이다. 다양한 나무와 석탄, 석회암동굴, 그리고 산촌의 낭만이 있는 곳. 이제 그곳으로 떠나 부모 세대의 삶을 만나볼 수 있는 우리 삶의 소박한 추억을 만나보자.

18

전설 따라 '산촌'리, 인제산촌민속박물관

인제 가면 언제 오나 원통해서 못 살겠네

　군대를 떠올리면 늘 전방에서 힘겨운 생활을 하던 게 떠오른다. 복무 기간이나 고된 훈련에 대한 어려움은 많이 개선된 것 같지만, 구타나 총기사고 보도를 보면 그때나 지금이나 부모들의 걱정은 여전한 듯하다. 요즘도 그렇지만 군대라고 하면 자연스레 전방을 떠올릴 정도이니 6~70년대에는 오죽했을까. 특히나 강원도에는 군부대가 밀집해 있었으니, 아들을 군대에 보낸 어머니들은 인제나 원통이라는 지명을 가져와 한이 가득 담긴 패러디를 만들어낸 것이다.

　요즘은 도로가 뻥 뚫려서 오가기가 쉽지만, 그 전만 해도 인제는 서울에서 멀리 떨어진 산골이라 사람들의 왕래가 드물었다. 상황이 이랬으니 아들을 군대에 보낸 어머니들에게 인제와 원통이라는 지명은 가

**인제산촌민속박물관
전경** 인제산촌민속박
물관 사진제공.

슴을 후벼 팔 만큼 아픈 단어로 남았을 것이다.

강릉이나 설악산으로 가는 길은 예전보다는 훨씬 가까워졌다. 오지 중의 오지인 인제도 훨씬 가기가 편해졌다. 두어 시간이면 푸른 바다가 넘실대는 경포호수를 볼 수 있으니, 강원도로 향할 때마다 격세지감을 느낀다. 가끔씩 만사를 제쳐두고 길을 나서는데, 예전에는 갑자기 여행을 떠나자고 하면 엉뚱하다며 아내한테 핀잔을 듣곤 했다. 하지만 오랜 시간을 함께 하다 보니 이제는 이야기를 꺼내기 무섭게 가방을 챙겨든다. 이심전심이란 게 바로 이런 것일 게다.

필자는 영동고속도로보다는 주로 미시령을 넘어 강원도로 향한다. 속초바다의 절경은 물론이고, 가끔 인연이 닿으면 운해에 안긴 울산바위를 만날 수 있기 때문이다.

소양호반의 꼬불꼬불한 길도 없어져 가볍게 군축령터널을 넘으니 인제가 보인다. 군인들이 진저리 치던 그 인제는 아직도 그대로다. 터널을 지나 쭉 가다 보면, 설악산으로 오르는 길가에 큼직한 건물이 보이는데 바로 그곳이 인제산촌민속박물관이다. 항상 바쁘게 다니다 보니 막상 제대로 시간을 내어주지 못했던 곳이지만, 산보 삼아 나선 길이었기에 이번만큼은 산촌박물관을 만나보고 싶었다.

산촌에서 만나는 '전설 따라 삼천리'

널찍한 버스터미널 옆으로 멋진 현대식 건물이 두 채 서 있고, 마당 도 화강석 박석을 깔 정도로 신경을 써서 만들었다. 시골에서 멋을 잔 뜩 부린 문화공간콤플렉스이다.

박물관으로 통하는 입구 계단에서 시원한 창을 바라보며 2층으로 올라가니, 산촌 분위기를 연출한다고 전시장 입구부터 알록달록한 색 을 입힌 인형들을 놓아두었다. 전시장 내부에는 산촌민속품들과 복원 된 디오라마 등으로 아기자기하게 꾸며져 있다. 이런 전통 민속품을 보 지 못한 사람들이라면 한 번쯤 볼만한 내용들이다. 이제는 우리나라도

산촌 복원 전시실 모습
인제산촌민속박물관
사진제공.

산골 어디나 포장도로가 달리고 2,000만 대의 차량이 굴러다니는 상황이니, 도시문화에 익숙해진 아이들을 데리고 우리 아버지와 할아버지가 경험했음직한 산촌박물관을 찾는 것은 무척 의미 있는 일이다.

'산촌'은 단어 자체에서도 고립되고 외진 느낌을 강하게 풍기는데 실제로도 그렇다. 외부와 소통하지 못한 채 오랫동안 이어온 문화이니, 산촌을 경험하지 못한 사람들에게는 모든 게 낯설게 다가온다. 이 박물관에는 이런 산촌의 독특한 민속품들이 복원·전시되어 있으며, 지금은 강원도에서도 만나기 힘든 산촌문화의 정수를 체험할 수 있다. 흔히 하는 얘기로 "전설 따라 삼천리"에나 나올 법한 소품들을 볼 수 있는 게 바로 이곳이다. 하지만 도시화와 첨단문화에 젖어 있는 우리 세대라 하더라도 이 산촌문화를 절대 무시할 수 없다. 지금 우리가 누리는 풍요로운 삶은 이 박물관에 놓여 있는 소장품들을 거쳐 이뤄낸 것이기 때문이다. 또한 옛 사람들이 척박한 환경을 어떻게 극복해냈는지에 대한 해답을 얻을 수 있기 때문이다. 디지털문명이 아무리 발달해도 먹고 사는 일은 피해갈 수 없으니, 역사에서 배우듯이 문화에서도 의식주와 관련된 소중한 자산을 이어받을 수 있다. 그러니 자녀들과 머리 식히면서 우리 선조의 생활을 한번 보아 두는 것도 좋지 않을까?

메밀꽃 필 무렵, 귀틀집 가는 길

박물관은 산간지방의 자연과 삶, 그리고 산촌에 깃든 정신을 조그마한 공간으로 구분하여 전시해 두었다. 삶의 공간을 보여 주는 것은 물론이고, 산촌 특유의 먹거리와 산업 등 우리 선대가 척박한 환경을 이

너와집 모습 인제산촌
민속박물관 사진제공.

겨낸 과정을 들여다볼 수 있
는 내용들로 가득하다.

이곳에 전시된 귀틀집은
큼직한 통나무를 쌓아 만든
것인데, 필자가 오래전 내설
악에 다니면서 보았던 것과
같아서 무척 반가웠다. 특이
한 점은, 이 박물관에서는 귀
틀집을 어떻게 짓는지 생생
하게 보여 준다는 것이다. 시베리아에 가면 아직도 귀틀집을 사용하
고 있는데, 강원도에는 나무가 흔하기 때문에 이런 집을 짓는 게 유리
했을 것이다. 그래서 지붕은 나무를 세로로 잘라 기와처럼 올렸다. 바
로 너와다.

산촌 사람들은 너와가 바람에 날아가지 않도록 돌을 눌러 두었다.
예전에는 강원도에서 흔히 볼 수 있었던 이런 가옥들은 이제 화석문화
가 되어 민속품으로 남았다.

강원도의 민속은 귀틀집 외에도 나무와 관련된 것들이 많다. 그중에
서 모형으로 만들어 전시한 뗏목은 강원도의 민속을 잘 보여 주는데,
안내문을 보면 슬픔이 몰려온다. 뗏목을 타고 한강 하류까지 가면 돈
은 벌지만, 고향으로 돌아오면서 한강의 중간 기착지 객줏집에 외상값
을 갚고 나면 빈털터리가 되는 사공이 많았기 때문이다. 어쨌든 뗏목
은 여러 가지 역사를 만들었는데, 단순히 목재운반을 위한 것만이 아
니라 중요한 교통수단이었다. 유명한 정치인 중에도 뗏목을 타고 서울
로 와서 K중학을 졸업한 뒤 높은 지위에 오른 사람도 있다고 한다. 전

전시실 뗏목 만들기 모형　인제산촌민속박물관 사진제공.

시를 보며 이런 이야기를 들으니 같이 간 아들은 전설처럼 들리는 모양이다. 이렇게 힘들게 공부해 성공한 사람도 있으니 공부 좀 열심히 하라고 아들에게 일러 보지만, 녀석의 얼굴에서는 공감하는 표정을 전혀 읽을 수가 없다.

박물관에서는 디오라마를 통해 멀리서 온 아들 내외가 부모님에게 인사하는 모습을 복원해 놓았는데, 당시 여느 시골과 마찬가지로 이 산촌에서도 서울이나 대도시로 나가는 꿈을 꾸었던 것 같다. 이 디오라마는 당시의 힘든 상황을 고스란히 품고 있기에, 어린 세대가 부모 세대의 경험을 공유하는 소중한 기회로 삼을 수 있다. 또 디오라마 무대의 주인공 역할을 하는 닥종이 인형들이 해학적인 분위기를 연출하고 있어서 유쾌하게 관람할 수 있다.

강원도에는 나무가 풍부해 나무와 관련된 산업이 많이 발달했다. 목기를 만들어 도시로 내다 팔기도 했고 숯을 구워 파는 경우도 많았다. 이 박물관에도 숯가마를 비롯해 숯을 만드는 데 사용되는 도구들이 많이 전시되어 있으며, 숯이 가지고 있는 특성과 효능에 대해서도 잘 설명하고 있다.

질 좋은 경작지가 넓지 않아서 주로 밭작물을 재배해 왔던 이곳 주민들은, 쌀이 귀했기 때문에 대개 감자나 옥수수 같은 것을 많이 먹었다. 또 강원도를 배경으로 하는 대표적인 문학작품인 《메밀꽃 필 무렵》에 나오는 메밀도 이 지역을 대표하는 음식이다. 요즘 강원도 어딜 가든 지역 특산품으로 선전하고 있는데, 이 박물관에서는 메밀국수 만드는 과정을 복원해 보여 주고 있다. 거칠게 구멍을 뚫은 사각의 나무틀에 메밀반죽을 밀어 넣고 가마솥의 끓는 물에 바로 짜 넣는 모습이다. 이제는 메밀 막국수가 별미이자 건강식이 되어 비싼 음식이 되었지만, 당시에는 감자와 함께 계절에 따라서는 주식같이 먹었을 법하다. 그리고 오늘날에는 정작 메밀이 비싸져서 양이 넉넉한 국수를 만나기란 쉽지 않다.

산촌의 낭만이 배어든 박인환 문학관

산간지역에서 사냥은 여러 가지 역할을 한다. 동물성단백질을 얻는 중요한 수단이 되기도 하고, 농작물을 보호하는 역할도 하며, 겨울에는 무료함을 달래는 일종의 스포츠이기도 했다. 숲이 울창했기 때문인지 이 지역에서는 호랑이 같은 덩치 큰 짐승들도 많았다고 한다. 그러다 보니 다양한 사냥도구들을 만들어냈는데, 이 박물관에서는 당시의 사냥도구들을 만날 수 있기에 마치 과거로의 여행을 떠나는 기분이 든다. 창애, 토끼틀, 벼락틀 등의 도구 가운데 벼락틀이라는 게 있는데, 이것은 호랑이나 큰 멧돼지 같은 짐승을 잡는 데 사용한 것이다. 커다란 원

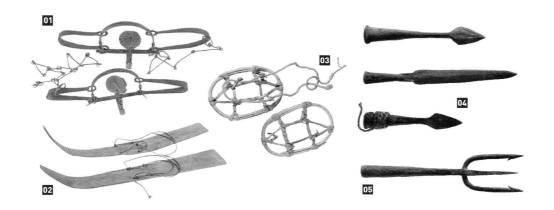

통목을 연결해 뗏목같이 만들어 비스듬히 세워두었다가 짐승을 유인해 그 밑에 깔리도록 하는 방식이다. 겨울에 먹이가 별로 없을 때 동물들이 다니는 길에 이런 올가미나 사냥틀을 설치해 사냥했다고 하니 그 지혜가 놀랍다. 또 사냥을 많이 하는 겨울에 눈이 많이 올 때 신고 다녔던 설화나 눈신발도 볼 수 있는데, 요즘 나오는 스키 장비에 비하면 원시적으로 보일지 모르지만 당시에는 이것만으로도 충분했다.

01 사냥도구 찰코(덫) 인제산촌민속박물관 사진제공. **02 겨울철도구 썰매** 인제산촌민속박물관 사진제공. **03 겨울철도구 설피** 인제산촌민속박물관 사진제공. **04 사냥도구 외발창** 인제산촌민속박물관 사진제공. **05 사냥도구 세발창날** 인제산촌민속박물관 사진제공.

박인환 반신상과 박인환문학관 전경 인제산촌민속박물관 사진제공.

문학관의 명동 골목 재현 모습 인제산촌민속박물관 사진제공.

　박물관의 전시는 산촌문화를 담고 있는 만큼 거칠면서도 정적인 분위기가 흐르고, 오늘의 젊은이들에게 동화 속으로 들어가 산촌 사람들의 어린 시절을 만날 수 있게 한다는 점에서 의미가 있다. 이런 오래된 소장품과 추억은 우리 부모 세대와도 끈이 닿아 있으니, 부모 세대와 소통하고 교감할 수 있는 계기가 된다는 점에서 한 번쯤 찾아볼 만하다.

　박물관 건너편에는 〈목마와 숙녀〉, 〈세월이 가면〉과 같은 시를 지은 박인환 시인의 문학관이 있다. 그는 강원도 인제 상동리 출신인데 11세 되던 해에 서울로 왔다. 시인을 기리는 이 문학관은 시인의 삶을 조명하면서 그가 살아가던 시대적 분위기와 당시의 문화를 복원해 놓았다. 인제를 떠나 서울이라는 도시로 진출한 멋진 엘리트 문학청년의 대표격으로 생각할 만한데, 흥미로운 것은 다방과 같은 서울의 충무로와 명동의 당시 풍경을 복원하여 재미있게 전시하고 있다. 구식 다방, 서점, 구멍가게, 사진관 등 당시의 거리에서 시선을 끌던 모습들을 복원한 것이다. 인제산촌민속박물관의 콘텐츠나 이미지와 꼭 대비되는 감이 들어서 묘한 느낌이 든다. 이렇게 인제의 박물관 두 곳에서 과거로 떠나는 여행을 해보는 것도 새로운 경험이 될 듯하다.

허준박물관
가천박물관
한독의약박물관

제4부
치료의 역사, 사람에 집중했던 의학을 찾아서

동아시아 최고의 의서인 《동의보감》은 어떻게 탄생했을까? 그 비밀의 열쇠가
바로 이곳에 자리한 박물관들에 보관되어 있다. 한의학과 의성 허준의 삶을
독특한 시각으로 조명하고 관련 자료를 수집해 자기만의 방식으로 고집스럽게
분석해낸 박물관들의 열정을 들여다본다. 더불어 중국 의술을 우리 것으로
재창조한 우리 민족의 탁월한 문화융합 유전자와, 백성을 위해 한의학을 장려
한 군왕들의 에피소드도 함께 살핀다.

19

의성 허준의 모든 것, 허준박물관

허준 선생이 나룻배를 타던 곳

한의학 역사에 관심이 많은 사람들로부터 종종 받게 되는 질문이 있다.

"서울에 허준박물관이 있나요?"

질문에 대한 답을 하면서 허준박물관이 강서구에 있다고 하면, 희한하게도 매번 비슷한 질문이 따라붙는다.

"왜 허준박물관이 강서구에 있지요?"

박물관을 잘 아는 사람일수록 허준박물관이 강서구에 자리하게 된 까닭을 묻는 경우가 많다. 물론 이 질문은 김쾌정 관장은 물론이고 강서구 사람들이 들으면 가장 싫어하는 질문이기도 하다. 허준박물관은 옛날에는 한강변이었던 서울시 강서구 구암공원 서편에 있다. 가양대

허가바위(공암) 허준
박물관 사진제공.

교를 건너오거나 올림픽도로에서 내려 오른쪽으로 들어가면 허준박물
관을 만나게 된다.

1999년 배우 전광렬이 출연한 드라마《허준》은 당시에 엄청난 시청
률을 기록하며 많은 사람들의 심금을 울렸다. 그래서 대중의 허준에
대한 지식은 이 드라마의 콘텐츠에 의해 만들어진 것이라고 해도 과
언이 아니다. 그중에서 우리 기억 속에 깊이 박힌 것이 있다면, 지리산
자락의 산청에서 허준과 스승 유의태가 만난 것과 밀양의 얼음골에서
암에 걸린 스승을 수술하는 장면이었다. 물론 이외에 역병을 치료하는
등의 장면도 감동을 주었지만, 앞에서 본 두 가지 에피소드가 사람들
의 뇌리에 깊이 박혀 '산청의 허준선생'으로 생각하게 된 것이다. 이 때
문에 오늘날 강서구에 위치한 허준박물관을 사실에 입각해 설명하려
면 역사 다큐멘터리를 찍어야 할 만큼 그 내력을 자세히 설명해야 할
런지도 모르겠다.

허준 선생은 오늘날뿐만 아니라 당대 조선과 중국, 일본을 통틀어

**공암에서 《동의보감》
을 집필하는 허준 모형**
허준박물관 사진제공.

첫 손가락으로 꼽는 유명한 한의학
자다. 그래서 그분의 저작인 《동의보
감》이 유네스코 세계기록유산으로
등재되기 이전에도 이미 국제적으로
'의성 醫聖'으로 추앙받아 왔다. 그런
데 선생의 출생에 대해서는 분명하게
알려진 게 없다. 그의 집안이 대대로
의술에 정통한 양반가문이었지만, 허준 선생은 서출이어서 그런지 족
보에도 기록이 분명하지 않다. 그래서 명성이 높아질수록 출생지에 대
한 논쟁이 끊임없이 일었다.

　허준박물관이 이곳에 위치하게 된 것은 바로 공암이 있기 때문인데,
기록을 보면 허준 선생은 공암에서 집필을 한 뒤 세상을 떠났다고 한
다. 선생이 어린 시절을 양천에서 보냈다는 주장은 상당히 설득력이 있
다. 그의 본관이 양천이었고 그의 친족들이 이곳에 모여살고 있으며 그
를 추천한 미암 유희춘이 바로 이곳에 살았던 사람이기 때문이다. 그의
묘는 오늘날 민통선 안쪽에 위치한 파주 지역에 있지만, 그 땅은 왕이
하사한 사패지의 일부였다. 또한 그의 아들이 이곳에서 목사를 한 것으
로 볼 때, 조선시대 상피제도의 특성상 그가 파주에서 태어났을 것으로
보기는 어렵다. 그리고 허준 선생의 출생지가 명확하지 않은 것은, 그의
부친이 지방수령을 하면서 여러 곳을 거쳐 갔기 때문이다.

　그가 《동의보감》을 마지막으로 저술한 자리는 바로 이 공암으로 보
는 게 설득력이 있다. 《동의보감》은 원래 허준 선생이 선조의 명으로
집필하기 시작했지만, 임진왜란이 일어나면서 중단되었고 나중에 광해
군 때 그가 귀양을 가서 완성한 것으로 되어 있다. 그런데 그 귀양처를

이곳 강서구로 보는 견해가 우세하다. 왜냐하면 광해군은 허준 선생을 유배시켜야 한다는 일부 신하들의 거센 주장에 못 이겨 성 밖으로 내보내는 정도의 유배를 명했기 때문이다. 그런데 이 유배 기간 동안 허준 선생이 성안을 드나들었다고 벌해야 한다는 주장이 있었다. 이렇게 보면, 그는 고향인 양천 지역에 살면서 자료가 필요하면 내의원에서 구해 보면서 공암에서 집필을 끝냈을 것으로 보인다. 특히 공암은 과거에 한양도성으로 이어지는 나루가 있던 곳이기도 하여 성을 출입하는 데도 유리했을 것이다. 허준 선생의 호가 바로 구암인데, 이 구암은 바로 공암이 있는 작은 동산을 일컫는다. 그래서 허준박물관은 허준 선생이 《동의보감》을 저술한 장소, 그리고 그의 친족들이 살고 있는 고향의 관계를 상징적으로 보여 주는 장소인 셈이다.

유모에게 약을 먹여 젖먹이를 치료하다

박물관 입구는 검은 돌담으로 매끈하게 장식되어 있는데, 큼직한 간판이 사람을 반긴다. 깔끔하게 디자인된 유리건물은 바로 공원으로 이어져 도심의 분위기와는 다르게 편안한 느낌을 준다. 현관으로 들어서면 널찍하고 밝은 홀에 양천에 대한 소개가 나온다. 계단으로 올라 3층에 이르면 '양천군 허준상'이 보이고 바로 허준기념실로 이어진다. '양평군'이라고 하는

허준박물관 전경 허준박물관 사진제공.

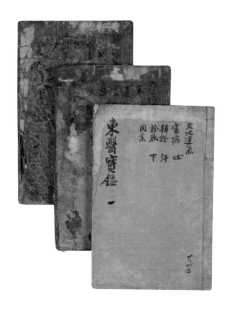

동의보감 초본 허준박
물관 사진제공.

군호는 광해군이 하사한 것인데, 대체로 태생지
나 관향을 붙이기 때문에 그가 양평, 즉 양천사
람임을 말해 준다.

　조선시대에는 서얼의 차별이 유별났던 것으
로 알려져 있지만, 허준 선생의 경우나 그 동생
의 경우에는 서자임에도 불구하고 군호를 받을
정도였다. 그러니 신분제도를 엄격하게 지켰던
조선사회였지만, 숨쉴만한 구석은 있었던 것 같
다. 한편으로는 허준 선생의 형제들이 워낙 똑
똑했던 이유도 있었고, 부모가 잘 가르친 것도
중요한 요인이 되었을 것이다.

　박물관의 허준 기념실에 전시된 책 가운데《동의보감》은 훈련도감
목활자로 된 것이 한 권 있는데, 1613년 본이니 선생이 저술한 지 3년
째에 활자로 간행된 것이다. 이 방에는 일본과 중국에서도 간행된《동
의보감》을 전시하고 있는데, 이것만 봐도 이 책이 얼마나 국제적으로
명성을 떨쳤는지를 잘 보여 준다. 그런데《동의보감》에 베개를 만드는
법도 있다고 하니 놀랍지 않은가? 그것은 바로 신침법神枕法인데, 해석
을 해보면 이렇다.

"음력 5월 5일이나 7월 7일에 잣나무를 베어다가 길이 1자 2치, 높이 4치
가 되는 베개를 만드는데, 속을 파내고 뚜껑을 만들 때 뚜껑에 좁쌀
만한 구멍을 120개 정도 뚫어서 그 속을 천궁, 당귀, 인삼, 백복령 등등
24가지 약재로 채워 사용하면 100일 지나면 온갖 병이 다 낫고 4년을
배면 머리가 검어진다."

이 내용을 보니 필자의 허연 머리를 물들이지 않고도 검게 할 수 있는 비방이 있다니 흥미롭다. 허준 선생의 말씀이라 틀림없을 터이니 한번쯤 해볼 만도 하겠다.

이 박물관에서 허준 선생의 저술을 보며 흥미로웠던 것은, 한글로 번역된 한의서가 많다는 점이다. 당시에 의서는 일반적으로 한문으로 작성되었는데, 일반 백성들이 쉽게 읽을 수 있도록 하려면 한글로 적은 언해본을 작성하는 게 필수적이었다. 그가 언해본 한의서를 펴냈다는 사실은 상당히 감동을 준다. 왜냐하면 백성들이 널리 이해하고 스스로 처방할 수 있도록 했기 때문이다. 이 박물관에 전시된 《언해태산집요》는 산부인과 전문의서다. 전해오던 《태산집》을 선조의 명으로 언해한 것이지만, 그 내용은 새롭게 작성한 것이 많다고 한다. 한문을 쓰고 언해를 한 것인데, 불임부터 시작해 유아 질병에 이르기까지 다양한 내용들을 담고 있다. 언뜻 한문보다도 언해한 책의 내용이 더 어렵게 보이는 이유는, 조선 중기 고문 표기법이 오늘날의 표기법과는 너무도 달랐기 때문이다. 그래도 찬찬히 읽어보니 무척 재미있다. 예를 들어, "후사를 구하는 법"에 나오는 불임의 원인을 번안해 보면 다음과 같다.

> "의학 입문서에서 말하기를, 사나히(사나이) 정(精)이 차고 겨집(여자)의 혈(血)이 약하게 되면 태(胎)가 못 되느니라."

여기서 정이 차다는 것은 바로 맥이 약하다는 뜻이란다. 예나 지금이나 아이를 가지고 싶어도 가지지 못하게 되면 당사자뿐만 아니라 집안 전체가 힘들어하게 된다. 그러다가 더 이상 희망이 없는 경우, 잘 사는 양반집에서는 씨받이나 양자를 들여 그런 고민을 해결하곤 했다.

과거에는 건강이 받쳐주지 않아서 아이를 가지지 못했다면, 요즘은 성공을 향해 달려가기 위해 아이를 포기하거나 아이 키우는 비용이 너무 많이 들어서 아이를 낳지 않는 경우가 많다. 그러다 보니 출생률이 점점 낮아져 온 나라가 걱정하고 있다.

《언해두창집요》도 선조가 명해 언해본으로 만든 책인데, 천연두 등 짓무르는 전염병에 대한 처방을 기록해 놓았다. 천연두는 앓고 나면 그 상처로 인해 얼굴이 씨앗을 빼낸 해바라기처럼 되어 버리는 경우가 많다. 그리고 아이들이 주로 걸리기 때문에, 약을 제대로 처방하지 못하는 경우가 많았다. 《언해두창집요》에 따르면, 유모에게 약을 먹인 뒤 그 젖을 아이에게 먹이면 된단다. 그리고 아이가 잘 먹고 기운이 나도록 보살피면 얼굴에 구멍이 파이는 상처가 생기지 않는다고 한다. 예나 지금이나 아이 키우는 데는 엄청난 정성이 필요하다. 그런데 유모에게 약을 먹여 젖먹이 아이를 치료하는 비방은 아무리 생각해도 기발한 투약법 같다.

《언해구급방》도 선조의 명을 받아 저술한 것인데, 이것은 허준 선생의 독창적인 저술로 평가를 받는다. 그런데 선조 대에 이런 명저들이 많이 나온 데는 이유가 있다. 임진왜란 전후 시기에는 동아시아 전체에 난리가 연거푸 일어나 의서들이 많이 사라진 데다, 전란으로 인해 사람 수가 줄어들고 땅이 황폐화되면서 흉작과 질병이 끊이질 않았기 때문이다. 그래서 선조 대에 의서를 보급하기 위해 허준 선생에게 이런저런 책을 저술하게 한 것이다. 임진왜란을 초래했고 나라를 망하게 할 뻔했다는 점에서 선조는 문제가 많은 임금이었지만, 재위 기간에 의서를 많이 저술하고 언해본까지 펴낸 것을 보면 백성을 많이 생각한 왕이었던 것 같다. 어떻게 보면 허준 선생의 재주도 탁월하지만, 선조의 결단이 허준 선생을 위인의 반열에 오르게 한 것이 아닐까?

박물관에서 한자로 된 책을 보면 대부분은 그저 하나의 유물로 생각하고 넘어간다. 그러나 그 내용을 살펴보면 귀한 정보가 많고 감동을 주는 내용도 곳곳에 담겨 있다. 특히 의서에 담긴 내용들을 보면, 단순히 병의 치유만이 아니

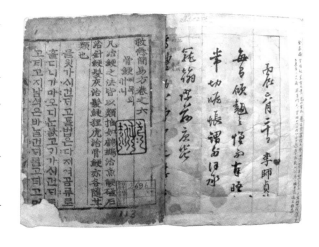

《구급간이방 언해본》 (보물 제1236-2호) 허준박물관 사진제공.

라 마음을 다스리는 비방도 찾아볼 수 있다. 그러니 요즘처럼 건강과 건강식에 열광하는 시대에 이런 것들을 쉽게 풀어 설명한다면, 박물관 문지방이 순식간에 닳아 없어질지도 모르겠다.

내 몸의 맥에서 나라의 맥을 읽는다

허준 선생이 선조의 명으로 지은 저술 중에 《찬도방론맥결집성》이라는 책이 있는데, 이는 진맥하는 방법을 가르쳐주는 의서다. 그런데 그 발문이 무척 눈길을 끈다.

> "나라를 다스리는 일이나 사람들을 치료하는 일이 실상 이치는 한 가지이다. 사람의 맥은 경락이고 나라의 맥은 기강이다. 기강이 바로 서지 않으면 옳고 그른 일이 뒤섞이고 예의와 법도가 해이해져 나라의 운명을 위태롭게 한다."

바로 '맥을 짚어라'라는 말이 얼마나 정치적으로 의미심장한 이야기가 되는지를 지적한 것이다. 이 글을 읽으면서 오늘날 무척 혼탁하기만 한 우리 정치의 현주소를 돌아보게 된다. 21세기에 접어들고도 제법 많은 시간이 흘렀지만, 사회의 리더 역할을 해야 하는 사람들부터 서민에 이르기까지 제대로 맥도 못 짚으며 살아가는 것은 아닌지 하는 생각에 마음이 무겁다. 생각이 여기에 미치자 허준 선생이 이런 말을 한 이유가 궁금했다. 당시에 의서를 만들던 사람들이 현실 정치에 심각한 회의를 느낀 것이 아니었을까 하는 생각도 들었다. 바로 선조 때부터 당파정치가 시작되었으니까.

이 박물관은 여러 중요한 의서들을 소장하고 있지만, 그중에서도 《신구황촬요》라는 책이 필자의 시선을 사로잡는다. 왜냐하면 필자가 선사시대 사람들의 삶을 이해하기 위해 '사람들이 기근 때 무엇을 먹고 살았나?'라는 의문을 가지고 연구하던 중에 만난 책이 바로 《구황촬요》였기 때문이다. 당시 필자는 동서양의 주먹도끼가 왜 다른지를 설명하기 위해 우리나라 조선시대의 기근음식을 따져 보았다. 필자의 박사논문에도 그 기근음식 목록을 넣는 등 오랫동안 푹 빠져 있었기에, 이 박물관에서 《신구황촬요》를 만나니 기쁘지 그지없다.

이 책은 현종 때 어느 현감이 지은 것이라고 하니 그의 애민정신을 치하할 수밖에 없지만, 한편으로는 우리 선조가 그렇게 고생을 해야 했던 게 안쓰러울 따름이다. 펄벅의 소설을 영화화한 《대지》를 보면 사람들이 영양분을 섭취하기 위해 진흙을 끓이는 장면이 나온다. 아마도 조선시대의 기근 때도 마찬가지였으리라. 나물이나 열매뿐만 아니라 나무껍질이나 뿌리 등도 요리해 먹을 수 있도록 지도한 서적이니, 오늘날 사람들이 그 내용을 알면 호랑이 담배 피던 시절의 얘기라고 생각할 것 같다.

　조선시대에는 사람에 대한 의서뿐만 아니라 《마경 馬經》이라는 수의학 책도 나왔다. 말의 병을 그림으로 설명한 이 말 교과서는, 명대의 서적을 인조 대에 편술한 것이라고 한다. 말은 전쟁에서도 중요하지만 교통통신 수단으로도 중요하니 이런 책을 편찬했을 것이다. 요즘 대표적인 통신수단으로 사용되는 인터넷이 끊어져 상당 기간 쓰지 못하는 상황이 되면 어떻게 될까 상상해 보니, 이 책의 중요성이 다시금 크게 다가온다. 이렇게 보면 병이 든다는 것은 짐승이나 사람이나 모두 마찬가지이고, 사회나 국가도 마찬가지이다. 한의학박물관이지만 한의학을 넘어 세상이 돌아가는 원리를 깨우칠 수 있는 곳이라는 생각에 가슴이 두근거린다.

　필자는 어릴 적부터 한자를 배워 한자로 된 서적도 그럭저럭 읽곤 한다. 그리고 고문도 좀 배워서 그 뜻을 이해하는 데도 큰 무리가 없다. 그런데 요즘 젊은 세대가 이런 서적을 보면 무엇을 알고 느낄 수 있을까? 생각해 보니 우리 전통문화 중에서 지적콘텐츠를 보여 주는 박물관이 해야 할 일이 무척 많은 것 같다. 책을 보고도 아무것도 깨달

내의원 복원모형 허준박물관 사진제공.

을 수 없다면 무슨 소용이 있겠는가? 그런 것을 생각하면 오늘날의 디지털 기술이 박물관에 적용되어 그 내용을 누구나 알 수 있게 되었으면 좋겠다. 이것은 각 박물관이 개별적으로 해결할 문제가 아니라 나라가 해야 할 일이다.

　이 박물관에는 내의원을 작게

《동의보감》의 인체해
부도 허준박물관 사진
제공.

윗찌등의 문신(모형)
전곡선사박물관 사진
제공.

복원한 게 있는데, 전체를 복원한 것은 이것이 유일한 것이라고 알고 있다. 허준 선생이 선조의 어의였기 때문에, 조선시대 왕실 병원의 건물 구조와 쓰임새를 이해할 수 있는 전시다. 허준 선생은 의술에 종사했기에 양평군이라는 높은 지위까지 올라갈 수 있었는데, 요즘도 양의나 한의나 할 것 없이 최고의 수재들이 의대에 가는 것을 보면 예나 지금이나 입신출세의 길은 크게 다르지 않은 것 같다. 사람의 몸을 다스리는 의술을 배우면 권력과 부와 명예까지 거머쥘 수 있으니, 아이들의 장래를 생각하는 부모라면 인성 또한 함께 키워갈 수 있도록 이 박물관에서 허준 선생의 애민정신을 돌아보는 것도 좋을 듯하다.

그런데 필자의 직업적인 호기심을 부추기는 것은 바로 '동인도'라고 하는 인체해부도였다. 이 박물관의 인체해부도는 비교적 정교하게 잘 그린 작품이다. 다리를 짧게 그려 기형적으로 보이는 것은 종이의 크기 때문이겠지만, 경락과 내장을 분리하여 그린 것이 드라마에서 허준이 수술하는 장면을 떠올리게 한다. 내장은 그렇다고 하더라도, 당시에 경락이라는 신경조직에 대해 어떻게 그렇게 정확하게 알고 있었는지 궁금하기만 하다. 물론 수천 년 아니 수만 년 동안의 의술문화가 누적된 결과라고 생각하면 안 될 것은 없다.

사실 알프스의 얼음미라 윗찌의 경우에도 등에 문신이 된 게 경락을 표현한 것이라는 주장도 있다. 이렇게 보면 동서양을 막론하고 신석기시대에 이미 경락을 다 알고 있었다는 말이니, 그보다 훨씬 지난 조선시대에 경락을 모른다는 것은 말이 안 되는 것 같다. 그래도 신기한 그림은 틀림없는 것 같다.

밥상 은수저의 비밀

이 박물관에 전시된 의약기 중에서 필자의 주의를 끄는 것은 바로 곱돌 약탕기다. 돌을 가지고 만든 솥은 한국인의 창의력을 잘 보여 주는 것이다. 세상 어디를 가도 돌을 가지고 솥을 만든 것을 보지 못했다. 약탕기 중에도 곱돌을 이용한 것들이 있는데, 그중에 시선이 가는 것이 바로 다리 달린 화로 속에 놓인 곱돌 약탕기다. 식물 속에 있는 약 성분을 뽑아내려면 돌의 은근하면서도 강한 적외선이 필수적이었는데, 이게 바로 곱돌이 지닌 매력인 셈이다. 그래서 곱돌로 만든 약탕기가 여럿 보인다. 필자는 가끔 외국 친구들에게 곱돌로 된 솥을 선물한다. 그들의 세상에서는 도저히 상상할 수 없는 전통 한류이다.

이 박물관에서 배운 게 또 하나 있다. 바로 금속과 약의 관계이다. 철은 약제와 반응하면 가끔 몸에 해로운 물질이 되기도 하는 모양이다. 가장 이상적인 금속이 은이고, 그 다음이 놋쇠라는 것도 배웠다. 필자가 전통문화대학교 총장을 해도 알 수 없었던 지식을 바로 이 박물관에서 얻게 되었으니 놀랍기만 하다. 왜 우리 밥상에 금수저가 아니고 은수저가 놓이는지, 그리고 왜 우리 밥그릇이 놋쇠로 되어 있는지 등

을 터득하게 된 것이다. 이 두 가지 금속은 약제에 민감
하게 반응하기 때문에, 음식이 몸에 좋고 나쁜지를 금
세 알아낼 수 있다는 것이다. 이런 심오한 전통문화의
비밀이 숨어있었다니!

이 박물관의 특징은 어린이들이나 성인들이 약제에
대해 친근하게 다가갈 수 있도록 전시하고 있고, 다양
한 교육프로그램을 운영하고 있다는 점이다. 약제를 가
지고 우리가 흔히 마시는 약을 만드는 교육을 하고 있는
데, 이것은 음식의 궁합을 터득하는 데 필수적인 코스
같다. 우리 동양의학에서는 허준 선생이 설파했듯이 음
식과 약을 하나로 보는데, 이런 점에서 약제의 궁합은
바로 음식의 궁합과 그 원리가 통한다고 할 수 있다. 이
박물관의 체험실에서 이루어지는 약 짓기 프로그램을
마치고 나면 그 원리를 터득할 수 있을 것이다. 그래서
그런지 항상 어린이들이 포함된 가족 단위의 관람객들
로 넘쳐난다고 한다. 필자도 이 박물관의 교육프로그램
중에서 가장 배우고 싶은 것이 바로 겨울철 감기에 걸
리면 약방에서 사먹게 되는 '십전대보탕만들기'이다.

조선시대의 그림을 보면 이 박물관이 있었던 지역은 하나의 명승지
같았던 모양이다. 한양에서 배를 타고 건너올 때 바위와 언덕이 어우러
진 한강변을 바라보면 한 폭의 산수화 같았을 것이다. 지금도 강 건너
편에서 이곳을 바라보면 무척 아름다운 경관을 감상할 수 있다. 박물
관 옥상은 강서구가 자랑하는 경관조망지인데, 그 위에 오르면 한강을
바라볼 수 있다. 지금은 도심과 뒤섞여 있지만, 그 아래 펼쳐지는 약초

박물관 옥상의 서울 시
우수조망 지점 허준박
물관 사진제공.

원과 구암공원 그리고 멀리 보이는 너른 한강은 절경임에 틀림없다.

　허준 선생은 이 박물관에 남겨진 의술 지식의 창시자로서도 중요하
지만, 일편단심 자신의 일에 충실했고 애민정신으로 평생을 바친 의사
이자 학자이자 정치인이었다. 그 정치적인 센스는 바로 동양철학을 관
통하는 세신일여世身 一如, 즉 "세상과 몸은 같다."라는 사상에서 잘 드
러난다.

　허준박물관에서 즐겁게 공부하며 세상이치까지 깨달았으니, 이제
바로 옆의 겸제박물관으로 건너가서 눈을 시원하게 만드는 것도 만병
통치의 비법이리라. 조선의 진경산수화를 창안한 겸제 정선. 그 역시 허
준 선생과 함께 조선시대 한류의 원조이니 기대가 크다.

　의성 허준이 이뤄낸《동의보감》의 전통은 조선 후기에도 면면히 이
어져 이제마의 사상의학론을 이끌어낸다. 이런 조선의 명의들이 펼쳐낸
위대한 의서들을 볼 수 있는 곳이 있다니 포기할 수 없는 노릇이다. 보
물로 지정된 의서와의 짜릿한 만남을 위해 송도로 발걸음을 돌린다.

20

가장 많은 전통의학서를
보유한 가천박물관

서해바다가 보이는 산동네의 박물관

　가천박물관을 찾아가는 길은 생각보다 복잡하지 않았다. 옛날에 이 박물관이 구월동에 있을 적에는 필자의 오랜 벗인 윤열수 현 가회박물관장이 그곳의 학예실장으로 있었기에 찾을 기회가 많았다. 하지만 인천 송도지역으로 옮기면서 거리가 멀어진 탓에 이제야 다시 찾게 되었다. 최근에 이 박물관이 새로운 보금자리로 이사하면서 볼만한 전시물도 진열했다고 해서 이것들을 봐야겠다는 욕심이 생긴 탓이다.

　일요일에도 문을 여는지 확인하기 위해 전화번호를 찾아 학예실로 전화했더니, 오후 6시까지는 문을 연다고 했다. 그래서 얼른 조수 한 사람을 구해 서둘러 외곽순환고속도로를 거쳐 인천으로 들어섰다. 요즘은 휴대전화로 내비게이션 기능을 활용할 수 있으니 길을 찾아가는 것은 문제가 없다. 필자는 내비게이션을 잘 사용하지 않지만 이런 경우에는 신세를 질 수밖에 없다. 내비게이션이 산허리의 골목길로 안내하는 바람에 긴장했지만, 멀리 박물관 건물이 보이자 한숨을 돌렸다. 낮은 양옥 건물들이 있는 산록의 동네에 들어선 커다란 검은색 건물. 그곳에 가천박물관이 있다. 나중에 나오면서 보니 이 지역이 바로 송도의 뒷산 정도 되는 것 같다. 예쁜 식당과 커피숍들이 있는 것을 보니, 옛날 대학 다닐 때 송도유원지의 흔적들이 남아 있는 듯하다.

마지막 언덕을 오를 때는 '무슨 박물관을 이 높은 산동네에다 지었지?'라는 생각이 들었다. 박물관은 항상 시민들의 접근성을 생각해야 하니 말이다. 그런데 박물관의 2층 전시실에 들어가서 베란다를 보았을 때는 생각이 완전히 바뀌었다. 멀리 바다가 보이고 그 위로 초가을 한낮의 뜨거운 햇볕을 받은 개펄이 머리끝까지 화가 났는지 연신 김을 뿜어내고 있었다.

가천박물관 전경 가천박물관 사진제공.

'그렇군. 박물관이 이곳에 들어선 데는 이유가 있었어!'

눈꺼풀 안으로 쏟아져 들어오는 멋진 풍경에 저절로 감탄한다. 이 박물관은 인천 앞바다의 풍경을 볼 수 있다는 특권만으로도 다시 가고 싶은 곳이 될 것 같다.

입구에서 산으로 길게 이어지는 우리 전통양식으로 만든 담벼락 아래에 차를 세우니 바로 공원의 입구로 이어진다. 입구의 안내 간판을 보니, 이 공원은 가천문화재단이 조성해 시민에게 개방한 것이란다.

박물관의 입구는 여느 회사의 정문 같다. 문으로 들어서니 입장료도 없고 눈을 부라리는 사람도 없다. 밝은 색상으로 단장한 전시장에는 고서들만이 다소곳이 서서 관람객들을 맞이하고 있었다. 모두 유명한 의서들인데, 보물로 지정된 책들도 여럿 있다.

요즈음의 젊은 일반인들은 알아보지도 못하는 한자로 되어 있지만, 표지에 드러난 연륜만 봐도 그 가치를 느낄 수 있는 것들이다. 표지가 너덜거리고 책 모서리에 수십 년의 때가 묻어 있는 모습을 보면 저명한 한의가 제법 오랫동안 사용한 듯하다. 필자도 한문을 조금 아는 수준이지만, 사실 이런 오래된 유물을 보려고 박물관을 순례하고 있다. 이 박물관을 찾은 것도, 필자가 고서의 내용을 다 소화할 수는 없지만 우리 의서들 가운데 상당히 진귀한 것들을 소장하고 있기 때문이었다. 어떤 유물들은 보는 것만으로도 마음이 든든해진다. 이것이야말로 박물관의 전시품이 가지는 위력 아닐까?

일반 관람객들은 전시된 유물들의 의미와 가치를 완벽하게 알기도 힘들다. 하지만 원본을 곁눈질로 보는 것만으로도 정말 좋은 인연이며 마음속에 문화내공을 쌓을 수 있다. 그래서 이해할 수 있든 없든 방문하는 시간이 길든 짧든, 무조건 자주 박물관을 찾는 게 삶을 풍요롭게 하는 길이다. 그러다 보면 취미도 생기고 궁금증도 생겨서 하나씩 더 터득하게 되는 것이 박물관 방문이다.

국보 의서를 품은 곳

가천박물관은 인천에서 국보급 문화재를 소장한 유일한 박물관이다. 어떤 한의학 박물관을 가더라도 반드시 언급되는 의서들이 바로 여기에 전시되고 있는 것이다. 한의학은 삼국시대부터 있었다는 것이 기록에 남아 있지만, 본격적으로 개발되기 시작한 시점은 조선 초기라고 보는 게 일반적이다. 중국 의서에서 사용하는 약재는 우리나라에서 구하기가 어려운 것들이 많아서, 약재를 새로 개발해야 했기 때문이다. 그래서 조선 초기에 《의방유취》나 《향약집성방》 등이 나타난다. 《의방유취》는 병에 대한 처방을 모은 것으로 의학사전 같은 것이고, 《향약집성방》은 각 지역에 나타난 병의 처방을 집대성한 것으로서 일종의 병과 약의 백과사전 같은 것이다. 여기에 전시된 책을 전부 소개할 필요

의서 전시실 가천박물관 소장.

《산거사요》(보물 제1207
호) 가천박물관 소장.

는 없지만, 이 전시를 보면서 느낀 게 몇 가
지 된다. 그중에서 가장 와 닿았던 것은 과
거의 왕들도 백성의 병에 대해 고민을 많
이 했고, 이 때문에 국가적인 사업으로 추
진했다는 것이다.

전시실 초입에서 본 책 가운데 필자의
마음을 가장 사로잡았던 책은 바로 《산거
사요》라는 중국 책이다. 16세기 조선에서 만들어진 목판본인데, 책이
오래되어 테두리들이 우그러지고 여러 곳에 잡물까지 들어 있지만 국보
란다. 허름한 책이지만 아마도 요즘 사람들이 필수적으로 알아야 할 건
강 상식을 담고 있는 것 같다. 그 내용을 들여다보면 당시에 정리한 것
치고는 무척이나 놀라움을 준다. 요약하자면 먹는 법, 기운을 유지하는
법, 깨끗이 유지하는 법, 그리고 삶을 다스리는 법이 '해야 할 것'과 '하
지 말아야 할 것'을 중심으로 정리되어 있다고 한다. 해제본을 발견할
수 없어서 상세히 소개하기는 어렵지만, 요즘처럼 오염된 환경에서 살아
가는 사람들이 배워두면 120세까지 장수하는 데 도움이 될 듯싶다.

전시실 중앙에 놓인 진열장에 《만병회춘》이라는 책이 있어서 들여다
보니 중국의서다. 필자는 '회춘'이라는 말에 무슨 금기서 같은 것인가 했
는데, 알고 보니 조선 전기에 수입되어 우리 한의학에 큰 영향을 끼친
책이란다. 또한 '회춘파'라는 별도의 파를 구성할 정도로 병과 그 치유
법에 대해 독보적인 '회춘' 철학을 설파한 책이었다. 그러고 보면 중국에
서도 금나라와 원나라 때에 전염병이 많이 돌아 의학이 크게 발달했다
고 하니, 조선은 결국 그 연구 성과의 수혜를 받은 셈이다.

그리고 조선 중기에 허준이 《동의보감》을 만들게 된 것도 이런 지식

이 축적되었기에 가능한 것이라고 생각할 수 있다. 이 시기를 전후해 전염병이 많이 돌았다는 것도 알게 되었는데, 이것은 필자 같은 고고학자에게는 꽤 유용한 정보라 할 수 있다. 조선 중기의 기후는 변동이 심한 소빙기 little ice age 였다. 때문에 지역민들은 농사를 짓는 데 어려움을 많이 겪었지만, 대대로 하던 일이었기에 업종을 바꾸기가 쉽지 않았다. 그래서 가난과 질병에 시달리는 사람들이 늘어났고 전염병이 곳곳으로 퍼져갔다.

기록을 보면, 조선 중기 의서의 저자들 가운데는 전염병을 집중적으로 연구한 사람들이 있었는데 그중에는 왕명을 받아 처방을 정리한 경우도 있었다. 전통사회에서도 국가적 의료체제 정비가 중요한 분야였다는 사실을 알 수 있는 대목이다. 당시의 의관들이나 관료들은, 국가 방역체제를 비교적 완벽하게 가동해 전염병을 조기에 잡아내는 지금의 의료환경을 상상조차 못할 것이다.

해방 이후부터 1970년대까지를 돌아보면, 여름날 전염병이 주기적으로 돌아 많은 사람들이 죽은 적이 한 해에도 한두 번이 아니었다. 오죽하면 초등학교 교실에 소독수를 탄 대야를 떠 놓고 밖에 다녀오면 무조건 씻으라고 했을까? 문명이 어느 정도 발달한 시대에도 그랬으니 이보다 더 오래된 조선시대에는 심각한 사회문제였을 것이다.

조선시대의 CSI

한쪽 구석에 전시 설명판넬에 《억울함을 없게 하라》라는 타이틀이 있어서 유심히 보니 《무원록》이라는 법의학서와 그 적용에 관한 책이다. 조선시대에도 사람이 죽으면 그 원인을 철저히 규명하도록 하여 한을 품고 죽는 일이 없도록 하는 것이 '법정신'이었다고 한다. 범죄인류학의 교본이 조선시대에 있었다고 하니 놀랄 일이다. 중국의 원나라 때 만들어진 것이 조선으로 와서 세종 조 이후에 지속적으로 증보되어 《증수무원록대전》이 탄생한다. 조선시대 말엽에 나온 이 책이 바로 범죄수사 백과사전인 셈이다. 이 책에는 범죄 현장의 수사 원칙은 물론이고, 우리 몸의 부위별 특징이 그림으로 정리되어 있었다. 한글로 되어 있어서 우리 고어 연구에도 도움이 될 듯하다.

조선시대를 당쟁과 왕들의 폭정으로 기억하는 경우가 많지만, 이 시기는 사상과 과학, 그리고 실용적인 학문이 탄탄한 기반을 쌓아가던 시기였다. 이곳에 전시된 다산 정약용의 《흠흠신서》가 바로 그 증거랄까? '살인사건이 일어났을 때 이를 어떻게 판결할 것인가?' 하는 문제를 다룬 형법참고서인 이 책은, 당시 판결을 담당한 사람들에게 체계적인 원칙과 방향을 제시했다는 점에서 무척 의미 있는 책이다. 물론 요즘에 종종 등장하는 조선시대의 범죄수사극도 이 책의 내용을 참조했을 게 분명하다.

19세기의 융합적 신지식인, 이제마

위층 계단으로 오르는 복도에는 이제마의 책이 전시되어 있다. 조선 말기 명의로 손꼽히는 그는, 요즘의 트렌드 때문인지 허준보다도 더 많이 사람들에게 회자되고 있다. 아마도 웬만한 사람들은 자신의 체질에 관한 이야기를 한 번씩은 들어봤을 것이다.

산청에서 버스를 타고 가는데 한 사람이 필자의 얼굴을 보더니 뜬금
없이 말을 툭 던졌다.

"선생은 소음체질일거요. 내 말 맞지요?"

낯선 사람이 길거리에서 던지듯이 체질 얘기를 하면 누구나 기분이
좋지 않을 게다.

"아니 다른 의사들은 나를 소양이라고 합디다."

사실 필자는 체질에 관해 누구에게도 물은 적이 없다. 괜히 엮이면
피곤하겠다 싶어서 이렇게 둘러댄 것이다. 하지만 그 사람은 고개를 갸
우뚱하더니 자신이 본 게 틀림없다는 표정을 하면서, 필자가 듣고 깨달
으라는 뜻으로 소음인 체질의 특성을 줄줄 읊었다.

요즘은 건강이 대화의 중요한 주제가 되었기에, 한의학에 대해 잘 아
는 사람이나 모르는 사람이나 사상체질에 대해 쉽게 이야기를 꺼낸다.
어떤 때는 주장하는 바가 너무도 다양해서 도대체 어느 것이 정답인지
헷갈릴 때도 적지 않다. 이럴 때면 정말 사상체질을 처음으로 고안한
이제마를 소환하고 싶을 정도다.

사상체질론은 간단히 말해 "사람의 체질은 크게 네 가지로 나눌 수
있는데, 체질에 따라 음식이나 약을 복용해야 무병장수하고 병을 치
료할 수 있다는 것"이다. 현대에 한의학이 대중화되면서 이제마의 이

이제마의 약 처방문
가천박물관 사진제공.

런 사상체질론도 널리 보급되
어 대중들에게 엄청난 인기를
끌게 된 것이다. 이 와중에 사
상의학은 좀 더 정교하게 발전
했으며, 어떤 사람들은 체질이
변한다는 주장까지 하게 되었

다. 이런 이제마의 주장은 사실 대단히 독창적인 것이기 때문에, 그를 "19세기의 신지식인"이라고 불러도 될 정도다. 어쨌든 이제마는 한의학 분야에서 분명 새로운 경지를 개척했지만, 이 사상체질론을 정확히 모르는 사람이 섣불리 적용하는 것은 위험할 수도 있겠다는 생각이 들었다.

전통한의학에서 근대한의학까지 함께 만난다

위층으로 올라서니 상설전시실이 펼쳐진다. 이곳 입구에는 이 박물관의 자랑인 국보, 《초조본유가사지론》 권 제53이 전시되어 있다. 삼장법사라고 불리는 현장법사가 만든 것이니 얼마나 귀하겠는가?

이 책은 재조본 再雕本. 두 번째 찍어낸 판본에 해당하는 합천 해인사의 대장경보다 더 오래된 대장경 초판본으로 찍은 것이니, 그 제조 시기가 얼마나 오래되었는지 짐작할 수 있다. 이 책은 중국 불교 법상종의 교

국보 제276호 《초조본 유가사지론》 가천박물관 사진제공.

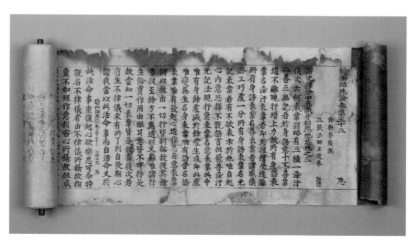

과서로, 신라 승려인 원효와 의상도 배우고 싶어 했던 책이다. 두루마리 길이가 14미터에 이르는 이 책은, 내용을 세세히 읽어볼 도리는 없지만 육신에 집착하는 것의 무상함과 진리의 영원함에 관한 내용을 담고 있으리라. 하지만 이 전시실에는 육신의 건강을 걱정하는 내용들로 가득하니 무척이나 아이러니하다. 한편으로 드는 생각은, 마음을 다스리면 병은 사라질 것이라는 점에서 이 책도 의서인 셈이다. 어쩌면 오늘날 우리에게 가장 필요한 의서가 바로 이런 책이 아닐까?

전시실에는 근세 초기의 의학 발전을 중심으로 관련 유물들이 전시되어 있기 때문에, 한의학의 발전 과정을 체계적으로 살펴볼 수 있다. 그중에는 한의학박물관이라면 어디서나 빼놓지 않고 다루고 있는 허준과 《동의보감》 관련 내용도 들어가 있다. 그래도 이 박물관은 동의보감뿐만 아니라 그의 다른 저술들까지 소장되어 있어서 그가 남긴 자취를 더욱 세세하게 들여다볼 수 있다.

이외에도 눈에 띄는 한의학 관련 전시물은 세종대왕 당시의 한의학 발전을 일목요연하게 정리한 것이다. 당시 전국의 한의학을 집대성한 《향약집성방》, 향약의 자립과 중의학 연구 성과를 집대성한 《의방유취》, 그리고 억울하게 목숨을 잃는 일이 없도록 하기 위해 법의학서 《무원록》을 발간했다는 내용이다. 이런 책들 가운데 상당수가 아래층 특별전시실에 전시되어 있기에, 이 박물관을 둘러보는 여정은 그만큼 즐겁고 유쾌하다.

전시된 것들을 둘러보는 가운데, 조선 중

유이태의 《마진통론》 홍역치료에 대한 저술이다. 가천박물관 소장.

기 이후에 홍역이나 천연두가 크게 유행해 어린이들이 많이 죽었다는 사실을 알게 되었다. 물론 전염병은 중기 이전에도 주기적으로 출몰하곤 했지만, 병의 실체에 대해 제대로 파악하게 된 것은 이 시점이 아닐까 하는 생각이 들었다. 서구의 여러 과학들이 청나라에 소개되었던 시점과 비교적 일치하기 때문이다. 지금은 이런 병을 앓는 아이들을 찾아볼 수 없지만, 당시에 '마마'는 자다가도 벌떡 일어날 만큼 끔찍한 전염병이었다. 어린아이들이 속절없이 희생당하면서 이런 전염병에 관심을 가진 의사들이 많이 나타났고, 실학자인 다산 정약용까지 《마과회통》이라는 의서를 남기게 되었다. 어느 사회를 막론하고 아이들이 많이 죽게 되면, 그 사회는 몰락의 길로 들어서는 것이니 식자층으로서 가만히 있을 수만은 없었으리라.

마지막으로 이 박물관의 가장 큰 특징은, 근대한의학의 발전 과정을 한눈에 파악할 수 있다는 점이다. 흔히 근대식 병원이 처음으로 생긴 곳은 서울이라고 생각하기 쉽지만, 정작 그 주인공은 부산이란다. 놀랍지 않은가? 당시 부산에는 일본인들이 많이 들어와 있어서 일본인

간이약장 가천박물관
사진제공.

을 위한 병원인 '제생병원'을 만들었던 것이다. 그 후 미국인들의 원조로 생긴 것이 1885년에 설립된 왕립병원 광혜원이다. 그로부터 2주 뒤 이 병원은 '백성을 위한다'라는 의미를 지닌 '제중원'으로 이름이 바뀌었다. 따지고 보니 이 병원을 전신으로 하는 세브란스 병원은 2015년에 130주년을 맞이하는 셈이다. 서양 의학의 도

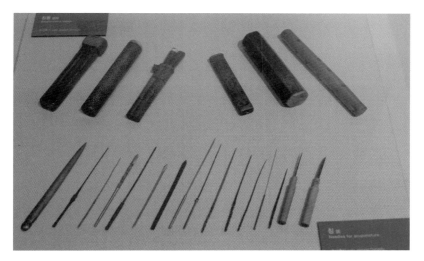

각종 침들과 침통
가천박물관 소장.

입으로 한의학은 위축되었지만, 당시 태의였던 이준규나 이제마 등의 활약으로 그 맥은 끊어지지 않고 이어졌다. 또한 대도시에는 양의가 있었겠지만, 지방으로 가면 전통의학에 의존할 수밖에 없었을 테니 한의학에 대한 수요는 여전했다.

옛날에 사용하던 부피가 큰 혈압계나 이동식 의료도구들은, 오늘날의 디지털 기기와 비교하면 원시적이라고 할만하다. 한의학에서 쓰던 사발이나 약 짜는 나무 기계, 그리고 약을 가는 절구나 약연도 오늘날에 와서는 많이 개량되고 발전했다. 이곳 가천박물관에서는 이런 전반적인 발전 상황을 한눈에 확인할 수 있으니, 우리나라 의료사를 공부하는 사람의 입장에서는 필수 답사코스로 잡을 만하다.

전시장을 이리저리 둘러보다가 쇠로 된 큰 침에 눈이 갔는데 순간 몸이 얼어붙었다. 그 큰 침을 보는 사람이라면 누구나 '그렇게 큰 침이 내 몸에 들어가도 괜찮을까?'라고 생각할 것이기 때문이다. 요즘 한의원에 가서 맞는 침은 가느다란 세침인데 아마도 대침을 보면 모두 기겁

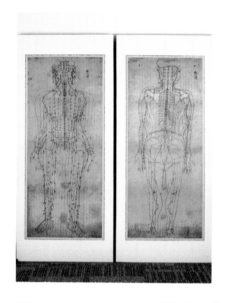

경혈도 가천박물관 사진
제공.

할 것이다. 들은 이야기 중에 하나는 대침으로 닭 머리를 찔러서 반대로 관통하고도 닭이 살아 있어야 명의라고 하니, 현대인으로서는 동양의학의 신비에 놀랄 수밖에 없다. 전시된 것들 가운데 또 하나 놀라운 것은 청동으로 만들어진 인체 모형에 표시된 경맥인데, 이것은 침을 놓는 자리를 표시한 것이다. 이것을 가지고 의원 지망생들이 공부와 연습을 했다니, 당시 한의원이 그저 얼굴만 보고 약을 짓는 사람들이 아니었음을 확인할 수 있다. 그리고 책에서도 몸의 부위별로 경맥을 세세히 표시하기도 하고 내장의 위치와 특성을 표기한 그림들이 반복해서 나왔는데, 이런 걸 보면 고대에도 해부학 지식이 많이 축적되어 있었던 게 틀림없다.

가천이 꿈꾸는 건강과 의학

가천은 이 재단의 설립자인 이길녀 박사의 호이다. 그리고 이 박물관 이귀례 관장은 평생 같은 길을 걸어온 설립자의 언니다. 가회합례 수세인천 嘉會 合禮 壽世 仁泉 이라는 문구에서 온 것으로, "참 아름다운 마음으로 바른 삶 이루게 하고 마르지 않는 생명수로 온 누리를 건강하게 한다."라는 뜻에서 온 말이란다. 국학자인 유승국 선생이 뜻을 풀이한 것인데, 이 의학박물관이 지향하는 가치와 잘 부합되는 것 같았다.

이길녀 박사의 삶도 그녀가 살아온 시대의 관점에서 볼 때는 무척이나 별난 것이었으리라. 하지만 세상은 순응하는 다수가 아니라 변화를 추구하는 소수를 통해 발전한다. 이 박물관은 가천의 이념을 거머쥐고 끊임없이 '건강과 의학'이라는 한 우물을 파온 덕분에, 그 어떤 의약박물관보다도 많은 전통 한의서를 보유하게 된 것이다. 따지고 보면 고독한 '소수의 길'을 스스로 선택한 셈이다.

소중한 것들을 많이 담아 약간은 흥분되는 날. 기념실의 창으로 들어오는 인천의 풍광은 늦은 오후의 가을아지랑이를 타고 일렁이며 솟아오른다. 가천의 뜻처럼.

보물로 지정된 의서를 만나며 바라보는 것만으로도 마냥 즐겁고 뿌듯했던 가천에서의 하루. 하지만 좋은 일은 함께 몰려온다고 했던가. 전통한의학과 서양의학을 동시에 볼 수 있는 곳이 있다니 놀라울 수밖에. 우리나라에서 가장 오래된 의학박물관인 한독의약박물관에서 새로운 융합의 가능성을 찾아보자.

21

우리 의약박물관의 시작,
한독의약박물관

우리나라 최초의 의약박물관

우리나라 사람 치고 어의御醫 허준을 모르는 사람은 거의 없다. 심지어 어린아이들도 부모에게 듣거나 체험학습 등을 통해 허준을 알고 있다. 그를 의성醫聖이라고 존경하는 사람들도 많은 데다 건강전도사들이 엄청난 인기몰이를 하고 있는 세상이니, 허준의 이름을 모르면 졸지에 무식한 사람이 되어버리는 것이다. 그렇다면 허준 이전에는 우리나라에 제대로 된 의학이 없었을까? 허준과 그의 위대한 저작《동의보감》이 나올 수 있었던 것은 그만큼 우리 의학의 수준이 무르익었기 때문이 아닐까? 한독의약박물관을 찾아가는 내내 이 물음이 머릿속을 맴돌았다.

한독의약박물관은 구 음성 톨게이트에서 그다지 멀지 않다. 한독공장 건물 위에 훼스탈 Festal 간판이 크게 걸려 있어서 멀리서도 잘 보인다. 훼스탈은 우리 세대에게는 소화제의 대명사였다. 독일 휙스트 Hoechst 의 제품이라고 하여 많은 사람들이 애용했고, 필자도 명절날 배탈이 나면 먹곤 했다. 그런 인기 덕분에 한독약품이 이렇게 좋은 박물관을 지을 수 있지 않았나 조심스럽게 추측해 본다.

박물관 앞 큼직한 자연석 위에는 "한독의약박물관"이라고 쓰여 있다. 현재의 박물관은 1995년도에 이곳으로 이사를 왔지만, 박물관 이름을 새긴 이 돌은 지난 2007년 박물관을 증축해 개관할 때 만든 것이다. 그때 제석기념실이 만들어졌는데, 제석 김신권 회장과 함께 박물관 개관 기념 제막식에 참석했던 기억이 난다. 제석선생은 얼마 전에 돌아가셨다.

박물관 마당에 들어서니 잘 가꾸어진 상록수들이 먼저 인사하고, 뒤이어 서울시 상봉동 박물관에 있었던 다층 석탑도 누가 왔나 고개를 내민다. 이 박물관을 설립한 제석선생은 1960년대에 활약한 유명한 고미술품 수집가였다. 그래서 이 의약박물관에서는 의약 관련 자료뿐만 아니라 최고급 미술품들까지 감상할 수 있다. 옛날 제석선생이 신문로에 거주할 때 돌아가신 한담 이종복 선생과 같이 방문한 적이 있는데, 거실 곳곳에 가치가 높은 미술품들이 장식되어 있는 것을 보고 깜짝 놀란 적이 있다. 이제 막 박물관 일을 시작한 신출내기 학예사였기에, 국립박물관에서나 볼만한 것들을 맨눈으로 볼 수 있다는 점에서 가슴이 떨렸다. 그 뒤 많은 개인 고미술 소장품들이 사회변동에 따라서 부서지고 흩어지는 것을 보면서, 제석선생의 소장품이 이렇게 좋은 박물관에서 우리들을 맞이하는 것을 보며 무척이나 감사한 마음이 든다.

병을 치료하기 전에 사람 그 자체에 집중해야 의사다

　　한독의약박물관은 우리나라 의술의 전통을 실물로 가장 잘 확인할 수 있는 박물관이다. 의약 관련 전통 유물을 수집한 역사로 따지면 우리나라에서 으뜸이라 할 수 있다. 우리나라 최초의 기업박물관이자 전문박물관으로 기록된 한독의약박물관은 1964년 한독약사관이라는 이름으로 문을 열었다. 그러고 나서 10년 뒤인 1974년에 이르러 한독의약박물관으로 이름을 바꾸었다. 원래 이 박물관은 서울시 상봉동에 있었는데, 당시에는 '한독약품'이 그 주변에서 약속을 잡는 사람들의 길잡이 역할을 할 만큼 유명했다. 또 기업박물관으로는 드물게 고급스러운 화강석 다층석탑이 마당에 우뚝 서 있었기에 유난히 눈에 띄었던 곳이다.

한독의약박물관 전경
한독의약박물관 사진
제공.

　　이 한독의약박물관이 충청북도 음성에 자리한 것은 지난 1995년이

었다. 그러고 나서 2007년까지 몇 차례의 공사를 거쳐 오늘날의 모습으로 재탄생했다.

이 박물관이 지리적으로 우리나라 중심이라 할 수 있는 곳에 자리 잡은 것은, 우리 전통의학에 관심이 있는 사람이라면 꼭 봐야 할 유물들이 전시되어 있기 때문인지도 모른다. 특히 의사나 약사처럼 의약업에 종사하는 사람들은 환자를 대할 때 필요한 인술仁術에 대해 제대로 배울 수 있다. 사람의 병을 치료하는 것과 더불어, 사람 그 자체에 집중하는 것이야말로 의사의 덕목이리라.

그런데 이 박물관은 의학에 종사하는 사람들에게만 유익한 것은 아니다. 의학은 종합적인 생명과학이기 때문에, 미래를 책임질 어린이들도 학문을 통합적으로 배울 수 있다는 점에서 이 박물관을 자주 찾아보면 좋겠다. 인체구조를 살피다 보면 사람이 어떻게 건강하게 살 수 있는가 하는 문제를 넘어, 철학·윤리·기초과학까지 통합적으로 인식해야 하기 때문이다.

현재의 박물관 건물은 1,200여 평에 이르는데 지난 1995년에 창립 40주년을 맞아 신축·개관한 것이다. 수도권에서 약간 멀어 접근성이 떨어지는 점이 있긴 하지만 걸리는 시간은 점차 줄어드는 추세이고, 막상 방문하면 최고의 만족감을 안겨주는 박물관이다. 한독약품 공장의 후면이기는 하지만 널찍한 공간을 차지하고 있고, 내부가 약박물관답게 깔끔하여 정갈한 느낌이 든다. 그리고 도슨트의 설명을 듣고 교육을 받으면 가족방문지로서는 속된 말로 '짱'이다. 아마도 이 박물관은 학부모들에게 인기가 좋을 듯하다. 우리나라에서 가장 인기 있는 학문이 의학이니, 자식 가진 부모들이 맹자의 어머니 같은 마음으로 갈만한 곳이니 말이다.

신석기인들도 약을 갈아 사용했다고?

전시는 크게 의약과 고미술 두 가지 부분으로 나누어지는데, 의약부문에서는 한국관·국제관이 자리해 있고 고미술부문에서는 제석관·야외전시관이 관람객을 맞이하고 있다. 보물 6점이 전시되고 있다는 점뿐만 아니라 동서양을 망라한 의료자료 2만 점이 수장·전시되고 있어서 의료발달 과정을 한눈에 들여다볼 수 있다. 2개 층의 전시장이 널찍하고 차분하게 정리되어 있는 것도 이곳의 의학 관련 전시물을 더욱 돋보이게 한다는 생각이 들었다. 그런데 다른 무엇보다도 이곳이 사람들의 주목을 끄는 이유는, 우리나라에서 가장 오래된 의학전문박물관답게 시각적인 구성이 탄탄하고 볼만하다는 점이다. 기본적인 인테리어도 잘 짜여 있지만, 6종의 보물까지 소장한 것만 봐도 박물관을 이끄는 분들의 리더십과 안목이 대단하다는 생각이 든다.

한국관에는 우리나라 의학사가 물 흐르듯 펼쳐지되 주요 유물들을 중심으로 일목요연하게 전시되어 있다. 인간이 살아가는 곳에는 의약이 없을 수가 없다. 신석기시대에 알프스에서 사냥하다가 죽은 미라의 경우에도 약주머니를 차고 있었고, 띄엄띄엄 그려진

01 1층 국제관 전시실
한독의약박물관 사진제공. **02 2층 한국관 전시실** 한독의약박물관 사진제공.

온몸의 문신은 오늘날 침술이 말하는 경혈에 해당된다고 하지 않는가? 물론 신석기시대 사람들은 이미 문화를 엄청나게 발전시켜 우리와 비슷한 생각을 하던 집단이었기 때문에 당연하다고 생각할지 모른다. 하지만 신석기시대 이전인 구석기시대 유적에서도 불구가 된 사람을 보살핀 흔적이 나왔기 때문에, 의학이 시작된 시점을 확정하기란 쉽지 않다. 예를 들어 구석기

갈돌

시대 유적이 깃든 동굴에서 꽃가루가 발견된 것으로 볼 때, 당시 사람들이 꽃가루를 약초로 반입했을 가능성이 있다. 어떤 고고학자는 구석기인들이 동굴을 장식하기 위해 꽃을 들여왔다고 하지만 이해하기 힘든 설명이다.

이 박물관에서 가장 먼저 눈에 띈 것은 선사시대의 갈돌을 약연, 다시 말해서 약을 갈아내는 돌로 본 것이었다. 세계 어느 곳을 막론하고 전통적인 방식으로 환자를 치료했던 병의원 유적지에서는 약연이 출토되는데, 약재를 갈아내면 원래의 상태보다는 환자가 약의 성분을 상대적으로 더 쉽게 흡수할 수 있기 때문이다. 그래서 그럴까? 모양은 천차만별이지만, 약연은 어느 지역에서건 출토되는 단골 유물이다. 때문에 선사시대의 갈돌이 약연으로 사용되지 않았을 것이라고 보는 것은 어리석은 생각이다. 이 박물관에서는 거의 모든 종류의 약연을 볼 수 있는데, 돌로 만들어진 것은 물론이고 금속으로 된 약연들까지도 확인할 수 있는 등 약연문화의 다양성을 음미할 수 있다. 심지어 대나무 종이로 만든 약연이 출토되기도 한다.

왕실용 놋쇠약연 한독
의약박물관 사진제공.

전시된 침통의 예쁜 장식을 보면 의원들이 귀하게 품고 다니던 모습이 연상된다. 모양과 색상은 물론이고 구조까지 무척이나 다양한 약장과 약함을 보노라면 입이 쩍 벌어진다. 그중에 어떤 약장은 희귀한 독약까지 보관할 수 있도록 설계되어 있다고 하니 놀랍기만 하다. 또한 우리나라 의학과 약학의 역사를 잘 정리해 두었기 때문에 관련 인물과 지식을 체계적으로 정리하는 데는 더없이 좋은 박물관이다. 우리가 잘 아는 인물들도 여럿 있는데, 그중에 근대 의학의 선구자 지석영의 얼굴이 눈에 띈다. 박물관의 설명에 따르면, 그는 서울에서 20일을 걸어 부산까지 가서 일본의사가 있는 제생당에서 종두법을 배워 어린이 수백만 명의 목숨을 구했다고 한다. 한독의약박물관은 이렇게 다양한 의학자들과 의료도구들을 소개하면서 동양의술이 어떻게 발전되어 왔는지를 세세하게 보여 주고 있다.

《의방유취》를 소장한 유일한 박물관

이곳에 전시된 의료도구 가운데는 초두 鐎斗 : 긴 손잡이가 달린 다리가 셋인 솥 가 있는데, 이 박물관에서는 병으로 죽은 사람을 위해 초두를 묻어주었다는 흥미로운 해석을 달아 놓았다. 또한 다리가 달린 주전자 혹은 냄비 모양의 그릇에 긴 손잡이가 붙어 있는 초두가 전시되어 있어서 시선을 끈다. 초두의 입구 부분은 용이 입을 벌리고 있는 형상인데, 황제나 지배자를 상징하는 용을 무척이나 정교하게 만들어낸 것을 볼 때 매우 귀한 사람이 사용하던 것으로 보인다. 이 초두는 백제 유적인 풍납토성에서 발견되었는데, 1960년대에는 이를 근거로 풍납토성을 백제 왕성이라고 추정하기도 한다. 풍납리의 초두에는 금이 약간 붙어 있어서 이를 "금동초두"라고 부르는데, 귀한 금을 사용한 초두를 부장품으로 넣은 것을 보면 죽은 사람의 신분이 상당히 높았음을 짐작할 수 있다.

이 박물관이 자랑하는 소장품 가운데는 미술적 가치가 무척 높은 고려청자도 한 점 있다. 이 청자의 겉면에는 백색 상감으로 "상약국尙藥局"이라고 새겨져 있는데, 이 상약국은 고려시대 성종 대에 설립된 궁중의 내의원이다. 궁중에서 사용한 것이니 정교함과 아름다움이 너무도 뛰어나다. 당시에는 이런 청자가 많이 있었을 테지만

01 청동초두 한독의약박물관 사진제공. **02 청자상감상약국명합(보물 제646호)** 한독의약박물관 사진제공.

현재로는 국내에 다섯 개 정도만 남아있다고 하며, 그중 보존상태가 좋은 것이 보물로 지정된 이곳의 청자다. 그런데 고려 초기에 약국이 궁내에 있었다는 것은, 환자를 돌보고 약을 관리하는 제도가 오래 전부터 있었음을 보여 준다.

여기에 전시된 조선시대의 의서들은 모두 우리나라의 의약발달사를 상징하는 것들로서, 몇 권은 보물로 지정되어 있다. 그리고 일산 김두종 박사가 소장했던 의서들도 모두 이곳에 와 있다. 한중일의 의서를 모은 것인데, 희귀본이 포함되어 있어서 무척 놀라웠다. 이런 힘을 지니고 있기에, 앞으로 이 박물관은 우리 전통의학을 들여다보는 본산으

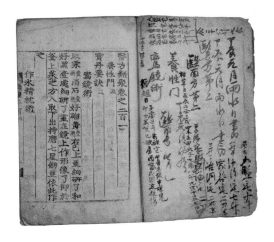

《의방유취》(보물 제1234호) 한독의약박물관 사진제공.

로 자리 잡을 것이다.

이미 언급했지만 이 박물관에서는 성종 8년 1477 에 만들어진 《의방유취》, 정종 1년 1399 에 만들어진 《향약제생집성방》, 성종 20년 1489 에 한글로 풀어 설명한 《구급간이방》, 허준이 왕명으로 편찬한 《언해태산집요》, 《찬도방론맥결집성》 등 소중한 유물을 직접 볼 수 있다. 이 중에 《의방유취》는 엄청난 자료를 집대성한 것으로서, 세종 대에 시작해 성종 연간에 완간되었다. 이 책은 유일하게 이 박물관에만 소장되어 있는데, 한 번만 인쇄되었기 때문에 소장 가치가 크다.

책을 찍어내기가 그만큼 어려웠다는 것과 고려 때의 팔만대장경이 얼마나 위대한 작업이었는지를 이 박물관 소장품의 예로도 설명할 수 있다. 전시된 소장품 중에는 19세기에 만들어진 《동의보감》 제1권 47쪽 목판이 있다. 그런데 이 목판의 두께가 3센티미터 정도 되기 때문에, 《동의보감》을 모두 찍으려면 앞뒤로 새긴 것으로 790장 가까운 목판이 있어야 한다. 이 정도 목판을 쌓으면 24미터 정도까지 올라가는데, 이는 요즘의 8층 건물 높이와 맞먹는다. 이것만 봐도 조선시대까지는 책을 찍는 게 무척이나 고단한 작업이었으며 엄청나게 많은 돈이 들어가야 했다는 것을 짐작할 수 있다. 그럼에도 불구하고 《동의보감》이 지속적으로 간행된 것은, 안타깝지만 그만큼 아픈 사람들이 많이 생겨났다는 의미다. 참고로 이 박물관에는 《동의보감》 초간본도 한 권 소장되어 있다.

《동의보감》 목판 외에도 이 박물관에는 매우 희귀하고도 재미있는 자료가 하나 더 있다. 바로 추사 김정희의 약방문이다. 조선 말기의 대학자이자 명필이었던 추사의 약방문이라니 그가 의원도 겸했단 말인가? 추사 김정희는 문필가이자 화가이기 이전에 조선을 대표하는 탁월한 학자였다. 추사체와 〈세한도〉라는 그림의 아름다움에만 취해, 정작 그의 학문적 진면목이 제대로 알려지지 않은 것은 무척이나 아쉽다. 이런 점에서 이 박물관에 전시된 한 점의 약방문은 추사의 학문적 성향과 경지를 보여 준다는 점에서 무척이나 중요한 자료다. 그리고 이 추사의 약방문을 보면 조선시대까지 역대 정권이 막대한 자금과 노력을 들여 의서들을 만들어낸 이유를 어렴풋이나마 알 수 있다.

추사가 달필로 써내려간 약방문은 "삼출건비탕"이라는 약인데, 이약은 오랫동안 소화불량에 시달리거나 기운이 없는 경우에 내리는 처방이다. 조선시대 선비들은 공부도 잘해야 했지만, 가족들의 건강을 챙겨야 했기에 의술도 공부해야 했다. 이 때문에 추사 역시 상당한

추사약방문 한독의약 박물관 사진제공.

의술을 익히고 있었을 테니 이런 처방을 내릴 수 있었을 것이다. 요즘이라면 당장 돌팔이 의원이라고 고발당하겠지만, 의원이 부족하던 조선시대에는 자신과 가족의 건강은 대부분 가족 구성원들이 직접 해결하지 않으면 안 되었을 것이다. 때문에 서울을 중심으로 한 권문세가에서는 참고할 만한 의서

를 집에 비치하려 했을 테니, 《동의보감》 같은 의서를 찍고 또 찍어냈던 것이다.

훼스탈을 만들어 봐

이 박물관의 국제관을 들여다보면, 나라와 지역을 막론하고 의약문화가 발달하지 않은 곳이 없다는 사실에 놀라게 된다. 우리가 약장 서랍에 한자로 써서 약재를 구분하듯이, 서양에서는 약병마다 서로 다른 그림문양을 그려 넣어 약의 종류를 구분한다. 일본에서 온 사람의 내장기관 그림도 재미있다. 아마도 근세에 서양의 영향을 받고 그린 것 같은데 우리 의서에 표현된 것과는 확연히 차이가 난다.

서양과 동양의 의약전통의 차이를 관찰하는 것은 무척 재미있는 일이다. 아마도 동서양 의약이 이토록 다른 얼굴을 하고 있는 이유는, 두 세계의 인간관과 세계관이 그만큼 다르기 때문이리라. 오늘날 분석과 실험에 근거를 둔 서양의학이 엄청난 속도로 발전하고 있어서 자칫 우리 전통의학을 무시하기 쉽다. 하지만 요즘 가장 인기 있는 예방의학이나 자연치료법은 결국 동양의학에서 나온 것이니, 인류의 소중한 자산인 의학의 영역은 어느 쪽이라도 무시해서는 안 된다는 교훈을 얻게 된다.

페니실린이 없었다면 인류는 지금 어떻게 살고 있을까? 우리 전통의학 관련 전시물들과 어우러진 이 박물관의 '플레밍 박사 연구실'은 서양의학을 재음미할 수 있는 무척 의미 있는 공간이다. '훼스탈 만들기'와 같은 체험교육을 거치게 되면 아이들은 마치 의학도가 된 것처럼 우쭐해 할지도 모른다. 그 순간은 수많은 의사와 한의사가 탄생하는 순간이리라. 아들을 진작 이곳에 데리고 왔어야 하는 건데……. 진한 아쉬움이 남는다. 그 아이가 어떤 삶을 살든 남은 생애를 평생 봉사하며 살았으면 좋겠다. 그렇게 살아가려면 끈질긴 승부사 기질로 수많은 난관을 극복해야겠지. 그리고 보니 그런 열정과 집념으로 인류 발명사에 획을 그은 에디슨이 떠오른다. 재미있는 것은 그가 발명에 미쳤다면, 우리나라에는 그런 에디슨에 '미친' 사람이 있다는 것이다. 세계적인 수집광을 찾아 강원도 강릉으로 떠나는 길. 벌써부터 축음기 소리가 그립다.

참소리축음기박물관
에디슨과학박물관

농업박물관   한국은행
           화폐박물관

철도박물관   철박물관

문경석탄박물관

제5부

발명과 발견, 인간의
위대한 도전을 찾아서

인간의 역사는 지속적인 발명의 역사다. 수많은 발명을 이룩한 에디슨부터 오늘날 아이폰이 이끈 스마트폰과 안드로이드 운영체제에 이르기까지, 인간의 삶은 발명을 통해 급격하게 발전해 왔다. 먹거리와 연료, 이동수단의 혁명은 우리가 항상 친구처럼 관심을 가지고 지켜봐야 할 요소들이다. 문화와 산업의 경계선에서, 자연의 비밀을 끊임없이 살펴온 산업과 기술 분야의 박물관을 찾아가는 시간은 그래서 소중하다.

22

참소리축음기박물관과
에디슨과학박물관

세계적인 수집광의 박물관

소리와 과학과 예술이 만나는 곳. 바로 참소리축음기박물관, 에디슨 과학박물관 그리고 영화박물관을 압축한 말이다. 이 박물관을 둘러보고 나면, 오늘날 우리 손에 있는 휴대전화의 신화를 모두 깨우치게 된다.

컬럼비아 축음기 G241 호 참소리축음기박물관 사진제공.

이 박물관의 소장품 1호는 컬럼비아 축음기 G241호이다. 이 박물관들의 관장인 손성목 관장의 아버지가 아들인 손 관장에게 준 선물인데, 어린 시절 이 축음기의 선율에 푹 빠져든 아이는 나중에 커서 세 개의 박물관을 세우는 주인공이 된다. 이 박물관에는 이 축음기를 비롯해 손 관장이 지난 60년 동안 세계 60개국을 돌면서 모은 모든 것들이 소장되어 있다. 소리를 만들어내는 축음기, 그것을 만든 에디

참소리축음기박물관과 에디슨과학박물관 전경 참소리축음기박물관 사진제공.

슨, 그리고 에디슨은 영화를 만들었으니, 손 관장이 이 세 가지에 매료된 것은 그야말로 운명이라 할 것이다.

"내가 축음기를 모으러 열심히 세계를 돌아다녔거든. 그런데 어떤 사람이 '너 왜 에디슨 관련 유품은 모으지 않느냐?'라는 말을 하는 거야. 그때부터 열심히 모았지. 요즘 우리 박물관에 미국 사람들도 많이 오는데 반응을 보면 재미있어. '이게 어떻게 한국에 있지?'라고 하면서 놀라 자빠지는 사람도 있고 분통을 터뜨리는 사람도 있거든."

손 관장은 껄껄 웃으며 말을 잇는다.

"불평하는 미국인들에게는 이런 얘기를 들려주지. '당신네 나라에서 모두 돈 주고 사왔지 하나도 그저 가져온 것 없소이다. 그러니 그리 억울해 하진 마시오.'라고 말이야."

손성목 관장은 이제 고희를 넘겼지만 카랑카랑한 목소리로 그동안의 수집 과정을 들려준다. 그는 우리나라에서 손꼽을 만큼 열정적인 수집가이고 자신이 수집한 물품으로 세계적인 박물관을 만들어냈다. 이런 점에서 필자는 그를 무척이나 높이 평가한다. 손 관장의 선견지명으로 오늘날 우리나라가 이 엄청난 수집품을 보유하게 되었으니, 전 세계 많은 사람들이 부러워하는 박물관을 만들었다는 것만으로도 그는 애국자라 할 수 있다.

문득 필자가 박물관협회 회장을 할 때가 떠오른다. 당시 회의에 참석한 그는 사립박물관의 어려움을 헤아려주지 않는다며 강하고 뻑뻑한 목소리로 비판하기도 했다. 하지만 그의 진솔함은 필자를 감동시키기에 충분했는데, 이번에 다시 한 번 더 그의 열정을 확인한 셈이다.

이 두 박물관에는 전시장마다 엄청나게 많은 수집품들이 한 치의 틈도 없이 빽빽이 들어차 있다. 어떻게 보면 전시장이라기보다는 호기심을 불러일으키는 팬시스토어의 진열장 같다. 하지만 아직도 진열되지 않은 물품들이 창고에 가득하고 그의 집에도 발 디딜 틈이 없단다. 직원과 함께 컨테이너 창고에 가서 보니 엄청나게 큰 영사기들이 꽉 들어차 있다. 손 관장이 얼마나 열정적인 수집광인지를 그대로 보여 준다.

경포대를 내려다보며 시와 영화를 논하다

이 두 박물관은 경포대 호수를 남쪽으로 내려다보는 자리에 앉아 있다. 이 박물관에서 서쪽으로 바로 경포대가 있으니 박물관으로서는 그이상 좋은 경관이 없을 것이다. 원래 이 박물관은 경포호 남쪽의 시가지 중심에 있었다. 강릉시의 배려로 이 자리로 오게 되었는데, 박물관에 평생을 바친 손 관장의 작은 소원이 이루어진 셈이다. 경포호 주변은 역사시대부터 수많은 문인들에 의해 회자될 만큼 빼어난 경관을 자랑한다. 언젠가 강릉 시장의 초청으로 경포대에서 이곳의 명사들과 다회를 가진 적이 있다. 경포호에 내려앉은 달이 경포대와 묘하게 어우러지던 밤. 그곳에서 보냈던 차 한 잔의 시간은 아직도 기억에 생생할 만큼 깊은 감동을 안겨 주었다. 그때 함께 나눈 시구는 필자 또래이면 누구나 기억할만한 아름다운 내용이었다.

> "하늘에 달이 하나요, 호수에 달이 하나, 그리고 님의 눈에 달이 두 개이고 님과 나의 술잔에 달이 두 개이니 세상 달이 모두 여섯이네."

아침에 서울에서 출발해 대관령을 올라오면서 손 관장에게 전화를 하니 놀라며 반긴다.

다짜고짜 "와서 밥 먹을 거야?"라고 확인하더니 필자가 현관에 들어서자마자 기다렸다는 듯이 식사부터 챙긴다.

"배 회장, 빨리 보고 밥 먹으러 가자."

그는 함경도 원산이 고향으로, 이북 사람 특유의 급하면서도 솔직한 성격을 가지고 있다. 필자도 그 친근함이 좋아서 어떨 때는 그의 나이를 무시하고 반말 비슷하게 답하는 경우도 있다.

더 이상 기다릴 수 없다는 듯이, 그는 필자를 재촉해 바로 위층으로 향한다. 그곳에는 그가 자랑하고 싶은 게 있는데, 박물관 옆에 새로 짓고 있는 '안성기 영화박물관'이다. 영화배우 한 사람의 이름을 따긴 했지만, 작은 규모가 아니다. 지하층에는 영화관을 넣고 위층에 영화와 관련된 자료들을 전시한단다. 그동안 어떻게 참고 있었나 싶을 정도로, 그는 영화박물관에 대한 열정을 토해냈다.

"우리나라에 영화의 모든 것을 보여 주는 영화박물관이 없다는 게 말이나 돼? 그래도 명색이 영화수출국인데 말이야. 그래서 작심하고 국민배우 안성기에게 제안했지. 박물관 이름은 이렇게 탄생한 거야."

손성목 관장과 영화박
물관 공사 모습

필자는 그가 정부의 지원을 받아서 하는 줄 알았는데 은행에서 융자를 받아서 하는 거란다. 그것도 박물관과 자신이 평생 모은 소중한 수집품을 담보로 하고서. 대단한 집념이다. 그의 열변은 계속 이어졌다.

"이거 말고도 하나 더 만들어야 해. 죽기 전에 어린이박물관은 꼭 하고 싶어. 내가 어린이들을 위해 모은 게 엄청나게 많거든. 우리 어린이들이 이런 과학발명품들을 많이 봐야 새로운 걸 만들 수 있을 거 아냐."

그러고 보니 엄청나게 많은 장난감들이 전시장 한쪽에 진열되어 있는데, 그중에는 무척 특이한 디자인의 라디오들도 눈에 띈다. 아이들이 이런 박물관에서 놀면, 과학기술에도 익숙해질 것이고 디자인도 익히게 되니 정말 좋은 놀이터가 될 것 같다.

죽은 에디슨의 주소는 강릉

손 관장을 따라 전시실로 들어갔는데 엄청나게 큰 나팔을 가진 축음기가 빼곡히 들어차 있다. 하지만 그는 대수롭지 않은 표정을 지으며 던지듯 말한다.

"이런 건 아무것도 아냐."

누가 봐도 기가 죽을 만큼 굉장한 규모다. 하지만 이것도 박물관의 극히 일부에 지나지 않는 모양이다. 그는 축음기에 눈을 떼지 못하는 필자를 연신 불러세웠다.

"배 회장, 여기 와서 이것 좀 봐. 이게 최초의 레코드야."

진열 구역 안으로 들어가서 뭔가를 직접 돌리는 손 관장. 하지만 고개가 갸우뚱해진다. 둥근 통이 기계에 가로로 끼어 있는 걸 축음기라고 소개한 것이다. 그런데 바로 그게 축음기의 시초인 '틴포일'이란다. 둥근 통에 주석이나 은박을 감아 돌리며 입을 대고 말을 하면 바늘이 포일에 홈자국을 만들어서 음을 기록하게 된다. 그 통을 다시 돌리면, 바늘이 통에 만들어진 홈자국을 따라가며 소리와 음악을 재생하는 것이다. 손 관장은 이 틴포일을 초기 형태부터 좀 더 진화된 형태까지 모두 소장하고 있다. 태엽을 감아서 돌리면, 돌아가면서 구멍이 떨림판을 건드려 소리를 내는 식이다. 무척 긴 원통에 조금 긴 음악이 담겨 있는 것인데, 처음 만든 것은 소리를 몇 번밖에 못 듣는 것이라고 한다. 그래도 에디슨이 "음을 저장했다가 나중에 다시 들을 수는 없을까?"라고 인문학적 상상력을 발휘하여 만든 것이란다. 인류의 정서생활을 바꾼 그 작품이다. 처음 만들어낸 시점은 1877년이지만, 그 이후에 여러 번 사용할 수 있도록 발전시킨 모양이다. 그런데 에디슨이 직접 만든 6개 중에서 5개가 이 집에 있다고 하니 손 관장의 집념은 사람을 경악하게 만든다.

인간이 음악을 만들기 시작한 것은 태고 때부터지만, 소리를 저장

틴포일(버그만) 참소리축음기박물관 사진 제공.

하는 기술이 발명되기까지는 수만 년의 세월이 걸렸다. 단순한 의사를 전달하는 신호 수준에 머무르던 것이, 사람의 흥을 돋우고 마음을 사로잡으며 자연에 대한 두려움을 이겨내는 수단으로 진화한 것이다. 목소리로 의사를 전달하던 인간이 점차 뭔가를 두드리거나 돌리는 방식으로 신호를 전달하다가 결국 피리 같은 악기를 발명해내는 과정은 참으로 이채롭다. 이렇게 소리에 대한 다양한 경험이 누적되면서, 결국 소리를 저장하는 경지까지 나아갈 수 있었으리라.

틴포일을 발명하고 10여 년이 지난 뒤, 에디슨은 소리를 제대로 저장하는 축음기를 발명하게 되는데 이게 바로 "클래스 엠"이라는 것이다. 손 관장이 로스앤젤레스의 한 수집가에게서 구입한 것이라는데, 그가 40킬로그램에 육박하는 이 엄청난 녀석을 어떻게 들고 왔을까 궁금하다. 어쨌든 이 클래스 엠은 축전지를 사용해 연주하는 최초의 축음기라고 한다.

이 구멍 뚫린 원통은 나중에 레코드판과 CD Compact Disc 로 이어졌다. 요즘에는 음악파일을 플래시 메모리나 간단한 뮤직플레이어 혹은 휴대전화에 담아 재생하거나, 가상공간인 클라우드 Cloud 에 올려놓고 언제 어디서든 음악을 들을 수 있는 방식으로 바뀌었다. 물질적인 매체에 기록하거나 저장하던 방식에서 가상공간에 디지털 형식으로 저장하는 방식으로 혁명적 발전을 이뤄낸 것이다.

손 관장이 수집한 축음기 가운데는 초기 버전이 여러 개 보인다. 그가 직접 돌려 음악을 재생해 주는데, 최신 유행가보다 더 깊은 끌림을 느낀다. 축음기에서 나오는 원시적인 노랫가락이 실시간 스트림 방식

으로 듣는 깔끔한 클래식 음악보다 더 신선한 것은, 필자가 고고학자이기 때문일까?

원통형 소리기록 장치는 20세기 마호가니 장에 설치된 에디슨 엠베롤라 축음기에도 장착된 것을 볼 수 있는데, 당시 축음기는 엄청난 고가였을 것이다. 박물관에 전시된 우아한 호두나무 가구에는 에디슨 루이스 15 다이아몬드 디스크축음기가 자리해 있다. 이 제품은 당시에 450달러 정도였다고 하니, 상당한 부호만이 살 수 있었을 것이다. 이 다이아몬드 축음기에는 12인치 레코드판을 사용했는데, 제법 우아한 음을 재생했다고 한다.

강도도 막지 못한 아메리칸 포노그래프 수집

이보다도 더 위엄 있게 생긴 게 바로 아메리칸 포노그래프이다. 들어보니 손 관장이 죽을 고생을 하고 수집한 것이다.

"이 세상에서 여섯 개만 만들어진 거야. 아마도 우리 박물관에서만 볼 수 있을 걸?"

손 관장의 말에는 자신감이 묻어났다.

"어 이거, 아르헨티나에서 총 맞고 수집한 그건가요?"

그와 함께 여행을 같이 간 적이 있는데, 그때 그는 필자의 옆자리에서 인디애나 존스 같은 일화를 들려준 적이 있다.

"아니 뉴욕에서 강도를 당했지 뭐야. 그래서 병원에 누워 있다가 아픈 몸을 이끌고 경매하러 갔었지. '이런 몸으로 대체 뭘 하고 있는 건가.'라는 생각이 들었지만, 이 축음기가 눈에 어른거려 누워 있을 수가 없었어."

이런 물건을 사러 다니면 현금으로 지불해야 할 때가 많으니 불한당들의 목표가 될 수밖에 없었을 것이다. 하지만 경매장에 가는 건 시작일 뿐이다. 대부분 엄청난 경쟁을 통해 수집하게 되는데, 원 소장자인 아르헨티나의 부호가 박물관 소장품이 된다는 얘기에 값도 깎아 주고 다른 축음기도 주더란다. 손 관장의 열정과 지성에 감동한 것이다. 이 축음기는 애초에 6개밖에 만들어지지 않았는데, 다 없어지고 전 세계에 이것 하나밖에 남지 않았단다. 따지고 보면, 이런 것도 우리나라의 국보로 삼을 만하지 않은가? 영국이 이집트의 미라를 발굴해 가지고 가서 대영박물관에 전시한 뒤 자기네 국보로 생각하듯이, 이 박물관의 희귀 유물들은 우리에게 국보인 셈이다.

아메리칸 포노그래프는 키가 큰 시계처럼 생긴 것인데, 축음기라고 생각하기에는 장식장 가구 같은 느낌이 들 정도로 우아하다. 이건 살롱과 같은 장소에서 동전을 넣고 음악을 선택해 들을 수 있는 축음기다. 그런데 낙찰과 관련된 여러 가지 에피소드를 듣고 나면, 낙찰 당시 손 관장이 얼마나 자랑스러워했을지 상상이 간다.

전통적인 축음기에서 진화된 형태로 오토폰이라는 것도 있는데, 여러 곡이 들어 있는 이 기계는 동전으로 작동된다. 전면에 문을 열면 12개의 실린더가 옛 전화기의 원형 다이얼 모양으로 되어 있어서 화려하게 보이는 축음기이다. 이 역시 전 세계에 여섯 대밖에 없다니 수집품의 수준에 혀를 내두를 지경이다. 멀티폰 역시 세계에 단 두 대밖에 없는 축음기인데, 일명 "축음기의 여왕"으로 불린다. 몸체가 비파처럼 생겼는데, 마호가니로 만들어져 우아함이 절로 느껴진다. 멀티라는 이름답게 24장의 레코드가 들어 있는 이 멀티폰은, 나중에 주크박스로 발전한다. 이 근엄하고 권위 있는 축음기도 워낙 고품격 기계들 가운데 있으니 그저 평범하게 보인다.

아메리칸포노그래프
참소리축음기박물관
사진제공.

"아이고, 이 방의 것만 해도 박물관 두어 개는 족히 만들겠네요."

소장품 하나하나가 연신 입이 벌어질 정도로 엄청나다.

"명색이 박물관이라는 이름을 내걸고 전시하려면 소장품을 제대로 갖춰야지. 그래야 애써 찾아온 사람들이 뭔가 뿌듯함을 느끼고 돌아갈 게 아닌가."

자신만만하게 하나부터 열까지 관람객 입장에서 생각하는 손 관장이다.

촛불로 돌리는 축음기의 비밀

전시실 중앙에 있는 축음기 중에는 2미터나 되는 스피커가 달린 게 있는데, 그게 세상에서 가장 큰 스피커를 단 축음기란다. 필자는 오래된 축음기의 나팔 같은 스피커가 항상 마음에 든다. 미국의 어느 전축 회사의 로고 중에는 '개가 스피커를 듣는 것'이 있었다. 우리 집에도 하나 있었는데, 축음기를 떠올리면 항상 그 생각이 난다. 그리고 이 박물관에 있는 것처럼 큰 나팔이 달린 축음기를 하나 가지고 싶었다. 분수에 맞지 않는 물욕이라고 생각하고 단념한 지 오래지만 말이다. 박물관에서 알게 된 재미있는 사실은, 그 축음기 소리를 듣는 개의 이름이 '니퍼'이고 그 디자인은 에디슨사에서 퇴짜를 맞고 경쟁사에 넘어간 것이라고 한다.

축음기를 보면서 또 하나 놀란 것은, 그것을 개발하던 당시에도 축음기를 포터블로 개발했다는 사실이다. 축음기는 단순한 음향기기를 넘어 개인의 취향을 한껏 담을 수 있는 기호품이었던 것 같다. 심지어 불상을 조각한 뒤 그 아래에 축음기를 둔 경우를 보면, 종교와도 결합한 조각품이었던 셈이다. 때문에 명품으로 분류되는 축음기를 보면, 단순한 기계라기보다는 종합예술작품처럼 보인다.

참소리축음기박물관 2층 음악감상실 참소리축음기박물관 사진제공.

이 박물관에 있는 축음기들을 보면 장식만 화려한 것이 아니라, 나팔에도 갖가지 장식을 해 화려한 의상을 입은 중세 서양의 미인 같은 느낌을 준다. 심지어 뮤직박스를 보면 화려한 인물 조각이나 그림이 붙어 있는 경우도 많다. 작은 회전목마로 만들어진 뮤직박스는 앞으로 만들 어린이박물관에 크게 복원할 예정이란다. 스위치를 켜니 불이 반짝이면서 돌아가는데, 이 화려한 뮤직박스가 커다란 형태로 만들어지면 박물관을 찾는 어린이들을 끊임없이 불러들일 것이다.

폴리폰 뮤직박스 참소리축음기박물관 사진 제공.

그런데 축음기 중에 촛불로 돌아가는 것이 있다니 놀랄 일이다. 그것도 당시의 기술 수준에서 그런 생각을 했다니, 발명가의 상상력에 부러움이 절로 솟구친다. 이 축음기의 원리는, 촛불을 축음기 아래에 켜 놓고 그 열기로 바람을 일으킨 뒤 거기서 얻은 동력으로 턴테이블을 돌리는 방식이다. 아마도 이 축음기의 엄숙한 모습을 보지 않으면 아무도 믿지 않을 듯하다. 진열장 속에 가득한 모든 음향기기들은 저마다 이야기를 간직하고 있을 테니, 이렇게 따지면 진열장 하나를 보는 데도 한 나절이 걸릴지도 모르겠다.

하지만 화려한 축음기와 뮤직박스는 라디오의 등장으로 설 자리를 잃게 된다. 박물관에 전시된 초기의 라디오들을 보면 나무로 만든 아름다운 가구 안에 자리를 잡아서 그런지, 외형적으로는 축음기와 별반 다르지 않다. 그러나 작고 휴대하기 편한 라디오가 계속 보급되면서, 축음기는 점차 설 자리를 잃게 된 것 같다. 이 박물관 전시실에는 셀 수 없을 만큼 많은 크고 작은 라디오들이 있는데, 개중에는 오늘날의 라디오

베어드 30라인 TV 참소
리축음기박물관 사진제
공.

와는 모양새가 상당히 다른 것
들도 있다. 이 모두가 과학기술
의 발전에 따라 "세월을 따라
떠나가 버린" 것들이다.

또 하나의 놀라운 사실은,
세계 최초의 텔레비전인 '베어
드 30라인'이 이 박물관에 있다는 것이다. 이 텔레비전도 세계에서 딱
두 대가 있는데, 영국과학박물관과 참소리축음기박물관이 그 주인공
이다. 그리고 '우리나라 제1호 텔레비전'이 전시되어 있는데, 1966년에
일본 히타치의 기술을 도입해 만든 것이라고 하니 텔레비전이 생겨나
고 40년 뒤의 일이다. 박물관에 전시된 텔레비전의 기술 진보를 보면
서, '인간은 자신의 꿈을 언젠가는 이뤄내는구나.'라는 생각이 들었다.
인간이 이 세상에 등장했을 때, 어느 누가 영상을 주고받는 걸 상상했
을까? 만일 구석기인들이 우리가 스마트폰으로 DMB를 시청하는 걸
본다면 얼마나 놀랄까? 텔레비전을 처음 만들었던 베어드라 해도 오늘
날의 영상기기들을 본다면 놀라 자빠질 것이다. 이 박물관에서는 우리
가 사용하고 있는 기기들이 얼마나 원초적인 형태에서 발달한 것인지
를 확인할 수 있다.

발명에 미친 에디슨과 에디슨에 미친 수집가

이 박물관에서 에디슨의 그림자가 존재하지 않는 곳은 없다. 축음기
를 비롯한 에디슨의 발명품들과 그의 회사제품, 그리고 에디슨의 발명

에서 발전한 신제품들이다. 이 모든 제품들은 결국 우리의 일상생활을 지배하고 우리를 즐겁게 해주는 것들이다. 가장 단적인 예는 '밤을 낮처럼 밝혀 주는' 전구다. 물론 오늘날에는 다양한 전구가 출시되고 있지만, 그 출발점은 에디슨의 필라멘트 전구라 할 수 있다. 전시장

에디슨과학박물관 1층 영상(영사기)관 참소리축음기박물관 사진 제공.

의 한 중간에 여러 개의 전구들이 놓여있는 것을 보고, 손 관장이 혀를 끌끌 찬다.

"내가 요놈들을 사려고 애를 먹었어. 하나하나 사 모았지. 처음에는 사람들이 중함을 몰라서 쌌지. 그런데 이젠 구할 수도 없어."

그가 얼마나 에디슨에 미쳐 있는지를 다시금 확인한다. 아마도 에디슨이 "발명에 미친 사람"이라면, 손 관장은 "에디슨에 미친 사람"일 것이다. 그런데 손 관장이 없었다면 에디슨이 이렇게 부활하지는 못했을 것이라는 생각이 든다. 에디슨은 전구를 발명하겠다는 열망으로,

에디슨과학박물관 1층 빛(전구)관 참소리축음기박물관 사진제공.

1,500가지 이상의 재료로 '오래 가는 필라멘트'를 만들려고 시도했다. 하지만 다 실패하고 마지막으로 탄소로 만들게 되는데, 이 대목에서 "실패는 성공으로 가는 과정" 즉 "실패는 성공의 어머니"라는 유명한 말을 남긴다. 이 말은 누구나 귀감으로 삼아야 할 교훈이다.

전구가 있는 진열장 뒤로 장부책이 있다.

"지난번 미국대사 버시 바우 말이야. 이곳에 있는 에디슨시멘트회사 장부를 보고, '이게 어떻게 여기 있지?'라고 하며 놀라더라고."

손 관장은 흥분한 듯 말을 이어갔다.

"그리고 미국대사가 뭐라고 한 줄 알아? '에디슨은 살아서는 미국사람이었지만, 죽어서는 주소가 바로 여기'라고 했어."

전시실의 다른 쪽에는 에디슨의 온갖 발명품들이 모여 있다. 심지어 빵 굽는 토스터, 요즘 아이들이 좋아하는 와플기계, 선풍기, 믹서 등 전기제품으로는 셀 수 없을 만큼 많다. 에디슨 주식시세표 기계는 상상이 가지 않는다. 아마도 에디슨이 좀 더 살았더라면 컴퓨터도 그의 몫이었을 것 같다. 사실 요즘의 휴대전화는 그의 발명품들을 작게 만들어 한 손에 쥐게 만든 것이라는 생각이 든다.

인쇄 분야에서도 에디슨은 탁월한 발명을 했다. 등사기는 원래 증기기관을 발명한 제임스 와트가 발명한 것이다. 이 박물관에는 1780년에 만들어진 등사기가 전시되어 있다. 에디슨은 오늘날 우리가 사용하고 있는 등사기나 복사기 같은 것들을 발명했는데, 그가 최초로 발명한 복사기를 보면 그 원리는 오늘날의 것과 다름이 없다. 다만 동력과 재질만 바뀐 셈이다.

에디슨 전기차 참소리 축음기박물관 사진제공.

그가 만들었다고 하는 전자펜도 무척이나 신기하다. 어쩌면 오늘날 흔히 사용되는 터치스크린의 원형이라 할 수 있을지도 모르겠다. 그는 당시에 어떻게 이런 생각을 해냈을까? 정말 타임머신이라도 탄 건 아닌지 의심스러울 정도로 놀랍다.

그런데 손 관장은 에디슨이 다량의 문서를 작성한 것에 주목해 인쇄와 관련된 것들도 많이 모은 것 같다. 에디슨과학박물관에서 참소리축음기박물관으로 넘어오는 통로에 전시되어 있는 석판화기계는 정말 희귀한 수집품이다. 이 석판화로 인쇄된 컬러 포스터는 사회사 및 현대미술사의 관점에서 중요한 위치를 차지하고 있다.

그밖에 박물관에는 전기자동차가 한 대 전시되어 있다.

"이것 봐. 이게 바로 딱 100년 된 거다. 요즘 나오는 전기자동차와 똑같은 거지 뭐."

손 관장의 말대로 그 원리나 수요는 예나 지금이나 동일하다. 하지만 그만큼 시간이 흐르고 기술이 발전했건만, 전기자동차의 배터리는 여전히 무겁고 크다. 자동차 회사들이 미래를 내다보고 투자하기에는 여력이 없었고, 가솔린 엔진 차량을 개발하는 게 현실적이었기 때문이리라. 하지만 시대가 달라져 이젠 하이브리드 자동차도 나오고 전기자동차도 본격적으로 개발되고 있으니 기술이 발전하긴 했나 보다.

당시 전기자동차는 헨리 포드가 부인에게 선물하면서 '여성을 위한 차'로 불렸다. 시동이 쉽고 조용하기 때문이었다고 한다. 그러고 보면 어릴 적에 아버지가 사업하실 때 일제 트럭 앞 범퍼에 있는 구멍에 기역자 모양의 쇠막대를 넣고 돌려 시동을 거는 걸 본 적이 있다. 자동차가 나온 초창기에도 마찬가지였을 테니, 시동을 거는 걸 어려워하는 여성에게 전기자동차는 무척이나 매력적이었을 게다. 에디슨은 이 전기자동차를 두 대만 만들었는데, 나머지 한 대는 미국의 헨리 포드 박물관에 있단다.

영화, 박물관에서 다시 태어나다

영화는 요즘 창조의 대명사처럼 되어 있다. 종합예술이어서 그 파급 효과가 크기 때문일 것이다. 따지고 보면 영화도 에디슨에 의해 발명된 셈이다. 에디슨은 마이브리지의 말 다리 실험촬영에 영향을 받아 키네토그래프라는 촬영기와 키네토스코프라는 영사기를 발명한다. 이 박물관에는 1889년에 만들어진 키네토스코프가 전시되어 있는데, 이것은 통 속을 들여다보면 그 속에 있는 영상을 볼 수 있는 장치다. 한 사람만 들여다볼 수 있는 이 도구를 보며 요즘 사람들은 무척이나 답답해할 테지만, 당시에는 거리에서 돈을 내고 봐야 했다. 그 후 7년 만에 벽에다 영상을 비추는 기계가 나오는데, 이게 바로 오늘날의 영사기와 같은 것이다. 물론 소리는 별도로 들어야 하는 방식이었지만 말이다.

키네토스코프 참소리축음기박물관 사진제공.

에디슨은 영사기를 만든 것은 물론이고, 영화 스튜디오 '블랙 마리아'를 만들어 촬영까지 할 정도로 영화광이었다. 이런 이유로 손 관장은 에디슨에 푹 빠져들었고 마침내 영화박물관까지 노크하게 된 것이다.

그동안 참소리축음기박물관과 에디슨과학박물관을 몇 차례 방문하긴 했지만, 둘러볼 때마다 전시품이 너무 많아서 무엇을 보고 어떻게 정리해야 할지 힘들었던 게 사실이다. 하지만 이번에는 손 관장이 이것저것 중요한 것을 설명해 주니 지난 100년 동안 우리의 삶이 어떻게 변화했는지를 알게 되었다. 그는 영화박물관을 통해 자신의 꿈이 하나 더 이루어지고 있어서 너무도 기쁜 것 같았다. 새로운 박물관을 짓기 시작하면서 박물관의 유물들을 담보로 했다는 것은 가슴 아픈 현실이지만 말이다.

강릉 경포대에 달과 함께 별이 하나 더 뜬다. 바로 안성기 영화박물관이다. 손 관장은 곧 미국에 가야 한단다. 시카고의 한 대학교 총장이 영화박물관에 자신의 소장품을 기증하기로 했기 때문이란다. 그래서 그 전시품을 합치면 세계 최대의 영화 관련 박물관이 탄생하는 셈이라고 한다.

"배 회장, 영화박물관 개관 때는 꼭 와야 해. 나 좀 도와줘야지."

엄살 섞인 친근한 말씀이다. 가족 단위의 관람객들이 그의 강연을 듣기 위해 줄을 서서 입구로 들어가고 있었다.

"참, 배 회장. 도록 가지고 가야지."

새로운 도록을 보니 그가 걸어온 인생과 중요한 소장품에 대한 설명이 잘 되어 있다.

"이걸 보면 다 있어. 새로 만들었어."

도록을 들고 나오는데 다시 소매를 잡는다.

"이것도 하나 가지고 가."

박물관의 로고가 들어 있는 액세서리 여러 개를 덥석 집어 봉투에 넣는다.

마당으로 나서며 에디슨의 발명품을 다시금 떠올려본다. 그 모든 곳에 철이 사용되었으니, 천재적인 그의 발명도 철이 없었으면 불가능했으리라. 더 늦기 전에 철의 역사와 원리를 배울 수 있는 충북 음성의 철박물관을 찾아야겠다.

23

문명을 깨운 쇠붙이의 노래, 철박물관

서극의 《칼》에서는 투박한 칼이 날아다니고, 이안의 《와호장룡》에서는 부드럽게 공명하는 연검이 춤을 춘다. 모두 쇠로 만든 칼들이지만 재질에 따라 너무도 다른 분위기를 연출한다. 검이나 도를 주제로 한 만화나 영화에서는 쇠를 제련하는 장면이 심심치 않게 등장하고, 역사의 변천 과정에도 버젓이 '철기시대'가 자리하고 있으니 철과 인간은 떼려야 뗄 수 없는 관계인 게 분명하다.

철은 우리 문명의 발전과 궤를 같이하는 물질이다. 농기구로 사용될 때는 생산력을 획기적으로 높여 문명의 발전을 이끌었지만, 무기로 쓰일 때는 문명을 멸망시킬 정도로 타격을 입히기도 한다. 우리에게 천국과 지옥을 동시에 안겨주었으니, 철은 그야말로 '양날의 검'인 셈이다.

그렇다면 철은 대체 어떤 물질이기에 우리의 생활을 지배하고 있을까? 철이 없으면 고층아파트부터 사라진다. 63빌딩도 강남 타워팰리스도 불가능하다. 다리, 배, 자동차, 부엌칼, 머리핀 등등 인간이 이용하거나 몸에 지니고 다니는 것들이 모두 사라질 판이다. 그런데 이 신비한 물질을 제대로 소개하는 박물관이 있다니 어찌 궁금하지 않겠는가.

박물관 계근대 철박물관 사진제공.

중부내륙고속도로에서 감곡 IC를 나와서 감곡의 3번 국도에서 음성 방향으로 이어지는 국도를 타고 오다가 좌회전하여 산으로 들어서면, 쓰러져가는 농가주택과 채석장을 끼고 도는 구불한 길이 호젓한 골짜기로 이끈다. '이런 곳에 무슨 박물관이 있을까?' 하는 생각이 들 즈음에 예쁘게 생긴 간판이 인사한다. 철박물관 간판이다. 이 간판은 한자의 '철 鐵'자의 자획을 풀어 만든 것이란다.

박물관 마당의 '전기로'

거대한 계근대 철 지울를 거쳐 박물관 입구로 들어서면 널찍한 잔디마당 한가운데에 시커먼 구조물이 눈앞에 펼쳐진다. 거대한 굴뚝처럼 솟아 흡사 하늘까지 뻗어나갈 모양새다. 뉘엿뉘엿 넘어가는 황혼의 햇살을 받은 '전기로'는 마치 물속에 몸을 숨긴 이지스함의 함교 艦橋 같다.

"야, 이거 유명한 사람의 조각품 같은데?"

전기로이지만 전시되어 있는 모습이 거대한 설치미술품 같은 느낌

전기로 철박물관 사진 제공.

을 준다.

"저게 바로 우리나라에서 처음 대량으로 철을 뽑기 시작한 전기로랍니다."

장인경 관장의 말이다.

"아버지가 동국제강에서 전기로나 제철 관련 기술을 담당하셨지요."

1963년 동국제강이 일본의 우라야마 제조 주식회사로부터 이 전기로를 수입하여 건설했는데, 그때 전기로 운영을 담당하던 기술자가 바로 장 관장의 아버지 고 장상철 씨였다. 그는 동국제강을 설립한 대원 장경호 회장의 아들이니, 장 관장은 가업의 역사가 담긴 유물들을 이 철박물관에 모은 셈이다. 동국제강은 포항제철이 생기기 이전에는 가장 큰 제강회사였고 철강 산업의 대명사였다. 철박물관의 상징 같은 소장품인 이 전기로는 일본이 만든 것이지만, 우리나라 국토건설이 시작된 1960년대 초기에 철을 생산하던 것으로 우리나라의 현대화에 큰 공을 세우고 퇴역한 산업시설인 셈이다. 그 공으로 이 전기로는 일제임에도 불구하고 우리 현대산업문화유산에 제1차로 선정되었다.

박물관 마당으로 들어서면 유리로 된 박물관 건물 외에도 눈에 들어오는 게 몇 가지 있다. 전기로 뒤편에 숨어 있는 연못의 작은 정자와, 전기로 위쪽에 있는 유리로 된 온실이 바로 그 주인공이다. 그 위쪽으로는 펜션처럼 생긴 목조건물들이 '앞으로 나란히' 하며 서 있다. 크지는 않지만 아늑한 조경을 갖춘 박물관 풍경. 들어오는 길과는 너무도 다르고 깔끔해, 박물관이 '별세계'처럼 느껴진다.

　"왜 이곳에 자리를 잡으신 거지요? 어르신이 여기에 무슨 연고가 있었던 거예요? 너무 시골이어서 사람들이 오기가 불편할 텐데……." 동국제강은 원래 부산의 경치가 절경인 바닷가 용호동에 있었고 이 지역과 연고가 있었다는 얘기를 들은 적이 없다. 그렇다면 왜? 이 지역에 연고는 없지만 고대로부터 제철이 발달한 곳이라 왠지 끌렸단다. 충청북도 진천의 석장리에는 삼국시대 제철유적이 있고, 충주 지역에도 고대 제철유적들이 여러 곳에서 발견되는 등 이 지역은 우리나라 고대 제철유적이 가장 많이 발견된 곳이다. 이것만으로도 장 관장이 아버지의 유산을 들여서 이곳에 땅을 마련하고 박물관을 지을 만하다.

　전기로의 옆에 붙어 있는 계단을 올라가서 내부를 들여다보니 작은 내화타일들이 설치 미술 장식처럼 촘촘히 붙어 있고 군데군데 떨어져 있기도 하다. '스크랩'이라고 부르는 고철들을 전기로에 쏟아 넣은 뒤, 탄소봉과 고철 사이에 전기합선이 되도록 하여 고열을 내어 철이 1630도 정도로 뜨거워져서 펄펄 끓으면 이 거대한 바가지를 옆으로 기울여

쇠를 부었던 것이다. 뜨거운 쇳물을 다른 용기에 부어 제품을 만드는 장소로 운반한 뒤 우리에게 필요한 철제품들을 만드는 것이다. 이 전기로에 쇳물을 처음 부었을 때 동국제강의 모든 임직원들이 얼마나 열광했을까? 이 전기로에서 1966년부터 1980년까지 15년간 생산한 철이 자그마치 140만 톤이 된다고 하니, 아마도 1960년대에 우리나라의 다리나 아파트 속에는 이 전기로에서 생산된 철로 만든 철근이 들어 있을 것이다. 이 전기로 하나가 1960년대 후반부터 1970년대까지 한국을 건설한 주역인 셈이다.

엄청나게 무거운 이 전기로를 박물관 마당에 설치하기 위해 바닥에 콘크리트를 1미터 이상 부어야 했다고 한다. 철박물관의 수집품들은 동국제강이 부산의 용호동 제강소에서 초기에 사용하던 시설들을 들여온 것이다. 산업이 발전하면 새로운 기술이 나타나고 효율이 뒤떨어지는 것은 고철로 파는 것이 보통이다. 하지만 바로 이곳 철박물관에서 동국제강의 초기 역사를 들여다볼 수 있는 것은, 장인경 관장의 고집과 통찰력 덕분이다. 장 관장이 이번에 국제박물관협의회 최고 의결기구의 집행위원이 된 것도, 그녀가 박물관에 대한 열정이 얼마나 큰지를 단적으로 알려준다.

철박물관의 정원에 서면 전기로와 함께 주변에 제강할 때 사용되는 도구들이 전시되어 있다. 철을 다루는 데 사용하는 것들이라 그럴까?

15톤 전기로 내부 철박물관 사진제공.

엄청난 무게감이 느껴진다. 연결 체인에 매달린 대형 파쇄추는 얼마나 많은 고철을 납작하게 만들었을까? 둥근 원판처럼 생긴 큼직한 전기 마그네트에는 어미젖을 빠는 새끼들처럼 수많은 쇠붙이들이 다닥다닥 달라붙었으리라. 집채만한 고리는 동국제강 공장에서 엄청나게 큰 스크랩 덩어리를 걸어서 운반하던 추억을 조용히 곱씹고 있었다. 원하는 형태의 제품을 만들어내는 지점까지 뜨거운 쇳물을 운반하는 접시 모양의 큼직한 그릇이나, 찌꺼기를 담는 슬래그 박스 등

슬래그박스 철박물관 사진제공.

은 너무 커서 대인국에 온 것처럼 느껴진다. 이 전시물들은 너무 무거워 실내에 전시하기 어려워 콘크리트 기초를 만들어 야외에 전시하고 있다. 그리고 정원의 끝에는 스크랩을 압축해 네모나게 만든 게 있는데, 장 관장 친구의 예술작품이다. 쇳덩이가 용광로에 들어갈 때의 모습이 바로 이러하리라. 이 예술품은 철의 순환과정 중에서 재탄생 직전의 모습을 보여 주기 위해 만든 듯하다.

철문화의 모든 것

그렇다면 전기로가 들어오기 전에는 어떤 방법으로 철을 생산했을까? 이런 의문은 이 박물관의 전시물들을 따라가다 보면 자연히 풀린다. 철박물관은 전기로의 위압적인 이미지로 시작해 시간을 거슬러 올라가면서 철문화에 대한 의문을 자연스레 풀어갈 수 있도록 했다. 박

물관은 유리로 뒤덮인 대단히 현대적인 건축물이다. 전시실은 작지만 그 속에는 철에 대해 반드시 알아야 할 흥미로운 정보들이 소개되어 있다.

"철은 현대문명을 이룰 수 있게 만든 물질로서, 가장 인간 친화적이면서도 자연 친화적인 금속입니다. 우리 피가 붉은 것은 바로 철 때문이지요. 그리고 공해를 심하게 유발하지도 않는데, 그 이유는 철이 동식물처럼 썩기 때문이지요."

장 관장의 한 마디 한 마디에는 철에 대한 애정이 듬뿍 담겨 있었다.

전시실에 들어서자 미술관에 온 듯한 느낌이다. 머리 위에는 쇠로 만든 새 모양의 모빌아트가 천천히 움직이고, 유리벽과 조명까지 어우러져 마치 설치미술을 보는 느낌이다. 아마도 장 관장이 미술을 전공했기 때문이리라. 전시실의 입구로 들어서면 철광석과 함께 철이 많이 포함된 운석이 놓여 있다. 그리고 철의 종류나 제철공정이 발달하는 과

실내전시실 철박물관
사진제공.

정 등을 소개하고 있다. 크지 않은 전시실이지만 전시는 철의 탄생, 생산, 생활 속의 철, 재활용, 철의 역사, 철과 예술 그리고 재미있는 철놀이 등으로 구성되어 있다.

사실상 철에 대한 모든 것을 간략하게 설명하고 있었는데, 철은 우리 생활을 지배하는 금속이라 그런지 더욱더 끌렸다. 지구의 중심부가 철과 니켈의 합금으로 된 것이라는데 지표면에 철은 흔하다. 물론 철광석으로 되어 있어야 활용하기가 좋지만 강변에 분포하는 모래 형태로 된 것도 있다. 우주에서 떨어지는 운석들도 철과 니켈로 되어 있다. 고대인들은 이 운철을 사용하여 최초의 철기를 만들었다고 한다.

고대에 철은 화폐인 동시에 권력의 원천이었다. 전시된 물건 중에 고분에서 출토된 것들이 포함되어 있길래 궁금증이 생겼다.

"이 유물들은 실물입니까?"

"아니오. 복제품입니다."

곧바로 장 관장의 답이 돌아온다.

전시된 유물은 우리나라 가야 무덤에서 출토된 판상철부 板狀鐵斧 라고 하는 '널판지 모양의 쇳덩어리'를 복제한 것이다. 이 판상철부는 가야 무덤의 바닥에 깔려 나오는 경우가 많은데, 아마도 죽은 사람을 위해 지신 地神 에게서 묻힌 곳을 구입하는 일종의 '매지권 買地券 '으로 생각하는 학자들이 많다. 실제로 가야에서는 돈으로 사용되기도 했고, 최초로 철문화를 꽃피운 아시리아에서는 쇠로 만든 의자가 국가 최고의 보물이었다는 전설도 있다. 한자에서도 철을 금 金 으로 표기했는데, 종합해 보면 고대에 철이 권력의 상징이었다는 것을 짐작할 수 있다.

철이 널리 사용되기 시작한 것은 단단하고 예리한 날 때문이었다. 그이전에는 청동검이 있었지만, 청동은 잘 부러져서 내구성이 없고 부러지

면 재생하기 힘들다. 쇠는 열을 가해서 때리면 되지만 청동은 복원이 그리 간단하지 않다. 전시실 중앙에 놓인 일본도는 예리함을 대표한다.

"일본도의 날에 보이는 물결무늬가 많을수록 좋은 것이랍니다. 단조하면서 쇠를 접어서 때리기 때문에 생기는 것이죠."

벼리기를 위한 때림이 명검을 만든다는 장 관장의 설명이다. 칼이나 사람이나 모두 세상에 제대로 쓰임 받기 위해서는 엄청난 담금질을 통과해야 한다는 보편적인 철학이다.

예리한 날을 만들기 위해 인간들은 엄청난 노력을 해왔다. 이제는 예리함의 대명사로 레이저 빔을 꼽지만, 그 이전에는 모두 쇠칼을 사용했다.

01 칠지도 복제품 앞면. 철박물관 사진제공.
02 칠지도 복제품 뒷면. 철박물관 사진제공.

아낌없이 주는 철

철의 생산과정은 상당히 복잡하다. 쉽게 말해 연철은 재질이 물러서 잘 우그러지는 것을 말하고, 강철은 아주 단단하여 칼을 만드는 데 사용하는 철이다. 철사를 만들 때는 연철이 필요하지만 예리한 날을 만들려고 하면 강철이 필요하다. 여기서 강철보다 더욱 강화시키려면 계속 접어 가면서 두드려야 하는데, 이게 바로 '단조기법'이다. 철은 다양한 모습으로 가공할 수 있어서, 우리 생활의 거의 모든 영역에서 쇠로 만든 물건들을 볼 수가 있다. 이 때문일까? 철박물관에서 만나게 되는 철로 만든 물건들은 무척이나 다양하다. 아주 작은 바늘에서부터 철로 만든 다리미, 농사지을 때 사용하는 쟁기며 호미 등 헤아릴 수도 없다. 자동차 같은 첨단기술의 결정체에도 철은 여전히 중요한 자리를 차

전시실 내 체험공간 철박
물관 사진제공.

지하고 있다.

전시장 안쪽에는 빨간색의 작은 자동차가 한 대 놓여 있다. 어린이들에게 철이 얼마나 우리 생활을 편리하게 하는지를 보여 주는 전시이다. 이곳은 철을 가지고 장난하면서 배우는 장소인데, 철의 소리를 들을 수도 있고 철이 자석이 되는 과정을 볼 수도 있다. 철과 인간이 오감으로 교감하는 곳. 이곳에 들어오면 '아낌없이 주는 철'에 대해 고스란히 배울 수 있다. 쇳소리는 망치로 그냥 두드리면 음향공해가 되지만 음이 다르게 나도록 만들어서 때리면 바로 우리가 즐기는 음악이 된다.

철이 없었다면, 인류는 오늘날의 문명을 이뤄낼 수 없었을 것이다. 왜냐하면 철을 이용해 날카롭고 정교한 도구를 만들게 되면서, 인간은 생활을 획기적으로 바꿀 수 있었기 때문이다. 계단을 올라가는데 특별한 전시가 시선을 끈다. 명상하는 철인이다. 니르바나 33이라고 명명되어 있는데 철에 은으로 입사, 즉 상감하여 장식한 것으로 철에 입사하

니르바나 33 철박물관
사진제공.

는 우리나라의 전통적인 기술을 이용하여 만든 불상작품이란다. 불상
이라고 하지만 눈도 코도 없다. 단지 좌불의 형태로 만들었지만 모든
것을 말하고 있다.

"누구 작품이지요?"

"경기도 무형문화재인 이경자 씨의 작품입니다. 정말 예쁘죠?"

그리고 보니 2004년 세계박물관대회를 개최할 때 전시한 것을 본
기억이 난다.

"이 은입사 기법은 아마도 삼국시대부터 있었을 겁니다."

장 관장의 말이다.

철박물관의 후원에는 철로 만든 조각품들이 여러 점 전시되어 있다.
여러 가지 색깔이 알록달록하게 칠해져 있는 이유는, 이곳이 어린이들
의 배움터이기 때문이다.

"해마다 전국에서 조각가들이 모여 우리 박물관에서 며칠씩 자면서
철로 조각을 하고 전시도 한답니다."

장 관장의 설명을 들으니, 그곳에 철공작소와 숙소가 마련되어 있는

게 이해가 된다. 박물관의 뒤편에 마련된 멋있게 생긴 펜션 같은 건물들을 두고 하는 말이다. 쇠와 나무로 어우러진 목조건물들이 정겨워 보인다. 전기로가 있는 마당의 위쪽으로 고개를 돌리면 묵직한 느낌의 철공소가 나온다. 그 안에는 무거운 쇳덩어리를 운반하는 크레인도 달려있고 작은 용해로도 붙어 있어서, 규모는 작지만 철로 만드는 작업이라면 뭐든 할 수 있다. 조소를 전공한 장 관장이 해마다 전국의 철조각가들을 이곳에 한 번씩 모아서 작업을 하고 전시회를 연단다. 그래서 곳곳에 철로 만든 작품들이 서 있다. 철제 반달 조각이 걸려있고 녹슨 오징어 철판조각이 마당에 서 있다.

"장 관장 작품은 어디 있나요?" 하고 물으니 앞으로 만들어 볼 생각이란다.

쇠를 끓이는 불가마들

박물관 뒷마당에는 닭도 있고 삽사리 같은 개도 놀고 있는데, 닭들이 머리를 흔들면서 다니는 공간에 흙으로 만든 기둥이 절반이 잘려나간 채로 서 있다.

"이것은 왜 만들어 두신 거지요?"

"제철실험을 하고 남은 것인데, 우리 전통기법으로 쇳물을 만드는 과정을 복원하려고 만들었지요. 노의 내부가 어떻게 변하나 확인하기 위해서 반을 쪼개서 샘플을 채취한 거예요. 이 부근에 사는 전통기능보유자와 우리 어린이들이 같이 실험해본 것인데, 실험고고학적인 박물관 교육은 세계에서 처음일 걸요?"

　　선친의 유업을 문화로 승화시키면서 우리 전통기법을 새롭게 발굴하는 일까지 앞장서고 있는 장 관장. 그녀의 자부심이 미소에서 번져 나왔다.

　　제철 실험을 박물관 교육 프로그램으로 정하는 데는 고려해야 할 게 많다. 우선 상당히 많은 돈이 들기 때문에 재원 마련이 문제다. 게다가 전통 제철기술 실험을 한다 해도 한 번 만에 모든 과정을 파악할 수 없기 때문에, 열정과 끈기를 겸비한 소수의 어린이들만 마지막까지 자리를 지킨다. 이처럼 철박물관은 유물전시뿐만 아니라, 전통 기법을 재현하는 실험에 어린이들을 참여시켜 전통기술 교육까지도 담당하고 있다. 이 프로그램에 참여한 아이들 중에서 나중에 나라를 빛낼 제철 과학자가 나올지도 모른다. 장 관장은 해마다 여름이면 이 일대의 어린이들을 모아서 동국제강과 포항제철 등지로 체험관찰여행을 간다. 좋은 박물관이 하나 있으면 그 동리 사람들이 누릴 수 있는 혜택은 셀 수 없이 많다.

　　박물관의 뒷마당에는 뱀처럼 기다란 특이한 구조물이 날아갈 것 같

경주 용명리제철로 이
전 복원 모습 철박물
관 사진제공.

은 지붕 아래에 전시되어 있다. 조선시대의 제철로다. 이 제철로는 경
주 용명동에 있던 것을 이곳으로 이전·복원한 것이다. 경주지역은 고
대로부터 제철유적들이 많이 발견되었는데 아마도 철광이 가까운 곳
에 있었던 모양이고, 이 용명리제철로는 현재 용명저수지의 바로 옆에
있었다. 저수지의 수위를 높이기 위해서 발굴한 뒤 이곳으로 옮겨온
것이다.

"그때 잘 가지고 온 거지요? 아마도 조선시대의 제철로 중에서 가장
잘 보존된 것일 걸요."

필자가 장 관장에게 그때를 회상하면서 물었다.

"고생 많이 하셨지요. 이제 우리박물관의 중요 고고학 유구랍니다.
관람객의 인기도 좋고요."

한양대학교 문화재연구소가 철박물관이 요청하여 작업한 것인데,
용광로를 옮겨올 때 한 개의 돌이라도 잃어버리지 않으려고 무척이나
애를 썼다. 또 조각난 용광로의 파편들을 하나하나 붙여 복원하는 데
도 엄청난 정성과 시간이 들어간 구조물이다. 처음에 새롭게 복원하였

을 때는 노의 원형과 차이가 커서 분해하여 다시 작업하기도 한 것이다. 그래서 필자도 특별히 아끼는 유적이다.

이 용명리 용광로는 길이가 20미터에 이른다. 중심에 큼직한 제철로를 만들고, 이 제철로에 철광석과 목탄 등을 가져다 붓기 위해 양옆으로 돌을 쌓아 경사로를 만들었다. 제철로에는 쇳물이 끓어 넘치면서 눌러 붙은 슬래그 slag·금속산화물 등의 찌꺼기 들이 두텁게 붙어 있다. 쇳물이 빠져나오는 노의 아래쪽에는 네모나게 구멍을 만들어 두었다. 이런 모양의 조선시대 제철로는 우리나라에서 두 곳밖에 보존되어 있지 않은데, 철박물관에서는 이 제철로가 사용되던 당시의 모습을 복원해 두었다. 철광석인지 숯인지 등짐을 지고 용광로로 향하는 사람과 용광로에서 불을 살피는 사람 등이 복원되어 있는데, 그중에 눈에 확 들어오는 얼굴이 있다.

"어, 저 사람은 전 국장 닮았네?"

그는 이 박물관의 사무국장이다. 사연을 들어보니, 조각품을 만들 때 박물관 직원들의 얼굴을 가지고 조각하라고 장 관장이 지시했단다. 좋은 생각이다. 박물관 직원들이 열정을 바치도록 이끄는 방법으로 이보다 더 좋은 게 어디 있겠는가.

이곳에서는 삼국시대의 제철로뿐만 아니라, 조선시대를 거쳐 최근까지 사용한 제철로까지 다 볼 수 있다. 이 때문에 철문화를 이해할 수 있는 것은 물론이고, 철산업의 발전 과정까지 파악할 수 있다.

후원의 널찍한 마루에서 차를 한 잔 마시고 계단을 내려서는데 계단 아래에 큼직한 쇠로 만든 기계가 하나 보인다. 못을 만드는 기계란다.

"전에는 전시실에서 관람객들이 실제로 못을 만들어서 기념으로 가져갔지요."

장 관장의 말이다. 기다란 철사를 넣으면 자동적으로 잘라지고 머리까지 만들어져 못이 되어 나오는 기계란다. 철박물관을 나서며 들어올 때 보았던 거대한 계근대 위에 차를 세웠다. 이 계근대는 원래 동국제강에서 철제품의 무게를 잴 때 사용하던 것이란다. 30톤 정도를 재는 저울이니 필자가 뚱뚱하다고 하여도 그냥 저울에 올라서서는 꼼짝도 하지 않는다. 자동차를 얹으니 쇳덩어리가 쇳덩어리를 재며 묻는다.

'차와 나의 무게는 얼마일까요?'

갑자기 드는 생각.

'나도 철이 좀 더 들어야지.'

박물관을 나오니 3번 국도의 사거리와 감곡인터체인지에 복숭아 노점상들이 많다. 장호원과 감곡은 복숭아로 유명하거니와 그 맛도 손가락으로 꼽을 정도다. 생각만 해도 침이 고이는 상황. 그런데 지난번에 임진강에서 발굴된 삼곶리 제철유적에서 불에 탄 복숭아씨가 14점이 발견되었는데, 복숭아와 철의 관계는 무엇일까?

아차! 복숭아 과수원에 필요한 농기구를 철로 만든다는 게 퍼뜩 떠오른다. 철기가 가져온 선물이 바로 농기구 혁명이었으니 말이다. 그러고 보니 달콤한 복숭아를 즐기는 우리는 농기구에게 엄청난 빚을 지고 있는지도 모른다. 생각이 여기에 미치자, 우리 농업문화를 모두 모아 놓은 박물관을 찾아 그 빚을 조금이나마 갚아야겠다는 마음이 든다. 이제 서울이 지척이다. 수도 서울의 한복판에 자리한 농업박물관은 어떤 모습으로 반겨줄까?

24
우리 문화의 출발을 담은 농업박물관

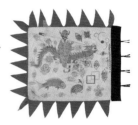

빌딩숲 서울에서 농업을 엿보다

　서울의 한복판에 우리나라 농업을 보여 주는 박물관이 있다면?

　광화문에서 서울역사박물관을 지나 직진하다가 서대문역에 거의 다와서 문득 큰길 맞은편을 바라보면 현대식 건물이 눈에 띈다. 물레방아가 있는 작은 정원을 보듬어 안고 있어서 눈에 잘 띄는 이곳은 바로 농업박물관이다. 서울의 가장 중심인 광화문으로부터 몇 발자국 떨어진 곳에서 이런 풍경을 볼 수 있는 것은 서울 시민의 특별한 권리이다. 한동안 이곳에는 구옥이 많이 남아 있었지만, 이제는 농협빌딩을 짓느라 정리되어 깔끔한 모습의 건물이 연결되고 있다.

　"언제 이곳에 자리 잡은 거지요?"

　김재균 관장에게 물었다. 그는 원래 농협에서 홍보 업무를 하던 사람이다. 하지만 학교에서 배운 것을 버리지 못하고 전공을 살린 '학예사 관장'이다. 원래 고고인류학을 전공했기에, 그는 문화에 대한 이해가 깊고 박물관 활동에 대해서도 아이디어가 많다. 국내에서 손에 꼽을 만큼 살아있는 박물관을 만들고 있는 주인공이라 해도 과언이 아니다.

"농협이 제3공화국 출범 후에 시작되었는데, 1980년대 중반에 중앙회장이 강하게 주장해서 박물관이 이곳에 들어서게 된 겁니다."

그는 전직 홍보맨답게 또박또박 설명한다.

"당시에 산업화로 농촌이 피폐해지면서 대대로 사용하던 농기구가 집집마다 버려졌지요. 그때 이런 상황을 파악한 중앙회장이 이 농기구들을 모아야겠다고 생각한 겁니다. 그게 바로 농업박물관의 시작이었죠."

버려지는 것을 박물관에 담아낸 발상의 전환! 하지만 요즘 같은 하이테크시대에 농업박물관이라는 이름으로 과연 관람객을 얼마나 유치할 수 있을까 궁금했다.

"방문객은 많은가요?"

"적어도 농협조합원들은 한 번씩은 찾게 되고요, 농업박물관이라서 언론에서도 많이 다뤄서 요즘은 학생들이나 일반 방문객도 상당히 많이 옵니다."

농업박물관은 원래 일제강점기에 지어져 2000년대 초까지 이곳에 있던 금융협회회관 건물에 자리해 있었다. 고풍스런 느낌의 옛 건물에 그대로 있었다면, 아마도 지금보다 훨씬 더 박물관다운 느낌을 주었으리라.

"정말 아쉽습니다. 그때 옛날 건물을 지켜내지 못한 것이……. 그 건물이 지금까지 남아 있었다면, 20세기 초에 지어진 건물이니까 근대문화유산이 되었을 겁니다."

농업박물관 전경 농업
박물관 사진제공.

김 관장의 얼굴이 어두워진다.

서울은 세계에서 가장 빠른 속도로 발달한 도시인 동시에, 가장 빠르게 옛 모습을 잃어가는 도시일 것이다. 지금도 옛 서울의 모습이 하나둘씩 사라진다. 농협 건물 주변도 몇 년 전까지만 해도 작은 식당들과 오래되고 때 묻은 대문들이 구부러진 골목마다 들어차 있었다. 하지만 지금은 다 사라지고 유리와 화강석으로 결합한 높은 건물이 그 자리를 대신하고 있다. 현대화라는 이름으로 사라지는 때 묻은 것들이 아쉬워지는 날이 있을는지……

발굴로 들여다본 우리나라 농업의 역사

김 관장이 따라나서는 것을 애써 만류한 뒤 농업역사관과 농업생활관을 찾았다. 농업역사관에는 선사시대 이래로 이 땅에서 만들어진 농사 관련 고고학·민속학 자료를 중심으로 전시되어 있다. 그중에서도 가장 눈에 띄는 게 있다면, 역시 전시장 입구에 그려진 전곡리 주먹도끼다. 농경과는 관계가 없지만, 아마도 우리 선사시대를 상징하는 도구이기에 관람객들 앞에 먼저 선을 보인 것이리라. 전시실로 들어서니 농사짓는 풍경을 엄청난 크기의 디오라마로 복원해 두었다. 이것을 본 뒤

맞은편 전시실을 찾으면, 암사동 집자리를 복원해 당시 사람들이 생활하던 모습을 보여 준다. 고깔 모양의 지붕 아래에는 불자리가 있고 토기들이 집 주위에 놓여 있다. 아마도 신석기시대 사람들이 바로 이곳에서 농사를 지었다는 걸 보여 주려는 것 같다. 하지만 정작 우리나라에서 가장 오래된 신석기시대 유적지인 암사동에서는 농사의 흔적을 찾기 어렵다. 이 유적의 주인공들이 농사를 지었다고 자신 있게 얘기하는 고고학자도 없다. 왜냐하면 실제로 농사를 지었던 확실한 증거가 없기 때문이다. 암사동에서 출토되는 갈돌이나 갈판을 보고 농사를 지었다고 주장하긴 하지만, 이 도구들은 농사를 지은 직접적인 증거는 아니다. 이 유적에서 나온 도토리도 산에서 저절로 자라는 씨앗인 데다, 선사시대 사람들은 채집한 열매 등을 갈기 위해 갈판을 사용하는 경우가 많았기 때문이다. 도토리는 선사시대에 식용으로 많이 사용했다. 아메리카 인디언들도 도토리를 채집해 갈아먹었는데, 큰 바위를 갈아 홈을 만든 뒤 그곳에다 도토리를 넣고 빻는다. 그런데 우리나라에서는 갈돌로 갈아 가루를 만드는 게 보통이다. 우리가 기대하는 것처럼 '암사동

암사동 움집 복원 모습
농업박물관 소장.

유적의 주인공들은 정말 농사를 지었을까?' 하는 문제는 고고학자들이 풀어야 할 숙제다.

신석기시대의 다른 유적지에서는 수수, 조, 귀리 같은 것들이 나왔는데, 이 박물관에서는 그것들을 복원한 뒤 토기에 담아 전시하고

논농사 모형 농업박물
관 소장.

있다. 이것들은 모두 불에 탄
집에서 발견되었는데, 집자리
가 불에 타는 과정에서 숯으
로 변한 것이다. 선사시대 사
람들은 집의 중앙에 불자리를
만드는 경우가 많았는데, 풀
로 만든 집이어서 그런지 까
딱 잘못하면 불이 났던 것 같
다. 이렇게 불이 나면 사람들
은 세간을 모두 버리고 다른 곳으로 이주했기 때문에, 당시 선사시대
사람들이 사용하던 물건들을 만날 수 있는 것이다. 토기 속에서 나온
곡물에도 대부분 그런 사연이 담겨 있다. 눈을 감고 떠올려 보자. 정성
껏 모아놓은 세간과 곡식이 불에 타는 모습을 안타깝게 지켜보던 선사
시대 사람들을……. 매서운 겨울을 넘기려고 애써 보관해 놓았던 곡물
이 잿더미로 변했으니 그 마음이 어땠을까?

선사시대 농경전시실의 중앙에는 우리나라 국보인 삼한시대 농경
문청동기 복원품이 전시되어 있는데, 이 청동기는 농사를 짓는 그림
이 담긴 우리나라에서 가장 오래된 유물이다. 농경문청동기에는 농경
문이 음각으로 그려져 있는데, 이 박물관에서는 국립중앙박물관에 전
시된 실물을 실제 크기로 복원해 전시하고 있다. 새겨진 농경문의 크
기는 상당히 작지만, 돋보기를 설치해 놓아서 그 내용을 쉽게 이해할
수 있다.

이 농경문은 사람이 원시적인 농기구 '따비'를 사용해 밭을 가는 모
습을 그린 것이다. 그리고 새가 앉은 솟대가 표현되어 있는데, 이를 통

농경문청동기 전시 확대경으로 볼 수 있다. 농업박물관 사진제공.

해 당시에 농사가 얼마나 중요한 일이었는지를 확인할 수 있다. 당시는 제정일치 사회였는데, 이 농경문을 앞가슴에 달고 춤을 추며 제사를 지낸 사람은 무리의 정신세계는 물론이고 실생활까지 이끄는 지도자였을 것이다.

그렇다면 그가 농경문 청동기를 목에 걸고 춤을 춘 까닭은 뭘까? 바로 풍년을 기원하는 마을제사의 핵심적인 상징이었기 때문이 아닐까? 이 농경문청동기는 많은 것을 암시한다. 이 땅에 살던 우리 민족의 원류가 시베리아에서 들여온 샤머니즘과 함께, 유목에서 농경으로 전환한 뒤에 더 많은 수확을 얻기 위해 솟대에 비는 또 다른 종교관을 보여 준다.

박물관에는 쇠를 만드는 과정을 전시한 곳이 있다. 하지만 철박물관도 아닌데 철제도구 제작공정을 보여 주는 이유는 뭘까? 청동기시대를 지나 철기시대가 도래하면, 철제도구는 청동기시대에 만들어진 의례용과는 달리 실용적인 도구로 자리 잡는다. 그중에는 쟁기나 호미, 낫, 도끼 같은 농기구 종류와, 칼이나 화살촉 같은 무기들이 많다.

농사를 짓기 시작했을 때부터 고대에 이르기까지, 수확을 늘리는 것은 사회를 유지하는 중요한 수단이었다. 이 시기에 돌과 청동기에 이어 인류의 생활전선에 등장한 철은 농기구를 만드는 데 많이 사용되었는데, 철제 농구들은 그 이전에 사용하던 돌이나 나무로 된 도구보다 훨씬 더 효율적이었다. 이 때문에 농사기술이 비약적으로 발전했는데, 이런 의미에서 철제농구의 사용은 '수확혁명'을 가져왔다고 해도 과언이 아니다. 그래서 이 농업박물관에는 철제도구를 만드는 장면과 함께 많은 철제도구들이 전시되어 있다.

　　고대인들은 철기를 제작할 때 당시로서는 고도의 기술이 필요했고 인력도 많이 들어갔다. 이 때문에 철기는 값이 무척 비쌌지만, 농사일의 효율성을 따지면 충분히 제값을 했다. 그렇다 하더라도 다른 재료에 비해 터무니없이 비싸다 보니 모든 농기구를 철로 만들 수는 없었다. 이렇다 보니 당시 철은 바로 돈으로 사용되었다. 고대 귀족들의 무덤에서는 길쭉한 철판들이 많이 나오는데 바로 지신 地神 으로부터 땅을 구입하는 경비로 무덤에 넣은 것이다. 이런 이유로 손잡이를 나무로 만든

야철지 모형　농업박물관 사진제공.

철제 농기구처럼, 일부를 철 외에 다른 재료로 제작하는 하이브리드 농기구도 많이 만들어졌다. 농업박물관의 진열장에 전시된 나무로 만든 농기구들이 바로 그런 것들이다.

발굴하다 보면 고대에 논이나 저수지였던 곳에서 나무 손잡이로 된 쇠스랑과 괭이 따비 등이 나오기도 하고, 어떤 곳에서는 관개수로에서 사용하던 물마개 같은 것들이 튀어나오기도 한다. 농업박물관 전시실에서는 광주 신창리유적의 단면을 볼 수 있는데, 이 습지유적에는 일부가 나무로 제작된 농기구들이 많이 남아 있었고 탄화된 쌀도 다수 발견되었다.

그렇다면 당시 농사에 필요한 물은 어떻게 끌어왔을까? 농사를 대규모로 지으려면 물을 끌어와 관개를 하지 않으면 안 된다. 이와 관련해 상당수의 학자들은 중국에 국가가 탄생하게 된 원인을 관개사업에서 찾는다. 닭이 먼저냐 달걀이 먼저냐 하는 문제가 있을 수 있겠지만, 사람이 많아야 더 많은 물을 끌어올 수 있으니 너도나도 정복전쟁에 나섰을 것이고 그 결과 넓은 영토를 가진 국가가 탄생하게 되었을 거라는 얘기다.

이 박물관 전시실 한쪽 구석에는 김제 벽골제의 수문이 복원되어 있다. 벽골제가 만들어진 시기에 대해서는 몇 가지 설이 있지만 고대에 만들어졌을 거라는 게 유력하다. 하지만 이보다 앞선 시대에도 관개에 대한 개념이

벽골제 수문 복원 모형
농업박물관 사진제공.

나 관련 시설이 있었을 것이다. 설명을 보니 청동기시대에 조성된 밀양 부근 금천리유적에서 작은 논에 물을 대어 경작했을 것이라는 설명이 보인다. 아마도 삼국시대에는 논농사가 보편적이었을 것이다.

창녕 진흥왕 척경비에는 밭을 백전으로, 논을 답으로 표기했는데, 이런 것만 봐도 논 개발이 당시로서는 큰 사업이었다는 것을 알 수 있다. 왜냐하면 수전, 즉 답에서는 훨씬 더 많은 벼를 수확할 수 있었기 때문이다. 많은 사람들을 먹여 살리기 위해 시작한 관개사업과 대규모 농사를 시작하다 보니, 사람이 많이 필요하게 되었고 그만한 인구를 지탱하기 위해 또 다른 수전개발이 이어졌다. 농업과 관개사업이 고대의 혁명적 변화를 이끌어낸 것이다.

그렇다면 당시 사람들은 농법을 어떻게 개발하고 전수했을까? 박물관 진열장 가운데는 때가 많이 묻은 고서가 전시되어 있다. 18세기에 홍만선이 지은 《산림경제》라는 책이다. 이 책은 초야에 묻힌 처사가 해야 하는 일과 그 방법을 적은 책인데, 홍만선은 그때까지 이어져온 농사짓는 방법을 이 책에 담아냈다. 그런데 조선의 대표적인 농서는 사실 세종대왕 때 지어진 《농사직설》이라고 한다. 이 책은 각 지역에 맞는 농법을 개발하기 위한 지침을 정리한 책이다. 세종대왕의 위대함은 정말 끝이 없나 보다.

속으로 끊임없이 감탄이 솟구쳤다.

'그렇지. 우리나라 근대학문 중에는 세종 대에 뿌리를 두지 않은

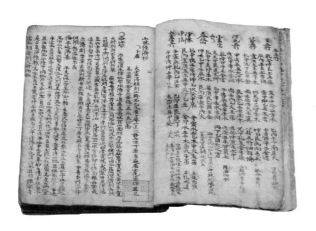

《산림경제》 농업박물관 사진제공.

것이 없으니…….'

필자가 캘리포니아대학 버클리 캠퍼스에서 선사시대를 연구할 때 "선사시대 사람들은 무엇을 먹고 살았을까?"라는 주제를 고민하면서 관련 자료를 찾아본 적이 있다. 그때 세종 대에 만들어진 《구황촬요》라는 오래된 서적을 찾았는데, 이 책은 이상기후로 작황이 좋지 않았을 때 야산에서 어떤 것을 채집해 어떻게 조리해 먹어야 할지를 적은 책이다.

"세종 대에 왜 이런 책이 나왔지?"

조선시대 전체를 통틀어 가장 풍요로운 시절을 보냈을 것 같은 세종 대에 이런 책이 나왔다는 게 의아했지만, 기록을 보며 아차 싶었다. 세종 대는 '소빙기'라는 척박한 시기였기 때문에 농사를 짓기가 쉽지 않았다고 한다. 이 때문에 그는 백성들이 당면한 어려움을 이겨낼 수 있도록 필요한 책과 도구를 만들어냈던 것이다. 어쩌면 정치적 난관으로 이어질 수 있었던 풍수해를 여러 전문가들과 협력해 현명하게 해결해 나감으로써, 그는 백성의 마음을 얻을 수 있었다.

잃어버린 과거 속으로

세종대왕의 위대함을 다시 한 번 느끼며 전시장을 둘러보는데 어릴 적에 보던 물건들이 옛 친구를 만나듯 반갑게 인사한다. 다른 것보다도 똥장군을 보니 별 생각이 다 떠오른다. 옛날 울퉁불퉁한 신작로를 똥물이 가득한 장군을 여러 개 싣고 마을 밖으로 향하던 소달구지가 갑자기 앞을 확 지나간다. 똥장군에는 오물을 꽉꽉 눌러 담아 넘칠 듯 아슬아슬하다. 도로 상태가 좋지 않다 보니 오물을 담은 똥장군은 쉴 새

똥장군 농업박물관 소
장.

지역별 호미 농업박물
관 사진제공.

없이 흔들리고, 그러다가 급기야 짚으로 막아놓은 뚜껑
이 달아나면 길바닥은 똥물로 뒤범벅이 된다. 이러다 보
니 한동안 동네방네 똥냄새가 진동할 수밖에 없었다. 요
즘은 상상도 못할 풍경이다.

필자가 살던 대구의 골목에는 지게에 장군을 지고 다
니는 사람들이 "변소 쳐!"라고 하면서 다니곤 했다. 그
똥물을 대구의 방천 지금의 신천 부지에 일군 밭에 뿌렸
다. 그런데 이 박물관에서는 그 장군과 지게를 보물 다
루듯 깨끗이 닦고 기름칠까지 해놓았다. 그래서인지 조
명에 비친 똥장군의 모습이 너무도 귀한 유물 같아 보인다. 이렇게 번듯
한 걸 누가 똥통이라고 생각하겠는가! 이 똥통은 우리 조상들이 전통
농법으로 농사짓는 과정을 설명하는 전시실에서 거름도구로 소개되어
있다. 하지만 방금 살펴본 것처럼 그
'거름'은 예사 거름이 아니었다.

전시장 마지막 홀에는 우리나라
전국의 호미들을 전시해 놓았는데,
어떤 지역의 호미는 날이 조금 크긴
하지만 지역적으로 크게 차이가 나
보이지는 않는다. 호미는 가장 많이
쓰이는 농사도구지만 정말로 사람의
등골을 빠지게 하는 녀석이다. 박달
재라는 노래가사에도 나오듯이, 기
나긴 밭이랑에 쪼그리고 앉아 똑똑
쪼면서 김을 매는 도구다. 시골 아

낙들은 단순무식하게 생긴 이 친구와 1년 내내 동행한다. 머리에 수건을 두른 채 호미를 들고 긴 이랑을 따라 김을 매는 아낙을 생각하면 지금도 마음이 저리다. 요즘의 도시 여인네들은 상상도 못할 일이다.

　필자 같은 고고학자들도 발굴할 때 가장 기본적인 도구로 호미를 사용했다. 미국에서는 일반적으로 골든 마샬타운사에서 만든 흙손을 사용하기에, 뛰어난 고고학자에게는 금으로 만든 마샬타운을 주기도 한다. 우리나라에서도 같은 방식으로 상을 준다면, '금으로 만든 호미'를 만들어 줄는지도 모르겠다.

　전시실을 나온 뒤 다른 층으로 가려고 엘리베이터를 타니 로비에 농협전시관이 자리 잡고 있다. 이곳은 농협의 역사와 우리나라 농업의 현주소를 보여 주는 전시실이다. 오늘날에는 '도시농업'이나 '하우스 원예 농업' 같은 얘기를 많이 듣지만, 이전에는 쌀이 가장 중요한 농업생산품이었다. 쌀은 소와 함께 우리를 먹여 살렸지만, 한 집안의 자녀들이 공부할 수 있도록 해준 가장 중요한 농업생산물이었다. 쌀에 대한 여러 가지 전시물을 보다가 문득 필자의 눈에 들어오는 게 있다. 벼를 도정하는 정미소를 설명하는 곳이었다. 이 전시관에서는 중앙 전시실의 한쪽 벽에 정미소 모형을 전시하고 있는데, 필자가 접근하자 정미소의 기계들이 움직인다. 그중에서 벼, 즉 나락을 바닥에서 위로 퍼올리는 조그만 바가지가 달린 기계에 눈이 멈춘다. 그것을 보는 순간 어린시절 아련한 추억의 한 장면이 겹쳐진다. 필자가 어릴 때 아버지는 익산에서

전통장터 주막 모형
농업박물관 소장.

정미소를 하셨는데, 정미소에서 가장 흥미롭게 보았던 게 바로 나락을 퍼올리는 기계였다. 어릴 적에 그 모습이 신기하고 재미있어서 쪼그려 앉아 한참동안 지켜보던 풍경이 떠오른다. 아버지가 만드셨던 그 정미소는 몇 년 전까지만 해도 그 자리에 그대로 남아 있었다. 벌써 반세기가 넘게 나이를 먹은 것이다. 앞으로도 그 자리를 꿋꿋이 지켜낸다면 언젠가는 근대문화유산의 반열에 오를지도 모르겠다. 농협전시관에 들렀다가 예기치 않게 과거로의 여행을 다녀온 기분이다. 이런 추억은 어쩌면 우리 세대의 보편적인 기억이리라.

다시 한 층을 더 오르면 농업생활관이 나온다. 생활관 입구의 유리창 밖에는 맷돌이나 절구 같은 돌로 만든 문화재들이 베란다에 전시되어 있다. 전시장으로 들어가니 곧바로 "문화재를 사랑하자"라는 경고문이 얼굴을 쑥 내민다. 그리고 우리가 농촌마을의 입구에서 흔히 마주치는 큰 정자나무가 머리를 덮는다.

농촌풍경, 추억은 아름답다

농업생활관 안쪽에는 농악을 할
때 사용하던 악기들이 전시되어 있
다. 장구며 징 그리고 꽹과리와 북 등
이다. 예전에는 정월대보름이면 동네
사람들이 함께 모여 풍요를 기원하고
동네의 안녕을 비는 뜻에서 "쾌지나
칭칭나네"를 부르며 한바탕 놀았다.
그때만 해도 그런 일이 아니면 온 동

강진 용소농기의 앞면
농업박물관 사진제공.

네사람들이 함께 어우러질 일이 별로 없었다. 흥겨운 가락에 맞춰 신
명나게 춤을 추는 이런 모습이야말로 사람들을 하나로 묶어주는 매개
체가 되었으리라.

농악기가 놓여 있는 전시장 건너편에는 농기旗幡가 걸려 있다. '농자
천하지대본'이라고 한자로 적혀 있는 그 농기는, 보통 한 동네에서 대
대로 사용한다.

"이 박물관에서 가장 중요하게 여기는 유물은 무엇입니까?"

농업박물관 김 관장에게 물으니 질문이 끝나기도 전에 답이 나온다.

"농기입니다. 우리 박물관이 다섯 개를 소장하고 있는데, 그중에 세
개는 이미 서울시 문화재로 지정되었습니다. 지금 전시되어 있는 농기
에는 '신농유업'이라고 적혀 있는데, 서호지역에서 20세기 초까지 사용
했을 겁니다. 보통 농기는 행사가 끝난 뒤에 말아서 동네 큰 집의 처마
밑에 가로로 걸쳐 두었는데, 공동소유다 보니 간수를 제대로 하지 않
아서 많이 상했지요."

농기는 크지는 않지만 깨끗한 상태였고, 그 밑에는 해당 농기를 사용했던 동네의 계원 명단이 놓여 있었다. 일종의 농기 족보인 셈이다.

옛날 우리 농촌의 풍경을 복원해둔 전시실에서는 당시의 농촌풍경을 속속들이 확인할 수 있다. 길쌈하는 여인의 방과 장독대는 물론이고, 여인의 특별한 공간인 부엌까지 복원되어 있다. 쇠솥이 걸린 아궁이를 쳐다보는 여인의 얼굴이 우리네 어머니의 모습이다. 외양간 옆에는 통시가 복원되어 있는데, 아마도 요즘 아이들은 그게 화장실인 줄 모를 게다. 단지 돌 두 개가 나란히 있고 구석에 재가 쌓여 있다. 여기가 바로 우리 전통 가옥에 자리한 '우리 집 난지도'이다. 소변을 볼 때는 장군에다 바로 누고, 대변을 본 뒤에는 거기다 재를 뿌려두면 재와 함께 거름이 되어 봄에 밭에 뿌리는 것이다. 그때는 집에서 나오는 모든 오물들도 소중한 자원이었다. 그래서 음식물 쓰레기나 오줌과 똥, 그리고 아궁이의 재가 하나가 되어 최고의 거름이 되었고, 그렇게 한 몸이 된 오물들이 한 계절을 지나면 우리 먹거리를 키우는 최고의 거름이 되었다. 그때는 유리병도 없었고 플라스틱 병도 없었다. 이렇다 보니 오물이라고 해도 전부 다 쉽게 썩어 자연으로 돌아갈 수 있는 '친환경 오물'이었다. 여기 전시된 화장실은 정말 오염과는 거리가 먼 그런 화장실이다. 하지만 그래도 함정은 있다. 요즘은 기생충이 크게 줄어서 망정이지, 옛날처럼 기생충이 많으면 친환경 재배를 하다가 모든 영양소를 기생충에 뺏기기 십상이다.

이 전시실은 시골에서 오는 나이 지긋한 농협식구들이 오면 시끄럽단다.

"저거 우째 사용하는 줄 아능교?"

경상도에서 온 할아버지가 옛날 경험을 자랑하고 싶어서 우격다짐

으로 나서는 일이 종종 있기 때문이다. 김 관장도 가끔 시골 할아버지들에게 설명하다 보면, "아니, 그게 아니라카이!"라고 핀잔을 들을 때가 많단다. 아마도 저마다 다른 경험을 가지고 있다 보니 그런가 보다. 김 관장은 그럴 때마다 "아, 그렇습니까?"라고 인정하며 넘어간다고 한다.

전시실의 마지막 부분에는 여러 종류의 가게를 복원해 장날의 풍경을 보여 준다. 쌀장사의 되와 말 흥정, 엿장사, 그릇장사, 시장 속의 대장간, 어물전과 주먹 등 있을만한 건 다 있다. 한쪽에 전시된 먹거리 장만하는 도구들 가운데 국수틀과 두부틀은 요즘에는 보기 힘든 것이다. 나무로 대강 만들어 무척 인상적인데 토속적인 냄새가 전시장으로 배어나오는 것 같다.

"어떻게 이런 걸 다 모았나요?"

김 관장에게 물었더니 전혀 예상치 못한 답이 돌아온다.

"제가 농협 조합원이 올 때마다 옛날 농기구가 중요하다고 설명하면, 그분들 가운데 몇 분이 농구를 챙겨서 보내주는 경우가 있습니다. 얼마 전에는 안성의 어떤 할아버지가 자기 자손들이 꼭 배워야 한다면서 모아둔 농기구를 기증하려고 아내를 설득했다고 해요. 그래서 지난번에 특별전시회를 열어 드렸습니다."

쓸모없다고 버려지던 것들이었지만 이렇게 박물관에 모이니 가치를 발한다. 이 박물관에 전시된 것들은 대부분 필자가 어릴 때 보던 것들이다. 그러고 보면 우리가 사용하는 것이 바로 문화재인 셈이다. 이제 세상이 너무 빨리 변해 가기에, 우리가 지금 사용하는 것들도 금세 박물관에서나 볼 수 있을지도 모르겠다.

나락뒤주 농업박물관 사진제공.

박물관의 전시물들을 보고 나니 어린 시절이 그리워지고 또 시골에서 생활하던 추억이 아련하게 떠오른다. 보리밭에서 종달새 알을 훔치던 일, 방앗간 앞의 덜 핀 목화꽃을 따 먹고 혼났던 일, 모내기하러 가서 거머리가 종아리의 피를 빨아 놀랐던 기억……. 요즘 아이들은 상상조차 할 수 없는 일이지만, 꼭 전해주고 싶은 우리 세대의 풋풋한 스토리들이다.

박물관의 문을 나서는 순간 엄청나게 큰 광주리가 기다리고 있어서 놀랐다. 들어갈 때는 큰 문으로 들어오지 않아 보질 못했는데, 이제 보니 샛문 옆에 사람보다 더 큰 바구니가 돌하르방처럼 서 있다. 이것은 나락을 저장하는 뒤주라고 한다. 뚜껑이 꼭 모자 같아서 더욱더 돌하르방 같은 느낌이 들었다.

　나오는 계단 옆 정자에서 몇몇 길손들이 앉아 담소를 나누고 있다. 이 또한 도시에 안착한 변형된 농촌문화지만 그래도 신선하다. 박물관에서 나오니 땅거미가 지기 시작한다. 광화문으로 걸어 나오는데 도시의 불빛이 어둑어둑한 길을 밝혀주어 제법 운치가 있다. 경찰박물관과 서울역사박물관을 지나 신문로로 들어서면, 옛 가옥들이 필자가 처음 상경했을 때의 흔적을 보여 준다. 광화문 네거리에 도달했을 때는 이미 네온사인이 번쩍이며 낮과는 전혀 다른 세상을 만들어내고 있었다. 이 시간에 가장 아쉬운 것은 피맛골의 허름한 식당에서 풍겨 나오는 생선구이 냄새다. 그래서일까? 오늘은 연탄 위에 지글지글 구워낸 고등어구이를 꼭 먹고 싶다.

　저녁식사를 해결해야 하니 슬쩍 지갑을 열어 위인들의 얼굴을 확인해 본다. 그들이 고등어구이에 반주 한 잔 할 만큼은 남았다고 알려준다. 돈의 소중함과 가치는 아마도 이 위인들을 자주 만나지 못할 때 가장 절실하게 다가오겠지. 그래서 그런지 돈이라는 존재에 대해 제대로 배우고 싶다는 생각이 든다. 이번에는 가까운 서울 중구 남대문로의 화폐박물관에서 돈과 제대로 씨름해 봐야겠다.

25

우리 화폐의 속살을 엿보는 한국은행 화폐박물관

인류의 3대 발명품의 하나, 돈

"아빠, 나 저 장난감 사주면 안 돼?"

백화점에 아들을 데리고 갔더니 큼직한 트랜스포머를 보며 집요하게 매달린다.

"지난번에 사준 장난감도 5만 원짜리였잖아. 이제 장난감 살 돈 없다."

"은행에 가서 카드로 찾으면 되잖아!"

경제관념이 없는 자녀들의 요구를 거절해야 할 때 부모는 무척이나 당황하게 된다. 제대로 설명하고 싶은데 도대체 정리가 안 되니 매달리는 아이들을 혼내는 것으로 마무리해 버리는 것이다. 그렇다면 아이들에게 쉽고 명확하게 돈과 경제의 흐름을 알려줄 수는 없을까? 필자는 그 비법을 한국은행 화폐박물관에서 찾으라고 권하고 싶다.

"딱딱한 경제를 쉽고 재미있게 배울 수 있는 생생한 경제교육의 현장"

한국 경제의 중심에 자리한 이 박물관의 목표다. 화폐박물관이라니 이름만으로도 왠지 가슴이 설렌다. 왜냐하면 돈에 울고 웃는 것이 우리 인생이니까.

화폐, 즉 돈은 불과 수레와 함께 인류의 3대 발명품 가운데 하나라고 한다. 이 박물관을 처음으로 찾은 것은 2007년 재개관식에 축사자로 초청받게 되었을 때였다. 그때 이곳에서 열린 처녀전시가 무척 인상적이어서 아직도 기억에 생생하다.

르네상스식 박물관에 깃든 우리 화폐의 역사

신세계백화점이 내려다보는 분수대를 옆으로 두고 길을 건너면 바로

한국은행 화폐박물관 전경 한국은행 화폐박물관 사진제공.

박물관 정문이다. 이 박물관의 육중한 문을 열고 안으로 들어서면 바깥세상과는 완전히 다른 세계가 펼쳐진다. 이 때문에 처음 방문하는 사람들은 서울의 중심에 '이런 공간이?'라고 하며 놀랄지도 모른다. 원래 구한말에 지어진 한국은행 건물을 박물관으로 사용하는 터라, 내외관 모두 근대 유럽의 고풍스럽고 우아한 모습을 띠고 있다.

　　서울의 박물관나들이는 지방과는 많이 다르다. 시내를 걷다가 큰 부담 없이 들어갈 수 있는 박물관이 많기 때문이다. 사실 박물관의 위치나 담고 있는 주제를 알고 있으면 서울 시내 어디를 걷든 마음이 편안하다. 피곤하고 지친다 싶으면 가까운 박물관을 찾아 부족한 에너지를 한껏 충전할 수 있기 때문이다. 게다가 특별한 주제를 다루고 있는 박물관이라면 즐거움과 만족감이 그 어느 곳보다 더 클 것이다. 한국은행 화폐박물관이 바로 그런 케이스다.

　　서울 도심의 왁자지껄한 분위기에서 정적과 사색의 공간으로 순간 이동할 수 있는 이곳은, 화강석으로 지어진 근대건축물이 뿜어내는 남

전시실 입구 한국은행 화폐박물관 사진제공.

다른 위엄을 자랑한다. 높은 천장에 매달린 아름다운 샹들리에와, 아래쪽을 시원하게 내려다볼 수 있는 2층 공간은 비좁은 도시건축물과는 달리 시원한 느낌을 준다.

이 건물이 박물관으로 태어난 것은 지난 2001년인데, 2007년에 확장공사를 한 뒤 재개관했다. 원래 한국은행의 본관이었던 이곳은 1981년에 사적 280호로 지정되었으며, 1980년대 후반에 내부수리를 통해 오늘날과 같은 모습을 갖추게 되었다. 그 뒤 1999년부터 용도변경 작업이 시작되어 2001년에 화폐박물관으로 개관한 것이다.

그런데 좀 더 거슬러 올라가면 이 건물 자체가 구한말의 역사와 아픔을 간직하고 있다는 사실을 알 수 있다. 대한제국 말기에 '한국은행'이 건립한 이 건물은 일제강점기를 거치면서 조선은행으로 사용되다가 광복을 맞이하면서 한국은행 본관이 되었다. 따지고 보면 이 건물은 대한제국과 대한민국을 이어주는 유일한 건물인 셈이다. 이런 내용을 알고 박물관의 건물로 들어서면, 우리 현대사에 몰아친 격랑의 순간들이 휙 지나가는 듯한 느낌을 받게 된다.

"이게 르네상스식인가요? 너무 예뻐요!"

아이를 데리고 방문한 젊은 여인이 감탄사를 연발한다. 사실 그동안 우리는 먹고 사는 데 급급해서 기능적인 것만 강조한 건물들만 많이 짓곤 했다. 시멘트로 마감한 상자형 아파트를 비롯해, 광고와 선전문구로 가득 찬 관공서들, 그리고 가슴을 짓누르는 건조한 사무실……. 그런 공간에 익숙해져 있다가 이 화폐박물관에 들어서니 한바탕 춤이라도 추고 싶은 심정이다. 서울에서 공간을 통해 카타르시스를 느껴보고 싶다면 이보다 좋은 곳을 찾기란 힘들 것이다.

박물관에 들어서면 높은 천장의 '화폐 광장'이 관람객을 맞는다. 이곳은 건물의 로비인 동시에 전시가 시작되는 공간이기도 하다. 정면에 보이는 '돈으로 만든 피라미드'를 기준으로 양쪽으로 전시가 구성되어 있다. 화폐광장에서는 물물교환과 물품화폐, 역대 우리나라의 화폐, 기념주화, 중국의 고화폐 등 화폐에 대한 기본적인 정보를 제공하고 있다.

먹기도 하고 쓰기도 했던 조개

"이 땅에 화폐가 처음 나타난 것은 언제부터인가요?"

"화폐라고 하면 여러 가지 의미가 있을 수 있죠. 물건을 화폐로 사용하던 시대도 있었고, 화폐를 따로 만들어서 사용하던 경우도 있었으니까요. 물물교환 경제에서는 쌀이나 소금, 포목 등이 화폐의 역할을 했지요."

"그럼 우리나라에서는 언제부터 '돈'이라는 걸 사용했나요?"

"우리나라 기록을 보면 기자조선에 화폐가 있었다고 하지만, 고대유적에서 나오는 것은 중국 전국시대 화폐 명도전이나 한나라 화폐 오수전 등이지요."

화폐광장의 피라미드 진열장 한국은행 화폐박물관 소장.

명도전은 작은 청동칼 모양으로 만든 돈으로, 우리나라 북서부 지방에서 철기시대 초기에 만들어진 것으로 추정되는 토기 단지에서 대량으로 발견되곤 한다. 이는 연나라 망명객들이 숨겨놓은 돈이라는 해석이 설득력을 얻고 있다.

사실 중국은 동양에서 가장 이른 시기에

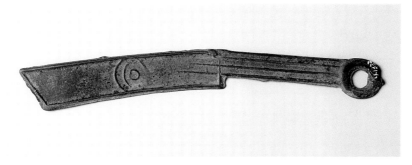

화폐를 만들어서 사용한 나라이다. 기록에 따르면, 기원전 7세기 경 춘추시대에 이미 포전과 도전을 만들어서 사용하기 시작했다고 한다. 반면 서양에서는 바빌로니아가 화폐를 처음 사용했다고 하는데 실물은 남아있지 않다. 특히 중근동 지방의 도시국가들은 농사를 짓기보다는 교역을 중요시했기 때문에, 돈이 일찍부터 발달했지만 돈이 생겨난 시점을 정확히는 알 수 없는 모양이다.

그런데 생각해 보면 조가비를 돈으로 사용한 이유가 궁금하다. 구석기시대부터 먼 바다의 조개들이 장신구로 애용되었고, 고대에는 비싼 교역품으로 매매되었다. 특히 조가비 중에서도 가리비나 고동 등이 많이 사용되는데, 기원전 15세기경에 아프리카에서부터 유래된 것으로 보인다. 그래서 돈의 한자어인 화폐 貨幣 에는 조가비를 상징하는 한자가 들어간다. 미크로네시아 같은 태평양의 섬나라에서는 아직도 조가비를 돈의 상징으로 간주하는 것을 보면, 조가비는 시공간을 초월해 돈의 상징으로 군림하는 듯하다.

박물관 입구 왼쪽에는 '우리의 중앙은행' 코너가 있다. 이곳에서는 한국은행의 발자취와 변천사, 역대 총재들의 서명, 세계로 뻗어가는 한국은행 등 한국은행을 세부적으로 소개하고 있다. 여기에 전시된 것 중에는 국제통화기금 IMF 에 빌린 돈을 모두 상환했다는 서류가 있다. 기억이 새롭다. IMF는 국제통화기금이라는 기관이지만, 우리에게는 악몽 같은 1998년의 경제위기와 연결된다. 나라가 망한다는 위기감이 고조되면서, 너도나도 장롱 속에 보관해 두었던 소중한 금붙이를 들고 나와 "금 모으기 운동"에 동참했던 기억이 새롭다.

돈은 돌고 돌아야 제맛

'돈'은 돌고 돈다고 해서 붙은 말이란다. 어쨌든 돈은 여러 사람들의 손을 거치는 것이니까 그 말도 상당히 일리가 있어 보인다. 옛날 진나라의 작가 노포의 말을 빌리면, "돈은 날개가 없어도 날고 발이 없어도 달릴 수 있는 것"이다. 끊임없이 돌고 돈다는 말이다.

이밖에도 돈이 원래 명도전처럼 칼 모양이었기에 '도 刀'라는 음이 '돈'으로 바뀌었다는 학설도 있고, 금처럼 귀중한 물질의 무게 단위인 '돈'에서 왔다는 설, 그리고 '돌'에서 왔다는 황당한 학설도 있다. 그런데 고려시대에 천태종을 개창한 대각국사 의천이 풀이한 돈의 명칭들을 보면 제법 곱씹어볼 만하다. 전 錢 의 둥근 둘레는 하늘을 의미하고 안쪽의 네모난 구멍은 땅을 의미한다. 또 천 泉 이라는 것은 통행하고 흘러가는 것이 샘물 같다는 뜻이고, 포 布 라는 말은 계급을 떠나 백성들 사이에서 널리 퍼져 막히지 않음을 뜻하며, 도 刀 라는 것은 날카롭게 사용해 부를 나누어 줄 수 있으며 날마다 써도 무뎌지지 않아야 한다고 해석했다. 이 뜻도 결국 돈이란 돌고 돌아 만인을 즐겁게 해야 하는 것이라는 의미다. 누구나 '돈'을 넉넉히 지니고 있으면 마음이 든든해지는 것은 이 때문이리라.

어떤 학설이 맞건 간에 '돈'은 돌고 돌아야 하는데, 요즘은 너무 안 돌아서 경제가 탈이란다. 그런데 돌고 돌기 때문에 오래 사용하기는 어렵다. 이 박물관에 마련된 '화폐의 일생' 코너는 우리 생활과 가장 밀접하게 연관되어 있다. 화폐가 만들어지는지는 과정, 돈을 깨끗하게 사용하는 법, 그리고 손상된 화폐의 교환 기준에 이르기까지 요긴한 정보가 오롯이 담겨 있다. 어느 기계 앞에서 관람객들이 모두 지갑을 꺼내길래 궁금해 다가갔더니, 화폐가 진짜인지 가짜인지 감별해 주는 기계란다. 진짜면 파란불, 가짜면 빨간불이 들어온다고 했다. 어찌 보면 당연한 결과인데도, 파란불이 들어오면 사람들의 얼굴에 웃음이 가득하다. 요즘은 화폐제조기법이 워낙 발달해 가짜를 찾아보기가 쉽지 않지만, 과거에는 위폐범에 대한 기사를 종종 읽을 수 있었다.

"화폐에는 왜 사람들의 얼굴이 들어가죠?"

오늘날 통용되는 화폐에도 세종대왕, 퇴계 이황, 율곡 이이 등이 들어가 있다.

"얼굴은 약간만 변형되어도 사람들이 이상한 느낌을 받게 되거든요."

화폐제조기술은 결국 가짜와의 싸움이다. 가짜를 만들기 어렵게 하는 것이다. 그래서 위조방지를 위해 화폐에는 다양한 최첨단 기술이 적용된다. 하지만 뛰는 놈 위에 나는 놈 있

한국의 화폐 한국은행 화폐박물관 소장.

다고 하지 않았나. 일반인들도 첨단 복사기를 쉽게 구할 수 있게 되면서 위조 기술도 함께 향상되고 있다. 화폐 제조는 그 나라의 과학기술 수준을 가늠해 볼 수 있는 척도가 된다고 하는데 사기꾼들이 과학기술 발달에 도움을 주고 있다고 생각하니 아이러니하다. 2012년 기준으로 우리나라 원화의 위폐 발생 빈도를 보면, 유통되고 있는 지폐 100만 장당 2장으로 영국 247장, 유로 34장 에 비해 크게 낮은 수준이다.

그렇다면 우리나라의 화폐제조기술은 어느 정도 수준일까? 《직지심체요절》, 《팔만대장경》 등 우리 선조의 인쇄 기술이 당대 세계 최고였던 것처럼, 우리나라의 화폐제조기술도 세계 최고 수준에 근접하고 있다. 은행의 위폐확인 기계에서는 숨은 그림과 형광인쇄 등의 비밀 코드가 다 드러난다. 그래서 복사기로 위폐를 만들면 금방 확인할 수 있다. 제2차 세계대전의 '베른하트 작전 Operation Bernhard'을 배경으로 한 영화 《카운터페이터》를 보면, 나치 독일이 위조지폐 전문가, 인쇄기술자, 은행직원 등을 고용해 당시 영국 국고의 4배나 되는 돈을 위조하는 장면이 나온다. 이처럼 돈을 만드는 것은 온갖 분야의 기술이 들어가는 복합예술인 셈이다.

진짜 돈방석에 앉아보다

그런데 돈의 말로는 처참하다. 생전에는 그토록 가치 있는 돈이지만 폐기되면 그걸로 끝이다. 화폐박물관 2층에 전시된 것을 보면 그 결말을 확실히 알 수 있다. 낡은 돈이 세상을 떠나기 위해 코끼리처럼 모이는 곳은 바로 그가 태어난 한국은행이다. 낡은 돈이 모여들면 구멍을 뚫어 사용할 수 없도록 한 다음 기계에 넣어 잘게 쪼갠다.

"야, 이거 돈방석이네!"

아이든 어른이든 할 것 없이 돈이 가득 들어있는 방석을 보고 함성을 지른다. 하지만 이내 한숨을 푹푹 쉰다.

"아이고 아까워라!"

돈방석 한국은행 화폐박물관 소장.

방석에 들어가 있는 건 잘게 자른 돈 조각이지만 쓰지는 못한다. 1,000원 권 조각을 삼킨 방석에는 약 1,800만 원, 1만 원 권 의자에 올라탄 방석에는 약 1억 7,000만 원 상당의 돈이 들어가 있다. 못 쓰는 돈이기는 하지만 진짜 돈방석이다. 잘게 쪼개진 돈은 나중에 건축의 바닥 내장재로 가공이 된단다. 그래도 돈을 만드는 재료가 좋아서 제법 강도가 있는 모양이다. 방석에 돈을 넣을 정도이니, 돈 부스러기로 사무실 바닥을 장식하면 돈이 돈을 부른다고 사업이 잘 되지 않을까?

그런데 이렇게 한국은행으로 온전하게 돌아오는 돈은 그나마 다행이다. 원래 돈에 낙서하거나 훼손하면 안 되지만, 해마다 7억 6,000만 장의 돈이 훼손되어 못 쓰게 된다고 한다. 필자가 아는 어떤 분은 돈이 들어오면 손으로 다려서 차곡차곡 지갑에 넣어 보관한다. 그분 말씀을 들어보자.

"돈을 존경하지 않으면 돈이 날 사랑하지 않아요."

돈은 종이나 작은 동전으로 만들어진다. 그런데 원래 돈을 만들 때는 금본위제에 따라 그만한 가치의 금을 한국은행에 비축해둔 뒤 돈을 찍어 유통시켰다. 하지만 지금은 어느 나라이건 간에 돈을 찍을 때 금

체험형 전시실

을 비축하지 않는다. 금으로는 오늘날 찍어내는 화폐량을 감당할 수 없기 때문이다. 그렇다 해도 금은 여전히 가치를 재는 척도로 사용되고 있다. 피난을 갈 때 금덩이들을 먼저 챙기는 것만 봐도 그렇다.

금은 바로 돈이다. 결혼할 때 주는 축의금, 장례식장에서 내는 부의금, 가난하거나 도움이 필요한 사람들을 도와주는 '기부금' 등의 '금'은 바로 돈을 말한다. 이 때문에 금을 만들어내기 위한 '연금술' 연구는 근대화학이 발달하기까지 약 1,000년간 이어졌다. 또한 황금의 땅을 향한 신항로개척, 금광을 차지하기 위한 전쟁과 정복의 역사 등을 보면, 금을 중심으로 한 화폐의 세계사를 구체적으로 이해할 수 있다.

돈을 보면 문화가 보인다

돈의 제작에 기술이 드러난다면 돈의 얼굴에는 문화가 드러난다. 서양의 돈에는 자유와 평등과 같은 문구가 등장한다. 탄자니아에 머물 때, 필자는 그들의 돈에서 세렝게티국립공원에서 살고 있는 코끼리나 코뿔소 같은 야생동물들을 볼 수 있었다. 그 도안이 마음에 들어서 아직도 한 세트를 모아서 가지고 있다. 세렝게티국립공원을 대표하는 이미지가 탄자니아 화폐에 새겨져 있으니, 이 나라에서 자국의 자연을 얼마나 소중하게 여기는지를 확인할 수 있다.

그런데 탄자니아 화폐는 조금 특별한 경우이고, 일반적으로 화폐의 앞면에는 그 나라를 대표하는 위인들의 초상이 들어간다. 그래서 그 나라에서 높이 떠받드는 사람들을 알아보려면 돈을 보면 된다. 퀴리부인, 칭기즈칸, 간디처럼 세계적인 위인들은 거의 다 화폐에서 찾아볼 수 있다. 우리나라에서는 최근에 신사임당이 5만 원 권에 등장했는데, 이는 여성을 우대하는 문화와 무관하지 않다.

그렇다면 나라마다 화폐 단위가 다른 까닭은 뭘까? 필자가 어릴 적에는 우리 돈을 환圜으로 불렀다. 따지고 보면 환이나 원이나 모두 둥글다는 말이다. 그래서 동양 삼국의 화폐는 그 이름이 둥근 원을 상징하는 원大韓民國, 위안中國, 엔日本이다. 이것은 진시황 때부터 돈을 둥근 형태로 만들었기 때문이라고 한다. 현재 세계적으로 인정받는 화폐 가운데 하나인 '달러'의 이름은 체코에 있는 은광의 은으로 만든 '타렐'이라는 돈의 이름에서 유래했다고 한다.

이처럼 세상 모든 나라는 고유한 화폐 단위를 가지고 있다. 이렇게 나라마다 서로 다른 화폐 단위를 사용하는 것은 나라마다 역사, 문화, 전통이 다르기 때문이니, 화폐의 명칭을 보면 그 나라의 핵심에 바로 접근할 수 있다.

그러면 인도의 화폐 '루피'는 무슨 뜻일까? 산스크리트에서 유래된

세계 각국의 화폐가
전시된 2층 전시실

'소'를 지칭하는 말이란다. 인도나 동아프리카의 유목사회에서는 소가
바로 돈이다. 소가 없으면 죽은 목숨이고 10마리면 가난하고 100마리
면 부자란다. 신혼부부지참금도 소다. 인도의 사례를 보더라도 빈부귀
천을 넘나들며 사용되는 돈에 신을 상징하는 말이 들어가는 것을 보
면, 돈은 그 자체로 천박한 게 아니라 어떻게 사용하느냐에 따라 그 자
리가 정해지는 것 같다.

"이 돈도 쓸 수 있나요?"

어린 관람객이 올림픽 주화를 보고 엄마에게 묻는다. 유사주화라고
부르는 이런 기념주화들은 국제사회나 나라에 중요한 일이 있을 때 이
를 기념하기 위한 이벤트성 화폐다. 실제 사용하는 돈처럼 많이 제작하
지 않기 때문에 그 희귀성으로 인하여 값이 오른다. 다시 말해서 사람
들은 기념하기 위해서라기보다는 가치가 올라갈 것을 염두에 두고 이
런 주화를 모은다.

이 화폐박물관은 세상의 모든 돈들을 전시하면서 돈의 기원과 발달 그리고 일생을 이야기한다. 그러나 이보다도 더 중요한 일은 한국은행이 하는 일을 설명함으로써 경제를 이해할 수 있도록 돕는다는 점이다. '통화량이 증가하면 내 월급의 가치가 어떻게 되나?', '왜 언론에서 이야기하는 물가가 엉터리처럼 느껴질까?', '나의 체감물가는?', '한국은행이 기준금리를 올리면 물가가 어떻게 변할까?'와 같은 의문들을 해소하기도 하고, 적절한 체험을 통해 경제에 대한 개념을 쉽게 배울 수도 있다.

일본정부가 징용자들에게 물가를 계산하지 않고 보상한다고 했던 돈 몇 십 원의 가치는 현재 기준으로 얼마쯤 될까? 1945년 당시의 1원은 현재 57만 원의 가치를 가진다고 하니, 당시의 몇 십 원은 수천 만 원이 되는 셈이다. 이렇게 과거와 현재를 오가며 이런저런 생각을 하는 사이에 어느덧 박물관의 끝에 섰다.

화폐박물관을 한 바퀴 돌고나니 마치 경제통이 된 듯한 기분이 든다. 지방에서 오기가 어렵다고 낙심하지 말자. 지방에도 한국은행 화폐박물관 지점들이 있으니까. 돈도 아는 만큼 보인다고 하니, 어린이나 청소년들은 반드시 만나보면 좋겠다.

엄청난 액수의 돈을 만나고 나왔더니 머리가 얼얼하다. 그리고 돈이 이렇게 많은데, 막상 가난 때문에 힘겨워하는 사람이 너무도 많아 안타깝기도 하다. 적은 돈을 만진다 해도, 가족을 부양할 수 있다는 생각에 궂은일을 마다하지 않았던 우리 아버지와 어머니들. 이제 그런 마음으로 어두운 탄광을 밝히며 묵묵히 인생을 파내려갔던 삶을 문경석탄박물관에서 만나보고 싶다.

26

석탄으로 인생을 말하는
문경석탄박물관

우리나라 난방을 책임졌던 문경

　문경은 영남에서 서울로 향하는 관문인 문경새재로 잘 알려져 있
다. 새재를 품은 도시 문경은 새로운 길이 열리기 전만 해도 소백산맥
의 남쪽 자락에 숨어 있던 오지였다. 조선 태종 14년인 1414년에 개통
되었다고 하니, 600년 전만 해도 이곳은 호랑이와 산신령이 전설의 고
향을 연출하던 곳이었다. 하지만 길이 열리면서 맑은 물이 쉴 새 없이
흐르는 조용한 산골도시 문경은, 과거를 보려는 영남의 젊은이라면 반
드시 거쳐야 할 곳이 되었다. 젊은 시절 고향으로 오가며 이곳을 수없
이 지나다녔지만, 정작 몸과 마음에 휴식을 주기 위해 방문한 적은 없
었다. 하지만 동굴을 조사할 기회가 생겨 한동안 머물게 되면서, 이 지
역을 자연스레 둘러보게 되었다.

고고학자가 흥미를 가질 만한 것들은 늘 땅에서 나오는데, 문경도 놀랄만한 선물을 두 개나 안겨주었다. 하나는 이곳에도 석회암 동굴이 있다는 것이고, 다른 하나는 석탄이 나왔다는 점이다. 석회암 동굴은 흔히 영월이나 단양 등지에서 많이 발견되었는데, 이 때문에 학계에서는 비슷한 동굴이 소백산맥 건너편인 이곳에도 분포하고 있을 거라고는 별로 기대하지 않았다. 하지만 최근에 한국인의 기원을 연구하기 위해 석회암 동굴을 집중적으로 조사하면서, 이곳에도 석회암 동굴이 분포하고 있다는 사실을 알게 되었다. 석회암 동굴에 묻힌 동물뼈나 사람뼈는 다른 곳보다 보존 상태가 좋아서 고고학자들에게는 최고의 선물이라 할 수 있다.

문경 읍 마을 풍경

문경으로 향하는 길에 떠오른 어린 시절의 교실 풍경. 아이들은 재잘거리며 수업을 준비하고 그 앞에는 뜨거운 난로가 열을 내뿜고 있었다. 가끔씩 난로가 배고프다고 소리치면 당번은 난로의 입을 열고 옆에 놓인 시커먼 조개탄을 넣어주곤 했다. 끊임없이 석탄을 캐내던 탄광의 거점도시 점촌은 어느새 문경의 일부가 되었다. 석탄박물관에서 새롭게 알게 된 사실은, 일제가 일찍부터 이곳에서 석탄을 캐내기 시작했다는 것이다. 우리나라 석탄 채굴은 이미 19세기에 시작되었지만, 문경

의 탄광은 제2차 세계대전이 터지면서 당시 우리나라를 불법 점령한 일제가 급격히 증가한 석탄 수요를 충족시키려고 개발한 것이다.

　　일요일 아침에 집을 나설 때 늑장을 부리는 바람에 정오가 넘어서야 문경에 도착했다. 과거에 이곳은 구불구불 산길을 거슬러 올라 아마도 100번은 돌아야 새재의 정상에 올라갈 수 있는 험한 길이었다. 하지만 이제는 충청북도 수안보에서 터널을 통해 문경까지 10분 정도면 된다. 그야말로 상전벽해다. 아이들이 어릴 때만 해도 이 길을 통해 고향으로 가는 건 한마디로 '전쟁'이었다. 막히는 고속도로는 아무리 먹어도 배부름을 느끼지 못하는 식신처럼 끊임없이 자동차를 먹어치웠다. 그 긴 길 위로 108번뇌를 지우기 위해 돌리는 염주알처럼 차량이 하나씩 움직일 때면, 아이들은 "아빠, 언제 집에 가?"라고 하며 보채기 일쑤였다. 그 빡빡하던 추억의 반작용으로 이제 터널을 빠져나올 때가 되면, 뱃속의 체기가 사라지는 것처럼 일종의 카타르시스까지 느끼게 되었다.

석탄에서 연탄까지 전설을 담은 박물관

　　발굴현장에 들렀다가 나오는 길에 석탄박물관으로 차머리를 돌렸다. 석탄박물관은 발굴현장에서 그다지 멀지 않았다. 꽤 유서 깊은 마을인 성저리를 나와서 개천을 따라 가은 쪽으로 조금 이동하면 삼거리가 나오는데, 그곳에서 좌회전을 해서 1킬로미터 정도 가면 된다. 이곳은 원래 탄광이었으니 개울에도 탄가루로 범벅이 되어 있을 거라고 생각하겠지만, 이제는 맑은 물이 골짜기 안쪽에서 흘러나오고 개천 변에는 펜션들이 늘어서 있다.

박물관 입구로 들어서니 바로 앞 광장부터 사람들로 붐빈다. 가까스로 피해 뒤편으로 발걸음을 떼보지만 그마저도 여의치 않다. 연개소문 촬영장을 관람하려는 사람들이 모노레일을 타려고 박물관 뒤편에 있는 정거장으로 끊임없이 움직이고 있었기 때문이다. 박물관으로 가려고 매표소 옆을 지나니 깔끔한 정원이 눈에 들어온다. 오래된 소나무들과 배롱나무의 붉은 꽃들이 인상적이고, 석탄 산업을 표현한 정원 입구의 조각상도 자연경관에 어울리게 꾸며놓았다.

드디어 박물관이다. 갱도의 입구처럼 만든 현관으로 들어서면 바로 작은 홀이 있고 전시장으로 올라가는 계단이 급하게 이어진다. 급경사에 익숙하지 않은 사람이라면 위압감을 느끼기에 충분하다. 계단 중앙에는 3층 천장까지 연결되는 큰 기둥이 있고, 그 기둥의 사면으로 석탄 산업에 얽힌 애환을 보여 주는 영상들이 여러 장 붙어 있다.

중앙 홀의 영상기둥. 광부들의 애환이 담긴 일상을 보여 준다. 문경 석탄박물관 소장.

풍요로운 사회를 살아가는 오늘날의 시선으로 바라보면, 광부가 탄을 캐던 그 시기가 무척이나 힘겹고 고단한 막장처럼 보인다. 그러나 이 박물관의 시선을 따라가다 보면, 당시 우리 사회가 그만큼 절박했기 때문에 목숨을 걸 만큼 험한 일조차 살아가는 데 절대적으로 필요했다는 사실을 깨닫게 된다. 계단의 양 측면에도 커다란 흑백사진들이 붙어 있는데, 여성 광부의 절박한 장면에 절로 눈이 멈추게 된다.

계단으로 올라와 만나게 되는 전시실 입구의 홀에는 공룡이 서 있
는데, 아쉽게도 공룡은 석탄기와는 맞지 않다. 석탄이 만들어진 시대
는 공룡이 나타난 시대보다 훨씬 앞서는 고생대, 즉 지구상에 생물이
나타난 초기다.

박물관의 본 전시실 입구에는 '십구공탄', 다시 말해서 연탄을 만드
는 장면이 복원되어 있다. 이 연탄은 1990년대에 잠실아파트에서 때던
것인데, 오늘날 그곳 주민들 가운데 이 사실을 아는 사람들이 과연 얼
마나 될까?

어릴 적 우리 동네에도 연탄을 만들던 아저씨가 있었다. 그는 얼굴
뿐 아니라 콧구멍까지 시커멓게 한 채로 동네 한켠을 시끌벅적하게 만
들었다. 큰 떡메를 들고 있다가 연탄 만드는 기계에 점토를 섞은 탄가

연탄 찍는 기계 문경
석탄박물관 소장.

루가 들어가면 "으랏차!"라고 하면서 내려치
곤 했다. 그러면 연탄 틀을 잡고 있던 사람
이 한 쪽에 까만 연탄을 잽싸게 빼어 놓았
다. 이런 것을 기억하는 사람들은 한국전쟁
을 치르지만 않았을 뿐 대부분 '격동의 반세
기'를 지나왔다.

그런데 연탄이 한국전쟁 중에 부산에서
시작되었다는 것은 이 박물관에서 처음 들었
다. 신기한 것은 구멍의 수와는 무관하게 연
탄을 보면 따뜻함과 풍요로움을 느낀다는 거
다. 어쩌면 이런 감정은 우리 세대만의 전유
물이 아닐까? 전시장에는 예전 교실이나 사
무실에서 흔히 보았던 연탄난로들이 전시되

어 있다. 이런 무쇠난로는 난방이라는 기본적인 기능 외에도, 도시락 비빔밥 누룽지를 기대하는 까까머리 학생들의 코를 즐겁게 하기도 했다. 점심시간이 지나면 난로는 양은 주전자의 차지였다. 차가운 겨울, 따뜻함의 상징이었던 하얀 수증기. 이것은 양은 주전자와 연탄난로가 합작해서 만들어주는 아주 특별한 선물이었다. 펑펑 뿜어져 나오는 수증기가 교실이나 방으로 퍼져나갈 때면, 사람들은 천국에라도 온 것처럼 안락함을 맛보곤 했다.

전시에서 가장 눈이 가고 감동적이었던 것은, 당시 갱도에서 일하던 사람들이 남긴 기록이다. 첫 출근의 기대감과 용기, 가족을 부양할 수 있다는 자부심이 드러나는 얘기들. 그때마다 그들과 함께 손뼉 치며 기뻐할 수 있었다. 하지만 감당하기 어려운 탄광 속의 열기와 공기 부족으로 인한 탈진현상 등 갱도에 처음 들어간 사람이라면 누구나 경험할 수밖에 없는 내용들을 만날 때는 가슴이 아려왔다. 막장은 폐쇄된 공간이나 마찬가지이기 때문에, 처음 겪는 사람들에게는 지옥 같은 순간이었을 것이다. 마스크를 썼다고 해도 광부들은 진폐증으로 죽는 경우가 많았다. 진폐증이란 먼지가 폐에 쌓여 폐가 딱딱해져 제 기능을 하지 못하게 되는 병이다. 박물관에는 진폐증으로 찌든 사람의 폐가 전시되어 있는데 시커멓게 보였다. 그 시대의 절박한 상황을 모르는 사람들은 갱도에서 평생을 바치며 폐를 검게 물들인 이들의 삶을 절대 이해하지 못할 것이다.

진폐증 환자의 폐 문경 석탄박물관 소장.

사람 반 죽이는 고달픈 막장

　구한말에서 일제강점기를 거쳐 20세기 후반에 이르는 동안, 우리나라 사람들은 자의가 아니라 타의에 의해 강요받는 삶을 살아왔다고 보면 된다. 가난으로 인해 농사조차 짓지 못하던 사람들의 입장에서, 석탄을 채굴하는 일은 가난한 현실을 타개할 수 있는 새로운 기회였다. 또한 그 기회를 움켜쥔 사람들에게는 엄청난 기쁨을 안겨주었다. 그래서일까? 봉급을 받았을 때의 기쁨을 절절하게 표현한 사연들을 곳곳에서 발견할 수 있다. 사람들은 광부가 되기 위해 치열하게 경쟁했고, 일단 그 관문을 뚫기만 하면 안정적인 월급쟁이로서 든든한 가장이나 효자노릇을 할 수가 있었다.

　석탄박물관에서 아직도 눈에 선한 것은 여성광부들에 관한 이야기다. 오죽하면 여성이 탄광으로 내려갔을까. 당시 이곳에서는 여성들에 대한 성차별이 심했던 것 같다. 아침에 일하러 갈 때 여성이 길을 가로질러 가면, 그날의 일을 포기하는 등의 금기까지 있었다. 하지만 이런 금기에도 불구하고 가정의 생계를 꾸려나가야 하는 여성들은 날마다 갱도로 발걸음을 옮겼다.

　여성들은 질이 좋은 탄을 고르는 일을 했는데, 남편이 탄광 사고로 사망한 뒤 아이들을 키우기 위해 광부로 나선 이들의 목소리를 들어보자.

　"우는 애를 남기고 일하러 나오면 내내 아이 울음소리가 귓가에 울려요."

　"저희 집에는 중학교밖에 보내지 못한 아이가 살림을 살아요. 그 아이가 동생들의 책가방을 챙기고 학교에 업어다주기까지 하는 걸 보면 가슴이 미어터져요."

두어 마디의 하소연이 가슴을 먹먹하게 한다. 꽉 막힌 인생살이 같은 문구로 가득한 이곳. 탄광의 막장은 그런 생활을 해 보지 않은 사람들이 쉽게 표현할 수 없는 세계다. "월남막장"이라는 용어는 월남전 이후에 생겨난 문구로서, 엄청나게 더워 숨이 막히는 막장 공간을 말한다. 요즘 말로 '사람을 반 죽이는' 그런 공간이다. 지하 수백 심지어 수천 미터 아래로 파들어간 작은 공간. 언제 무너질지도 모르는 그 작은 공간에서 사람들은 절대 공포를 이겨내는 법을 배워야 했으리라.

박물관의 한쪽 벽에 전시된 수많은 경고안내문들은, 사람의 생사가 한순간에 달라지는 순간이 언제든 찾아올 수 있다고 부르짖고 있다.

'쥐가 가장 가까운 친구라고?'

알듯 모를 듯한 얘기에 막장사람들이 삶과 죽음 사이의 경계선을 달린 '블레이드 러너'임을 깨닫게 된다. 쥐는 해를 끼치는 짐승이지만 인간과 가장 가까운 곳에서 살아가는 짐승이다. 그런데 깊은 갱내에도 쥐가 산단다. 갱도에 사는 쥐는 사고를 미리 알려주는 예언자 같은 존재로서, 광부들은 쥐가 있는 것을 보면 안심하고 작업했다. 그리고 점심

탄광으로 들어가는 기차
문경석탄박물관 소장.

식사 때는 쥐들과 식사를 나누어 먹기도 했다. 배가 가라앉을 때도 쥐가 먼저 탈출한다고 했으니, 쥐는 광부들에게 끔찍한 결과를 피할 수 있는 길잡이였다.

이 탄광은 조선시대 때부터 알려지긴 했지만 실제로 개발된 시점은 일제강점기였다. 그 뒤 1960년대에 우리나라에서 연탄이 보편화되자 호황을 누렸다. 연탄은 일산화탄소를 뿜어내기 때문에, 그동안 많은 사람들이 가스중독으로 생을 마감했다. 하지만 오늘날 우리가 나무로 뒤덮인 푸른 산들을 볼 수 있는 것은 바로 연탄 덕분이다. 연탄이 나무 땔감의 역할을 대신했기 때문이다.

광산에서 캐낸 인생이야기

광산에서 사용하던 장비들을 보면 다시 한 번 전율을 느끼게 된다. 막장에서 채탄하는 '콜픽 석탄 캐는 기계'을 보면 사방으로 터져 나오는 시커먼 먼지들이 떠올라 진폐증에 걸린 것처럼 답답함을 느끼게 된다. 깊은 굴속에 있는 사람들에게 산소를 공급하는 펌프는 광부들의 생명선

01 막장의 채탄장비 문경석탄박물관 소장.
02 박물관 마당의 공기펌프장비 문경석탄박물관 소장.

이었다. 박물관 마당에는 엄청나게 큰 공기펌프장비가 전시되어 있는데, 수백 미터 또는 수 킬로미터의 갱도에 공기를 공급하려면 엄청난 압력이 필요했을 것이다. 그런데 광부들은 탄가루 때문에 방진 마스크를 착용해야 했으니, 숨이 막히지 않을 수 없었을 것이다. 아마도 땅속 깊이 들어가는 일은, 숨이 막힌다는 점에서 에베레스트처럼 높은 곳을 등반하는 것과 마찬가지였으리라.

광부의 개인용 옷과 장비
문경석탄박물관 소장.

당시 광부들은 몸을 보호하기 위해 상당한 무게의 개인 장비들을 가지고 들어가야 했다. 때문에 갱 속에서의 몸놀림은 수중에서 움직이는 것만큼 둔했을 것이다. 그러나 인간은 적응의 귀재! 결국은 적응하여 지난 수십 년간 우리의 방을 데우던 연탄의 재료를 캐낸 것이다.

그런데 기술이 발전하면서 막장에서의 작업도 계속 바뀐 모양이다. 처음에는 앞서 언급한 '콜픽' 같은 착암기조차 없어서 쇠정 노미라고 부름 을 불에 달구어 뾰족하게 만든 다음 이것을 한 사람이 잡고 해머 흔히 일본어 '겐노'라고 알려서 있음 로 때려 석탄을 채취했다. 물론 굴을 파들어 가려면 먼저 구멍을 뚫어 화약으로 발파작업을 해야 하는데, 매우 위험한 작업이었다. 때문에 여러 가지 종류의 가스측정기를 확보하는 건 필수였다.

광부들은 대체로 8시간 근무하고 하루 3교대를 했는데, 갱에 있는 동안에는 밖으로 나오지 못하니까 도시락을 가지고 들어가게 된다. 도시락은 광부가 직접 준비했는데, 물에 말아 훌훌 마시듯 먹는 게 보통이었다. 그러다가 갱도에서 나오게 되면, 광부들은 마치 연탄을 찍어낸 듯 똑같은 얼굴로 쭉 흘러나왔다.

"다들 비슷한 복장에 눈과 치아만 하야니까 동료들끼리도 잘 알아보지 못했어요. 군대 위장도 그것만 못할 걸요."

그런데 자식들은 잘 못 알아보지만 아내들은 금방 알아본다고 하니, 부부 사이란 직업과는 무관하게 '한 몸'이라는 사실을 다시 한 번 깨닫는다.

이 박물관은 마당에 당시의 마을을 복원하면서 갱도의 일부를 고쳐 갱도 체험장을 만들어 두었다. 물론 그 절박한 삶의 현장을 다 알 수는 없겠지만, 박물관 곳곳에 전시된 그림과 글을 통해 광부들의 삶과 그들의 사회적 헌신을 어느 정도는 이해할 수 있었다.

은성광업소의 사택촌은 당시로서는 상당한 명성이 있었던 모양이다. 광부들의 안정된 생활은 주변 주민들에게 부러움의 대상이었는데, 당시 은성광업소는 국립광산이어서 안정적인 직장으로 각광을 받았다고 한다. 복원된 사택 동리에는 당시 광부들의 일상을 인형으로 재현해 놓았는데, 그중에서 돼지고기 정육점이 인상적이다. 삼겹살은 목이나 입의 먼지를 씻어낸다고 하여 광부들 사이에 인기가 있었지만, 폐에 깊이 박힌 것까지는 녹일 수 없었으리라.

이제 갱도 바깥으로 나온 사람들. 끊임없이 파내기만 했던 그들이기

사택촌의 돼지고기 판매 식당 문경석탄박물관 소장.

에 채워야 할 것도 있는 법. 이발하고, 목욕하고, 한잔하고, 밥 먹고, 아이들 공부시키고……. 음식을 버무리고 마지막으로 참기름 한 방울 떨어뜨리듯이, 그들은 삶에 윤활유와도 같은 순간들을 만끽한다. 속절 없이 흘러가는 '검은 시간' 속에서, 탄가루 뒤집어쓴 시침과 분침을 날 마다 씻어내고 또 씻어낸다. 하지만 편안한 시간은 찾아오지 않았다. 부자의 시간이나 절박한 갱도의 시간이나 흘러가기는 마찬가지라고 하 나, 일장춘몽이라도 편해지고 싶어 하는 게 인간이다. 하지만 세상은 사람들에게 무척이나 혹독하다. 특히 광부들에게는.

이곳에 있는 사택의 주인공들은 당시 이 지역에서 인정받는 월급쟁 이들로서 자부심을 갖고 살아갔을 것이다. 하지만 생명을 담보로 하는 일이었기에, 그들의 삶은 긴장의 연속이었나 보다. 옆집이 '병반 야간근무 조'으로 가게 되면, 낮잠 자는 것을 방해할까봐 아이들을 울지도 못하 게 했다니까 얼마나 살얼음을 걷는 것과 같은 생활이었을까? 이 박물 관 곳곳에 내걸린 사진과 기념물에서 스며 나오는 인내심이야말로, 오 늘날 우리에게 절실하게 필요하다는 생각이 든다.

탄광에 과학을 배우러 와서 뇌수에 또렷이 기억될 만큼 아련한 드라 마 한 편을 보고 간다. 그래서 박물관이 인생의 압축판이라는 말도 있 으니, 어쩌면 당연한 걸까? 석탄은 현대화 과정에서 우리의 삶을 받쳐 준 무척이나 익숙한 에너지원이었지만, 힘든 환경 속에서 하루하루를 이어간 광부들의 이야기는 이제 먼 나라의 소설처럼 낯설기만 하다.

석탄박물관에서 오래된 친구 같은 석탄을 만나다 보니, 어릴 적 석 탄을 연료로 전국을 누비던 증기기관차가 떠오른다. 어린이들은 장난감 기차의 원형이 증기기관차라는 것은 모르겠지. 모든 세대의 낭만을 간 직한 기차를 타고 시간여행자가 되어 철도박물관으로 향한다.

27

과거를 태우고
미래로 가는 철도박물관

도라산역의 기차를 기억하나요?

"칙칙폭폭 칙칙폭폭"

기적소리를 울리며 지나가는 증기기관차를 떠올리면 누구나 낭만에 젖는다. 게다가 고래처럼 등허리에 나있는 배출구로 연기를 내뿜는 모습을 보면, 저절로 "우와! 저것 봐!" 하고 함성을 지르게 된다. 그렇다. 증기기관차는 우리나라 근대 초기에 낭만을 싣고 달리던 기차였다. 그 기차는 석탄이 다른 연료에 대장 자리를 내어주면서 어느 순간 사라졌고, 이제는 간혹 과거를 리메이크한 서부활극이나 '토마스' 같은 장난감에서나 그 원형을 찾아볼 수 있다. 하지만 이런 기차를 실제로 만나볼 수 있는 곳이 있으니, 경기도 의왕에 있는 기차박물관이 그 주인공이다.

철도는 사람들의 희로애락이 가장 깊이 배어있는 쇳덩이일 것이다.

중앙 홀의 파시 철도
박물관 소장.

아마도 철도와 관련된 유행가를 부르라고 하면 밤을 새워도 다 하지 못
할 것이다. 철도를 배경으로 촬영되는 영화도 헤아릴 수없이 많다. 필자
가 가장 인상적으로 만났던 철도 관련 영화는 러시아의 유태인을 다룬
《지붕 위의 바이올린》인데, 거기서 아버지는 딸이 탄 기차가 지평선 너
머로 사라질 때까지 하염없이 바라보았다. 그때 딸에 대한 사랑과 연민
과 걱정으로 가득하던 아버지의 눈빛과 아득히 먼 곳으로 떠나가던 기
차는 아직도 최고의 명장면으로 남아있다. 물론 영화가 아니더라도 철
도는 예나 지금이나 변함없이 필자의 좋은 여행친구가 되어주고 있다.
이런 모습은 남녀노소를 가리지 않고 별반 차이가 없을 것이다.

　하지만 사실 철도는 낭만 이전에 산업의 동맥으로서 사람과 물건을
먼 곳까지 운반하는 현대산업의 절대적인 사회간접자본이다. 그런데 이
철도 역시 시대가 변하면서 엄청나게 바뀐다. 1960년대 이전 상황은 정
확히 모르지만, 필자가 어릴 적에 탄 기차는 오늘날 판문점 부근의 도
라산역에 서 있는 것과 같은 증기기관차였다. 둥근 통을 눕혀 그 앞에
불을 때어 증기로 가게 하는 기차였는데, 아마도 기차의 고전적인 모습

01 눈 위의 증기기관차
철도박물관 소장. **02**
KTX 모형 철도박물관
소장.

일 것이다. 검은색으로 만든 것이 보통이고 하얀 테두리가 있거나 붉은 글씨들이 있었던 것 같은데, 연기를 씩씩하게 뿜어내며 달리는 품은 한 마리의 흑룡이 비상을 준비하는 듯한 느낌을 주었다.

그런데 이제는 시속 400킬로미터로 가는 기차가 한국에서도 개발되었다고 한다. 프랑스제 떼제베가 도입된 이후 고속열차는 보편화되었고 우리의 생활을 완전히 바꾸어 놓았다. 그리고 기차의 모습 역시 이제는 유선형 물고기 같은 모습을 하고 있다.

기차, 박물관 역에 서다

서울에서 과천을 지나 좀 더 남쪽으로 내려가면 의왕이라는 도시가 나온다. 크지 않은 도시지만, 여러 산으로 둘러싸여 있기 때문에 서울 인근에서 가장 자연을 누릴 수 있는 도시일 것이다. 이 의왕시의 한 자락에 철도박물관이 있다. 철도박물관은 의왕시 부곡동 일대 250만 제곱미터 규모의 구역이 '철도 특구'로 지정되면서, 박물관뿐만 아니라 지역사회가 함께 철도를 중심으로 발전하는 곳으로 미래가 더욱 기대되는 박물관이다. 철도 특구로 지정된 부곡동 일대는 우리나라 철도의 전통과 첨단 철도시설이 공존하는 지역이다. 한국교통대학 _{옛 철도대학}, 철도박물관, 철도기술연구원 및 철도공사 인재개발원 등 철도시설이 집적화되어 있는 그야말로 한국 철도산업·문화의 요충지라 할 수 있다. 특히 부곡역은 일제강점기 당시 경부선 수원−군포 구간에 위치한 '역원이 배치된 간이정차장'이었던 곳이었으니, 이 지역에 자리 잡은 철도박물관은 역사의 현장을 마주하는 상징적인 곳이라 할 수 있다.

　박물관으로 향하는 길옆에는 여러 가지 벽화가 그려져 있어서 방문객들의 시선을 끄는데, 그 길의 끝에 기와지붕을 얹어 전통미가 가미된 단아한 건물이 바로 철도박물관이다.

　철도박물관은 1981년에 서울 용산에 있던 철도고등학교 실습장에 500여 점의 역사 유물자료와 실물 등을 전시한 기념관을 개관하고 일반에게 공개한 것이 시초다. 그 후 1986년 12월 경기도 의왕시 월암동의 교통공무원교육원·철도전문대학 등이 있는 철도교육단지에 현재 규모의 박물관을 건립하기 시작했고, 올림픽 개최를 즈음하여 1988년

철도박물관 전경 철도박물관 사진제공.

에 개관한 철도 전문 박물관이다. 1997년 4월 1일에는 서울역 내에 서울역관을 개관하여 총 2관으로 나누어 전시하고 있으며, 철도의 발전 과정을 살필 수 있도록 유물자료를 비롯하여 동력·시설·신호·통신·전력장비와 운수·운전 용품 등을 소장하고 있다. 철에 관한 박물관이기도 하고 교통에 대한 박물관이기도 하며, 한편으로는 물류에 대한 박물관이기도 하니, 여러 가지 콘텐츠를 만날 수 있는 곳이다.

그런데 철도박물관의 역사는 사실 이보다 더 거슬러 올라간다. 애초에는 일제강점기인 1935년에 한국철도 직영 10주년 기념사업으로 설립된 적이 있다. 당시의 전시품 중에는 다이쇼 일왕이 황태자 시절 한국에 왔을 때 찍은 기념사진과 그가 앉았던 의자도 포함되어 있었다. 당시 철도박물관은 남만주철도주식회사에 맡겨졌다가 조선총독부로 이관되었다고 한다.

의왕의 철도박물관은 옛 역사驛舍에 지은 것이어서 넓은 부지에 각종의 철도시설물이 남아 있다. 원래 철도청 소속이었지만 이제는 철우회라는 법인이 위탁운영하고 있다. 그래서 예산이 여의치 않아 어려움이 있지만, 한국철도역사의 대명사이자 철도운송 관련 산업기술 교육의 산실이 되고 있다. 홈페이지를 열면 기차소리가 나게 하여 사람들을 즐겁게 해주는데, 철도의 사회적인 보급이라는 역할을 충실히 하려고 노력하는 모습이다.

최초의 기차, 날 잡아 봐!

철도의 역사를 보면, 처음에는 속도를 높이기 위해 궤도 위에서 바퀴를 굴리는 방식을 고안해 냈다고 한다. 하지만 나중에는 쇠로 길을 만들고 바퀴도 만드는 것으로 진화했는데, 이게 바로 철도의 효시라고 한다. 우리나라에서는 그런 궤도를 찾아볼 수 없지만, 경주의 신라 유적을 보면 길에 마차바퀴가 지나갈만한 홈이 파져 있는 것을 볼 수 있다. 이것은 마차가 같은 곳을 많이 다녀서 생긴 것으로 보이는데, 이런 길은 이탈리아 폼페이에서도 찾아볼 수 있다. 폼페이에서는 길에 돌을 깔았는데, 마차가 다니는 길이 일정해 홈이 파지게 된 듯하다.

지금의 기차는 이런 궤도가 생긴 지 100년이 지난 1804년에 영국 드레비시크의 실험으로 시작되었다. 그는 1808년에 시속 30킬로미터 정도로 달리는 증기기관차를 만들어 실험했는데, 당시로서는 엄청나게 빠른 속도였다. 차의 이름도 '날 잡아 봐!' Catch me who can 라고 붙였는데, 결국 기차의 무거운 하중으로 노반이 가라앉아 실패했다고 한다. 이런 실패를 거듭하면서 19세기 초에 영국에서 드디어 기차가 다니게 되었고, 서부개척사를 대변하는 미국의 기차도 1830년부터 달리기 시작했다. 일본에는 1872년에 처음으로 기차가 다니게 되었는데, 우리나라는 그보다 25년쯤 뒤인 1897년에 처음으로 경인철도 개설을 위한 기공식을 하였다. 그런데 미국과 일본의 주도권 싸움 끝에 1899년에 경인철도가 개통되었는데, 이를 언급한 당시의 《독립신문》 기사를 보자.

철도개업식을 위하여 인천에서 화륜거(기차)가 떠나 영등포역(노량진역)으로 와서 내외 귀빈을 모시고 오전 9시에 인천으로 향하는데 화륜거 구르는 소리는 우레와 같아 천지를 진동하고 기관차의 굴뚝연기는 하늘로 솟아오르더라. (중략) 나는 새도 따르지 못하더라.

미카 철도박물관 소장.

이것이 우리 철도사의 시작이었다.

이 박물관에 전시된 기차모형 중에서 필자가 어릴 적에 많이 보았던 것은 기차에 '미카'라고 적혀 있는 것들이었는데, 이것은 일본어로 '황제'를 의미하는 말이라고 한다. 필자는 그것이 영어단어의 약자일 거라고 생각했는데 박물관에 와서야 그 뜻을 알게 된 셈이다. 그런데 미카형 증기기관차는 1930년대부터 1960년대 후반까지 우리나라 철길을 누비고 다녔다고 하니, 필자가 어린 시절에 탄 증기기관차는 모두 이것인 모양이다. 그런데 한국전쟁 당시 포위된 미군 24사단장인 딘 소장을 구출하기 위해 김재현 기관사가 미카3-129를 타고 적진을 돌파하였다고 하며, 그 기차는 현충원에 있다고 한다. 기차가 전쟁터에서 백기사 노릇을 한 셈이다. 말이 주인을 살리기 위해 위험을 무릅썼다는 이야기는 들었어도, 비슷한 전설을 간직한 기차가 있다는 사실은 처음 들었기에 무척 흥미로웠다.

김재현 기관사 유품 철도박물관 소장.

2층에는 기차의 건설 및 운행과 관련된 다양한 기술들을 전시하고 있는데, 무게와 속도의 과학이 결합한 모습이다. 기차를 타면 '덜거덕'거리는 기차의 소리와 움직임을 느낄 수 있고, 얼마 지나

지 않아 따뜻한 실내 기온을 느끼며 요람에 안긴 것처럼 잠이 들어버리는 것이 보통이다. 그런데 요즘 기차를 타면 그런 움직임이 훨씬 적다. 지난번에 대만에서 초고속열차를 탔을 때 어떤 구간에서는 움직임을 느끼지 못할 정도로 조용히 가는 것을 경험한 적이 있다. 이것은 선로제작 기술이 발달했기 때문이라고 한다. 연결 부위의 요철을 없애는 방법을 사용했는데, 이것도 고도의 금속기술인 것 같다. 왜냐하면 쇠는 늘어나기 때문에 그냥 연결하면 구부러진다. 대만에서 사용한 기술은 바로 이런 굽어지는 성질을 없애는 것이었다. 또 실용단계에 와 있는 마그레브라고 부르는 자기부상열차를 타게 되면 구름 속을 달려가는 것 같을지도 모른다. 자기부상열차는 접촉하지 않고 달리기 때문에, 소음도 없고 진동과 분진을 발생시키지 않는다고 한다. 물론 새로운 선로를 건설하려면 돈이 많이 든다고 하니 당분간은 KTX를 이용하는 방법밖에 없을 듯하다.

얼마 전에 대구역에서 기차가 부딪쳐 사고가 나기는 했지만, 액션 영화에서 보는 것처럼 기차는 대형사고가 잘 나지 않는 가장 안전한 교통수단이라고 한다. 그런데 기차의 길은 두 갈레밖에 없고, 경부선의 경우에는 기차가 2 내지 3분 간격으로 다니는 곳이 있는데도, 서로 제 갈

철도신호기 철도박물관 소장.

길을 잘 가는 것은 선로변경 시스템과 신호체계가 잘 발달한 덕분일 것이다. 기차 역 앞에서 가만히 눈여겨보면, 기차가 오기 전에 시커먼 소총 같은 것을 내려놓는 광경을 볼 수 있다. 이것은 역에 들어오는 기차가 정차할 길을 바꾸는 기계인

데, 이 신호체계는 정말 예술이다. 미국의 한 백화점에서 이런 장치가 있는 정교한 장난감 기차세트를 수천 달러에 판매하는 것을 보고 놀란 적이 있는데, 이것은 어른들의 장난감으로 수집 가치가 있는 아이템이라고 한다. 이제 철도는 모두 전자식으로 제어하겠지만, 수동식 신호제어 시스템은 그 자체가 백남준식 예술품이라고 할만하지 않을까?

표 검사하겠습니다

아날로그의 향수에 빠져들 때마다 떠오르는 것은 철도기차표에 관한 추억이다. 이 박물관에는 기차표의 진화를 보여 주는 전시가 있다. 전시를 둘러보다 보니 딱딱한 마분지에 꾹 눌리게 역 이름이 인쇄된 기차표를 들고 개찰원 앞을 지날 때마다, 개찰원이 가위 같은 것으로 모서리에 네모꼴로 홈을 내어 표시해 주던 때가 그립다. 그래서 기차를 타고 어디를 다녀오면 그 기차표를 꼭꼭 챙겨두던 아련한 추억이 떠오른다. 이제는 기차표를 역에서 끊기보다는 집에서 출력하는 경우도 많

야외전시장 철도박물관 사진제공.

아졌으니, 스마트폰 세상에서 앞으로 얼마나 더 발전할지 생각해 보면 기대감과 아쉬움이 뒤섞인다. 스마트폰으로 기차에 입장하는 게 보편화되면, 기차표를 잃어버리지 않으려고 땀이 배이도록 꼭 쥐고 다니던 시절이 그리울지도 모르겠다.

철도박물관에 가면 여러 대의 시커먼 기차들이 서 있는 풍경을 볼 수 있다. 여기서 가장 인기 있는 품목은 단연 파시 증기기관차다. 아마도 같은 모양의 장난감이 있어서 그런지 아이들이 무척 좋아한다. 이와 함께 주황색의 무늬를 달아서 호랑이 같은 느낌을 주었던 디젤기관차, 예쁘게 재단장한 미카 증기기관차도 함께 전시되어 있고, 기차의 객차들이 전시되어 있어서 직접 타볼 수 있게 되어 있다. 야외에 전시된 실제 기차들은 드라마나 영화의 촬영장소가 되기도 하는데, 내부에는 영화 포스터가 붙어 있다. 사실 현대사의 한 장면 중에서 기차가 나오는 장면은 이곳이 아니면 찍기 어려울 것이다. 주인공이 앉았던 자리에 한 번 앉아보는 것도 아이들에게는 좋은 체험이 될 것 같다. 이런 장면들과 함께 열차 안의 광고나 오래된 전구 등은 시대의 변화를 이해하는 데 꼭 필요한 경험이 될 듯하다. 이제 그런 것들은 거리에서는 만나기 어렵고, 박물관에서나 체험할 수 있는 과거의 흔적이다.

이곳에 전시된 전용기차는 1927년에 제작된 것으로, 1955년에 개조하여 이승만 대통령과 박정희 대통령이 이용했다고 하는데 등록문화재로 지정되어 있다. 내부에는 회의실, 주방, 화장실 등의 편의시설들이 있고 한쪽으로 복도가 있는 침대차 형태이다. 요즘에 새롭게 등장하는 수백만 원씩 하는 고급기차여행은 이 기차의 실내보다도 더 편하게 꾸며놓았을 것 같다.

그리고 또 눈길을 끄는 게 있는데, 등록문화재로 지정된 협궤열차라

협궤무개화차 철도박물
관 소장.

는 것이다. 이제는 협궤가 없어졌지만 수
원과 인천을 오가는 열차가 바로 수인선
협궤열차였다. 그리고 수려선은 1972년에
없어졌지만 수원과 여주 사이를 오가던
기차였다. 수인선은 소금을, 여주선은 쌀
을 열심히 퍼다 날랐지만, 다른 교통수단
의 발달로 쇄락하고 말았다. 시흥에 있는 오이도의 패총을 발굴하느라
인천에서 협궤열차를 타고 수원 쪽으로 가던 일이 떠오른다. 당시 그 열
차는 소래포구나 군자 부근에서 바다를 볼 수 있었던 풍경이 예쁜 철길
이었다. 지금도 소래포구역 앞에는 협궤열차를 전시하고 있는데, 지난
1995년에 폐선된 수인선의 경우에는 현재 새롭게 복원하려는 운동이
일고 있다. 강원도에서는 이 협궤열차를 관광자원으로 개발해 한쪽으
로 창밖을 바라보게 만들어 철암 등의 산간지방 관광에 활용하고 있다.
그동안 느리고 불편하다고 외면당하던 것이 산간지역 같은 오지에서 핵
심적인 관광자원으로 거듭나는 시대가 되었다. 필자가 일하는 전곡선
사박물관 옆을 지나는 기차 역시 과거에는 청량리에서 출발하던 경원
선의 일부였지만, 이제는 1호선 지하철을 더 먼 곳으로 이어주고 용산
에서 출발하는 전문관광열차의 화려한 꽃길로 바뀌었다.

꿈을 향해 달리는 철도

철도박물관은 어린이들의 사랑을 듬뿍 받는 것 같다. "긴 것은 기차.
기차는 빠르다."라고 하며 놀았던 어린 시절의 추억은 면면히 이어져 지

금의 아이들에게도 여행의 향수를 자극하는 듯하다. 그리고 철도가 과학기술을 모두 모아놓은 것이라는 점에서도 어린이와 학생들이 이 박물관을 많이 찾아 경험했으면 좋겠다. 이를 위해 철도박물관에서는 교육프로그램을 지속적으로 개발해 방문객들을 맞이하고 있으며, 다양한 체

험공간과 시설을 구비하고 있다. 특히 외부에 전시된 기차들을 실제로 타볼 수 있다는 게 방문객들의 욕구를 강하게 자극하는 것 같다. 또 모의 운전실과 같은 곳에서는 여러 운행 장비들을 직접 만져볼 수 있고, 모형 철도 파노라마실에서는 철도운행의 원리를 이해할 수 있다.

미래철도 중에는 유라시아 횡단철도가 눈여겨볼만하다. 필자도 시베리아 횡단철도로 이동하면서 고고학 및 인류학 발굴조사를 해보는 게 꿈이었다. 우리나라가 앞으로 발전하는 길 가운데 하나가 바로 이 대륙 간 횡단철도일 것이다.

경부선 철도가 부설되고 3년이 지난 1908년에 최남선은 "우렁탸게 토하난 긔뎍 汽笛 소리에 / 남대문을 등디고 나 나가서 / 리 부난 바람의 형세 갓흐니 / 날개 가딘 새라도 못르겟네."라는 〈경부 철도 노래〉를 지어 근대 문명의 이기인 철도 개통을 찬양했다. 그로부터 100년이 넘었다. 철도박물관이 염원하는 대로 이제는 철도과학박물관으로서 미래 과학도들이 꿈을 키워나가는 자리가 될 것이다.

이런 미래의 소망들이 과학으로 열매를 맺는다면, 언젠가는 타임머신 기차를 타고 수백만 년 전 전곡선사유적지의 현장으로 떠나는 때가 올는지도 모른다.

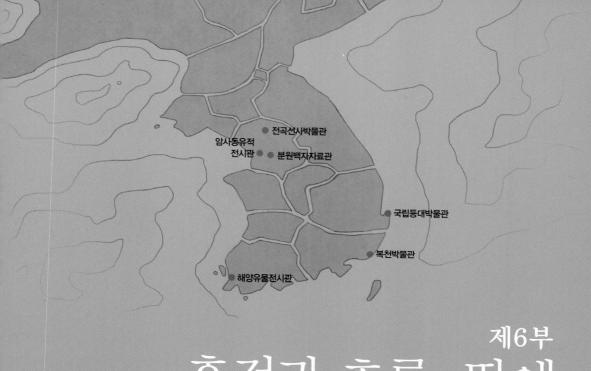

전곡선사박물관

암사동유적
전시관

분원백자자료관

국립등대박물관

복천박물관

해양유물전시관

제6부

흔적과 흐름, 땅에 숨겨진 역사를 찾아서

유적은 다양한 모습으로 인류 역사를 풍성하게 보여 준다. 선사시대에서부터 근대에 이르는 기나긴 역사 속에서 많은 유산들이 '발굴'이라는 이름으로 우리와 만났다. 역사와 자연의 원리를 유적이 머물고 있는 현장에서 느끼고 배우는 것은, 역사를 만나는 가장 올바른 방법이리라. 수많은 유적과의 만남을 통해 시간과 역사가 지구에 남긴 흔적을 돌아보는 시간은, 이런 점에서 그 어떤 만남보다도 가치가 있다.

28

과거로 떠나는 시간여행, 전곡선사박물관

1981년

38선 위의 박물관

‘돌만 가지고 살아갈 수 있을까?’

선사박물관을 찾아 주먹도끼를 보는 관람객들은 이런 질문을 한 번 씩 던질 것이다. 인류가 돌을 사용하지 않았다면 어떻게 되었을까? 아마도 인류는 지금과 같은 발전을 이뤄내기는커녕 진작 멸종하고 말았을 것이다. 인류진화학자들은 돌을 가지고 도구를 만드는 작업을 함으로써 인간은 엄청난 진보를 이뤄낼 수 있었다고 본다. 지난 세기에 아슐리안 주먹도끼가 발견되어 세워진 이 박물관은 700만 년 동안 이루어진 인류 진화의 비밀을 보여 주는 곳이다.

“어! 여기가 38선이라고요?”

한탄강 다리를 건너기 직전에 38선 비석을 보고 학생들이 호기심 어린 눈으로 종종 묻는다.

전곡은 원래 한국전쟁 이전에는 북한에 속한 땅이었다. 우리나라를 남북으로 길게 다닐 수 있는 3번 국도를 따라 북쪽으로 나아가다 보면 의정부, 옛날 임꺽정의 고향이라고 알려진 덕정, 그리고 미 2사단이 주둔하는 동두천을 지나 한탄강 다리를 건너게 된다. 이 다리의 남단이 바로 38선이다. 다리의 남단에는 38선 기념비와 함께, 한국전쟁 중에 이 지역에서 전사한 연합군들을 기념하기 위한 작은 공원도 마련되어 있다.

한탄강 다리를 지나면 정면에 은빛으로 반짝이는 건물이 다가오는데 그게 바로 전곡선사박물관이다. 전곡선사박물관으로 들어가다 보면 마치 우주선을 타는 기분이 든다. 번쩍이는 아메바 혹은 뱀 모양으로 생긴 유선형 스테인리스 건물 속으로 들어가기 때문이다. 어떤 때는 타임머신을 타는 기분이 들기도 한다. 왜냐하면 전곡선사박물관의 전시장 입구 바닥에 800만 년 전이라고 쓰여 있기 때문이다. 이만큼 까마득한 과거로의 여행은 오직 전곡선사박물관에서만 가능하다.

"아이들이 박물관에 다녀오면 무슨 우주선 같은 데 다녀왔다고 일

전곡선사박물관 전경
전곡선사박물관 사진 제공.

기를 적는데요."

이곳을 자주 찾는 초등학교 선생님의 얘기다. 프랑스 건축가 르장드르 씨는 자연 속에 살아 움직이는 생물에 기초해서 이 건물을 디자인했다고 한다. 그래서 그런지 이 건물은 굼벵이 같기도 하고 뱀 같아 보이기도 한다. 이곳에서 일하는 사람들은 용띠 해에는 용, 뱀띠 해에는 뱀을 닮았다고 주장하기도 하지만, 어쨌든 생물의 원형, 즉 아메바 같은 형태로 만든 건물이다. 유적지에 있기 때문에 건축물이 높이 올라갈 수도 없기 때문이기도 하지만, 자연에 가장 순응하는 디자인 개념을 가져온 것이다. 그렇지만 스테인리스를 소재로 만들었다는 점에서 또 다른 파격을 보여 준다. 돌을 소재로 하는 박물관이 번쩍이는 스테인리스 건물 속에 있으니 그 돌이 얼마나 귀한 줄 알게 만드는 지혜도 숨어 있다. 디자인의 원형은 생명의 근원에서 가져왔지만 첨단 소재를 사용했고, 또 그 속에는 700만 년 전의 유물이 담겨 있다는 점에서 시간여행을 하는 우주선이라는 느낌도 든다.

전곡선사박물관의 애칭은 '돌박'이었다. 돌을 주인공으로 삼아 만든 박물관이라는 말이다. 그런데 사실 박물관을 만들 때 많은 사람들이 "정말 '돌'을 가지고 박물관이 될까?"라는 질문을 많이 했다. 만드는 과정에서 '돌박'이라고 부르며 약간의 자기비하와 오기를 발동시키면서 생

전곡에서 출토된 아슐리안형 주먹도끼 전곡선사박물관 사진제공.

긴 애칭이다. 그런데 선사박물관의 돌들은 보통 돌이 아니다. 그중에 주먹도끼는 정말 특별한 돌이다. 아마도 우리나라 문화유산 중에서 가장 많이 외국에 알려진 것 중에 하나다. 왜냐하면 이러한 주먹도끼들을 '아슐리안형 주먹도끼'라고 부르는데, 동아시아지역에서는 전곡에서 최초로 발견되었기 때문이다. 그래서 이곳에 박물관이 생겨났고, 24만 평이나 되는 규모의 땅이 유적공원으로 보존되고 있다.

시간의 문으로 들어가다

전곡리박물관 주차장에서 큰 주먹도끼 조각이 있는 자리를 지나 호박넝쿨, 수세미 넝쿨이 늘어진 그늘막터널을 지나면, 눈앞에 억새풀이 가득한 작은 벌판이 나타난다. 그 오른편을 보면 은빛 건물이 현무암이라고 부르는 검은 바위 위에 편안한 자세로 누워있다. 억새가 펼쳐져 있는 작은 벌판 또한 인류가 생겨났다고 하는 아프리카 사바나의 풍광을 연출한 것이라고 한다. 그 억새 위로 분홍색 곰이 높다란 기둥 위에 떠 있다.

'웬 분홍곰이야?'라고 하겠지만 바로 웅녀를 상징하는 것이란다. 이 것을 만든 임근우 강원대 미대 교수는 웅녀가 여자라서 분홍색을 칠한 모양이다. 바로 단군신화의 솟대, 즉 우주목을 상징하는 하늘기둥이다. 이 기둥은 인류의 진화와 함께 우리 민족의 기원도 함께 보여 준다.

타원형 입구로 들어서서 위층으로 올라가면 바로 중앙 홀이 나오는데, 건물의 내부가 외관과 마찬가지로 둥글둥글하게 만들어져 있고 둥근 기둥이 여러 곳에 보인다. 석기시대의 보금자리인 석회암 동굴을 상징하는 디자인이란다. 여기서 살짝 긴장해야 한다. 바로 이곳의 주인 공을 만나는 시간이기 때문이다. 주 전시실로 들어가는 입구의 원형 으로 된 유리 기둥 속에 이 박물관의 상징인 아슐리안 주먹도끼가 전 시되어 있다.

"이게 바로 그 유명한 아슐리안형 주먹도끼예요?"

한편으로 신기한 듯, 다른 한편으로는 돌이 좀 이상하게 생겼다고 뭐가 그렇게 중요한지 모르겠다며 물어오는 경우가 많다. 그래도 보석 상 진열장 같은 곳에 넣어 두었으니 반짝거리지만 않을 따름이지 나라 의 보물이다.

인류가 석기를 사용하게 된 것은 지구에 모습을 드러낸 지 400만 년 이 지난 시점이었다. 석기는 사람들이 고기맛을 알게 되면서 생겨난 것 이라고 생각하는 고고학자들이 많다. 깨어진 돌이 아니면 가죽을 벗길 수 없고 고기를 자를 수도 없었기 때문이다. 그런데 돌을 처음 사용할 때는 아무렇게나 생긴 모양으로 날카로운 날이 있으면 되었지만, 사람 들이 돌에 약간 멋을 부리고 여러 가지 작업을 할 수 있도록 변형해 기 술혁신을 일으킨 것이 바로 주먹도끼다. 당시로서는 산업혁명 이상의

전시장의 주먹도끼
전곡선사박물관 사진
제공.

전곡의 주먹도끼
Acheulean Handaxe of Jeongok

혁명적인 개념전환이었을 것이다. 주먹도끼는 생기기도 멋있게 생긴 데다, 자르고 찍고 두드리고 할 수 있는 일은 다해내는 녀석이다 보니 선사인의 '맥가이버칼'이라고 할 만하다.

문제는 지난 20세기 후반까지 이런 주먹도끼들이 동아시아, 정확히 이야기하면 인도의 동쪽에는 없다고 미국의 저명한 고고학자인 하버드대학의 모비우스 교수가 주장한 것이다. 이것이 서구 고고학자들의 골수에 박혀 있었는데, 우리나라 전곡에서 아슐리안형 주먹도끼가 발견되었으니 세계 고고학계가 깜짝 놀랄 수밖에 없었다.

이 주먹도끼 기둥에서 한 걸음 전시장 안쪽으로 들어서면, 새롭게 펼쳐지는 풍경에 깜짝 놀랄 것이다. 왜냐하면 동물의 왕국 같은 풍광이 펼쳐지면서 원시인들이 줄 지어 서있는 놀라운 광경을 만나게 되기 때문이다. 박물관 건물의 초현대적인 외관과는 크게 차이나는 분위기라서 더욱더 즐거운 마음이 생길지도 모르겠다. 당당하고 위엄 있는 사자나 여리기 짝이 없어 불쌍하게 보이는 톰슨가젤의 모습은 동아프리카 탄자니아의 세렝게티국립공원을 뚝 떼어 온 듯하다. 바로 인류가 지구상에 처음으로 태어난 곳의 풍경이다.

인류 진화 상설전시실 전곡선사박물관 사진 제공.

"와우, 정말 사람 같네! 어떻게 저렇게 잘 만들었지?"

줄지어 선 원시인들을 보고 관람객들이 흔히 쏟아내는 찬사다. 중앙의 타원형 무대 위에 서 있는 고인류를 복원한 모형들 가운데 절반 정도는 데인즈라고 하는 프랑스의 여성 복원작가가 만든 것인데, 전곡선사박물관은 그 작가의 작

전시장에 복원된 아프리카 모습과 동물들 전곡선사박물관 사진제공.

품을 세계에서 가장 많이 소장하고 있다. 털이 돋아난 피부도 진짜 같아 보이지만 눈매가 살아 있어서 당장이라도 걸어갈 것만 같다.

데인즈는 인류학자와 함께 연구하여 얼굴이나 동작의 복원을 과학적으로 했고, 거기에 예술성까지 가미해 이 작품을 만들었다고 한다. 그래서 이 복원작품들에는 별도의 지적재산권이 있어서 함부로 복제할 수도 없다. 복원한 인류 가운데 북한 평양의 만달 동굴에서 나온 만달인이 있는데, 이 만달인은 북한고고학자들이 한반도인의 원류라고 주장하는 구석기시대 사람이다. 얼굴이 갸름하고 뽀얗게 생겨서 몽골로이드 중에서도 서양적인 풍모가 섞인 것처럼 느껴지는데, 아마도 작가가 평생 봐온 서양 사람들의 이미지가 섞인 것 같다. 이 타원형 무대를 한 바퀴 돌면 800만 년 전에서 오늘날의 사람까지 어떻게 진화했는지를 알 수 있다. 작은 키에서 큰 키로, 그리고 긴 팔에서 짧은 팔로, 구부정한 모습에서 곧바로 선 모습으로 그리고 없던 이마가 점점 더 넓어지는 모습 등으로 표현되어 있다.

"왜 만달인이라고 불러요?"

어린 학생이 묻는다.

"응, 인류화석이 발견되면 발견한 사람이 별명을 붙이는데 이 경우는 발견된 동굴이름을 따서 붙인 거란다. 학명과는 다르단다."

필자가 설명해도 아마 잘 이해하기 힘들었을 것 같다. 그것은 부르기 좋도록 지어낸 '별명'이기 때문이다. 흔히 서울에서 시집온 새댁을 '서울댁'이라고 부르는 것과 마찬가지로 인류학자들이 이름을 붙이는 관습이다.

"왜 만달인과 같은 현생인류는 털이 별로 없나요?"

이런 질문이 나오면 자연스레 고인류와 현생인류를 비교하는 이야기로 넘어가게 된다.

피부 복원은 간단하지 않다. 왜냐하면 피부는 썩어서 없어지기 때문에 고인류화석에 남아 있지 않기 때문이다. 전곡선사박물관뿐만 아니라 대부분의 선사박물관에서는 고인류로 올라가면 갈수록 털이 많게 표현했는데 실제로도 그랬을 것이다. 오늘날 북구 백인에 속하는 사람들이 털이 많은데, 인류의 진화 과정에서 털이 어떤 영향을 미쳤는지 추론해 보자.

호모 사피엔스(만달인)
전곡선사박물관 사진 제공.

인간은 200만 년 전쯤에 사냥을 시작했는데, 당시 지속적으로 이동하는 과정에서 내부의 열을 쉽게 발산하지 않으면 안 되는 상황이 되었다. 이때 털이 많으면 땀의 배출에 문제가 생기고 지속적인 운동을 할 수 없게 된다. 마라톤 선수를 생각하면 쉽게 이해될 것이다. 인간은 유일하게 두 시간 이상을 지속적으로 달릴 수 있지만, 열대 사바나 기후에서는 냉각 시스템이 없으면 지속적으로 움직일 수가 없다. 그래서 사냥을 시작하고 달리는 것이 보편화되는 시점에 털이 점차 사라졌다고 볼 수 있다. 데인즈 역시 이런 추론을 토대로 복원한 것이다.

전곡리 퇴적층은 선사시대 역사책

복원된 원시인 모형의 화려한 전시에 비해 구석진 곳에 있어서 관람객들이 눈여겨보지는 못하지만 놓쳐서는 안 될 게 있는데, 전시장 한쪽 벽에 복원해 놓은 전곡유적의 발굴구덩이다. 이것은 우리나라에서 가장 깊은 황사 퇴적을 보여 주는데, 이 구덩이의 단면은 우리나라의 땅속을 공부하는 데 꼭 필요한 전시물이다.

황사는 봄에 중국 북쪽에서 불어오는 흙먼지를 말한다. 이 흙먼지는 대륙이 생겨난 이후 계절을 불문하고 지속적으로 한반도로 불어온다. 《삼국사기》의 기록에도 신라에 "흙비가 내렸다"라는 구절이 보이는데, 바로 짙은 황사가 봄에 비와 함께 내린 것이다. 봄날에 황사경보가 내려진 경우 야외주차장에 서있는 차에 뿌옇게 흙먼지가 낀 것을 볼 수 있다. 바로 그 황사이다. 이 미세한 흙먼지 황사는 여러 가지 병을 일으키는 등 건강에 악영향을 끼치고 있는데, 중국의 산업화가 더욱 진척될 테니 앞으로 동아시아는 물론이고 전 세계의 골칫거리가 될 가능성이 높다.

E55S20피트는 이 박물관을 이곳에 들어서게 한 것으로, 2002년에 이루어진 발굴 과정에서 많은 사람들을 감동시켰다. 수직으로 깎아 세워진 7미터에 이르는 발굴구덩이 벽면은 땅이 만들어진 역사를 노인네의 주름처럼 고스란히 드러냈고 자연의 역사를 엿볼 수 있는 색의 변

전시실의 E55S20 피트 토층을 복원한 모습 전곡선사박물관 사진제공.

화와 문양을 보여 주었다. 토층의 색이 다른 것은 퇴적할 때의 기후가 달랐음을 의미하고, 벽면에 보이는 문양들을 보면, 물이나 땅속의 벌레가 만든 문양 그리고 흙이 퇴적하며 만들어진 것들이 있다. 그 문양들이 수십만 년 전부터 만들어졌다는 것을 생각하면 자연의 힘 앞에

저절로 고개를 숙이게 된다.

"일본에서 날아온 화산재가 있다고요? 재가 잘 남아 있을 수 있나요?"

이 발굴구덩이 전시를 눈여겨보는 사람들 가운데는 심각한 표정으로 이렇게 묻기도 한다. 벽면에는 AT 그리고 K–Tz 등의 기호가 붙어 있는데,

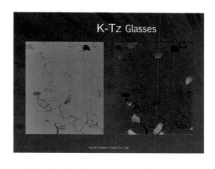

K–Tz 화산재 입자 전곡선사박물관 사진제공.

이 발굴구덩이는 일본에서 유래한 화산재들이다. 그런데 이 화산재들은 화산에서 뿜어져 나올 때는 연기처럼 보여 재라고 부르지만 실제로는 수정 같은 암석 알갱이다. 이 암석 알갱이, 즉 화산재는 각각 물질적 특성이 다르기 때문에 어디서 온 것인지를 알 수 있다. 또한 연대측정이 가능하기 때문에, 언제 화산이 폭발했는지 알 수 있다. 전곡유적에서는 일본 규슈의 세 가지 화산재가 발견되는데, 오래된 것 중에 K–Tz 라는 이름이 붙은 화산재는 약 10만 년 정도 된 것이다. 이 화산재는 오늘날 지표에서 가까운 지점에서 나오고 그 아래에 두터운 퇴적층이 있어서 전곡리의 연대를 40만 년 전으로 추정하는 것이다.

여기 전시된 피트의 내용을 보면, 고고학이라는 학문이 얼마나 자연과학적인 분석을 필요로하는지를 알 수 있다. 또 이런 분석은 우리에게 눈에 보이지 않는 많은 사실들을 알려주며, 요즘 인기드라마인 CSI과학수사대의 수사처럼 흥미진진할 수 있다는 것을 보여 준다. 예를 들어 한 톨의 화산재, 눈에 잘 보이지 않는 암석편을 찾아내기 위해 상당한 분량의 흙을 물로 씻어내는 작업을 수없이 반복해야 한다. 얼마 전 세상을 달리한 젊은 고고학자 황소희 박사가 1톤은 될법한 분량의 흙을 밤낮을 가리지 않고 물로 씻어내어 바로 그 화산재를 찾아냈다. 아마도 화산재를 찾아낸 순간 그동안의 모든 고생은 눈 녹듯 사

라졌을 것이다.

그 아래에는 전곡리의 초기 발굴에 대한 역사를 보여 주는 물건들과 기록들이 전시되어 있다. 처음 아슐리안 주먹도끼가 발견되었을 때의 상황과 흥분하는 신문기사들을 볼 수 있는데, 선사시대의 돌이 어떻게 사람들을 매료시켰는지를 알 수 있다.

동굴벽화를 그린 사람들은 컴퓨터를 배울 수 있을까?

주 전시실의 바깥에는 또 하나의 전시장이 겹쳐져 있는데, 어떤 관람객들은 놓치고 가는 경우가 많다. 바로 동굴벽화 전시실이다. 일반인들은 구석기시대라고 하면 흔히 라스코나 알타미라 동굴의 벽화를 떠올리는 경우가 많다. 전곡선사박물관에서도 유럽의 동굴벽화를 감상할 수 있는데, 복원된 것이기는 하지만 유럽의 선사박물관에서도 찾아보기 힘들 정도로 크게 만들어져 있다. 사실 오늘날에는 유럽에 간다 해도 유명한 동굴벽화들은 감상할 수 없고 복원된 것만 볼 수 있다. 전곡선사박물관이 복원한 동굴벽화에서는 한 자리에서 동굴벽화의 발달사를 읽을 수 있고 다양한 그림들이 그려져 있어서, 동굴벽화의 소재들을 개략적으로 이해할 수 있다. 동굴벽화 전시실로 가는 입구에는 바위그늘이 있는데, 여기는 관람객들이 다리에게 잠시 휴식을 줄 수 있는 휴게실 같은 곳이다. 돌에 걸터앉아 눈앞에 타오르는 불빛을 보면서 선사시대 사람이 된 기분으로 여러 가지 상상을 할 수 있는 장소이다.

"사람이 언제부터 예술을 하기 시작했나요?"

이제 이 박물관을 방문하는 사람들이 가장 보편적으로 궁금해 하는 질문에 답해보자.

사람들이 구석기시대 인류에 대해 흥미를 가지는 것 가운데 하나가 "과거의 인류와 오늘날 우리가 얼마나 다를까?"라는 질문이다. 인류는 800만 년 전에 탄생할 때 이미 직립하기는 했지만 뇌의 능력은 동물

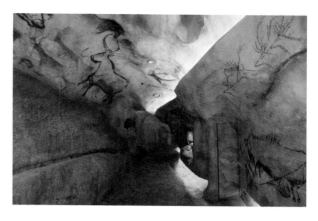

동굴벽화 복원 모습
전곡선사박물관 사진
제공.

들과 마찬가지였을 것이다. 진화를 거듭해 오늘날과 같은 발전을 이루었지만, 지금과 같은 신체적 능력을 갖추게 된 것은 언제쯤이었을까 궁금하다. 자유롭게 대화하고 무엇을 가르치면 터득하고 새로운 것들을 만들어내기도 하며 다가올 미래에 대해 끊임없이 상상하는 오늘날과 같은 사람은 언제 생겨났을까? 사실 이 질문에 대한 해답은 박물관 전시에서 얻을 수 있다. 특히 동굴벽화를 복원한 전시를 보게 되면, '현생인류처럼 생각하는 능력을 갖춘 사람들은 이미 구석기시대에도 있었구나.' 하는 답을 얻게 된다.

"구석기시대 사람들도 컴퓨터를 배울 수 있을까요?"

때로 이렇게 좀 엉뚱한 질문을 하는 아이들이 있다. 우리 같은 고고학자들도 즉답하기 어렵지만, 필자의 생각에는 3만 년 전 동굴벽화를 그렸던 사람들은 가능하다고 본다. 두뇌의 크기와 구조가 흡사하기 때문이다.

"그럼 동굴벽화는 왜 그렸지요?"

기초적인 질문에서 이렇게 문화적인 질문으로 옮겨가면 즐거움이 배가된다. 구석기시대 사람들은 먹고살기가 어려워 항상 자연에서 허덕

이며 살아갔지만, 앞으로 생길 일에 대한 희망을 담아 어두운 동굴의 벽에다 정성을 기울여 그림을 그렸다. 이렇게 보면 우리가 사찰의 벽에 그린 탱화, 성당에 그린 벽화, 그리고 우리가 기념하기 위해 세운 조각들과 다를 게 없어 보인다. 그리고 이런 동굴에서 일어난 일들은 우리가 교회나 성당, 사찰에서 올리는 예배와 별반 차이가 없다. 구석기인류는 동굴에 벽화를 그리고 울림이 좋은 장소에서 노래를 부르고 악기를 연주했을 것이다. 울림이 좋은 동굴의 특정한 지점에서 더욱 좋은 그림이 많이 발견된 것을 보면 그런 추정이 가능하다. 또한 어떤 동굴 바닥에서는 당시에 춤을 춘 사람들의 발자국들이 둥그렇게 나 있는데, 이는 일종의 의식을 거행한 것으로 보인다. 이와 함께 이 시기에 나타나는 조각들 중에 동물의 얼굴이나 가면을 쓴 사람이 있다는 것은 실제로 그런 연극이나 행위예술이 있었다는 것을 잘 보여 준다. 아름다움을 표현하고 미래 세상을 상상한 사람들이었기에 오늘날의 우리들과 그다지 차이가 없었다고 본다.

구석기시대의 식단

지하층으로 내려가면 구석기시대의 생활을 보여 주는 전시가 펼쳐진다. '인류가 언제부터 고기를 먹게 되었을까? 왜? 그리고 어떤 변화가 일어났던가?'라는 주제를 이해할 수 있는 전시다. 이 전시를 보고나면 건강을 위한 처방이 왜 생겨나게 되었는지를 알게 된다. 고기를 먹기 위해 석기를 사용하게 되었고, 육식을 하면서 체형에 변화가 일어나 오늘날처럼 미끈한 몸매를 가지게 된 것이다. 그렇지만 육식을 많이

하게 되면 사람의 몸은 고장이 나기 때문에, 사냥하듯이 적당한 운동과 조깅 같은 것은 필수적이다. 왜냐고? 적어도 250만 년 동안 그렇게 살아왔으니까 당연하다. 이 전시장에서는 맘모스의 화석이 중앙에 타워처럼 버티고 있는데 흡사 조각전시장을 방불케 한다. 벽에는 프랑스의 솔루뜨레 유적을 복원해 놓았는데, 사람들이 말을 몰아 절벽 아래로 떨어뜨리는 장면이 나온다. 고기맛을 알게 된 인간들의 무서움을 보여 주는 장면이다. 이곳의 전시를 세세히 뜯어보면, 사람들의 몸을 이해하고 건강을 지킬 수 있는 방법을 깨달을 수도 있다. 아직도 진화의 긴 여정 가운데 어느 한 지점에 나타나 살고 있는 인류 진화의 유산을 고스란히 간직하고 있기 때문이다.

날마다 시간여행을 떠나며

전곡선사박물관을 방문하면서 꼭 해야 할 일이 있다면, 시간 여권을 가지고 과거의 상상나라로 가보는 것이다. 상상은 무한한 재미를 가져다준다. 그리고 자신에 대한 상상은 또 다른 흥분을 일으킨다. 바로 타임게이트를 통해 자신의 얼굴을 인류 진화의 네 단계, 즉 오스트랄로피테쿠스, 호모 에렉투스, 호모 네안데르탈렌시스, 그리고 현생인류 등의 단계에 맞도록 역진화를 시켜보는 일이다. 물론 컴퓨터에 의해 이루어지지만 자신의 골격이 각 인류의 진화단계에서 어떻게 표현될 수 있는지를 보고 즐길 수 있는 프로그램이다. 오늘날의 눈으로 보면 우스워 보일지 몰라도, 당시의 미적 기준으로 보면 꽃미남이나 얼짱이라고 칭송을 받을지도 모른다. 이 박물관을 방문한 모나코왕 알베르 공작도 이 타임게이트를 통과했는데 그 결과를 스스럼없이 공개하여 주위를 놀라게 했다.

카페를 서문으로 나서면 바로 고구려 매초성으로 추정되는 토성이 자리 잡고 있다. 매초성터는 신라가 삼국통일 당시에 고구려 유민과 백제 유민들이 힘을 합쳐 당나라 군대를 물리친 성이다. 이 성을 찾기 위해 노력한 학자들은 대전리토성이나 양주산성 등을 매초성이라 추정했지만, 조사가 이루어지면서 그 성들이 매초성일 가능성은 낮은 것으로 평가받고 있다. 만일 전곡선사박물관을 전체적으로 두르고 있는 이 토성이 매초성이라고 입증되면, 전곡리 유적지는 민족의 정체성을 드높이는 곳이 되는 셈이다.

그 성을 딛고 올라서면 바로 전곡리 유적공원으로 연결되는 문이 나오고 시원한 잔디광장 등 유적공원이 펼쳐진다. 공원의 외곽도로를 따라 유적지 중심으로 나아가면 그 끝에 사무실이 있고 뒤편에는 삼불 김원룡 선생의 비가 있다. 그는 이 전곡리 유적을 최초로 발굴한 고고학자이자 발굴단의 단장으로서 발굴을 지휘한 분이다. 돌아가신 뒤에 그의 유골이 이 지점에 산골되어 한국의 구석기시대를 새롭게 개척한 선생을 기리고 있다.

그 비를 뒤로하고 강으로 내려서
면, 붉은 절벽 아래에 한탄강이 부
지런히 흐르고 있다. 이 강은 구석
기인들이 오기 전부터 흘렀고, 사
람들에게는 생명수를 가져다주면
서 이 땅을 끊임없이 변화시켜 왔
다. 그곳에 자리한 수직단애는 고

대부터 흔히 '적벽'이라고 불리면서 임진강과 한탄강을 한국의 절경으
로 우뚝 서게 했다. 시인들은 이 절벽을 시의 소재로 만났고, 겸재 정
선과 같은 진경산수화가들은 그림의 소재로 등장시켰다. 우리 땅의 다
른 곳에서는 볼 수 없는 검정 현무암의 절벽을 볼 때마다 감동이 솟
구친다.

전곡리에 구석기시대 사람들이 살 때는 그 수직단애는 없었고 강은
유적지 위를 흐르고 있었을 것이다. 구석기시대의 풍경은 아마도 오늘
날의 풍광과는 전혀 다른 면모를 보였으리라. 쉴 새 없이 모습을 바꾸
는 자연을 바라보며, 오늘도 반짝이는 타임머신에 몸을 싣는다. 그런데
이곳에 유적을 남긴 사람들은 어디서 왔을까? 그리고 그들은 어디로
이동했을까? 사냥과 채집을 하다가 정착생활을 하기 시작했을 때, 사
람들은 어디서 어떻게 살았을까? 이런 의문을 풀기 위해 서울 한강변
에 위치한 신석기인들의 주거지 암사동을 찾는다.

29

신석기시대 서울을 만나는 곳, 암사동유적전시관

최초의 서울 집에 초대받다

'신석기시대의 서울은 어떤 모습이었을까?'

'당시 사람들은 무엇을 하고 살았을까?'

이런 질문을 하는 사람들이 있다면 암사동을 찾으면 된다. 바로 그곳에 서울이라는 번화한 도시와는 무척이나 어울리지 않는 선사시대 유적전시관이 있기 때문이다.

선사시대 유적이 발굴된 곳이라고 하면 대개 시골이나 들판의 한적한 곳을 떠올리기 십상이다. 아무래도 유적의 주인공이 돌도끼를 들고 산과 들을 누비고 다녔기에 그렇게 상상하는 것이리라. 하지만 선사시대의 산과 들이 지금까지 남아있다고 생각하면 오산이다. 오랜 옛날 선사시대 사람들이 사냥하던 무대는 이제 빌딩숲으로 변했으니까. 그러니 대도시 서울의 일상에 길들여진 사람들로서는 인근에 선사유적이 있다는 얘기에 놀랄 수밖에 없다.

역사를 제법 안다고 하는 사람들도 조선 왕조의 궁궐이나 한양도성만 얘기할 뿐, 정작 선사시대 유적지에 관심을 갖는 경우는 찾기 어렵다. 하지만 조선시대 유적지가 빼곡히 들어서 있는 강북에서 한강을 건너 강동구 쪽으로 눈길을 돌리면, 우리나라 선사시대를 대표하는 암사동유적과 유적공원이 펼쳐진다. 서울이지만 서울 같지 않은 느낌이다. 다른 여러 문화재와 유적지를 찾는 것도 의미가 있지만, 서울을 제대로 이해하려면 이 유적을 보지 않고는 곤란하다. 왜냐하면, 선사시대 사람들은 한강을 잘 활용했고, 이 선사유적지에는 그들의 당시 모습이 오롯이 새겨져 있기 때문이다.

허겁지겁 차를 몰고 서울시 암사동유적전시관으로 향하는 길. 필자가 가르치는 학생들과 만나기로 한 시간이 다가와 마음이 급해진다. 서울에서 선사시대 관련 자료를 이보다 더 많이 담고 있는 곳이 또 있을까? 이 때문에 필자는 이 박물관을 1년에 여러 번 방문하게 된다. 야외수업을 위해 찾기도 하고 이 유적을 더욱 아름답게 만들고 싶어서 찾기도 한다. 하지만 정작 이 멋진 곳을 찾아가기란 만만치 않다.

서울에서 올림픽도로는 가장 막히는 도로 가운데 하나다. 하지만 특별한 경우를 제외하고는 청담대교를 지나면 그런 대로 잘 뚫린다. 강변을 따라가다가 아파트 단지가 사라지는 서울과 경기도의 경계선에 이르면 눈앞에 암사동유적전시관의 큼직한 간판이 나타난다. 그 오른쪽에는 숲이 울창하게 조성되어 있는데 이곳에 암사동유적이 있다. 우리 역사의 기원을 알고 싶다면 반드시 한 번은 방문해야 할 곳이다.

지난 1970년대에 발굴할 때 와보았지만, 당시의 풍광은 오늘날과는 많이 달랐다. 몇 년 전 돌아가신 윤무병 교수님의 인솔로 유적지를 방문한 적이 있는데, 그때는 개발이 막 시작되어 땅이 파헤쳐지고 있었다. 새로이 길을 내기 위해 깎은 단면에 백제 주거지가 보였는데, 그곳에 큼직한 토기항아리가 삐죽 나와 있었다. 같이 갔던 학생들이 동시에 "우와! 토기다!"라고 고함을 치던 생각이 난다. 아마도 그 토기는 국립박물관에 가 있을 것이다. 최근에는 암사동유적전시관의 요청으로 가을에 열리는 암사선사축제 때 학생들과 함께 '선사문화체험교육프로그램'을 운영하고 있다. 그동안 필자는 유적공원이 만들어지는 동안 이곳을 자주 찾았고, 이곳에서 신석기시대를 설명해 왔는데 대학생들도 이런 곳에서 수업을 하면 훨씬 잘 이해한다.

서울은 원래 대단히 살기 좋은 곳이다. 적당히 높은 산이 둘러싸고 있고 바다가 멀지 않아서 다양한 어종이 사는 큰 강이 흐른다. 또 그 사이를 이어주는 작은 개울에는 항상 물이 흘렀기 때문에, 이 지역에는 원시시대부터 항상 사람들이 살아왔다. 하지만 도시화가 진행되면서 그들이 남긴 흔적들은 순식간에 사라지고 있다. 특히 오늘날 국내 최고의 부유층이 자리 잡고 있는 강남은, 선사시대에도 무척이나 인기가 많은 곳이었다. 고고학 발굴에 따르면, 당시 강남에는 강북보다 훨씬 많은 사람들이 거주했던 것 같다. 역삼동이나 명일동 등지에서 발견된 청동기시대의 집자리들을 보면, 이 지역에 청동기시대 사람들이 널리 분포했던 것으로 보인다. 정확한 조사가 이루어지기 전에 다 파괴되고 말았지만, 너른 들을 끼고 있는 작은 강변들은 최상의 농경지였을 것이고 이곳을 배경으로 사람들이 무리를 지어 살고 있었을 것이다. 백제의 시조 비류가 이곳을 도읍으로 선택한 것은 바로 이런 이유 때문이 아닐까?

하지만 이곳에 사람들이 모여든 시점은 청동기시대보다 더 이른 시점이었던 것 같다. 왜냐하면 강동구 암사동이나 하남시 미사리와 같은 강변의 충적대지 위에서 신석기시대 유적들이 연이어 발견되고 있기 때문이다.

고고학자들은 불난 집을 좋아해

암사동은 신석기시대를 대표하는 빗살무늬토기가 나온 곳으로 알려져 있는데, 이 유적전시관에 가면 빗살무늬토기뿐만 아니라 선사시대 사람들의 삶을 엿볼 수 있다. 국립박물관이 지난 1970년대에 발굴한 지점에 박물관을 지었는데, 이제 이곳은 울창한 숲으로 덮여 있어서 여

빗살무늬토기 암사동 유적전시관 사진제공.

름에는 시원한 그늘이 만들어진다. 대도시 한복판에 유적지가 이렇게 보존되어 있다는 것은, 암사동유적지가 선사시대 유적지로서 그 중요도가 무척 크기 때문이다.

암사동유적전시관에서는 선사시대 사람들이 어떻게 살았는지를 국립박물관의 선사시대 전시실에서 보는 것보다 훨씬 생생하게 확인할 수 있다.

"선생님, 이곳에 정말 강이 있었나요? 전혀 그랬을 것 같지 않은데요?"

"도시가 발달하면서 없어진 거지. 옛날에는 이 지역에 물이 드나들었어. 송파구에

도 샛강이 흐르고 있었지. 석촌호수 알지? 그게 옛날에 있던 물길이 남은 거야. 우각호 같은 것이지."

상전벽해! 그렇다. 지금과 옛날의 모습이 너무도 다른 게 바로 이곳이다.

암사동유적공원은 '서울시가지 한복판에 이런 곳이 있을까?'라고 할 정도로 평지에 숲이 잘 조성되어 있는 공간이다. 나무울타리가 쳐져 있는 유적지 안으로 들어서면 아파트 숲에서는 결코 만날 수 없는 해방된 자연이 눈에 들어온다. 공원 내의 작은 숲속 길을 따라 들어가면 도중에 선사시대 움집들이 보이고 바로 유적관이 있는 광장이 나온다. 가까이 살면 아침저녁으로 산책하면 딱 좋을 공간이다. 암사동유적지가 중요한 이유는, 여기서 발굴된 빗살무늬토기가 한강유역과 한반도 중서부에서 가장 오래된 것이며 토기의 문양이 무척이나 아름답기 때문이다. 암사동유적전시관은 바로 이런 의미 있는 유물들을 담고 있는

전시관 전경 암사동유적전시관 사진제공.

선사시대의 보물창고다. 그래서 강동구청이 세계유산으로 등재하기 위한 대장정을 최근에 시작하였다.

　암사동유적에 위치한 암사동유적전시관은 유적의 중심에 있는 초가지붕을 이은 단층짜리 낮은 건물이다. 건물이 낮은 이유는 유적지 중심에 높은 건물을 세우면 경관을 헤치기 때문이고, 초가를 이은 것은 당시의 분위기를 보여 주기 위한 배려다. 박물관 실내로 들어서면 일반적인 경우와는 달리 건물 전체가 하나의 공간으로 되어 있다. 유적지 위에 세워진 이 박물관은 유적의 구조를 고스란히 보여 주며, 실내의 중심에는 신석기시대의 주거지들이 체육관 같은 널찍한 공간에 발굴된 상태 그대로 복제 및 복원되어 있다. 그야말로 암사동유적전시관에서만 볼 수 있는 특별한 모습이다. 그리고 주위의 회랑에는 발굴된 토기와 석기 그리고 신석기인들이 사용한 도구들을 복원해 전시하고 있어서, 신석기시대의 생활모습을 쉽게 이해할 수 있다.

원형대로 복제 및 복원한다는 말은 언뜻 원래의 유적에다 뭔가 처리를 해서 망가지지 않게 보존한다는 의미로 들리지만, 사실 그것과는 전혀 다른 얘기다. 발굴하다가 가치 있는 유적지를 발견하면, 유적이 더 이상 상하지 않도록 일정한 깊이로 덮고 그 위에 똑같이 생긴 유적을 만들어서 보여 주는 것을 의미한다. 이런 전시를 '유적원형복제복원'이라고 한다. 암사동박물관이 바로 이런 방식으로 만들어진 것으로, 박물관 아래 깊은 곳에는 원래의 유적이 그대로 잠들어 있다.

신석기시대 주거지의 상세한 내부 구조는 불이 난 집을 발굴하면 알 수 있다. 신석기시대 집들은 초가이기 때문에 불이 나는 경우가 종종 있는데, 불이 나면 가재도구는 대부분 그대로 남게 되고 타버린 집은 그대로 방치된다. 고고학자들이 발굴하는 집은 바로 이런 것들인데, 이런 집을 유심히 살펴보면 당시 사람들이 집을 어떻게 지었으며 가재도구를 어떻게 배치했는지, 그리고 방안에서 무엇을 했는지를 짐작할 수 있다. 그래서 "고대인의 불행이 바로 고고학자의 행복"이라는 말이 나온 것이다. 전시장 내에도 불에 타다 남은 서까래가 그대로 남아 있는 집자리가 보인다.

암사동 유적에서 발견된 '불에 탄 도토리'는 우리나라에서 가장 오래된 도토리로 알려져 있다. 도토리는 우리나라 야산에서 가장 흔한 것으로, 쌀과 같은 곡류와 비교할만한 먹거리다. 유적에서 발굴된 갈돌도 아마 도토리를 갈아 분말을 만드는 데 사용했을 것이다. 당시의 기후가 지금과 크게 다르지 않았다면, 여름이나 가을에 채집한 도토리 같은 씨앗, 야생 열매, 뿌리, 연한 순 등을 대형 토기항아리 같은 곳에 저장했다가 겨울을 나면서 두고두고 먹었을 것이다.

빗살무늬토기의 수수께끼

암사동 유적에서 가장 중요한 사실은 이 유적에서 중서부지방의 대표적인 빗살무늬토기가 '완성된 형태'로 나타나는 점이다. 이렇게 토기의 발달과정이 보이지 않고 완성된 형태로 나타나는 것은 무척 흥미롭다. 이 토기의 주인공은 도대체 어떤 사람들이었을까? 당시 서해바닷가에 살던 사람들이 바다 수위가 갑작스럽게 높아지자 재난을 피해 이곳으로 이주해 빗살무늬토기를 사용한 것일까? 아니면 단군의 아버지 환웅처럼 하늘에서 내려오기라도 한 것일까? 생각할수록 의문이 남는다.

다만 정착하면서 사용한 것은 맞는 것 같다. 한 곳에 오래 머물러야 하니 식량을 저장해야 했을 테고, 그러려면 저장할 그릇이 필요했을 테니 말이다. 암사동유적지의 주인공인 신석기시대 사람들도 식량을 저장할 그릇을 만들었는데, 정착생활을 했기 때문에 깨지기 쉬운 토기까지도 사용할 수 있었다. 그들은 흙을 빚어 구운 토기를 사용했고, 심지어 돌을 갈아 석기도 만들어 사용했다. 만일 예전처럼 이동하며 지내야 했다면, 이런 도구들을 사용하는 것은 꿈도 꾸지 못했을 것이다.

빗살무늬토기는 우리나라에만 있는 것은 아니다. 시베리아 곳곳에서 발견되어 범 시베리아 신석기문화라고 부르고 있고, 이런 문화는 아프리카의 나일강 유역에도 나타난다. 대체로 빗살무늬토기는 강가나 바닷가에서 물고기를 잡던 사람들이 주로 만든 토기인데, 오늘날 세계적

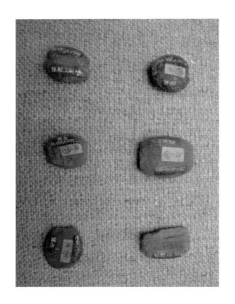

그물추 암사동유적전
시관 사진제공.

으로 패션이나 트렌드가 유행하듯이 지역을 가리지 않고 비슷한 시기에 나타났다. 이것은 지구상의 모든 빗살무늬토기들이 어느 한 지역에서 시작되어 전파된 게 아니라 각 지역에서 동시다발적으로 나타났다는 얘기다.

암사동유적에서 볼 수 있는 가장 일반적인 빗살무늬토기는 바닥이 둥글거나 뾰족한 모양을 하고 있는데, 아가리·몸통·바닥이라는 세 부분으로 나누어진다. 식재료나 물건을 넣는 아가리 쪽에는 짧은 대각선을 여러 개 찍어 장식했고, 몸통 쪽에는 살을 발라낸 물고기 뼈 모양처럼 대각선을 가로로 좀 길게 찍었으며 면적이 좁아지는 바닥 부분도 대각선으로 마무리했다. 일반적으로 빗살무늬토기의 문양은 시간이 갈수록 문양이 차지하는 면적이 점점 줄어드는 경향을 보인다.

암사동 유적의 주인공들이 농사를 지은 증거는 아직 나타나지 않았다. 당시에도 농사를 짓기는 했겠지만 이 시기에 한반도에서는 농업이 그다지 활발하지 않았던 것 같다. 다만 여러 채의 집이 발굴된 것을 보면 큰 마을이 있었다는 의미이니, 꽤 많은 사람들이 오랫동안 이곳에 거주했다는 얘기다. 상황이 이러니 이곳 사람들은 강에 살고 있는 물고기를 비롯해 다양한 수산물을 식재료로 삼았을 게 분명하다.

그렇다면 어떻게 물고기를 잡았을까?

여기에 대한 해답은 전시관 복도에 잘 설명되어 있는데, 전시관에서는 단순히 설명에 그치지 않고 유적공원 한쪽에 작은 시내를 만들어 물고기 잡는 체험교육까지 하고 있다. 이와 관련해 이곳 암사동유적전시관에는 조그만 조약돌의 양쪽 귀에 홈을 내어 그물에 매다는 낚시용 그물추가 전시되어 있다. 이런 추는 신석기시대 유적 어디에서나 찾아볼 수 있는데, 당시 사람들은 이 그물추에 실 같은 것을 끼워 낚싯줄로 사용했을 것이니 섬유를 뽑아내는 기술도 확보하고 있었을 것이다. 그리고 그들은 실을 뽑아내는 과정에서 낚싯줄만이 아니라 직물을 짜기도 했을 것이다. 역사적 상상력을 조금 발휘해 보면, 신석기인들이 낚시용 그물추를 베틀의 세로줄을 늘어뜨리는 추로 활용하지 않았을까?

선사시대 어린이들의 교실, 움집

암사동유적의 마당에 복원되어 있는 고깔 모양의 집들은, 발굴하며

복원된 움집 전경 암사동유적전시관 사진 제공.

파악한 움집의 규모를 추정해 만든 것이다. 불에 탄 나무들이 남아 있는 경우가 있어서 복원할 수 있었는데, 그 속에 들어가 보면 숨이 막힐 정도로 답답하게 느껴진다. 하지만 몽골의 전통 가옥인 게르에서 보듯이 그 정도 규모라면 가족 3대는 거뜬하게 살아간다. 단단한 건축재료를 활용해 집을 짓는 기술을 발명하지 못한 당시로서는 이런 움집이라도 감지덕지였다. 가족과 함께 서리와 야생동물을 피해 쉴 수 있는 공간이었으니 말이다. 엉거주춤한 자세로 움집에 걸어들어가 보니 중앙에 강돌을 둘러싸서 만든 불자리가 있어서 제법 따뜻할 것 같다. 따지고 보면 집은 그때나 지금이나 '홈 스위트 홈'이었으리라.

신석기시대 주거지를 발굴할 때를 돌이켜보면, 바닥에는 다른 구조물을 찾을 수 없었다. 다시 말해 당시 사람들은 바닥을 흙으로 단단하

복원된 움집 내부 암사
동유적전시관 사진제공.

게 보강하거나 자리를 깔았던 것 같다. 자리는 아마도 자고나면 걷어내는 모피나 식물껍질 같은 것이었으리라. 걷어내지 않았다 해도 썩어 없어져 지금은 찾아볼 수 없게 되었으리라. 신석기시대 사람들의 이런 주거형태는 몽골의 게르에 흔적으로 남아 있다.

선사시대 어린이들에게는 집이 하나의 교실이었을 게다. 바깥활동이 적은 계절에는 할아버지의 이야기를 들으며 자연을 배우고 정보를 차곡차곡 쌓아갔으리라. 그러면서 이야기들은 세대를 이어 전해졌을 것이고 문화의 계승자들은 여러 곳으로 이주하는 가운데 다양한 문화를 습득하고 발전시켰을 것이다. 그러고 보니 서로 다른 박물관들을 넘나들며 매번 새로운 문화를 체험하고 소개하는 필자는 마치 신석기시대 문화 계승자들의 후예가 된 것 같다. 그런 마음으로 선사시대 문화를 이어받아 고대 우리 민족의 원류를 형상했던 가야문명을 만나보려 한다. 그 위대한 고대인들이 잠들어 있는 부산으로 터벅터벅 발걸음을 옮겨 본다.

30

위대한 가야문명을 담은
복천박물관

산동네 위에 올라앉은 가야인의 무덤

한때 자갈치시장이나 태종대, 혹은 동백섬을 떠올리게 하던 항구도
시 부산은, 이제 부산국제영화제와 거대한 마천루로 더 유명하다. 항

박물관 전경 복천박물
관 사진제공.

구도시 이미지보다는 문화와 예술을 대표하는 최첨단 도시로 거듭나고 있는 것이다. 하지만 따지고 보면 부산은 선사시대부터 기후가 좋고 먹을 게 풍부해 많은 사람들이 살고 있었는데, 신석기시대에 조성된 영도의 동삼동 패총유적을 보면 확실히 알 수 있다. 이렇게 사람들이 모여 살기 시작한 이곳 부산에는 범어사 같은 신라의 유적도 있지만, 화려한 가야계 유물을 품고 있던 고분들도 있는데 그곳에서 나온 유물들을 전시한 곳이 바로 복천박물관이다.

우스갯소리 같지만 부산을 걷다 보면 공간 활용을 정말 잘한다는 생각이 든다. 제한된 공간에 사람이 많이 살기 때문에 공간의 최적화가 필요했겠지만, 산비탈을 타고 올라가며 빼곡히 들어선 주거지를 볼 때마다 대단하다는 생각이 든다. 한국전쟁으로 인해 조성된 자연부락형태의 이 공간은 이제 부산의 상징이자 명물이 되었다. 골짜기에 자리한 동네가 아득하게 보이는 언덕에 서니, 바닷바람이 공기를 맑게 해주어서 그런지 무척 상쾌하다.

복천동 고분군 전경 복천박물관 사진제공.

요즘 행사에 참석하기 위해 부산에 내려오면, 도시가 참 깨끗해진 것을 느낀다. 해운대에서 해물해장국으로 아침을 먹고 출발한 버스가 꼬불거리면서 복천동으로 가는데 산비탈에 높이 솟은 아파트단지가 인상적이다. 그 아파트를 바라보며 언덕으로 올라간 버스가 슬쩍 차를 대면 서양 중세의 성처럼 보이는 박물관이 눈에 들어온다.

박물관은 넓게 펼쳐진 복천동 고분공원을 내려다보고 있는데, 멀리 부산의 시가지까지 감상할 수 있는 위치에 있다. 높아서 올라가기는 어렵지만 일단 박물관에 이르니 풍광이 너무도 좋다. 고분공원은 잔디밭으로 조성된 작은 동산으로 이루어져 있는데, 원래는 이곳에도 가옥들로 가득 차 있었을 테지만 발굴과 공원 조성을 위해 이주시켰을 것이다. 확인 차 물어보니 이 지역에도 부산의 다른 구릉성 산지처럼 피난 동안 생긴 작은 집들이 바닷가의 조개들처럼 다닥다닥 붙어 있었다고 한다. 재미있는 것은, 이곳에 집들이 들어차 있어서 복천동 고분군이 보존되었단다.

능선 옆에는 주위를 돌아볼 수 있도록 박석을 깔아 길을 만들어 두었다. 그리고 그 잔디등성이의 곳곳에 나무를 심어 네모로 표시해 둔 곳이 있다. 아마도 그 표시에 방문객들은 의아하게 생각할지 모르지만, 이는 발굴한 지점들을 표시한 것이고 그 아래에 고분들이 자리 잡고 있을 것이다. 복천박물관에 전시된 유물들은 모두 저 고분들에서 나온 것이다. 또 둥그런 유리로 둘러싸인 야외전시실도 있는데, 바라보는 것만으로도 호기심이 일어 당장이라도 달려가고 싶었다. 하지만 복천박물관 주 전시실을 둘러본 뒤에 만나는 게 좋을 것 같아서 일단 주전시실로 들어갔다.

유적을 정리해 보여 주는 박물관에서는 배울 수 있는 것들이 상당히 많다. 때로는 상당히 전문적인 내용도 있지만, 이런 곳에서 실물을 보며 담은 지식은 머릿속에 오랫동안 남아 융합적 사고를 하는 데 큰 밑거름이 된다. 이게 바로 우리가 박물관을 방문하는 이유다. 발로 뛰며 배워야 머릿속 깊이 자리 잡는다는 것은 만고불변의 진리다.

왕들의 언덕에 오르다

복천박물관이 보여 주는 문화는 결국 우리 민족문화가 형성되는 초기의 것이다. 아마도 우리나라 역사에서 가장 역동적이고 흥미진진한 때가 바로 이 시대일 것이다. 이렇게 생각한다면, 몇 가지 질문으로 고대사를 정리하고 역사의 원리를 배워보는 것도 괜찮을 듯싶다.

이 박물관에서는 가야 문화가 어떻게 구성되었는지, 부산지역의 가야는 어떤 세력이었는지, 그리고 삼한三韓이 어떻게 경쟁했으며, 그 나라들이 신라에 어떻게 복속되었는지에 대한 해답을 얻을 수 있다. 뿐만 아니라 이 지역에서 철이 어떤 곳에 사용되었는지, 가야와 왜는 어떤 관계를 맺고 있었는지에 대한 설명도 들을 수 있다.

이 박물관의 전시는 1, 2층에 걸쳐 두 가지 주제를 중심으로 이루어져 있는데, 우리나라 무덤에 관한 전시가 제1전시실에 설명되어 있다. 전시를 따라가다 보면 무덤을 작게 복원하거나 그림으로 설명해 놓았는데, 구석기시대부터 고대까지 무덤의 변화상을 설명하고 있다. 무덤은 인간이 죽음에 대한 존엄성을 인지하기 시작하는 단계에서 만들어지기 시작하는데, 전 세계적으로 구석기시대의 무덤은 그다지 많지 않고 우리나라에는 없다. 그러나 신석기시대부터는 상황이 달라져 무덤이 여기저기서 많이 드러나고, 고대에 이르면 신분에 따라 매장 방식이 달라지는 획기적인 변화가 일어난다. 왕이나 왕에 준하는 사람이 죽으면, 죽은 사람을 산 사람처럼 무덤에 모시는 신앙이 자리 잡기 시작한 것이다. 이런 상황에서 시체가 안치되는 공간을 방으로 만들기도 하고 죽은 사람의 물건과 시신을 함께 매장하는 풍습도 생겨났다. 복천박물관에도 사람을 순장한 것으로 보이는 고분이 있다. 순장이라는 것은 주인이 죽으면 신하나 종을 함께 묻는 것을 말하는데, 이집트 피라미드에서나 볼 수 있을 것 같았던 일이 우리나라에도 있었다니 놀라울 뿐이다. 그리고 삼국시대에도 왕이 얼마나 강한 권력을 가지고 있었던가를 확인할 수 있다는 점에서, 이 박물관은 무척 특별하다.

복천동 고분이 알려지기 시작한 것은, 지난 1969년 이 지역에 주택공사를 하다가 토기가 발견되고 땅속에 뻥 뚫린 공간이 무덤으로 확인되면서부터다. 이로 인해 정식으로 발굴이 시작되었으며, 2008년까지 여러 차례 조사가 이루어져 169기의 무덤에서 엄청난 양의 유물이 쏟

고분군 축소 모형 복천
박물관 사진제공.

아져 나왔다. 중요한 것은 '철의 왕국, 가야'를 입증하듯이 이 유적지에서 엄청난 규모의 철기들이 발견된 것이다.

너무도 엄청난 유물들이 수습되자 이를 보존·관리하기 위해 1996년 이곳에 박물관이 들어섰다. 이 고분들은 대체로 2세기부터 시작해 이 지역의 가야세력이 독자적으로 발전하던 4세기를 거쳐 7세기에 이르러 신라의 영향 아래에 들어가던 시기의 것들이다. 그래서 이 지역 고대사의 변화과정을 이 고분군들을 통해 알 수 있다.

제2전시실에는 복천동 고분군에서 나온 토기, 철기, 마구, 장신구, 그리고 갑옷 등의 유물이 전시되어 있다. 이곳에 전시된 유물 중에는 다른 곳에서는 볼 수 없는 것들도 있고 매우 희귀한 것들도 있다. 예를 들어, '7개의 방울이 달린 청동제 간두 칠두령'나 관모 장식 같은 것 말고도 특이한 것들이 많다. 다른 고분에서는 찾아보기 힘든 이런 유물들을 보면, 이 고분에 얼마나 높은 사람들이 묻혀 있었던가를 짐작할 수 있다.

토기들 가운데는 단단하게 생긴 토기와 함께, 흔히 "와질"이라고 부르는 연질 토기가 있다. 와질은 기와의 강도와 질감을 가진 것인데, 이 토기들은 재질이 물러서 실생활에서 사용하기가 쉽지 않다. 흔히 이 시기의 무덤에서 발견되는데, 특이하게 만들어진 것들이 많다. 동물이나 사물의 형태를 본뜬 토기들이 많은 게 이 시기의 특징인데, 신발모양·오리모양·말머리 뿔잔 등의 토기들이 보인다. 이중에서 말머리 뿔잔은 사실 시베리아 지역에 널리 분포하고 있는 것으로, 페르시아 문화의 영향을 받은 것이라고 한다. 하지만 페르시아 문화가 어떻게 시베

복천동 22호 출토 칠두령
복천박물관 사진제공.

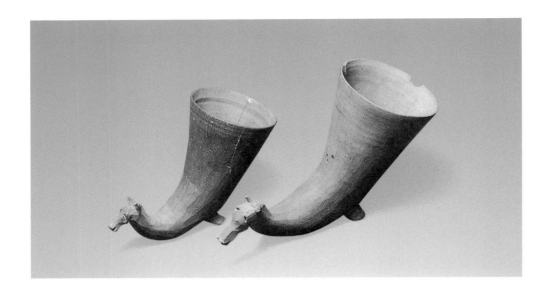

복천동 1호 출토 마두식 각배 복천박물관 사진 제공.

리아를 거쳐 이 유라시아 대륙의 끝에 있는 한반도 남쪽 끝까지 영향을 주었는지는 아직도 수수께끼다. 신라가 지배한 지역에서도 페르시아 왕자가 살고 있었다는 전설 같은 이야기가 있는 것을 보면 전혀 불가능한 이야기만은 아닌 것 같다. 그리고 그릇받침 중에 돼지, 말, 그리고 개 모양을 작은 토우로 만들어서 붙인 것도 흥미롭다.

위대한 고대국가를 열었던 쇠붙이

가야의 전 시기인 변한에는 철이 유명하다는 고대 기록처럼, 이 고분들에서는 엄청난 규모의 철기들이 나왔다. 그런데 특이한 것은 무엇에 사용하는 것인지 잘 알려지지 않은 덩이철들이 쏟아지고 있다는 점이다. '판상철부'라고 부르는 가공 진행 단계의 철재가 고분에서 흔히 발견되는 것으로 미루어, 이 철재가 단순한 중간재가 아니라 돈의 역할을 한 귀중품, 즉 매지권 買地券 으로 추정하는 학자들도 있다. 죽어 땅속으로 가면 지신에게 노자를 바쳐야 하는 것은 당시에도 마찬가지였나 보다. 그런데 복천동 고분에서 철을 소재로 한 부장품이 많이 발견되는 것으로 볼 때, 무덤의 주인공은 정치적으로 힘이 센 사람이었거나 그 나라의 철 생산이 충분했거나 두 경우 가운데 하나였을 것이다. 어쩌면 이것은 절대 왕권의 확립을 보여 주는 단서일 수도 있다. 그만큼 얻기 힘들었을 테니, 당시에는 오늘날보다 철의 가치가 훨씬 높았을 것이다. 철을 처음 가공해 사용한 것으로 보이는 터키의 아나톨리아 지방에 가면, 가장 오래된 철기유물 가운데 '철로 만든 왕의 의자'가 있다. 이것만 봐도 당시 철이 얼마나 가치 있는 존재였는지를 확인할 수 있다.

당시에는 전쟁이 무척 격렬했던 모양이다. 왜냐하면 단일 고분으로서는 갑옷들이 가장 많이 나왔기 때문이다. 갑옷은 작은 철판을 하나씩 연결해 만들고, 투구는 좁은 철편을 세워서 만든다. 그래서 옷을 제대로 입으면 완전 무장하게 되는 구조이다. 심지어 말에도 갑옷을 입혀 보호한 것을 보면 기마전이 상당히 격렬했던 것 같고 정치적으로 격변기에 살고 있었음을 짐작할 수 있다. 당시에는 작은 나라들이 서로 치열하게 격돌했을 테니 갑옷이 필수품이었을 것이다.

다른 가야무덤에서는 나무로 사람의 체형을 만든 게 발굴되었는데, 나무인형 위에 철편을 하나씩 붙여 나간 것을 보면 '갑옷 제작용'으로 추정된다. 하지만 이런 갑옷은 모든 사람들에게 돌아가지 않았을 테니, 가야를 이끈 지도자들은 고대 서양의 왕들처럼 직접 전장에 나가 싸운 것으로 보인다.

필자는 박물관에서 철갑옷을 볼 때마다 영화에 등장하는 서양의 기

사들을 떠올린다. 당시 갑옷을 만들던 장인들은 가볍고 튼튼하게 만들려고 혼신을 다했을 것이다. 하지만 철이 가진 원래의 무게로 인해, 갑옷을 입는 것은 엄청난 짐을 지는 것과 비슷하게 다가왔으리라. 그렇더라도 전투에서 살아남아 권력을 이어 가려면 어쩔 수 없이 견뎌내야 했을 것이다.

말과 관련된 도구들은 대체로 4세기 대에 무덤의 주인공과 함께 묻히기 시작했다. 하지만 당시 우리나라에 야생마는 없었을 테니, 무덤의 주인공은 시베리아 쪽에서 왔을 가능성이 높다. 그리고 11호 묘에서 출토된 오래된 금동관 장식이 출 ⧼ 자 모양인 것도 신라와 통하는데, 이 또한 시베리아 문화와 맥을 같이한다. 여기서 출 ⧼ 자 모양의 전면장식은 특정한 모양을 본 따 만든 것으로, 시베리아에 가면 성황당 같은 곳에 신의 모습이라고 만들어 놓은 게 바로 이런 형태를 하고 있다. 그 신은 꼭대기가 둥근 타원형으로 된 나무 인형의 모습을 하고 있는데, 설명을 들어보니 그 동네를 지키는 신이라고 했다. 출 ⧼ 자 모

양 장식이 다산을 의미한다고 하는 주장도 있지만 필자가 생각하기에
는, 신라나 가야가 왕관에다 이런 신의 모습을 그려낸 게 아닌가 싶다.
'마을을 지키는 수호신'이 한반도로 건너오면서 '나라를 지키는 수호신'
이 된 것이다.

이렇게 한반도의 끝에 해당하는 부산에도 시베리아 문화가 뿌리내
린 것을 보면, 우리 조상의 기원이 시베리아에서 왔음을 짐작할 수 있
다.

그런데 한 가지 숙제가 있다. 당시 이렇게 훌륭한 전투무기와 갑옷,
그리고 왕관 등을 가지고 있었던 복천동의 주인공들이 살았던 궁전을
아직까지도 확인하지 못한 것이다. 앞으로 이와 관련한 유적이 발굴되
어 복천동 주인공들의 기원과 비밀이 드러나면, 역사 교과서를 바꿀 만
한 놀라운 일이 벌어질지도 모른다.

제1전시실 복천박물관
사진제공.

가야의 궁전은 어디에?

그렇다면 이 고분군의 주인공들이 살던 곳은 어디일까? 부근의 좁은 골짜기들을 보면 거대한 국가가 존재했을 거라고는 상상하기 어렵다. 하지만 당시 복천동 고분군의 주인공들은 이 지역을 넘어 우리가 생각하는 것보다도 훨씬 넓은 영역을 통치하던 집단일 수도 있으리라.

복천박물관은 여러 가지 체험을 할 수 있도록 배려했는데, 그중에서 인상적인 것은 갑옷을 입고 '말 탄 무사'가 되어 볼 수 있도록 한 것이다. 필자는 어릴 적에 화랑 관창의 이야기를 읽으며 그 투지에 흠뻑 빠져들었던 추억이 있다. 이곳 복천에서 갑옷을 입고 말을 한번 타보면 화랑 관창이 된 것처럼 열정에 불타오를지도 모르겠다. 엄청나게 많은 철편으로 뒤덮인 말 위에 올라 아래를 굽어보는 것은 그 자체가 장관이다. 상상력이 풍부한 아이들에게는 이것만큼 멋진 경험이 없을 듯하다.

그렇다면 왜 이곳에 무덤을 만들었을까? 가야의 고분이라고 하지만 위치로 보면 조선 왕릉이 있을 법한 곳이다. 어떤 사람들은 이 고분들이 있는 자리가 학이 알을 품고 있는 '비학포란형'의 땅에서 알의 자리에 해당하기에 명당이라고 생각한다. 하지만 당시 사람들이 지금처럼 풍수지리를 따져 이곳에 무덤 자리를 잡지는 않았을 것이다. 풍수는 신라가 고구려와 백제를 무너뜨린 뒤 서서히 자리 잡았기 때문이다. 그러니 당시 사람들은 이 지역의 평지가 좁아서 경작지를 조금이라도 더 확보하려는 차원에서 무덤을 산에 조성했으리라. 이 고분이 있는 산은 말안장을 닮았다고 해서 '마안산'이라고 하고, 이어지는 두 산봉우리가 여자 젖가슴을 닮았다고 해서 '유방산'이라고도 한다. 어쨌든 이곳에 서서 내려다보면 평범한 지형이 아니라는 걸 직감하게 된다. 이런데도 고분의 존재를 눈치 채지 못하고 살아왔으니 크게 반성할 일이다.

박물관에서 내려다보는 고분공원은 정말 말안장처럼 생겼는데, 중앙에 천문대처럼 생긴 유리로 된 둥근 돔이 있다. 그 속에는 복천동 고분들 가운데 하나를 복원해 안으로 들어가 살펴볼 수 있도록 해놓았다. 잔디밭 위에 돔 형태의 구조물이 있는 것도 색다른 풍경이다. 나무덧널무덤일까? 이런 것은 대부분의 사람들에게는 낯선 이름인데, 나무로 곽을 만든 뒤 그 속에 관을 안치하는 무덤을 말한다. 그리고 '곽'은 '관'이 들어가는 작은 방을 의미한다. 가야에서는 흔히 이런 무덤을 사용했는데, 놀랄만한 것은 무덤 구석에 엄청난 양의 토기들이 쌓여 있었다는 점이다. 아마도 이 토기들은 무덤 주인공의 장례를 지낼 때 사용한 것으로 보이는데, 이 토기들을 장례에 모두 사용했다면 올린 음식도 엄청났을 것이다.

한쪽에는 돌을 가지런히 쌓아 만든 돌방무덤이 있는데, 무덤 구석에는 큰 토기가 있고 군데군데 쓰러진 토기와 쇳덩이가 가지런히 놓여있다. 지금 복원해 놓은 곳에서는 볼 수 없지만, 아마 처음 무덤을 만들 때는 관이 있었을 것이다. 그런데 경주의 무덤과는 달리 복천동의 무덤은 방으로 되어 있어서 토기들이 그 형태를 보존할 수 있었다. 경주의 신라고분들은 덧널 위를 돌로 덮었기 때문에 덧널이 썩어서 주저앉으면 그 속에 들어 있던 토기들이 깨지게 되어 성한 게 별로 없다.

신라와 가야, 기원의 비밀

신라와 가야는 비교적 일찍 한 나라가 되었기 때문에, 고대 역사를 읽을 때 대부분 두 나라가 비슷한 문화를 가진 것으로 간주한다. 물론 앞에서 말한 금관처럼 유사한 것들이 많고, 복천박물관의 토기들 중에서도 신라 토기와 비슷한 것들이 있다. 그렇다면 신라와 가야는 고대에 문화적으로 어떤 관계였을까?

여러 가지 면에서 비슷하게만 보였던 두 나라의 문화는 가장 보수적이라고 할 수 있는 무덤이나 장례 제도에서 근본적으로 차이를 드러낸다. 두 나라는 서로 이웃하고 있었지만 지배층의 무덤에서 차이가 확연히 드러나는 것을 보면 그 뿌리가 달랐던 것 같다. 가야를 대표하는 금관가야 전설과 신라의 건국신화를 보면 종족 구성에 의미심장한 차이를 엿볼 수 있다. 금관가야를 건국한 김수로왕은 부인을 외국에서 맞이하는데, 그녀는 인도나 중국의 남부에 있을 법한 아유타국의 공주였다. 그런데 박혁거세왕은 공중에 있는 것으로 묘사되어 그 출신지가 한반도에서 멀리 떨어진 곳이라는 느낌을 주고, 그의 부인은 샘과 관련된 것으로 보아 토착민으로 보인다. 두 나라 모두 지역인과 도래인이 융합해 건설한 것으로 보이는데, 도래인의 출신지에 따라 문화의 차이가 있었을 것이다. 어쨌든 신라와는 다른 무덤을 만들었던 가야인들이 어디서 어떻게 출발했는지 궁금하지 않을 수 없다.

이웃하고 있었지만 어쩌면 먼 이웃이었을지도 모르는 가야와 신라의 모습을 이해하는 것은 여전히 어려운 숙제다. 하지만 김해, 창녕, 고령 등에 자리한 가야박물관을 둘러보다 보면 신라문화와 대비되는 뭔가가 나올 것 같다.

박물관과 고분공원을 만나고 내려오면서, 당시 사람들이 왕이나 귀족을 묻기 위해 이곳까지 올라온 이유가 궁금해졌다. 이 시대에는 일반적으로 사는 곳에서 멀지 않은 지점에 무덤을 두었는데, 당시로서는 험했을 수도 있는 이 산까지 상여를 메고 온 게 무척이나 알고 싶었다. 어쩌면 그들이 섬겨왔던 조상의 전설이 산과 어우러져 있는지도 모르겠다.

별난 상상을 하게 되는 이 복천동 고분을 제대로 만나고 싶다면, 필히 고분을 한 바퀴 돌아보는 것이 좋다. 이곳을 둘러보는 동안 당시 사람들의 목소리가 들리는 기분이 들면서 뭔가 애잔한 마음이 드는 것은 필자뿐일까? 박물관에서 갑옷과 마주하며 시작된 사라진 왕국에 대한 연민은, 무덤이 있는 능선을 바라보며 하염없이 솟구쳐 올랐다.

복천박물관에서 우리 고대사의 주역이었던 가야인들의 신비를 접하고 보니, 역사시대의 신비를 제대로 풀어줄 한 곳이 퍼뜩 떠오른다. 가야도 고대 해양문화의 영향을 받아 번성했으니, 해양실크로드의 보물들을 고스란히 간직한 곳을 둘러봐야겠지. 다음 행선지는 우리 역사를 다시 쓰게 할지도 모르는 해양유물들이 잠자고 있는 곳이다.

31

보물선이 잠들어 있는 곳, 해양유물전시관

바다에서 보물선을 건지다

우리 시대에 가장 화려한 바다이야기는 바로 해양유물전시관에서 만날 수 있다. 우선 우리나라가 중국 원나라의 도자기와 동전을 가장 많이 가지고 있다고 하면 믿을 수 있을까? 요즘 아이들의 말로 하면 '헐!'이다. 동전의 규모만 놓고 본다면, 카리브해적들이 꿈꾸던 보물섬이라도 찾은 모양새다.

어떻게 이런 일이 가능할까? 바로 해양유물전시관 또는 해양문화재연구소를 방문하면 그 답을 알 수 있다. 이 박물관은 지난 1975년 신안 중도에 사는 어부 최평호 씨가 고기를 잡다가 건져 올린 이상한 그릇에서 시작되었다. 바로 카리브해적의 보물이 현실이 될 수 있다는 것을 보여 주는 박물관이라면 너무 야한 생각일까?

국립해양문화재연구소 전경 국립해양문화재연구소 사진제공.

서울에서 한 번에 가기는 멀지만, 영암의 고분을 만나고 오는 길이어서 그런대로 힘들지는 않았다. 해가 서쪽으로 약간 기울었을 때 큼직한 쇠닻이 놓여 있는 마당을 지나 박물관 안으로 들어서니, 복원된 모형 배가 전시되어 있는 홀의 큰 유리창으로 서해바다가 한눈에 들어온다. 서해바다 위에 걸린 태양이 강하게 창을 두드리고 너른 바다 위에는 화물선들이 드문드문 지나간다. 이 박물관이 '바다 길'과 관련되어 있다는 것을 일깨워주는 풍경이다.

이 박물관을 방문하면서 머리에 떠오른 생각은 두 가지였다. 하나는 '어떤 보물들을 찾아냈을까?'라는 점이었고, 다른 하나는 '그런 보물들을 어떻게 바다 속에서 찾아냈을까?' 하는 점이었다. 고고학자들은 땅을 보면 항상 '땅속에 무엇이 있을까?'라는 의문을 가지고 다닌다. 그리고 배를 타고 바다 위를 갈 때면, '이 바다 속에는 사람의 흔적이 있을까?'라는 식으로 직업병 수준의 의문을 달고 지낸다. 그런데 땅보다는 바다를 탐사하는 게 훨씬 힘들다. 바다를 탐사하는 고고학을 '수중고고학'이라고 하는데, 고고학자들이 땅위에서 하는 일도 고난의 작업이라고 하지만 수중 작업은 보통의 체력이나 기술로는 불가능하다. 세월호 구조작업에서 보듯이 잠수해서 무엇을 건져 올리는 일은 목숨을 걸어야 할 때도 있다. 특히 우리나라 서해처럼 바닷물이 탁하고 조류가 강한 지역에서 수중고고학을 하는 것은 최악의 조건일 것이다. 가끔 영화에서 지중해의 수중발굴 장면을 볼 수 있는데, 이렇게 깨끗한 바다 속을 잠수해 배 속의 물건을 건져내는 것과 서해발굴은 전혀 다른 작업이라 할 수 있다.

우리나라에서 수중고고학에 대한 관심이 커지기 시작한 것은, 이순신 장군의 '거북선 찾기' 작업에서 시작되었을 것이다. 이것은 우리나라 해군의 가장 큰 숙원사업 가운데 하나다. 물론 그 이전에도 시중에 조개가 붙은 도자기들이 돌아다니는 경우가 종종 있었는데, 어부들이나 도굴꾼들이 바다에서 건져 올린 게 틀림없을 것이다.

그렇다면 물속에서 건져 올린 문화재는 누구의 것일까? 줍는 사람이 임자인가, 아니면 원래 소유주에게 돌려주어야 하나? 원래 소유주가 죽었거나 알 수 없다면 소유권은 어떻게 될까?

또 국제적인 항로를 다니던 무역선박의 경우 소유권은 누구에게 주어질까? 이런 식으로 질문이 끝없이 쏟아진다는 것은 간단한 문제가 아니라는 얘기다. 특히 국가 간에 소유권이나 분배의 형평성을 놓고 분쟁이 일수도 있는 것이 수중문화재이다.

영화를 보면 수중의 보물을 캐서 나누는 장면이 등장한다. 유럽에서는 그런 식으로 나누기도 하는 모양이다. 그러나 한국에서는 수중문화재도 매장문화재로서 법적으로 국가의 소유가 된다. 그래서 고기를 잡다가 그물에 청자가 걸려 올라오면 바로 신고하지 않으면 벌을 받게 되어 있다. 대신 신고를 하면 그 평가액에 따라 보상을 받을 수 있다. 그런데 국가 간의 문제는 그렇게 간단하지 않다. 배가 어떤 나라에 속한다 하더라도, 화물이 바로 그 나라의 소유인지를 밝히기가 간단하지 않기 때문이다. 그래서 국가 간의 수중문화유산에 대해서는 분쟁이 있을 수 있다.

보물선 따라 삼만리

바다 속은 신비하다. 알 수 없는 생물이 사는가 하면, 고대 인간의 흔적이 그대로 보존되는 경우가 많아서 깜짝 놀라게 하는 경우도 있다. 지중해의 바다 속에는 난파선들이 많다. 심지어 2,000년 전의 포도주가 담긴 고대 토기 암포라가 바다 속에 1,000년 이상 보존된 채로 발견되어 미식가의 입속에 침이 고이게 하기도 한다. 이런 점에서 수중고고학은 미지의 세계에 대한 인간의 동경을 풀어주는 또 하나의 독특한 분야가 아닐까?

우리나라 서해안이나 남해안은 해안선이 복잡하고 조수간만의 차이가 커서 물길의 변화가 심하기 때문에, 많은 배들이 난파해 바다 속에 잠자고 있을지도 모른다. 서해안 지도를 보면 '쌀 썩은녀' 등의 지명이 보이는데, 이것은 고대 조운선들이 가라앉은 장소를 말하는 것이다. 그래서 해안의 군데군데에 난파된 배들이 수중고고학 발굴을 기다리고 있을지도 모른다. 이런 기대를 채워 준 세기적인 사건이 바로 '신안 보물선' 발견과 발굴이다. 엄청난 보물들이 실려 있어서 아마도 세계에서 유래가 없는 보물선이라고 할 수 있다. 보물 그 자체도 엄청나게 가치가 있지만, 한편으로는 서해의 가치를 우리에게 가슴 뭉클하도록 가르쳐주는 발견이었다.

돈과 도자기 등 갖가지 보물들을 가득 실은 이 배는, 1323년 6월쯤 중국 상하이 바깥쪽에 있는 지금의 영파 닝보 항을 출발했던 것으로 보인다. 당시 이 배는 고려를 들러 지금의 후쿠오카 부근의 하카다[博多]로 향하고 있었다. 지금은 온천관광지로 유명하지만, 당시 하카다는 한국과 중국의 문물이 일본열도로 들어가는 관문이었다. 이 배가 원나라 배라는 것은 배에서 발견된 청동추에 적힌 경원이라는 지명을 통해 확인할 수 있었다. 경원은 오늘날 영파 닝보 항의 원나라 때 이름이다. 일본으로 가는 물건들 중에는 배달될 주소가 적힌 것이 있었는데, 그중에 교토의 도후쿠지[東福寺]로 가는 물건들도 있었다. 이로 미루어볼 때 이 배에 실린 물건들은 일본 내륙까지 배달될 예정이었던 것 같다.

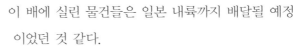

경원로 청동추 국립중앙박물관 소장.

이 신안선은 서해와 남해가 동아시아 해양실크로드의 일부라는 것을 입증해 주었으며, 서해의 문명사적인 가치를 음미할 수 있는 세계적인 보물인 셈이다. 이 보물선에는 다국적·다문화적인 요소들이 다 들어가 있어서, 당시 동아시아 문화의 흐름을 읽을 수 있는 타임캡슐이라고 할 수 있다. 실제로 이 박물관의 "바닷길에서 찾아낸 타임캡슐"이라는 전시에서는 설합을 사용해 하나씩 확인하면서 고려 도자기를 배울 수 있는데, 숨겨진 설합을 열어 확인하는 작업은 수중에서 물건을 하나씩 건져 올리는 작업을 상징한다.

콜럼버스의 배보다도 더 큰 신안선

　신안선실은 바로 이 박물관의 상징이다. 2층까지 뚫린 큼직한 홀의 중심에 배가 복원되어 있고 그곳에 건져낸 유물의 일부가 전시되어 있다. 1976년부터 장장 9년간의 발굴을 통해 건져올린 것이다. 당시 문화재연구소가 발굴을 담당했는데 실제 수중작업은 해군의 도움을 많이 받았을 것이다. 그때 L실장이 처음부터 발굴을 진행했는데, 대학에서 운동을 하여 체격이 대단히 좋은 분이었다. 긴 시간 동안 뜨거운 햇볕 아래 흔들리는 바지선을 타고 수중고고학을 하려면 이처럼 체력이 뒷받침되어야 가능하다. 그는 발굴이 끝나고 서울로 돌아와 필자를 만날 때마다, 서해에 떠 있던 바지선에서 일어난 잠수발굴무용담을 걸쭉하고도 스릴 있게 이야기해 주었다. 아마도 최초의 본격적인 수중고고학 작업이어서 발굴 그 자체가 한 편의 드라마였을 것이다. 요즘 중계방송을 한다면 시청률이 한류드라마 정도 나올 것 같다. 물속에서 잠수대원들이 불쑥 올라올 때마다 모두의 시선이 그의 손으로 향했을 것을 생각하면 전율이 인다.

신안선 조각 잔해 국립해양문화재연구소 사진제공.

　이 박물관 벽에는 당시 바다 위에서 이루어진 잠수작업 사진을 큼직하게 붙여 놓았는데, 그중에 매우 낯익은 얼굴이 있어서 자세히 보니 학교 동창인 K군이다. 해양학을 전공하기는 했지만, 그가 왜 잠수복을 입고 작업을 했는지 그 경위를 알 수가 없었다. 나중에 들으니 원래 다이빙을 취미로 하였는데 해병대

장교로 근무하면서 이 발굴에 참여했다고 한다. K군은 이 발굴을 계기로 평생 수중고고학을 마음에 품고 있다가 몇 년 전에 결국 수중고고학으로 박사가 되었는데, 아마도 이 분야 박사로는 우리나라 최초일 것이다.

신안선은 원나라의 무역선이다. 대양을 다녀야 했기 때문에 거센 파도에도 균형을 잘 잡을 수 있도록 용골이 뾰족하게 만들어져 있었다. 또 두 개의 돛을 달고 있던 이 배는 길이가 34미터에 너비가 11미터 정도였고, 적재규모가 260톤은 되었을 것으로 추정된다. 이 정도면 3미터 정도의 파도가 몰아쳐도 거뜬히 항해할 수 있는 구조라고 한다. 또 배 안에는 7개의 격벽과 8개의 창고가 있었다고 한다. 발굴에 참가한 연구원들은 뻘에 남아있던 나뭇조각들을 건져 올려 더 이상 썩지 않게 보존처리를 한 뒤 다시 하나하나 맞춰 복원했다. 그 결과 우리는 이 박물관에서 신안선의 기본적인 형태와 구조를 확인할 수 있게 되었다. 현재 우리나라의 목제품 보존기술은 이 신안선 보존을 계기로 세계에서 가장 뛰어나다는 정평을 듣고 있다.

신안선은 요즘 우리가 타는 작은 연안 여객선 정도의 크기지만, 짐을 가득 싣고 서해로 향했다. 그렇지만 이 배가 콜럼버스가 아메리카 대륙을 발견할 당시에 타고 갔던 산타마리아호보다도 크다고 하니 놀랍기만 하다. 아마도 당시 중국의 조선술은 상당히 뛰어났던 게 틀림없다. 명나라 장수인 정화가 함대를 이끌고 동아프리카 해안까지 갔다는 기록을 보면 당시로서는 최고 수준이었을 것이다.

이 배는 가라앉으면서 부분적으로 파괴되었을 것이고, 침몰한 뒤 조류에 부서지기도 하고 미생물에 의해 부식되기도 했을 것이다. 하지만 대체로 뻘 속에 들어간 부분들은 잘 보존되어 있었는데, 뻘 속은 미생물이 활동하기 어렵고 조류의 영향도 적게 받기 때문이다. 개펄이 깊은 서해의 특징으로 인해 우리는 잘 보존된 신안선을 만나게 된 것이다.

2만 점이 넘는 도자기를 만나다

신안보물선에는 2만 3,000점이 넘는 유물이 실려 있었는데, 그중에 도자기가 2만 점이 넘는다. 그래서 우리나라는 중국 도자기의 최대 보유국이 된 것이다. 동전도 800만 개가 넘는다고 하니 정말 놀랄 일이다. 자단목도 1,000점 넘게 발견되었는데, 이 자단목은 아마도 일본 귀족들의 가구로 사용되거나 사찰의 향으로 사용되었을 것이다. 그런데 왜 동전이 그렇게 많이 실려 있었을까? 동전 중에는 오래되어 당시에는 유통되지 않는 것도 포함되어 있었는데, 아직까지도 풀리지 않는 수수께끼로 남아 있다.

배에 실려 있던 물건 중에 특이한 것은, 여러 가지 다양한 향신료가 실려 있었다는 점이다. 후추, 매실, 여지, 호두, 계피 등 약재 또는 향신료로 사용할 수 있는 것들이 26가지가 실려 있었는데, 민족과 나라를 불문하고 인간의 입맛을 돋우기 위한 재료는 아무리 비싸도 팔리는 모양이다. 오늘날 우리가 비싼 식초나 기름을 사서 사용하는 것과 마찬가지일 것이다. 이 때문에 해양실크로드의 주 교역품 가운데 하나는 향신료였다. 대항해시대에 인도양 항로를 통해 동아프리카에서 재배되던 클로버 향신료가 동남아시아 각지로 공급되었고, 인도 등지의 차는 아라비아 등지로 이송되었다. 이 또한 인간의 입맛을 돋우거나 개운하게 만드는 데 이런 향신료들이 꼭 필요했기 때문이다. 실린 것들이 모두 왕이나 귀족들 그리고 사찰에서 필요로 하는 것들이라는 점을 생각하면, 예나 지금이나 장사를 하려면 돈 가진 사람들을 상대로 해야 하나 보다.

이 박물관에서는 신안선의 유물이나 배를 통해 중세 해상무역의 문화콘텐츠를 만끽할 수 있지만, 사실 이곳을 방문하는 사람들이 반드시 만나봐야 하는 것은 세계 최고 수준의 진품 중국 도자기들이다. 이는 호사가들이 즐길 수 있는 최고의 볼거리가 될 것이고, 우리나라 청자나 백자와 비교하면서 한국미를 이해하는 시간이 될 수도 있을 것이다. 650년 동안 물속에 있다가 막 건져 올린 신선한 도자기들이니, 신비로운 느낌과 함께 묘한 짜릿함도 느낄 수 있다.

신안선에서 발굴한 중국청자 마늘모양병 국립중앙박물관 소장.

중국의 청자들을 보고 있노라면 도공의 경지가 입신에 이르렀다는 것을 느낀다. 벽옥 같이 아름다운 피부를 자랑하는 녀석들도 있고, 바닥에 양각한 용이나 물고기들이 살아 움직이다가 마술사에 의해 잠깐 정지한 것 같은 느낌을 주는 녀석들도 있다. 거의 완벽한 수준의 기술로 만든 작품들이다. 그리고 어떤 녀석들은 건강한 젊은 여인의 피부를 연상케 하는 아름다움을 자랑한다. 그런데 이런 청자들도 아름답지만, 필자의 눈을 가장 사로잡은 것은 물소를 희롱하는 아이의 모습을 조각한 연적이다. 전체적으로는 중국풍이 느껴지지만, 해학적으로 표현한 아이의 조각이 우리나라 신라토기의 토용들을 연상시키기 때문이다.

신안선에는 고려청자도 실려 있었는데 탁월한 작품들이 많이 포함되어 있다. 그중에 사자연적은 조각도 섬세하지만, 사자의 표정이 주인을 충성스럽게 쳐다보는 듯한 느낌이다. 몇 점의 고려청자 중에는 상감청자도 포함되어 있는데, 이것은 고려가 이끌어낸 비법이다. 이 박물관의 도자전시장은 중국청자와 고려청자의 다른 맛을 볼 수 있는 곳으로서, 우리 도자문화의 특성을 이해할 수 있는 곳이다.

청자사자장식향로 국립해양문화재연구소 사진제공.

청자매병의 기가 막힌 용도

박물관의 전시에는 신안선만이 아니라 우리나라의 침몰선들과 배에 실린 유물들을 볼 수가 있고, 고대선박의 역사까지 배울 수 있다. 고대선박의 구조를 보면 임진왜란 당시에 왜군들이 제대로 힘을 쓰지 못한 까닭을 알 수 있다. 이순신 장군의 해전술이 워낙 뛰어난 것도 있지만, 한편으로 조선의 배 만드는 기술이 한몫 단단히 했기 때문이다. 밝은 색조의 나무마루로 된 전시장으로 들어서면 정갈하고 아늑한 느낌이 든다. 제1전시실의 고려선실은 고려시대의 배를 보여 주는 곳인데, 당시의 항로와 물류이동을 확인할 수 있다. 여기에는 마도난파선, 달리도선, 완도선처럼 서해

흡입기를 이용해 갯벌을 제거하는 모습 국립해양문화재연구소 사진제공.

고려 선실 국립해양문
화재연구소 사진제공.

에 난파된 배에서 건져 올린 청자
류의 도자기들이 전시되어 있는데
그 태깔이 모두 일품이다. 바다 속
에서 금방 건져 올린 듯하여 짠 내
가 나는 듯한 느낌은 이 박물관 유
물에 대한 선입견 때문일까?

　도자기 중에도 청자퇴화문 두꺼
비 모양의 벼루는 정말 귀하고 탁월한 작품이다. 사자조각의 향로나 청
자 철화당초문 장고 등도 뛰어난 작품이지만, 유사한 것들을 국립박물
관에서도 볼 수 있다. 고려의 수도는 개성이지만 좋은 청자들을 만들
어낸 도요지는 그보다 훨씬 남쪽인 부안이나 강진에 있다. 물론 다른
지방에서 굽기도 했지만, 왕실이나 귀족들이 사용한 것들은 이 지역에
서 제작되었는데 근처에 좋은 고령토 산지가 있었기 때문이리라. 이 때
문에 도자기를 잘 구워 질 좋은 작품을 만드는 것도 중요했지만, 이런
도자기들을 깨트리지 않고 개성으로 운반하는 게 큰 숙제였다. 지금 같
으면 포장재가 좋고 다양하지만, 당시에는 운반하는 데도 애를 많이 쓴
듯하다. 이 때문에 완전한 것들이 많이 발견되는 것 같다.

　그런데 이 박물관의 전시를 보면서 사람들이 깜짝 놀라 나자빠질 수
있는 재미있는 사실이 있다. 일반적으로 청자, 특히 청자 매병처럼 대형
청자이고 그 태깔이 좋으면 적어도 수억 내지 수백억 원을 호가한다.
하지만 그 청자가 어떤 용도로 쓰였는지를 생각해본 적은 별로 없을 것
이다. 그렇다면 사람들이 대부분 미술품으로 생각하는 이 도자기들의
정체는 뭘까? 이 박물관에 오면 숨겨져 있던 도자기들의 용도를 알 수
있다. 건져 올린 도자기들 중에는 "어디 사는 누구에게" 가는 것인지를

적은 목간들이 같이 발견되는 경우가 있다. 마도의 난파선에서 건져 올린 청자매병과 함께 발견된 죽찰 먹으로 글씨를 써둔 대나무조각 에는 "중방 도장 교오문부 댁에 각각 참기름과 좋은 꿀을 단지에 담아 올립니다."라고 적혀있다. 그 비싼 매병이 꿀단지이거나 참기름단지라니! 국립박물관 청자전시장의 국보들도 참기름병이라고 생각하면 예술적 가치가 떨어질까?

박물관을 둘러보고도 아직도 보고 생각해야 할 것들이 너무 많이 남은 것 같아서 발걸음이 떨어지질 않는다. 글로벌 비즈니스에 적응하는 지혜도 있을 법하고, 예술에 대한 정의도 다시 내릴 수 있을 것 같다.

바다와 개펄의 생활을 보여 주는 전시는 잔잔한 서사시와도 같다. 그리고 어린이들에게 바다놀이를 보여 주는 아래층 공간은 바다를 친구로 삼는 법을 가르쳐 주는 장소가 될 수 있을 것이다. 감동도 많고 생각도 많아지지만 또 만나야 할 박물관이 코앞에 있다. 바로 목포자연사박물관이다. 그리고 가까이에 남종화의 대가라고 불리는 남농 허건 선생의 미술관이 있고, 목포문학관과 목포생활도자기박물관 등이 줄줄이 기다린다. 이곳들을 둘러본 뒤에는 신안선에 실린 엄청난 도자기의 신비를 제대로 확인하고 싶다. 그 길의 끝에는 우리나라 대표 도요지에 자리한 분원백자자료관이 기다리고 있을 것이다.

01 청자두꺼비모양벼루 (보물 제1782호) 국립해양문화재연구소 사진제공. **02 청자 매병(보물 제1784호)** 국립해양문화재연구소 사진제공.

32

도공들의 열정이 구워진 곳, 분원백자자료관

조선시대 도자기마을, 퇴촌으로 가는 길

경기도자박물관이라고 하면 당연히 도자기를 모아 놓은 박물관인 줄 알겠는데, 분원백자자료관이라고 하면 고개를 갸웃거리는 사람이 적지 않을 것이다. 백자 중에 '분원백자'라는 종류도 있나 하고 궁금해 할는지도 모르겠다. 하지만 한마디로 그런 백자는 없다. 우리나라 지명에 '원'이라는 글자가 들어가면 관청이 있던 곳을 의미하는데, 이곳은 도자기를 굽던 관청인 사옹원의 분원을 의미한다. 지역마다 방송국의 지국이 있듯이, 조선시대에 도자기를 굽던 작은 관요가 이곳에 있었다는 얘기다.

조선시대에 관청에서 관리하던 관요官窯들은 경기도 광주 일대에 있었는데, 지금의 광주톨게이트 부근부터 분원리로 이어지는 일대 전체

가 관요가 있었던 자리라고 할 수 있다. 지금 광주톨게이트에서 퇴촌을 거쳐 들어오는 동리 이름들은 거의 모두 당시 관요의 이름들이다. 분원리로 진입하기 직전에는 금사리 도요가 있는데, 이 유적지는 분원 도요보다 먼저 지어졌다. 학계에 따르면 도요지는 도자기를 굽는 데 필요한 흙을 따라 지속적으로 바뀌었다고 한다. 이 때문에 조선시대 백자라 해도 시대에 따라 양식이 조금씩 다르고 도요지도 다르다.

분원은 한양에서 좀 떨어지기는 했지만, 나무가 울창한 산이 있고 물이 있으며 적당한 경사까지 있어서 도요지로서는 최적의 조건을 갖춘 곳이었다. 그래서 조선 후기의 수많은 백자들이 이곳에서 만들어졌고, 당시 도자기를 구웠던 사람들의 애환이 가득 서린 곳이다. 분원 도요는 관요로 출발한 1792년부터 민영화되는 1884년까지 132년 동안 조선 최고의 도자기를 구워냈다. 유명한 "철화백자용호문호"도 이곳에서 구워낸 것이다. 조선시대 초기 금사리에서는 매우 간소한 그림과 여백을 이용해 절제된 아름다움을 표현한 백자를 제작했지만, 분원에서는 값이 많이 저렴해진 청화 등의 안료를 사용해 그림을 그리는 기법이 매우 발달했다. 아마도 우리나라 미술사 관련 박물관들에 소장된 조선시대 백자 가운데 3분의 2 이상이 이곳에서 만들어졌을 것이다.

그릇 조각들 가운데 국보가?

분원리의 먹자골목으로 들어서서 큰길가 모퉁이의 오른쪽을 바라보면 모서리에 한옥이 하나 있고 언덕으로 올라가는 길이 보인다. 그 위에 분원초등학교가 있는데, 학교 운동장을 지나면 널찍한 공터 안쪽으로 분원도자자료관이 있다. 분원요를 발굴해 나온 것들을 이곳에 전시한 것이다. 도자박물관들은 흔히 깨끗하게 보존된 완성품을 전시하는 경우가 많지만, 이와 반대로 이곳은 도자기 조각이나 노의 부서진 조각들, 그리고 작은 조각에 드러난 도자 고유의 문양들을 전시해 놓았다. 이런 점에서 이곳은 도자 아름다움의 원천, 도자기술의 유전자를 보여 주는 곳이라고 할 수 있다. 또한 작은 파편을 통해 그 원형을 추적해 보도록 이끌어준다는 점에서 이른바 도자기과학수사 CSI, Ceramic

분원백자자료관 전경
분원백자자료관 사진 제공.

분원요 복원 모형 분원
백자자료관 소장.

Science Investigation를 연습할 수 있는 곳이다.

분원리 도요지가 있던 곳은 분원백자자료관으로 들어오는 큰길가 일대와 분원초등학교 교문 부근이다. 이곳에 자료관이 들어서게 된 사연은, 분원초등학교 운동장을 만들면서 보존 상태가 좋은 도요들이 나타났고 일대에서 많은 도자기편이 수습되었기 때문이다. 하지만 운동장을 만들 당시에는 도요지가 있었는지 몰랐기 때문에, 전문가들은 도요지 일부가 파괴되었을 것으로 추정한다. 우리 전통 도자기들의 고향과도 같은 곳이자 도자기 문화의 혼이 담긴 이곳에 크든 작든 상처가 났다고 생각하니 가슴이 아려온다. 분원초등학교의 남쪽 사면 일대에서도 많은 도자기들이 수습되어 이 일대에는 백자 파편들이 수도 없이 많이 나왔는데, 조사해 보니 도요지에서 파손된 도자기들을 버리는 곳이어서 파편의 수도 그만큼 많았다고 한다. 그리고 분원초등학교 경내에는 사옹원 관리들의 선정비도 보이는데 이 동네에 도공들이 살고 있었기 때문이리라.

조선시대에는 경기도 광주와 이천 그리고 여주 일대에 도요지들이 많았기 때문에, 그 전통으로 현대에 와서도 이 일대에 도요지들이 엄청나게 많고 국가에서도 중요한 산업으로 간주해 정책적으로 육성하고 있다. 그리고 도자기엑스포 공원에는 전 세계에서 만들어진 온갖 도자기들을 전시하고 있다. 그 결과 도자기에 조금이라도 관심이 있는 사람들은 가족들과 함께 종종 이곳을 찾곤 한다. 그런데 이렇게 도자기를 아끼고 사랑하는 사람이라도 막상 도자기가 어떻게 만들어지는지 물어보면 제대로 대답하지 못한다. 그럴 때는 "잠깐만 기다려!" 하고는 이곳 분원백자자료관을 찾으면 된다.

이 자료관을 둘러보면, 도자기를 만드는 기술이 너무도 어렵고 정교한 과정이라는 것을 실감하게 된다. 그리고 아름다운 도자기 뒤에 숨어 있던 도공들의 정신세계와 끝없는 노력, 그리고 애환을 느낄 수 있다. 작은 도자기 파편에서 어떻게 그토록 심오한 부분까지 느낄 수 있냐고 반문하는 사람에게는, 이곳에 놓인 깨어진 백자 조각을 찬찬히 살펴보라고 권하고 싶다. 그러면 어느 순간 분원의 요가 활활 타오르던 당시로 돌아가 도공들의 열정과 마주할 수 있을 것이다.

전시된 파편들 중에는 깨지지 않았다면 국보가 될만한 것들도 있다. 그렇게 좋은 작품이 왜 도요지에서 깨졌을까? 만든 사람은 얼마나 아까웠을까? 부분적으로만 좋은 작품이었을 수도 있고, 요에서 꺼내다가 실수로 깨졌을 수도 있다. 그렇지만 민속에 전하는 말 중에 "너무 좋은 작품이 나오면 도공들이 그 자리에서 바로 깨버렸을 것"이라는 전설이 있다. 왜

분원요 발굴 모습 이화여자대학교박물관 사진 제공.

발굴도자기 파편과 토
충전사 분원백자자료
관 사진제공.

그랬을까? 너무도 완벽한 작품이 나오게 되면, 그 뒤 도자기를 조금이
라도 잘못 만들었을 때 왕이나 고위관리에게 처벌 받을 수도 있었기 때
문이다. 계속해서 그런 완벽한 작품을 만들어내라고 하면 감당할 수가
없었기에, 어쩔 수 없이 깨뜨렸을는지도 모를 일이다. 도공으로서는 자
식과도 같은 도자기를 깨뜨려야 했으니 그 아픔이 오죽했을까.

이화여자대학교박물관이 이 분원도요지를 발굴할 당시 필자의 제자
인 임영옥이 발굴현장을 책임지고 있었다. 씩씩한 여성 고고학자여서
잘하고 있었지만, 혹시나 하는 걱정 때문에 여러 차례 자문을 요청해
왔기에 발굴현장을 찾게 되었다. 분원초등학교로 올라가는 언덕길 옆에
는 아주 잘 보존된 등요 언덕을 올라가면서 뱀처럼 길게 누운 요 가 아직도 다
무너지지 않고 내부 공간을 유지하고 있었다. 그 요는 폼페이의 벽돌집
처럼 내부를 고스란히 드러내고 있었는데, 심지어 아치형의 지붕도 그
대로 남아 있었다. 요의 천장에는 엄청나게 뜨거운 열로 인해 노의 안
쪽 곳곳에 유약이 배어들어 도자기 껍질 모습을 하고 있는 곳들이 보였
다. 얼마나 뜨거웠으면 돌과 흙에서 유리질이 배어들어 유약을 바른 것
처럼 되었을까? 역시 불의 힘은 엄청나다. 그토록 차가운 느낌을 주는

도자기가 용광로처럼 뜨거운 열에 의해 만들어진다니 무척이나 놀랍다. 그 주위에는 엄청난 양의 도자기 파편과 요의 파편들이 남아 있었다. 이 발굴에서 수습된 것들은 이제 자료관에서 전시되고 있지만, 조사가 끝난 당시의 발굴지는 지금은 묻혀있는 상태라 격세지감을 느끼게 한다.

분원도요지 발굴이 끝나고 2003년에 문을 연 이 박물관은, 경기도 자박물관 산하에 있는 자료관이다. 폐교 건물을 재활용한 이 박물관은 내부에 다락 2층이 있기는 하지만 단층의 네모진 건물이다. 건물 외부를 철판으로 두른 뒤 도자기에 사용하는 산화 철채를 염료로 사용해 붉은색을 띠고 있다. 그래서 철판으로 외장된 것이지만 작은 풀밭 위에 자연스럽게 서 있어서 보는 사람들에게 편안함을 준다. 그리고 학교 마당을 가로질러 붉게 녹슨 철판으로 뒤덮인 박물관 입구로 걸어갈 때 잡초밭을 지나는 맛도 좋다.

전시장은 크지는 않지만 발굴된 분원도요지의 구조, 분원에서 만들어진 백자들의 종류 및 양식, 그리고 도자기 만드는 방법 등을 보여 주고 있다. 전시장 바닥에는 발굴 당시의 도자기편들이 흩어진 자리를 원

전시장 모습

래의 유물로 그대로 복원한 뒤 유리로 덮어 놓았고, 벽에는 도자기편들이 쌓인 층을 실감나게 복원하여 관람객들이 현장감을 느낄 수 있도록 했다. 바닥과 벽 등에다 실제 유적을 표본으로 전시함으로써 도자유적지의 느낌을 극대화시킨 것이다.

자료관에는 분원 도요지의 모형이 작게 복원되어 있다. 길게 뱀처럼 언덕에 기대어 조성된 것인데, 안쪽에는 계단이 있고 그 계단 위에 도자기를 올린 뒤 구워냈다고 한다. 이 요가 바로 분원초등학교 교문에서 내려오는 언덕 옆에 있던 것이다. 갑번의 파편들도 도요의 주변에서 무수히 수습되었다. 갑번으로 도자기를 구워내는 것은 최고급 도자기를 만드는 기술이다. 다시 말해, 초벌구이 도자기를 네모나 내화벽돌 상자, 다르게 표현하면 도자기 상자 속에 넣어 요에서 구워내는 것이다. 이 기법으로 하면 도자기가 고르게 열을 받아서 태깔이 좋은 작품을 만들 수 있다. 분원도요는 궁궐에 필요한 도자기를 공급하는 곳이니만큼, 이런 최고급 기법으로 굽는 도자기가 많았을 것이다. 옛날 도자기를 보면 일부가 산화되어 바탕색이 고르지 않은 것들이 있는데, 이것은 불을 고

갑번, 예번, 상번 받침
분원백자자료관 소장.

르게 받지 못한 탓이다. 분원도요는 갑번을 활용하는 최고급 기법으로 도자기를 구워냄으로써 이런 하자를 줄일 수 있었다.

조선도자예술의 멋을 보여 주는 철채끈 병

백자청화운룡문병
분원백자자료관 소장.

분원에서 만들어진 도자기라고 하면 아마도 '푸른 염료로 용의 그림을 그린 키 큰 항아리 백자 청화운룡문병'를 떠올리게 된다. 조선 초기부터 중기 이전까지는 청화안료가 비싸서 민간에서는 사용하기 힘들었고, 세종 대에는 사치스럽다고 금지했기에 특별한 경우가 아니면 그림을 그리더라도 간략하게 표현하곤 했다. 그런데 조선 후기에는 페르시안 블루라고 부르는 서역 산 회회청 수입이 원활해지면서, 분원도요를 중심으로 청화로 그림을 그린 도자기가 엄청나게 유행한다. 당시 청화로 그린 백자가 가장 많았고, 산화철로 그리는 철채가 그 다음으로 많았으며, 산화동 안료로 그려낸 진사채는 상대적으로 귀했다. 하얀 백자 바탕에 핏빛 붉은 그림이 그려진 진사백자는 강렬한 색상과 간결한 이미지로 부르는 게 값이 되기도 한다.

이 자료관에는 청화 그림이 있는 도자기도 많다. 그림의 종류를 보면 산수, 화훼, 십장생, 아라베스크 타입의 꽃무늬, 기하문 등의 다양한 소재가 그릇의 표면에서 뛰어논다. 옛날에 그림을 관장하던 관청인 도화서의 화공들은 가끔씩 한양에서 이곳까지 도자기에 그림을 그리러 왔다고 한다. 그러니 관요에서 생산하는 도자기에 그림을 그린 화공들은 당대 최고의 실력을 갖추고 있었을 것이다. 이런저런 과정을 떠올려보니 전시장의 도자기들이 예사롭게 보이질 않는다.

고고학유적관이라고 불러도 손색이 없는 이 전시장은 도자기의 아름다움을 돋보이게 하기 위해 전시를 섬세하게 구성했는데, 이 때문에 고급 미술품 갤러리 같은 느낌을 준다. 다시 잡초가 성성한 자료관 앞마당으로 내려서니 조용한 가운데 강바람이 시원하다. 분원리 일대는 도공들과 사옹원 관리들의 가옥들이 요지를 둘러싸고 있었을 것이다. 강이 내려다보이는 평화로운 마을이었겠지만, 유적지에 깔린 수많은 백자 조각을 통해 도공들의 긴장과 애환을 느낄 수 있다.

백자의 절제된 아름다움을 구현하기 위해 모든 것을 바쳤던 도공들과 화공들을 떠올리자, 백자가 더욱 소중하게 다가온다. 필자가 보기에 조선 백자는 세상에서 가장 편안한 그릇이다. 중국 도자기처럼 색과 정교함으로 압도하지도 않고, 일본 도자기들처럼 과장된 자연미도 아니다. 더욱이 서양 자기들처럼 기계적이고 연약한 모습도 아니다. 거칠지만 탄탄한 바탕에 여백을 두고 마음을 따라 표현한 그림들, 사람의 마음태가 그대로 전해지는 도자기들이다. 필자는 조선백자 중에서 끈을 철채로 그린 술병을 좋아한다. 눈부시지 않은 허연 백자 바탕에 고르지 않은 붓선으로 치렁치렁 그려내면서 술병의 모가지에서 시작하여 어깨로 감아 도는 철채 끈을 보노라면 저절로 취흥이 돈다. 이 작품도 분명 분원에서 만들어졌을 것이라고 생각하니 전율이 인다. 그 백자를 탄생시킨 정신이 바로 이 분원에서 태어났는데, 그러고 보면 도공들의 정신을 간직한 이 작은 자료관은 우리 상상여행의 출발지라고 볼 수 있다. 박물관 마당에서 팔당호를 바라보며 도자기에 꿈을 싣고 가던 신안선과 선원들을 떠올려본다. 안전항해를 염원했지만 결국 침몰하고 말았던 것은 등대가 없었기 때문이겠지. 이제 험난한 항로에서 살아남는 법을 배우러 호미곶 등대박물관으로 간다.

33

등대지기의 삶을 만나는
국립등대박물관

한반도의 동쪽 끝, 호미곶

호미곶은 항상 머릿속에 맴돌던 곳이다. 왜냐고? 정월 초하루 새벽이면 방송에서 "한반도에서 가장 동쪽 끝입니다. 아! 수평선이 붉어지고 있습니다. 해가 떠오르고 있습니다. 바로 올해의 새로운 해입니다."라고 새해 소식을 알리는 명소 중에 명소이기 때문이다. 거기에 있는 그 등대 그리고 등대박물관, 한반도 여행을 하게 되면 필수적으로 한 번은 가야 할 곳이다. 필자도 이곳을 만났던 아련한 옛 추억이 있는데, 당시만 해도 등대박물관은 없었다. 그때는 경주에서 감포의 문무대왕 수중릉이 있는 해변에서 한참을 보낸 뒤 이곳 호미곶을 찾았다. 그러고 나서 한참 세월을 건너뛰어 다시 이곳 동해바다에 섰다. 푸른빛이 시원한 바다. 그 이국적인 바다를 옆에 두고 열심히 달려 호미곶에 이르렀다.

국립등대박물관 전경
국립등대박물관 사진
제공.

　섬을 제외하고 우리나라 육지에서 가장 동쪽으로 나온 곳이 바로 포항의 호미곶 虎尾串 이다. 호미곶은 농사도구 호미가 아니라 호랑이의 꼬리를 닮았다고 해서 붙은 이름이다. 풍수지리에 달통했던 조선시대의 남사고 南師古 라는 인물은 한반도를 호랑이의 형상으로 보았다. 그는 우리나라를 호랑이 그림으로 꽉 채우면 백두산은 코가 되고 포항의 호미곶은 호랑이의 꼬리가 자리한다고 여겼다. 그래서 이곳이 호미곶이라는 이름이 붙었단다. 토끼 꼬리보다는 인기 있는 이름일 것이다. 곶이라는 명칭은 해안에서 돌출된 부분을 뜻하는 말이다. 등대박물관은 호미곶의 끝부분인 대보리에 있는데, 배와 비행기의 안전한 운항을 위해 이곳에 등대를 설치한 것이다.

　국도를 타고 이 박물관을 찾아가는 길 한쪽으로는 1970년대 대중가요로 유명한 영일만이 보이고, 다른 쪽으로는 비교적 높은 산이 급한 경사면을 이루는 곳이 많다. 호미곶이 우리나라 남쪽에 위치해서 그런지, 짙푸른 사철나무 숲이 이어져 몸과 마음이 무척이나 상쾌했다. 하지만 갑자기 비가 억수같이 쏟아지는 바람에 박물관 주차장에 내렸을 때는 우산도 소용이 없었다. 바다가 가까워 바람이 엄청 강하게 불어서 날아갈 판이었다. 바람에 부러진 우산이라도 받쳐 보지만, 아랫도리는 금세 물속에서 빠졌다 나온 차림새가 되고 말았다.

빗물이 흠뻑 배어든 옷을 정리한 뒤 박물관으로 들어선다. 늘 바깥에만 있어서 안이 궁금해서일까? 비바람에 쫓기던 사람이 박물관 안으로 들어온 탓일까? 세찬 비바람이 박물관 유리창을 거세게 몰아친다. 잠깐씩 들려오는 사람들 소리가 창밖의 아스라한 풍경과 뒤섞이며 다른 차원의 소리처럼 들린다. 하지만 여행할 때 이렇게 시골스럽고 낯선 목소리를 들을 때면 왠지 살아있음을 강하게 느낀다. 창문으로 흐르는 빗물을 타고 어느 대중가요의 사랑 노래가 흘러내리며 축 늘어져 있던 마음의 한구석을 씻어내는 기분이다. 세찬 바람과 강한 비. 이번 여행의 로망이다.

하얀 화강석으로 된 박물관 건물 앞에는 등대의 모습으로 둥근 타워를 만들어 두었는데, 처음 보는 사람들은 그 안에 있는 등의 크기에 놀란다. 고개를 돌리면 광장의 한쪽으로 하늘색 돌고래가 눈에 들어온다. 이 지역에는 고래가 많이 나타나 등대박물관이 캐릭터로 만들어둔 모양이다.

"자! 떠나자, 동해바다로. 고래 잡으러. 어어어어."

필자 또래의 유명한 대중가수가 노래했던 바로 그 바다 앞에 서 있다. 오늘 이곳에 오니 그가 왜 떠나자고 한지를 알 것 같다.

등대지기의 애수를 그리며

필자는 등대박물관이 무엇을 전시하고 있는지 항상 궁금했다. 등대라는 말을 떠올릴 때마다 오래 전에 보았던 문학작품이 떠올라 이런저런 상상도 했었다. 우리가 흔히 부르는 노래 중에 "등대지기"라는 노래가 있는데, 고은 선생이 쓴 시를 가사로 삼은 것이다. 등대의 고독한 모습을 소재로 삼아 기다림의 사랑을 상징적으로 그려낸 이 노래는, 우리에게 등대에 대한 이미지를 깊게 심어 놓았다. 이런 마음을 알아보았을까? 등대박물관의 이문희 관장이 시집을 하나 보내온 적이 있다. 그러고 보니 홈페이지에도 많은 시가 실려 있었고 각 등대마다 시가 하나씩 올라와 있다. 홈페이지에 실린 정홍도 시인의 〈어느 등대지기〉라는 시가 잔잔히 마음을 적신다.

등대 국립등대박물관 사진제공.

(전략)
긴긴 세월 어머니의 치성에
바다를 떠날 수 없어
서녘에 해 떨어지면
이마에 등광을 달고
먼 바닷길을 저벅이는 사람은 누구입니까
달뜨고 별이 쏟아지는 밤도
행여 등불 꺼질까 가슴조이며
하얀 솟대로 서있는 사람은 누구입니까?

등대지기만이 고독한 게 아니다. 등대를 보는 사람도 고독한 감정이 솟구친다. 필자는 가끔씩 학생들에게 "선생은 등대일 뿐이야. 너희들이 항해를 해야 하는 거야!"라고 이야기하곤 한다. 선생 또한 너무도 고독하다. 모두가 지나가기 때문이다. 세월처럼. 그래도 등대는 선생보다는 나은 셈이다. 필자가 죽은 다음에도 그대로 서 있을 테니까.

등대의 역사는 침탈의 역사

이 박물관은 1985년에 장기갑등대박물관으로 개관하여 1995년에 장기곶등대박물관으로 이름을 바꿨다가 2002년에 국립등대박물관이 되었다. 호미곶등대 장기갑등대 는 지난 1908년에 설치되었는데, 등대박물관이 개관하기 이전인 1983년에 경북지방문화재 제39호로 지정되었다. 호미곶의 길쭉한 흰 등대는 박물관 동쪽에 날렵하게 우뚝 서 있는데, 우리나라에서 가장 큰 현대식 등대란다. 8각 기둥모양으로 벽돌을 쌓아올린 것으로 내부는 6층이란다. 그런데 각층의 천장에는 20세기 초의 조선왕조를 이은 대한제국의 황실문양인 '오얏꽃' 문양이 새겨져 있다. 그리고 높이가 26.4미터에 이른다. 이 등대의 불빛은 1,000촉짜리 광원으로 35킬로미터 해상까지 빛이 이르고 안개가 끼었을 때 내보내는 신호는 약 3.2킬로미터 해상에서도 들을 수 있다고 한다. 역시 세상의 기린아들을 등대에 비유하는 것은 어둠 속에서 길을 인도하는 빛의 위력 때문이리라.

국내 유일의 등대박물관이라고 하지만, 이곳에는 등대에 관한 것들뿐 아니라 해양과 수산업 관련 내용도 담고 있다. 그렇다 해도 항로를 안내하는 등대에 가장 큰 비중을 두고 운영하고 있다. 지금은 전자장비로 자신의 위치를 알 수 있지만, 그 전에는 야간 항해를 하는 배들이 의지할 수 있는 유일한 이정표가 바로 등대였다. 이런 점에서 이 등대박물관은 뱃사람들의 생명과 직결된 중요한 존재를 다루고 있는 것이다. 연근해에서 밤늦게

등대원 생활관 전시장
국립등대박물관 사진
제공.

까지 고기를 잡던 어부들이 헐떡이는 통통선에 몸을 실은 채 돌아올 때, 이 등대는 언제나 그 자리에서 맞아주는 소중한 친구처럼 길잡이가 되어 주었으리라.

이렇게 멋진 길잡이로 우리 앞에 서 있는 등대지만, 역사를 돌이켜 보면 등대의 전혀 다른 모습을 확인할 수 있다. 지난 19세기 말 외세가 물밀듯이 밀려오던 때, 흥선대원군은 쇄국정책으로 나라의 문을 닫아 걸려고 했다. 하지만 조선 근해에 출몰하는 외국 선박들은 갈수록 많아졌다. 이 때문에 배들의 안전한 항해를 돕기 위해 빛·소리·전파 등을 보내는 신호장치인 '항로표지'가 필요하게 되었다. 그 결과, 1884년에 통신국에서 항로표지업무를 시작했고, 1895년에는 등대의 입지를 정하기 위한 조사가 시작되었다. 부산은 일본과의 왕래가 잦아 1902년에 가장 먼저 해운등대국이 설치되었고, 같은 해에 인천의 월미도와 소월미도에 등대를 건설하여 1903년에 최초로 점등하게 되었다고 한다. 그런데 알고 보면 우리나라 등대의 역사도 우리나라 개항기의 근대화 과

정과 비슷하다. 왜냐하면 위에서도 언급했듯이 등대는 외국 선박들의 안전한 항해를 위해 설치되었고, 개항 이후에는 우리나라를 강제 침탈한 일본의 전략에 따라 국내 이곳저곳에 설치되었기 때문이다.

불을 밝힌다는 점에서 등대는 매우 긍정적인 이미지를 띠고 있지만, 당시 우리나라의 상황을 떠올려보면 가슴 아픈 면이 적지 않다. 일본이 대동아 공영권을 명분으로 내세우며 조선에 등대를 건설하라고 압박한 것이다. 이곳 호미곶에 등대가 세워진 이유도 일본의 압력 때문이었다. 1901년 청일전쟁에서 승리한 일본은 동북아의 패권을 놓고 러시아와 일대 격전을 준비하고 있었다. 그때 일본의 수산실업전문학교 실습선이 조사 차 이곳 호미곶 앞을 지나다가 암초에 부딪혀 모두 익사하는 사건이 있었는데, 이를 빌미로 일본은 조선을 압박해 등대를 만들게 한 것이다. 하지만 제2차 세계대전이 끝난 뒤, 일본이 조선에 건설한 등대의 80퍼센트 정도를 폭파하는 바람에 미국 군함은 인천항에도 들어올 수 없을 정도였다고 한다. 이렇게 보면 일본인들은 패전하여 자국으로 돌아갈 때, 등대뿐만 아니라 경부선 철도도 구부려 놓거나 파괴하고 싶었을지도 모르겠다. 등대가 국가안보 전략시설이라는 사실을 단적으로 보여 주는 증거다.

등대, 너무도 착한 성자

박물관의 안내영상들은 흔히 홍보에 치중한 게 대부분이지만, 이 박물관의 안내영상에는 등대와 함께 멋진 바다 경관을 배경으로 담아 놓아 무척 아름답다. 아침 해를 등지고 우뚝 선 등대나, 바위섬 한쪽에 우뚝 서있는 여신 같은 등대를 감상하는 것만으로도 충분히 낭만적이다. 생텍쥐페리의 《야간비행》을 보면, 캄캄한 하늘과 땅에 빛이 있으면 그 자체가 사람의 기운이자 온기라서 반갑다는 대목이 있다. 칠흑 같은 밤에 이 등대는 그야말로 구세주가 아닐까?

그런데 정작 이 박물관을 찾은 사람들은 호미곶 등대의 역사보다는, 어떤 원리로 등댓불을 밝히는지 궁금해 할 것이다. 등댓불이라고 하면 멀리서도 잘 보여야 할 텐데, 옛날에는 어떤 식으로 불을 밝혔을까? 등대의 시초에 대한 전설을 들어봐도 불가사의한 게 한두 가지가 아니다.

나일강 하구에 우뚝 서 있는 세계 최초의 등대인 "팔로스 등대"는 기원전 280년에 세워졌다. 당시 지중해에서 나일강 하류 주변의 도시로 들어가기 위해 하구를 지나는 배들이 있었는데, 이 배들의 안전항해를 도왔던 등대가 바로 팔로스 등대다. 세계유산으로 지정된 이 등대는, 세계 불가사의에도 속한다고 한다. 그런데 이 등대가 불가사의로 꼽힌 데는 특별한 이유가 있다. 스스로에게 이런 질문을 던져 보라. 당시 사람들은 어마어마한 크기의 불을 어떻게 켜서 유지했을까? 멀리서도 볼 수 있을 정도의 불이라고 하면 상당히 밝아야 하고, 그 정도의 불꽃을 만들어내려면 불의 크기가 상당히 커야 하는데 그들은 이런 불덩어리를 어떻게 구현했을까? 이런 질문을 하게 되면 이 팔로스 등대가 무척이나 특별하게 느껴진다.

물론 당시의 기술로는 동물성 기름을 사용할 수밖에 없었겠지만, 먼 곳에서도 볼 수 있도록 어떤 장치를 마련했을 것 같다. 팔로스 등대는 높이가 135미터인데, 맨 아래층이 4각형이고 가운데층이 8각형이며 꼭대기층은 원통형인 엄청나게 큰 구조물이다. 등대의 내부에는 나선형의 길이 나있는데 꼭대기까지 이어져 있다. 그리고 꼭대기에는 정체 모를 인물조각이 있는데, 알렉산더대왕 혹은 태양신 헬리오스라고 알려져 있다. 이 등대는 원래 전설로만 전해져 오던 것을 1994년도에 바다에서 건져 올린 것이다. 등대 꼭대기에서 보면 지중해의 수십 킬로미터 먼 곳까지 볼 수 있고, 아랍인들의 기록에 따르면 맑은 날에는 불꽃을 콘스탄티노플에서도 볼 수 있었다고 한다. 그러니 얼마나 큰 불꽃이었을까! 그 당시에 그토록 놀라운 기술이 있었다니 정말 불가사의한 일이다.

이 박물관에서 소개하는 우리나라에서 가장 오래된 항로표지는 허황옥 설화에 나오는 항로표지란다. 물론 팔로스 등대처럼 거대한 것은 아니지만, 김수로왕이 보낸 유천간 留天干 이 양산도에서 불을 피워 붉은 깃발을 단 허황옥의 배를 안내했다는 기록이다. 허황옥의 배는 천축에서 왔으니 엄청나게 먼 길을 항해한 셈이다. 세종 대에는 조운선 나라에 바치는 쌀을 운송하는 배 의 조난을 막기 위해 표목설치를 건의하는 것을 볼 수 있는데, 이 또한 일종의 항로표지인 셈이다.

육지의 고독한 별을 밝히는 법

등대는 항로를 안내하는 가장 중요한 방법이다. 언뜻 깊어 보이는 바다라도 그 깊이를 정확히 알 수 없기 때문에, 큰 배의 경우 얕은 바다에서 좌초당하지 않도록 조심해야 한다. 때문에 등대 같은 항로표지를 만들어 배가 잘 다닐 수 있는 길을 표시하는 것이다.

등대는 바닷길을 빛으로 알려주는 항로표지의 방법인데, 이 방법 외에도 소리를 내는 방법도 있고 전파로 길을 알려주는 방법도 있다. 등대는 사람이 지키는 유인등대이든 기계로만 운영하는 무인등대이든, 불을 켜서 안전한 항로를 안내한다. 그렇기 때문에 불을 켜는 방법과 기구들이 매우 중요하다. 그런데 사람들이 지키는 유인등대의 경우에는, 대체로 섬이나 곶처럼 인적이 드문 곳에 위치하는 경우가 많다.

항로를 안내하는 데 쓰이는 등의 모양은 무척 다양하다. 바다는 엄청나게 넓기 때문에 등도 큰 게 필요할 것이다. 그런데 불을 밝히는 동력은 기발한 것들이 많았다. 옛날에는 불을 피우기 위해 장작을 사용했다고 하고, 얼마 전까지만 해도 가스를 사용했다고 한다. 전력이 가지 못하는 곳에서는 태양광발전을, 파도가 센 곳에서는 파도를 이용하는 파력발전을, 바닷바람이 거센 곳에서는 풍력발전을 하고 있으니 말이다. 생각해 보면, 옛날에는 상상조차 못할 일을 거침없이 하고 있는 셈이다. 이 박물관을 통해 불이 사람에게 해줄 수 있는 것이 하나 더 있다는 것을 깨닫는다.

국립등대박물관은 배를 안내하는 방법으로 불 이외에 소리를 내는 여러 가지 도구들을 보여 준다. 그중에는 종도 있고 사이렌 같은 것들도 있는데, 이는 안개가 끼었을 때는 불이 제 역할을 못하기 때문이다.

태양열판 등기구를 켜기 위해 에너지를 지속적이고 효과적으로 공급하는 게 과제다. 국립등대박물관 소장.

그리고 이제는 전파로 배의 위치를 확인하거나 인도하는 방법도 활용하고 있다.

등대지기는 고독한 생활 가운데서 남을 위해 묵묵히 일하는 사람의 표상으로 알려져 있다. 박물관의 전시 중에도 등대지기의 고독함을 보여 주는 장면

무선표지기 국립등대
박물관 사진제공.

들이 복원되어 있다. 쓸쓸한 방에서 홀로 지내는 풍경이나, 야밤에 순찰을 돌 때 들고 다니는 등불조차 고독해 보인다. 그래서 등대지기는 고된 업무도 이겨내야 했고 고독과도 싸워야 했으리라. 등대에서는 보통 소장을 중심으로 3명이 24시간 3교대를 하는데, 등불을 밝히는 일 외에도 기계 상태를 점검하고 주변 지역의 무인등대나 항로표지까지 살펴야 한다. 등대박물관장을 역임했던 이문희 시인의 시집에 보면 〈박물관 가는 길〉이라는 시가 있는데 무척 인상적이다.

(전략)
동해안
태양이 가장 먼저 떠오르는 곳
이곳 호미곶에서
등대지기들의 꿈과 애환이 담긴
유물들을 빛나게 지키며
못다 부른 바다의 노래 부르다만 어부의 노래
등대원들의 애환 실은 노래
목 놓아 부르며
초심의 약속을 지키련다
(후략)

이 박물관에는 등대지기의 애환이 고스란히 남아있다. 등대지기들
은 불이 꺼지지 않게 하기 위해 고독 속에서 삶을 이어가는 사람들이
다. 만일 그들이 없어서 등대에 불이 꺼지면 밤바다의 희망은 사라진
다. 밤바다를 항해하는 사람들에게 희망과 목표를 준다는 점에서, 등
대지기는 바로 '바다의 신'인 셈이다. 등대지기의 생활은 고독하기 그지
없지만, 아이러니하게도 등대가 있는 지점들은 모두가 풍경이 아름답
다. 어쩌면 이 역시 등대지기들의 고통이 될 수도 있겠다. 그 아름다운
곳에서 홀로 있다는 것은 엄청난 고문이 아닐까?

홍도의 등대는 그 자체가 천연기념물이고, 통영의 소매물도 등대 역
시 한려수도 한복판에서 맑은 남해바다를 비춘다. 전시실 안에도 그런
멋진 등대에 대해 설명해 놓았는데, 그것을 읽으면 가보고 싶은 생각
이 절로 난다. 그곳에 별장을 짓고 살면 좋겠지만, 그곳에서 등대지기
를 하라고 하면 열에 아홉은 포기할 것이다.

마당을 거니는데 실제로 사용하는 것처럼 보이는 여러 가지 기물들
이 눈에 띈다. 그런데 이게 모두 야외전시물이란다. 장거리 무선항법시

스템 송신국 안테나와 같은 것은 실제로 사용하는 것처럼 오해받기도 한다. 등대는 포항 신항 방파제에 있던 것을 그대로 옮겨다 놓았으니, 보는 사람들이 그렇게 느낄만하다. 해양관에는 선박, 해양생물, 해양산업, 해양연구 등 바다와 관련된 정보를 보여 주고 있는데, 전반적으로 등대의 역할을 중심으로 구성된 콘텐츠라고 보면 된다.

새로운 천년을 위한 기도

전망대에서도 바다를 볼 수가 있지만 비가 그친 것 같아서 박물관과 잇닿은 바닷가로 나서니 바다에 드러누운 거인이 손 하나만 내밀고 있는 게 보인다. 이 작품은 "상생의 손"이라는 작품인데, 목아박물관 박찬수 씨를 만났더니 자신이 만든 것이라고 했다. 관람객들은 예기치 않은 조각의 출현에 즐거워하는 것 같다. 칼바람이 불어댔지만, 모두들 그 손을 배경으로 사진 찍기에 바쁘다. 그런데 바다 위로 뻗고 있는 오른손만 알고 있는 사람들이 많은데, 알고 보면 인근에 다른 손도 자리해 있다. 거인의 왼손이 해맞이 광장에 있는 것이다. 두 손을 각기 다른 곳에 만들어 상생의 새천년을 표현한 것이란다. 그 손은 그리 깊지 않은 곳에 있는데, 호기심 많은 파도가 끊임없이 다가와 허연 포말로 인사한 뒤 사라진다. 그런데 왜 물속에서 손을 내밀지? 작가의 뜻을 읽기는 어렵다. 여운이 머릿속에 남지만 해변의 좁은 길을 타고 돌아가니 비닐로 만든 포장마차들이 줄지어 있다. 후줄근한 의자에 앉아 밖을 내다보니 해변 가까이에서 달려드는 파도는 정말 바다의 이빨 같은 느낌이다.

호미곶의 정서나 등대의 이미지는 '희망'이다. 해돋이도 희망이요 등

새천년의 손짓 등대박물관 앞바다의 명물이 되었다.

대도 희망이다. 그래서 해마다 정월 초하루면 사람들은 이곳에서 밤을 지샌다. 희망은 하루하루를 살아가는 사람들의 힘이다. 그래서 이곳이 새천년을 기념하는 장소가 된 모양이다. 이곳에 새천년기념관이 들어선 것도, 이곳이 해가 가장 빨리 뜨는 곳이기 때문이리라.

세찬 바람과 비를 맞으며 마당을 건너 새천년기념관에 들어가 보니 포항의 옛날을 보여 주는 사진들이 전시되어 있다. 그리고 위층에 경보화석박물관의 분관이 있어서 놀랍기도 하고 반갑기도 했다. 등대 그리고 화석, 그다지 어울리지 않는 듯하지만, 그래도 오랜 기다림이라는 인생의 한 단면을 보여 주는 듯하다.

바다를 항해하는 사람들을 위해 오랜 기다림으로 고독을 빚어내며 수많은 사람들을 빛으로 안내하는 등대의 삶은, 묵묵히 자신과 싸우며 공부에 매진해 많은 사람들을 학문의 길로 안내하는 교육자의 삶과 닮았다. 그러고 보니 등대처럼 바다를 바라보고 서 있는 덕포진교육박물관이 떠오른다. 세대와 세대가 교육이라는 이름으로 함께 소통하는 곳, 그곳을 찾으려 하니, 문득 옛 교실과 친구들이 너무도 그립다.

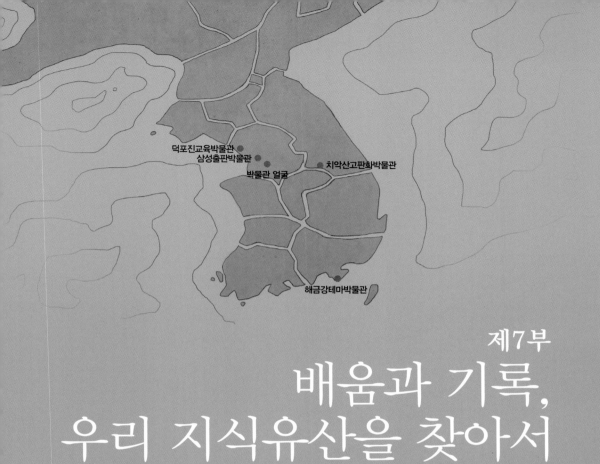

덕포진교육박물관
삼성출판박물관
박물관 얼굴
치악산고판화박물관

해금강테마박물관

제7부
배움과 기록,
우리 지식유산을 찾아서

현대를 지식산업시대라고 한다. 《무구정광대다라니경》이나 《직지심경》, 조선의 《조선왕조실록》 등에서 느낄 수 있는 것은 우리나라가 전통적으로 기록과 출판 강국이었다는 사실이다. 연구와 교육에 열정을 쏟았고 자연과 하나가 되는 낭만의 순간을 글로 담아냈던 사람들. 헐벗고 굶주리더라도, 배우고 익히고 가르치려 했던 조상들의 펄떡이는 가슴을 느낄 수 있는 지식과 배움의 박물관으로 들어가 보자.

34

내 마음의 학교,
덕포진교육박물관

아이들, 부모가 다니던 학교에 서다

푸른 바다와 너른 갯벌이 맞닿은 곳.

그곳에 어린아이들의 동심을 간직한 박물관 하나가 바다를 바라보며 서 있다.

가족과 함께 추억을 나누고 싶은 이들에게 언제라도 열려 있는 곳.

어떤 추억이냐고?

예나 지금이나 어릴 때 가장 오랜 시간을 보내는 곳.

맞다.

학교와 학창시절에 관한 추억이다.

김포의 널찍한 들을 지나 강화바다의 갯내음이 풍겨온다 싶으면 국가사적 292호인 덕포진을 표기한 갈색 간판들이 도로변에 등장한다. 덕포진은 100여 년 전 우리나라 사람들이 지금은 동맹국인 미국, 프랑스와 일대 격전을 벌였던 곳이다. 이곳에 박물관이 있다고 하면 으레 그와 관련된 역사박물관일 거라고 생각할 것이다. 하지만 예상과는 달리 이곳에는 아담한 교육박물관이 자리해 있다. 규모가 크지는 않지만, 부모 세대가 아이들과 함께 찾아와서 어린 시절의 학교를 둘러보며 세대 간의 소통을 할 수 있는 곳이다. 다소 획일적이어서 오늘날의 교실에서는 보기 힘든 화석화된 교육방식의 흔적도 찾아볼 수 있다. 하지만 그런 옛날 학교의 흔적을 고스란히 담은 이 박물관이, 관람객들을 그리운 추억의 한 장면으로 이끄는 것은 왜일까?

김포로 들어설 때마다 기분이 넉넉해지는 이유는, '금포 金浦'의 너른 평야에서 익어가는 곡식을 하염없이 쳐다보는 즐거움 때문일 것이다. 이제는 곳곳에 아파트 단지가 들어서고 있지만, 이런 시골풍의 도시가 아직 살아있다는 것만으로도 우리나라는 살만하다.

대명포구로 가다가 오른편으로 꺾어 덕포진으로 들어서는 길은 여느 시골길과 마찬가지다. '이런 곳에 무슨 박물관이 있을까?' 하는 생각이 들 만큼 그런 시골길이다. 게다가 박물관까지 가는 이정표가 제대로 세워져 있지 않아서 초행에는 고생할 수도 있다. 그렇기 때문에 스마트폰의 내비게이션에 주소를 콕콕 찍어서 가길 권한다.

"종을 치고 들어오세요!"

이렇게 꼭꼭 숨어 있는 박물관이라니 뭔가 기대해도 좋지 않을까? 이런저런 생각을 하다가 "땡땡땡" 하는 종소리에 이끌려 홀린 듯 그쪽으로 차를 몰았다. 박물관은 덕포진유적 마당 입구에서 100미터쯤 떨어진 곳에 있었다. 박물관 입구에 솟아오른 큰 나무가 간판을 가리고

덕포진교육박물관 전경

있어서 미처 보지 못하고 헤맨 것이다.

종소리가 울려 퍼지는 쪽으로 고개를 돌리자 김동선 관장의 목소리가 들린다.

"거기 배 관장님 아닙니까? 오신다는 말씀에 잔뜩 긴장하고 있었지요."

김 관장은 필자가 올 때마다 마치 가족처럼 반겨주신다.

김 관장을 따라 박물관 입구로 들어가자 숲에 묻혀 있던 나무간판에 "문화관광부 인가 경기도 지정 테마박물관 덕포진교육박물관"이라는 글귀가 선명하다.

박물관 입구로 들어서자 다시 종소리가 울렸다.

"땡땡땡."

김 관장이 잠시 심호흡을 하며 엄숙하게 말한다.

"우리박물관에 들어가시려면 종을 치셔야 합니다."

저만치 앞장서서 길을 만들어 가는 김 관장을 따라가며, 필자는 박물관의 이미지를 만들기 위해 그런 장치를 마련했거니 했다. 그러나 그 종소리는 수업의 시작을 알리는 것이었다.

박물관으로 들어서니 곧바로 작은 '국민학교' 교실이 낯선 방문객을 맞았다. 이어서 가늘게 새어나오는 유년기의 풍금소리와 동요. 공동관장이자 김 관장의 부인인 이인숙 관장의 작품이었다. 그는 가족 방문객을 앞에 두고 연주와 노래에 열중이었다. 김 관장이 문을 열고 "배 관장님 오셨어!"라고 큰소리로 알려준다. 부인은 오래전에 시력을 잃어서 앞을 못 보기 때문이다. 필자는 일부러 앞으로 가서 손을 덥석 잡고 인사를 했다. 맑은 얼굴에 분홍립스틱을 바른 모습이 전혀 맹인처럼 보이지 않는다. 그리고 세상 어느 누구보다도 밝은 미소로 반갑게 맞이한다.

"우리 교실에 들어오시는 분들은 누구나 다 학생이 되어야 해요."

웃으며 앉기를 권하는 이 관장의 요청에 교실의 뒷좌석에 자리를 잡고 앉았다. 나뭇조각 여러 개를 연결한 낮은 책상들. 오랜 시간이 지났지만 너무도 익숙해 깜짝 놀랐다. 하지만 그동안 편한 데 익숙해졌는지 작고 낮은 나무의자가 영 불편하다. 마치 교실 전체가 타임머신이라

교실 체험교육 한 가족이 앉아 있고 관장은 풍금에 맞춰 노래를 부른다.

도 된 것처럼, 박물관은 이곳을 찾은 사람들을 수십 년 전의 기억으로 순간이동시킨다. 그렇다. 이 교실 내에 있는 모든 것들은 적어도 100년 전부터 수십 년 전까지 교실에서 사용하던 것들이다. 말하자면 교육문화유산들이다.

"자, 남자학생들 번호를 붙여 봐요."

필자가 "하나!" 하고 가만히 있으니 이 관장이 "혼자예요?"라고 묻는다.

"예."라고 답하니 "그러면, '하나, 끝!' 하고 말해야 해요."

말이 끝나기 무섭게 "하나, 끝!" 하고 외친다.

모든 게 정해지자 이 관장은 다시 풍금을 타면서 노래를 부른다. 우리가 가사를 모를까 봐 예창을 가늘게 한다.

〈학교 종이 땡땡땡〉

〈반달〉

〈동무생각〉

〈봉선화〉가 차례로 울려 퍼진다.

이 관장은 이어서 노래가사에 담긴 사연을 설명했는데, 슬픈 이야기가 많았지만 모인 사람들이 웃을 수밖에 없도록 이야기를 풀어냈다.

필자가 즐겨 부르던 〈동무생각〉은 선교사의 주선으로 미국에 공부하러 간 현재명이 고향의 아름다움을 생각하며 작사해 부른 노래란다. "해는 져서 어두운데……."

필자의 콧잔등이 시큰해진다. 어릴 적에 많이 부르던 노래였기 때문이다.

홍난파는 나중에 친일파로 규정되어 그 공과가 엇갈리는 점이 있지만, "울 밑에선 봉선화야"로 시작하는 〈봉선화〉를 작사하고는 일제에 잡혀 옥고를 치렀다. 그가 그렇게 어려움을 겪은 이유는, 2절 가사로 유관순을 억압한 일제의 만행을 규탄했다는 것이다. 사연도 모르고 불렀던 가사에 그렇게 심오한 뜻이 담겨 있었다니 갑자기 고개가 숙여졌다.

이인숙 관장은 어린이들이 오면 이런 얘기를 들려준단다.

"열 몇 살의 어린 때 이런 노래를 들었지만, 이 가사는 아직도 선생님의 가슴을 울리고 있어요. 시대가 바뀌긴 했지만, 우리 청소년들도 이렇게 아름다운 생각을 가지고 커야 해요."

옳은 말씀이다. 이제 60대가 된 늙은 선생님과 늙은 학생이 앉아서 옛날 교실을 만드니 머나먼 추억들이 샘솟는다.

추억물건 보따리를 열어볼 수 있는 학교박물관

노래공부 시간이 끝나자 김 관장이 교단으로 올라가더니 덕포진의 의미를 설명한다. 김포 사이의 좁은 뱃길이 우리 근대사에 어떤 영향을 미쳤는지, 그리고 덕포진이 어떤 역할을 했는지에 대해 차분하게 설명한다. 1980년에 이뤄진 발굴조사 때 아무도 관심을 갖지 않던 이 덕포진에서 커다란 대포가 나오더란다. 약 100년 전인 1871년 미국함대와 전투를 하던 신미양요의 현장이 바로 이곳으로, 이 덕포진은 개항 당시에는 대단히 중요한 방위요충지였다고 한다.

한참 심각하게 얘기하던 김 관장은 잠시 숨고르기를 하더니 교실에 있는 여러 가지 물건들에게 생명을 불어넣기 시작한다. 〈배짱이 이야기〉를 들려줄 때는, 그림동화가 없던 시절의 선생님처럼 직접 그림을

풍금, 새끼로 만든 축
구공 덕포진교육박물
관 소장.

그리며 이야기를 이어나간다. 옛날에는 그림
책이 귀했기 때문에, 선생님이 물감이나 크레
파스로 그림을 그려 가며 동화를 한 장씩 설
명했던 것이다. 그리고 보면 이곳은 정말 '석
기시대 교실'이다. 그리고 나서 김 관장은 그
옛날 어린이들이 차던 새끼로 만든 축구공,
노란 양은도시락, 교실을 덥히던 조개탄 이야
기를 들려준다. 이야기가 하나씩 이어지면서
어린 시절 초등학교 다닐 때의 추억들이 교
실에 가득 차기 시작했다. 그런데 소개한 것
들 중에서 오래된 보자기가 있었는데, 그 보
자기는 어느 할아버지가 기증한 것이라고 했
다. 그 주인공이 70대에 들어선 노인이 되어 이 박물관을 찾아 인사할
때 하셨던 말씀을 들어보자.

"저는 어머니와 6년 동안 학교를 같이 다녔습니다."

그 보자기는 그분의 어머니가 한 올 한 올 뜨개질로 만들어 주신 보
자기였다. 교과서를 싸서 허리춤이나 어깨춤에 묶어서 다니라고 말이

보자기 이야기를 들려
주는 김동선 관장

다. 항상 어머니의 손길이 느껴지던 책보자기
여서 어머니와 학교에 같이 다닌 것이라는 얘
기였다. 거의 100년이 다 되어 가는 보자기이
니 가히 근대 문화재라고 할만하다. 그리고
아들에 대한 어머니의 애틋한 마음과 함께,
어머니에 대한 아들의 지극한 효심까지 읽을
수 있는 유산이다. 어떻게 보면 이것은 개인

적인 유산을 넘어 앞선 세대의 가족이야기요, 우리 문화의 속살을 보여 주는 풋풋한 이야기다. 요즘 어린이들이 들으면 《전설의 고향》에 나오는 이야기들, 즉 요즘 말로 스토리텔링이다. 그런데 그 유명했던 드라마 《전설의 고향》은 젊은 세대에게 그야말로 옛날 이야기가 되어 버렸다. 하지만 죽은 줄 알았던 《전설의 고향》이 드라마의 형태에서 웹툰으로 모습을 달리해 젊은 세대의 눈과 귀를 자극한다고 하니 격세지감을 느낄 만하다.

교실의 한쪽에 남아 있는 궤도걸이만 해도 수많은 선생님들의 손때가 묻은 녀석이다. 그 옛날 선생님들이 학생들의 이해를 돕기 위해 그림과 도표를 그린 뒤 궤도걸이에 걸어 보여 주던 것이다. 하지만 파워포인트

조개탄과 난로, 그리고 도시락 덕포진교육박물관 소장.

같은 프로그램이나 프로젝터가 그 역할을 맡게 되면서, 궤도걸이는 쓸쓸히 퇴장해 남은 생애를 이런 박물관에서 보내게 된 것이다.

등사판도 이제는 전혀 사용하지 않는 유물이다. 필자가 대학원 석사 논문을 내던 1980년대 초까지만 해도, 기름종이에 망을 만들어서 기름잉크가 흐르게 하여 인쇄를 했었지만 이제 그런 풍경은 어느 곳에서도 찾아볼 수 없다. 그 기름 냄새가 좋아서 일제고사를 볼 때 선생님이 두루마리 봉함을 뜯어 시험지를 나누어주면 코를 킁킁하면서 냄새를 맡곤 하던 그 등사시험지가 머릿속에 떠오른다. 아직도 필자가 버리지 못하는 '추억물건 보따리' 속에는 초등학교에서 나눠준 퍼런 등사잉

크로 프린트된 《메아리》라는 신문들이 몇 장 남아있다. 이런 추억의 유물들은 이 박물관을 방문하는 60~70대의 가슴에 학창시절의 추억을 피어나게 할 것 같다.

교실에 가득한 근대문화재들

"병아리는 암탉이 알을 품은 지 얼마 만에 나오는지 아세요? 요즘 애들은 열 달이라는 답도 하더라고요."

갑작스런 질문에 추억이 저만치 달아난다.

"아마도 21일 정도?"

기억을 더듬어 자신 없이 대답했는데 이런 답이 돌아온다.

"배 관장님, 어떻게 그걸 알고 계세요? 역시!"

가까스로 체면치레는 한 셈이다. 이제 또 어떤 질문이 날아올까 잔뜩 긴장하고 있는데 김 관장의 눈은 다른 곳을 향한다.

"그러면 달걀의 어느 부위가 병아리가 되는 줄 아세요? 배 관장님은 가만히 계시고……."

오 선생이 당연하다는 듯이 대답한다.

"노른자위 아닌가요?"

마치 그 대답을 기다렸다는 듯이 김 관장이 손뼉을 친다.

"그렇게 대답하실 줄 알았어요. 하지만 2퍼센트 부족했네요. 정답은 노른자위 위에 있는 하얀 점, 바로 그거예요! 유정란에서나 볼 수 있는 거죠. 유정란이라는 꼬리표가 없는 달걀에서는 절대 볼 수 없는 거예요."

이건 좀 어려운 질문이었다. 사실 필자도 거의 노른자라고 할 뻔했으니까.

언제든지 쉽게 정보를 찾아볼 수 있는 세상이 되면서, 구전되어 내려오던 자연의 상식들은 모두 전설 같은 이야기가 되어버렸다. 할머니와 할아버지를 모시고 살면서 보고 듣고 체험하던 시대가 저만치 가버린 지금, 사람들은 디지털 세상에서 간접 체험하는 것을 당연하게 받아들이고 있다. 어쩌면 이런 게 모두 무정란 지식이자 무정란 교육이 아닐까?

덕포진교육박물관을 찾는 묘미는 바로 교실에 가득한 근대문화재들이다. 하지만 인간문화재급 교육을 전파하는 두 관장의 살아있는 가르침은 그 모든 것을 능가한다. 그들이야말로 이 박물관의 가장 중요한 보물이리라. 이곳에서 교육을 받으면, 음식을 가리던 아이가 버릇을 고치기도 하고 말썽꾸러기들이 의젓해지기도 한단다. 이 두 분의 음악과 강의를 듣게 되면, 누구라도 새싹처럼 생기를 되찾고 마음이 맑아지는 경험을 할 것 같다.

부모 세대의 교육, 역사가 되다

복도로 나서니 풍금이 여러 대 있다. 그중에는 일제강점기에 만주에서 가지고 온 것도 있단다. 100년이 다 되어 가는 풍금들이니 이 또한 우리 문화재이다. 이 풍금들에 맞춰 얼마나 많은 어린이들이 노래를 부르며 감성과 정서를 길렀을까? 벽에 걸린 사진 중에는 〈학교종이 땡땡땡〉이라는 노래를 작곡한 바로 그 김 데레사의 사진이 여러 장 걸려 있

었다. 그분은 일제강점기에 결혼을 했는데 일제 형사들의 사찰이 너무
도 심한 탓에 미국으로 망명했단다. 그래서 미국에 살고 있었는데, 기
회가 닿아 그 유품들을 가지고 와서 이곳에서 전시를 했다고 한다. 그
분의 부친이 김규식 박사였다고 하니, 당시의 지식인 중에는 정말 애국
애족하는 선구자 집안이 많이 있었음을 느끼게 하는 시간이다.

　복도의 한쪽 벽면을 다 차지하는 신호연들은 통영의 인간문화재가
만든 것들인데 한 자리에 이렇게 여러 매가 걸린 것은 드물다. 여러 가
지 기호를 가지고 해군 지휘관의 명령을 전달하는 이 신호연은 핸드폰
이나 무전기가 없던 당시에는 군대를 통솔하는 대단히 중요한 통신수
단이었을 것이다. 이순신장군이 지휘할 때도 이런 연을 사용해 왜적을
무찔렀다고 하니, 이 연들이 조선을 살린 연이라고 해도 과언이 아니
다. 그런데 반달 모양, 삼각형 등의 기호가 그려져 있고, 검정색, 붉은
색, 그리고 흰색 등의 표시가 있는데 의미하는 게 모두 다르다고 한다.
삼각형 위에 그려진 하얀색 둥근 원은 '달이 뜨면 공격하라'라는 말이

고, 그저 하얀 원만 그려져 있으면 죽은 장병을 위로한다는 뜻이란다. 그러고 보면 이 연으로 중요한 의미는 거의 다 전달할 수 있을 것 같다. 그런데 디자인이 강하면서도 경쾌함이 느껴져 현대 미술의 소재로도 활용할 수 있겠다는 생각이 들었다.

2층 교육자료실에는 지난 100년 정도에 걸쳐 만들어진 교육 자료들이 교육정책의 변화에 맞추어 교과서들과 함께 전시되어 있다. 최현배의 《중등말본》, 최남선의 《조선역사》 등의 오래된 교과서들을 보면 책이 작고 얇아 내용이 그다지 많지 않을 것 같다. 하지만 이런 책으로 공부한 선대 사람들이 우리나라를 이렇게 부강하게 이끈 것을 보면, 교육의 질이 책의 두께에서 결정되는 것은 아닌 듯하다.

전시된 교과서나 읽을거리들 가운데는 희귀 자료들도 보인다. 그중에 "우리는 민족중흥의 역사적 사명을 띠고 이 땅에 태어났다."로 시작

01 해방이후의 교과서 덕포진교육박물관 소장.
02 국민교육헌장 덕포진교육박물관 소장.

하는 〈국민교육헌장〉을 새긴 동판을 보니 고등학교 다닐 적에 선생님께 혼나면서 외우던 생각이 난다. 창조정신은 그제나 이제나 교육의 으뜸 구호였나 보다. 하지만 요즘은 창의력을 키울 시간이 전혀 없어 보인다. 학원 아니면 스마트폰에 몰두하는 현실을 볼 때 안타까움이 앞선다.

3층의 농경문화관에 있는 몇 가지 속담풀이 역시 학생들에게는 좋은 교훈을 쉽게 익힐 수 있는 기

회가 될 듯하다. 호미와 가래를 전시하면서 속담인 "호미로 막을 일을 가래로 막는다", 말과 되를 함께 보여 주며 "되로 주고 말로 받는다", 낫을 앞에 두고는 "낫 놓고 기역자도 모른다", 가마솥을 보며 "자라보고 놀란 가슴 솥뚜껑 보고 놀란다" 등을 떠올리게 하는 방식으로 교훈을 얻도록 한 것은 이 박물관만의 실물교육방법인 것 같다.

민속품을 이용한 속담풀이 덕포진교육박물관 소장.

검정고무신과 책보자기에 담긴 소통의 미학

"빡빡머리 검정고무신에 책보 메고 등교하던 그때를 아시나요?"

덕포진교육박물관의 입구에 서 있는 간판의 머리에 있는 말이다. 적어도 50대 이상은 되어야 이해할 수 있는 어린 시절의 학용품과 문방구 등이 모여 있는 이곳 덕포진교육박물관. 이 유물들은 나이든 사람들의 '추억회상 자극용'이 아니다. 오늘날 어린 사람들이 세상의 변화를 느껴보고 앞선 세대와의 접점을 찾아나가며 함께 꾸려가야 할 세상을 상상하도록 이끄는 자극제이다.

이 박물관은 평생을 교육에 몸담아 왔던 두 관장이 재산을 모두 털어 물건을 수집하고 건물을 지어 1996년에 개관했다고 한다. 그리고 바로 그곳에 수천 점의 근현대 교육사와 생활사 관련 자료들을 입양했다고 한다. 비가 오면 눅눅해지는 교실에는 땟국이 배어 있고 어찌 보면 허름한 옛날의 유물들로 그득한 곳. 그래서 이곳은 잘 꾸민 최첨단 박물관이나 교육 환경과는 사뭇 다르다. 하지만 과거로 이어주는 수많은 징검다리들과 살아있는 두 사람의 '교육 문화재'가 있기에, 다른 박물관에서는 찾기 힘든 의미와 감동을 발견할 수 있다.

필자가 두 관장의 강의를 동영상으로 담아 보급도 하고 후세에 전하는 게 좋겠다고 하니, 김 관장은 이렇게 덧붙인다.

"요즘 교육이 왜 잘 안 되는 줄 아세요? 얼굴을 보지 않고 가르치는 일이 많기 때문입니다. 얼굴을 맞대고 표정을 읽으며 몸과 마음으로 소통하면서 가르쳐야 하는 겁니다."

'아, 바로 이거야! 우리 디지털 세대가 놓치고 있던 게. 바로 이것이 박물관 교육의 철학이 되어야 해!'

여러 해 동안 해결하지 못했던 난제를 풀었다. 교육에 관해 차원을 넘어선 두 분의 혜안 덕분이다.

돌아오는 길에는 2층과 3층에 빽빽이 쌓여 있던 교육과 생활사 유물들의 보존에 대한 걱정이 머릿속을 떠나지 않았다. 부부가 모은 것들 가운데는 대단히 희귀하고 우리 민족의 생활사를 보여 주는 중요한 문화유산들도 있다. 하지만 지금과 같은 상태라면 머지않아 심하게 훼손될 것 같아 걱정이다.

가장 낮은 자리에서 교육의 미래를 꿈꾸는 덕포진을 떠나며, 우리 선조들의 교육에 대한 열정을 떠올려본다. 그것은 분명 책에서 출발할 것이니, 세계 최고의 출판기술을 자랑했던 우리 선조들의 출판문화를 확인하기 위해 삼성출판박물관으로 발걸음을 옮긴다.

2층 과학교육실 덕포진 교육박물관 사진제공.

35

10가지 국가 보물을 소장한
삼성출판박물관

나무를 만나고 내려와 종이를 만나는 박물관

"출판박물관이라고?"

출판이라는 말을 들으면 누구나 책부터 떠올린다. 책을 만드는 모든 작업을 출판이라고 하니 어쩌면 당연할지도 모르겠다. 또 어떤 사람은 이 박물관을 보고 "책밖에 없던데 뭘."이라고 하지만, 사실 이 박물관은 우리나라 박물관 중에서 가장 많은 소장품을 지니고 있는 대단한 곳이다. 규모가 그리 크진 않지만, 이곳에서는 출판의 역사는 물론이고 우리의 꿈과 감성의 역사까지도 확인할 수 있다.

언젠가 특별전을 할 즈음에 김종규 관장은 자신 있게 말을 쏟아냈다.

"내가 저자 서명본을 가장 많이 가지고 있을 걸?"

저자 서명본이라는 것은 저자에게 기념문이나 육필 사인을 받은 책을 말한다. 저자 서명본이 많다는 것은 그만큼 많은 저술가들과 친분이 있다는 의미이기도 하고, 그만큼 책을 사랑한다는 의미도 될 것이다.

2014년 현재 박물관협회 명예회장인 김종규 관장은 자신이 만든 삼성출판박물관을 대단히 자랑스럽게 생각한다. 많은 출판사 가운데 출판박물관을 가지고 있는 곳은 그 수가 손에 꼽을 만한 데다, 이 박물관이 최초의 출판박물관이기 때문이다. 그리고 소장품도 사립박물관 치고는 너무도 엄청나다. 그러니 영원한 출판인이자 박물관장으로서 그가 자랑스럽게 생각할만하다. 특히 그는 '한국의 출판인'으로서 자부심이 크다. 다름 아니라 우리나라가 전 세계를 통틀어 출판문화 분야에서 선구자의 자리를 차지하고 있었고, 이제는 자신이 그 화려한 역사를 이끌어가고 있다고 생각하기 때문이다. 그리고 이 박물관이 우리나라 인쇄·출판의 역사를 가장 잘 보여 주고 있기 때문이기도 하다.

지난 1990년대 초에 방문했던 출판박물관은 지금과는 다른 곳에 있었다. 한강의 남쪽인 당산동의 어느 곳이었는데 아마도 출판사와 가까운 곳에 있었던 것 같다. 그러다가 2000년대 초에 김 명예회장과 세계박물관대회를 치르면서 지금의 자리로 옮겨온 것을 확인했다. 지금의 자리는 바로 세검정에서 구기터널로 향해 가다가 구기터널로 들어가기 직전의 삼거리에 있다. 정확히는 삼거리 건널목에 바로 붙어 있는 좁고 높은 건

삼성출판박물관 전경
삼성출판박물관 사진 제공.

물이 바로 삼성출판박물관이다. 이 박물관을 지나 더 올라가면 북한산으로 이어지는데 평소에도 많은 등산객들이 이 앞을 지난다. 등산을 다녀오다가 잠깐 들러 문향을 즐기고 세검정으로 이어지는 오래된 음식점에서 막걸리라도 한 사발 들이키면 이 또한 행복한 추억이 될 것이다.

좁은 길에 차를 붙인 뒤 박물관 계단으로 올라서면 턱 나타나는 것이 바로 종이의 발명에 대한 지도다. 앞으로 종이책을 보기가 점차 어려워질 수도 있겠지만, 인류문명사는 분명히 종이의 발명으로 뒤바뀌었다. 이 지도가 출판박물관 초입에 있다는 것은 출판이 종이로부터 시작되었다는 점에서 무척 상징적이다. 문명의 초기단계에서는 종이가 없어서 점토판에 글을 쓰기도 했고, 양가죽을 얇게 종이처럼 펴서 그 위에 잉크로 글을 쓰기도 했다. 이집트에서는 가공하지 않은 파피루스라는 나뭇잎을 사용해 그림도 그리고 그 유명한 상형문자도 적었다. 그런데 정작 종이는 중국의 채륜이라는 사람이 발명해 서양으로 퍼져나간 것이다. 아마도 이 또한 실크로드를 통해 전파된 게 아닐까?

그런데 정작 박물관 전시실은 4층과 5층에 있다. 넓지는 않지만 우뚝 서 있는 진열장에는, 한국의 출판과 인쇄문화의 발달을 일목요연하게 볼 수 있도록 책들이 반듯하게 놓여있다.

직지보다 더 오래된 금속활자가 있었다고?

전시장이 작아서 많은 것을 보여 줄 수는 없어도, 이 박물관에서는 우리나라 역사를 통틀어 인쇄와 출판의 시작과 발전과정을 볼 수 있다. 또 현대에 출판이 발전하는 과정에서 나타난 저술문화를 엿볼 수 있고, 현대 작가들의 문자향도 느낄 수 있다.

우리나라의 인쇄술은 역사적으로 세계를 선도해 왔다. 물론 이런 인쇄술이 지식의 대중화에 어느 정도 기여했는지를 평가하기는 어렵지만, 세계 최초로 금속활자를 만들어내는 등 출판 역사에 보석 같은 결과물들을 남겼다. 프랑스 국립도서관에 보관되어 있는 '직지'는 가장 오래된 금속활자로 찍은 책으로 세계에 자랑할 만한 우리 문화유산이다. 고 박병선 박사에 의해 발견된 이 책은, 우리나라 청주의 흥덕사에서 인쇄된 것으로 구텐베르크의 금속활자보다 78년이나 앞선 것으로 확인되었다. 이 박물관에도 그 사본이 전시되어 있다.

그런데 이 박물관에 소장된 책 중에 《남명천화상송증도가 南明泉和尚頌證道歌》라는 책이 있다. 물론 귀한 책이기 때문에 사본이 전시되어 있는데, 이 책은 금속활자로 찍은 게 아니다. 그렇지만 이 책은 고려시대인 1076년에 남명선사가 금속활자로 인쇄했던 것을 1239년에 목판인쇄로 재현한 것이다. 이 책은 흔히 가장 오래된 것으로 알려진 《고금상정예문》1234 보다도 오래된 것이고,

남명천화상송증도가(보물 제758-1호) 삼성출판박물관 사진제공.

현재 가장 오래된 금속활자 인쇄본인 《직지》1377보다도 145년 앞선다. 또한 이 책에 언급된 금속활자본은 이 책보다도 더 오래된 것이니, 고려시대에 금속활자가 시작된 것은 이보다도 훨씬 더 오래되었음을 확인할 수 있다. 근래에 금속활자인 '증도가자'가 발견됨으로써 직지보다도 훨씬 오래된 금속활자가 존재했다는 사실이 드러난

증도가자 다보성 소장.

것이다. 그 사실을 확인할 수 있도록 해준 게 바로 이 책이다. 글자체가 이 책에서 확인되었고, 또 증도가자라는 금속활자에 묻은 먹의 탄소연대 측정치가 고려시대라는 절대연대를 확인해 주었다. 이런 점에서 이 책은 우리나라 금속활자의 역사를 제대로 보여 준다고 할 수 있다. 한문으로 되어 있어서 젊은이들은 이해하기 어려울지 모르지만, 앞에서 말한 역사적 사실을 알고 이 책을 본다면 그 감동이 더욱 클 것이다.

보물로 지정된 이 책 외에도 이 박물관에는 여러 책이 국보 또는 보물로 지정되어 있는데, 그 수가 10건에 달하니 작지만 알이 꽉 찬 박물관이라고 할 수 있다. 국가지정문화재 중에서 국보인《초조본대방광불화엄경 初雕本大方廣佛華嚴經 》, 보물인《금강반야바라밀경》,《월인석보 月印釋譜 》,《제왕운기 帝王韻紀 》등이 있는데, 모두 우리나라의 인쇄문화를 시대별로 대표하는 보물이라고 할 수 있다. 가장 오래된 인쇄물인《무구정광대다라니경》이 사본으로 전시되고 있고, 이어서 고려시대의 인쇄물, 그 다음이 조선시대의 인쇄물로 전시가 연결된다. 인쇄술의 초기부터 현대에 이르기까지 전 시대에 걸쳐 만들어진 출판물들이 전시되고 있는데, 근현대의 책들이 특히 엄청나게 많다.

그런데 가장 발달한 인쇄술은 어디서 찾아볼 수 있을까? 바로 홀로그램이 인쇄된 지폐라고 할 수 있다. 이 때문인지 이 박물관도 최첨단 인쇄술의 상징으로 지폐를 전시하고 있다.

《초조본대방광불화엄경》 삼성출판박물관 사진제공.

작가가 되고 싶게 만드는 전시들

그런데 출판박물관이라고 해도 책만 전시하는 것은 아니다. 필자가 좋아하는 것은 구상 선생이나 다른 문인들의 두상 조각과 문인들이 사용했던 문방구들이다. 문인들의 조각상이 많지는 않지만, 거칠게 표현한 두상 조각이 그 문인의 얼굴 이미지를 너무 잘 표현한 것 같아서 마치 그가 옆에 있는 듯한 느낌이 든다. 문방구들은 사실 남자들이 사치할 수 있는 유일한 영역이었다. 물론 보석이 달린 모자를 쓸 수도 있지만, 그다지 널리 즐기던 풍속은 아니었다. 진하고 윤기 있고 향이 좋은 먹, 적당히 먹을 머금으면서도 붓이 잘 나가는 좋은 종이, 궤목 등의 좋은 나무로 만들어진 단아한 책상, 단계석처럼 좋은 돌에 조각을 화려하게 장식한 벼루, 족제비 털로 만든 붓, 예쁜 장식이 붙은 연적이나 필통, 아름다운 문양으로 둘러싼 백자필통 등은 이른바 문인묵

한용운 두상 삼성출판박물관 사진제공.

객들이 가지고 싶어 하는 문방구들이다. 그런 전통은 근현대의 문학인들뿐만 아니라 글 쓰는 사람들에게 면면히 남아 있다. 필자도 그런 것에 욕심이 있어서 모아 보려 하지만, 좋은 것은 선생의 월급으로는 넘보기 어렵다. 언젠가 스승인 삼불선생이 신문로에 있던 명사집에서 조선시대의 조그만 백자 개구리연적을 보시고 감탄하신 적이 있다.

"내가 제일 좋아하는 거야! 언젠가는 내가 가질 거야!"

그렇게 큰 소리로 말씀하시면서 아이처럼 만지작거리던 모습이 떠오른다. 삼불선생도 문인화를 그리고 서예도 하셨는데, 좋은 문방구들을 보면 그저 눈을 떼지 못하셨다. 그런데 흰 종이와 먹을 가장 아름답게 만드는 것은 바로 인장이다. 계혈석처럼 질 높은 돌에 새겨진 도장을 빨간 계명주사인주를 묻혀 하얀 종이 위에 찍으면 모든 것이 완성되었다는 뜻이다. 그리고 그 순간 종이와 검은 먹은 살아서 움직이는 생명체가 된다. 이곳 전시장에도 가장 좋은 것은 아니라 해도 이런 문방구를 모아둔 진열장이 있다. 하나씩 뜯어보면 옛사람의 손길이 느껴질 것 같은 것들인데, 요즘의 청소년들로서는 별 의미가 없을지 모르지만

전시된 도장들 삼성출판박물관 사진제공.

우리 문화의 멋을 느낄 수 있는 것들이다. 그중 도장 하나에 각인된 지렁이가 기어가는 듯한 전자체 글씨가 필자의 마음을 경건하게 만든다. 그 도장은 이렇게 썼다.

"남에게 베푼 것은 기억하지 말아라. 은혜를 받은 것은 결코 잊지 말아라."

지난 며칠을 돌이켜보면 남에게 서운한 감이 있었는데, 그 작은 도장이 마음을 부드럽게 해준다.

그리고 좁은 전시실에 하나의 큼직한 장을 두어 학촌 이범선 선생의 유품을 전시해 두었는데, 선배들의 고결한 품성을 엿보며 부끄럽기도 하고 부럽기도 했다. 부러운 것은 어려운 생활에도 불구하고 때 묻고 모서리가 닳은 문방구들로 멋을 잔잔하게 누리고 갔던 그 모습이다. 낮고 좁은 책상과 돌아가실 때까지 입었을 것 같은 두루마기에서 삶의 은은한 향기가 가득 퍼진다. 애장하던 그림들, 육필 원고, 더울 때 부치던 접는 부채, 각종 문방구, 사진 등 선생의 체취가 느껴진다. 이 전시장은 바로 지난 20세기 전반부를 살다 간 한 문인의 인생을 파노라

상설전시실 삼성출판박물관 사진제공.

신문 만들던 기계 삼성
출판박물관 사진제공.

마처럼 담아 보여 주는 공간이다.

전시실의 안쪽에는 신문을 만들던 기계가 하나 있다. 자동화된 요즘
의 윤전기에 비하면 매우 원시적인 것이지만, 작은 납활자들을 이용해
문서를 찍어내던 시절의 인쇄기다. 당시 납활자들을 심어 조판하는 과
정을 확인할 수 있는 전시도 있다. 요즘처럼 컴퓨터로 쉽게 문서를 만
들고 책을 찍어내는 사람들은 상상조차 하기 힘들 정도로 힘든 작업이
다. 이렇게 활판으로 인쇄하던 시절에는 책 한 권을 만드는 데 얼마나
힘이 들었을까? 이 때문에 당시 만화에서 인쇄공이나 편집자들은 항상
두꺼운 돋보기를 낀 채 조판이 제대로 되었는지 살피고 있었다.

그 옆에는 타자기들이 여러 대 놓여 있는데, 그 친밀한 모양이 필자
의 유학시절을 떠올리게 한다. 1980년대 초만 해도 컴퓨터가 많이 보급
되지 않은 때라서, 필자는 미국에 공부하러 가면서 타이프라이터를 두
대 가지고 갔다. 그러다가 논문을 쓸 때쯤 매킨토시 컴퓨터가 나와서
그 덕을 단단히 보았다. 그 이전에는 학기말 페이퍼를 시간 내에 내기
위해 타이프라이터를 밤새껏 두드려대곤 했다. 아마도 필자 세대가 그
런 글을 쓰는 데 육체적인 고통을 받은 마지막 세대일 것이다.

박물관에서 책을 읽는다는 것은 시간적으로나 공간적으로나 어려운 점이 많다. 하지만 각 시대에 출판된 책을 대하면, 그 시대의 정신과 멋이 느껴져 흥분되곤 한다. 다시 말해서 시대별로 출판된 여러 책을 보며 글자모양, 즉 서체 또는 폰트의 변화와 아름다움을 엿볼 수 있다. 고려시대의 금속활자나 목판본들의 아름다움도 좋지만, 《월인석보》가 보여 주는 현대적인 디자인 감각에 놀라게 된다. 지난 20세기 초에 발간된 책자들의 표지를 보면 목각체가 많이 보이는데 자연스러운 맛이 있다. 또 그 시대의 종이질은 나이 들어가는 사람들의 살갗 같은 느낌을 주어서 좋다.

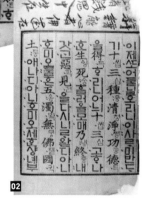

01 《월인석보》 권22 삼성출판박물관 사진제공.
02 《월인석보》 권23 삼성출판박물관 사진제공.

전시장 한쪽에는 해방 이후 베스트셀러 50선의 목록이 있다. 김종규 관장은 2014년 특별전 "70년대 우리의 자화상과 만나다"의 개요에서, "한 시대의 많은 사람들이 찾아 읽은 책은 그 시대의 현실을 정확히 반영하는 것은 물론이고, 그 시대 사람들의 꿈과 소망을 여실히 비추는 거울"이라고 적고 있다. 해방 직후의 베스트셀러가 바로 김구 선생의 《백범일지》인 것을 보면, 김 관장의 말은 확실히 설득력이 있다. 이런 점에서 이곳에 전시된 책들의 면면을 보고 있으면, 바로 그 시대의 문화상과 정서를 엿볼 수 있다.

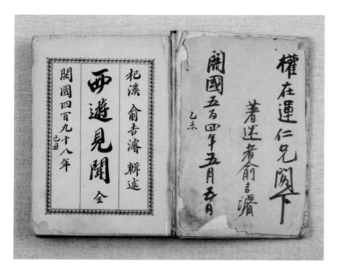

《서유견문》 삼성출판
박물관 사진제공.

구한말의 출판물로는 유
길준이 유럽을 여행하고 적
은 《서유견문》이 금세 눈에
들어온다. 전시된 책은 출판
되고 6년이 지난 시점, 다시
말해 개국 후 504년인 1896
년에 권재운이라는 사람에
게 헌증된 것이다. 이 책은
최초로 국한문 혼용체를 사
용했는데, 근대화에 큰 영향
을 주었다. 당시는 폐쇄적인 조선사회였으니, 외국문물을 소개하는 이
런 책이 인기를 끌 수밖에 없었으리라. 근현대의 초판본들을 보고 있노
라면, 옛날에 교과서에서 보았던 그 글들의 주인공들을 저절로 만나게
된다. 윤동주의 《하늘과 바람과 별의 시》, 한용운의 《님의 침묵》, 《이상
선집》, 황순원의 《기러기》, 《육사시집》, 정비석의 《청춘산맥》과 《자유부
인》 같은 문학서적들은 학창시절을 생각나게 한다. 특히 정비석의 《자유
부인》은 당시로서는 대단히 많은 7만 부가 팔린 베스트셀러였다. 1960
년대의 베스트셀러인 이윤복의 《저 하늘에도 슬픔이》라는 책은 영화로
도 만들어졌는데, 당시 많은 사람들을 울린 책이다. 1960년대나 1970년
대의 책들은 너무도 익숙한 제목과 모습이어서, 필자가 다시 학창시절로
돌아간 듯한 느낌을 받았다. 요즘의 책표지처럼 화려한 디자인은 아니지
만, 단순한 바탕에 쓴 제목과 저자명 등의 글씨가 친근감이 들게 한다.

전시된 교과서들을 보면 왜 그리 얇은지, 지금 아이들이 이런 교과서
로 공부하면 얼마나 신나 할까? 어쩌면 부모들은 배울 내용이 너무 없

윤동주 · 한용운 · 이상
의 시집 삼성출판박물
관 사진제공.

어 어처구니없다고 할지도 모르겠다. 여기에는 조선어학회가 만든 《중등
조선말본》이라는 교과서의 초기 버전이 눈에 띈다. 우리말부터 잘 가르
쳐야 나라를 유지할 수 있었을 테니, 교과서 편찬은 해방 후 가장 시급
한 일이었을 게다.

우리나라 교과서의 역사는 아마도 세계적이라고 할 수 있다. 전쟁으
로 폐허가 되어 책을 만들 수 없을 때 유엔의 한 기구가 원조하여 교과
서를 만든 적이 있는데, 그 교과서 가운데 하나가 지금의 유네스코 1층
홀에 전시되어 있다. 이곳 박물관에 있는 책도 당시 특정 과목의 교과
서다. 이 전시를 오픈하는 날에 마침 그 자리에 있었는데, 반기문 사무
총장이 당신도 그 교과서를 가지고 공부했다고 하여 세계 각국에서 온
사람들에게 감동을 준 적이 있다.

전시된 잡지들을 보면 또 다른 면에서 우리 사회의 변화를 들여다볼
수 있다. 《희망》이나 《신태양》과 같은 잡지는, 그 제목이 드러내듯 1950
년대의 암울한 사회를 반영하는 듯하다. 잡지 중에는 김지하 선생의 시

《문학사상》 창간호(1972) 삼성출판박물관 사진 제공.

제2전시실 한쪽 벽면을 가득 메운 방문기록 삼성출판박물관 사진 제공.

〈오적〉을 게재했다가 군사정권에 의해 폐간된 《사상계》도 있었는데, 이 잡지는 지난 1950년대에 창간되어 1970년대까지 이어졌다. 또 고등학교에 다닐 때 매달 기다렸던 잡지인 《학원》도 보인다. 당시 잡지는 교과서나 다른 책들과는 달리 화려한 색상과 디자인으로 표지를 장식한 것이 많다. 전시된 잡지 중에 아직까지 간행되는 것은 극히 드물다. 독자층이 넓지 않고 영세하여 세상 사람들의 눈높이 변화에 적응하지 못한 탓이리라. 이 때문에 폐간된 잡지들을 보면, 자연사박물관에서 동물들의 화석을 보는 듯한 느낌이다. 이런 잡지들을 한 번씩 펼쳐보면 무척 재미있을 것 같다.

돌아서 나오는데 게시판에 보니 색종이 메모장들이 나비떼처럼 붙어 있다. 박물관 감상기를 한 줄로 적어둔 것인데, 관람객들이 많지 않

은 것 같아도 진지한 사람들이 많이 오는 모양이다. 이 박물관의 세미나실은 장안의 사랑방 역할을 하고 있다. 김종규 관장이 워낙 저명인사들과 친분이 넓어서 이곳에서 모임을 열 때가 많은데, 계절별로 주제를 정해 인문학강좌를 연다. 이것도 출판박물관이 나아가야 할 방향일 수도 있겠다.

현관을 나서니 무언가 뿌듯해지는 느낌이다. 필자가 본 책 속의 모든 내용들이 머릿속에 들어오지는 않았지만, 글을 읽는 것이 아니라 책과 글을 구경하는 것만으로도 공부를 많이 한 것 같은 느낌이다.

이제 우리 출판의 영광스런 과거와 현재를 만났으니, 문자뿐만 아니라 판화로 지식을 전하는 박물관도 만나고 싶다. 우리 고판화는 물론이고 세계 여러 나라의 아름다운 고판화들이 함께 모여 역사와 문화를 노래하는 곳. 치악산고판화박물관에서 보낼 하루가 벌써부터 기다려진다.

36

고판화의 미(美)를 새긴 곳,
치악산고판화박물관

매력적인 고판화를 만날 수 있는 곳

치악산의 명주사를 생각하면, 다랭이 하나 어깨에 짊어지고 산으로 휘적거리며 걸어가던 필자의 모습이 떠오른다. 아마도 고향으로 내려 갈 때 치악산을 지나면서 눈에 넣곤 했던 추억의 풍광 때문이리라. 그 러면서 함께 떠오르는 얼굴이 바로 치악산고판화박물관장인 한선학 박 사이다.

"회장님, 한번 들르시지요. 이번에 작은 전시 하나 열었습니다."

얼굴이 맑고 말씀도 느리게 하는 한 관장이 넌지시 권한다. 처음에 는 '그 깊고 깊은 골짜기에 어떻게 박물관을 꾸몄을까?' 하는 생각이 들었다. 하지만 궁금증은 호기심으로, 그리고 호기심은 이내 감탄으로 이어졌다. "치악산의 품에 안긴 작은 박물관"이지만, 그만큼 자연친화적인 박물관을 찾기 힘들 정도로 이 박물관은 특별하다.

박물관을 몇 번 방문했지만 대체로 가을이었던 것 같다. 치악산은 금강산처럼 화려하진 않지만, 가을이면 풍악 못지않은 절경을 멀리서도 확인할 수 있다. 가을에 중앙고속도로를 지나 남행을 할 때면 둥그스름한 산의 등짝을 화려하게 장식한 단풍에 먼저 눈이 간다. 이어서 산의 높은 곳을 지나는 기차가 함께 가자며 유혹한다. 이 골짜기에 자리한 고판화박물관이 있는데 이름이 조금은 길다. 치악산명주사고판화박물관. 길다는 생각도 잠시. 치악산에 명주사라는 곳이 있고 거기에 있는 고판화 전문 박물관이라는 의미이니 길어도 그다지 어려운 이름은 아니다.

작년에 왔을 때는 따스한 가을 햇살을 받은 단풍들이 고운 손으로 수줍은 듯 얼굴을 가리는 풍광이었다. 그런데 이번에는 본격적인 가을 잔치가 열리기 전에 치악의 산길로 접어들어. 저만치 기다리고 있는 명주사로 찾아들어가고 있었다.

중앙고속도로를 타고 신림으로 접어드니 차량이 거의 눈에 띄지 않

치악산고판화박물관 전경 치악산고판화박물관 사진제공.

는다. 터널을 지나 여긴가 저긴가 하면서 조심스레 차를 몰다가 간판을 발견하고 좌회전을 했다. 산으로 접어들어 좁은 시멘트 포장길을 한 3분 정도 오르면 큰 나무가 대뜸 인사하는 뒤로 큼직한 명주사의 마당이 나온다. 맑은 산의 기운이 가슴속으로 스며드는 곳. 묵이 화선지에 번지는 것 같은 느낌이 드는 곳. 그곳이 바로 치악산고판화박물관이다.

중국의 인간문화재도 감탄한 호랑이판화

2012년에는 한중일 국제 고판화 학회에 참석하기 위해 이곳에 들렀다. 그때는 노란 은행잎이 온 마당을 가득 메우고 있었고 먼 산의 단풍은 불꽃처럼 타오르고 있었다. 모처럼 자연과 예술이 어우러진 곳을 찾았기 때문일까? 비스듬히 기댄 가을빛이 예뻐서 마당을 한참 동안 헤집고 다니며 사진을 찍었던 기억이 난다. 그때 마당에는 중국에서 온 저명한 판화가가 이 박물관에 소장되어 있는 천연색 호랑이판화를 찍고 있었다.

"이 천연색 호랑이판화는 아마도 우리 박물관밖에 없을 겁니다."

한 관장이 확신에 찬 모습으로 말했다.

"중국에서 오신 이분은 우리나라로 치면 인간문화재에 해당되는 분인데, 이걸 보고 깜짝 놀라 판화를 찍고 싶어 하는 겁니다. 그래서 오늘 여러 장을 찍고 있습니다. 채색판화는 흑백판화와는 달라서 몇 개의 판을 연속해서 찍어 하나의 그림을 만들죠. 따지고 보면 인쇄와 마찬가지죠. 회장님께도 한 장 드리겠습니다."

검정색 먹빛이 가을 햇살에 반사되어 반짝이는 게 보기가 좋다. 중국인 판화가는 말이 통하지 않으니까 연신 필자를 보고 웃으면서 먹을 롤러에 묻혀 칠하고 조선닥종이를 붙여 '천방망이'로 탁탁 누른다. 익숙한 손놀림에 한 장 한 장이 명작이 되는 것 같다.

중국 판화가가 극찬한 채색호랑이 판화 치악산고판화박물관 소장.

"이분이 중국에서 고판화로 가장 유명한 분인데, 아마도 귀한 보물이 될 겁니다."

한 관장이 호랑이판화를 건네면서 값을 매겨 주었다. 받고 보니 검정색뿐만 아니라 붉은색과 노란색 등의 색상으로 호랑이가 화면에 꽉 차게 서 있다. 단원 김홍도의 호랑이처럼 그린 것은 아니지만, 채색으로 된 판화는 당시 사람들에게 정말 신기한 물건이었을 것이다.

"목판화는 많이 찍을 수는 없습니다. 왜냐하면 나무로 된 판이기 때문에, 너무 닳으면 예리함이 사라지기 때문이지요. 그래서 많게는 수백 장을 찍지만 그 이상은 어렵습니다."

그러고 보니 필자가 가진 한 장이 유명한 판화 그림의 번호, 즉 총 몇백 장 가운데 몇 번째 작품을 의미하는 것이렷다. 아마도 옛날에 찍은 것은 없어져 버렸을 테니 이 고판화의 희귀본을 가진 셈이다. 채색 고판화를 가지게 된 것도, 찍는 것을 본 것도 처음이다. 그래서 더욱 의미 있게 다가왔다.

판화가 된 설화

고판화는 사실 오늘날의 관점에서 보자면 대중적인 아이디어의 보물창고다. 왜냐하면 판화는 인쇄술이 발달하지 않았던 시기에 널리 읽힐만한 내용을 판각해서 인쇄한 것이기 때문이다. 일단 널리 보급할 게 아니면 시간을 들여서 그리고 비싼 종이에 찍을 이유가 없다. 오늘날 판화는 같은 그림을 감상하기 위해 여러 장을 만드는 경우가 대부분이다. 하지만 옛날에 찍어낸 판화는 널리 사용될 교과서를 만들거나, 같은 것을 여러 개 만들기 위해 본으로 사용할 원화를 찍어내기 위한 것이다. 그래서 인쇄의 초기 형태인 판화는 우리에게 옛사람들의 대중적 관심이 무엇이었는지 알려주는 소중한 자료다. 다시 말해서, 판화의 내용은 종교적이거나 교훈적인 것 그리고 여러 사람들이 반복해서 사용할 것 등이 대부분이었기에, 그 시대의 트렌드를 보여 주는 타임캡슐인 셈이다.

박물관 마당에서 보이는 감악산 누워있는 사람의 얼굴을 닮았다.

그런데 오늘날의 관점에서 더욱 중요한 것은, "판화가 각각의 주제를 어떻게 표현하고 있는가?" 하는 것이고 이런 표현방식은 미술학도에게는 대단히 중요한 학습이 된다. 그래서 고판화박물관은 역사적인 사실을 연구하기 위해서도 필요하지만, 인간의 표현예술 연구에 있어서도 매우 중요한 자료이다. 이 때문에 필자도 이 고판화박물관을 국가적으로 더 많이 활용할 방안을 찾아야 한다고 본다. 왜냐하면 오늘날과 같이 문화콘텐츠의 원형이 엄청난 가치를 가지는 시대에는, 이런 고판화야 말로 귀중한 지적자산이기 때문이다. 하지만 아직까지 그 깊은 가치를 잘 모르는 것 같아 안타깝기만 하다.

한 관장은 이 절과 박물관이 있는 위치를 매

우 자랑스럽게 생각한다. 법당의 문에서 필자에게 던지는 말을 들어보
면 확실하다.

"저기 산이 보이죠? 누워있는 사람의 얼굴처럼 생기지 않았습니까?
저 산이 바로 감악산인데, 우리 절의 마당에서 보면 미륵보살의 화신
처럼 누워있지요. 그래서 사람들은 우리 절의 풍광을 치악 8경 가운
데 하나로 칩니다."

한선학 관장이 희미하게 그려진 산맥의 실루엣을 두고 자랑스럽게
얘기한다. 가을이 되면, 법당 앞 단풍이 겹겹이 늘어선 산맥의 능선과
어우러져 빼어난 풍경을 연출한다.

풍광에 취해 잠시 넋을 놓고 있다가, 한 관장과 함께 박물관으로 발
걸음을 옮기니 흰 강아지 한 마리가 발에 감기듯이 따라온다. 버려진
강아지를 주워 온 것이란다. 박물관 입구의 나무계단 하나는 썩어 무너
져 있다. 사립박물관의 어려움을 대변하는 듯하다.

박물관 입구의 돌사자 두 마리에게 슬쩍 아는 체를 하고 들어가려는   **호랑이 판화전 포스터**

데, '도미설화의 판화'로 만든 특별전 포스터가 눈
을 잡아끈다. 들어가는 현관의 문간에는 더 많은
판화들이 붙어 있다. 몇 해 전부터 이 고판화박물
관의 포스터에는, 판화에 한 관장이 각을 해서 글
을 붙인 것들로 꾸며져 있다. 그리고 특별전을 할
때마다 새로운 판화들이 공개되어 신문지상에 자
주 소개되곤 한다.

바로 옆에는 방문객들이 판화를 직접 한 장씩
찍을 수 있는 체험장이 있다. 필자도 책상 위에 놓
여 있던 작은 용지를 가져다 꽃을 조각한 목판에

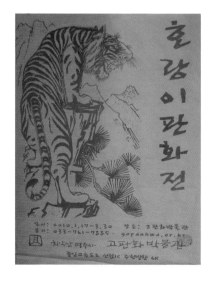

덮고 열심히 눌러 보았다. 한 관장이 옆에서 보더니 박물관이 표기된 도장을 찍어준다. 붉은 도장이 찍히니 판화 작가가 된 기분이다.

고판화에 담긴 무한한 콘텐츠

이번에도 몇몇 중요한 고판화들을 새로 골라 해인사 특별전에서 전시했단다. 전시장은 그리 크진 않았다. 하지만 한 관장의 설명을 들으면, 이 작은 공간이 세상의 모든 것으로 꽉 차 있는 것처럼 느껴진다. 그날도 그는 손수 설명을 시작했는데, 첫 번째 판화는 중국 명나라 때의 불화판화이다. 중심에 좌불이 있고 양쪽으로 부처의 제자인 듯한 인물들이 있으며 그 양쪽 끝에는 용과 호랑이를 다루는 인왕상과 비슷한 인물이 조각되어 있는데, 선이 유려하고 인왕상의 얼굴이 해학적이어서 일품이다. '이 판화는 여러 장 있을 텐데 뭘 그리 중할까.' 하고 생각할 수도 있겠지만, 한국은행 화폐를 생각해 보면 금세 이해된다. 그렇게 많은 돈이 찍혀 나오지만 정작 수집가에게 남는 것은 그리 많지 않다. 더구나 이것은 명나라 때 찍은 판화이니 오죽 귀할까!

명대의 판화 중에서 부처를 모시는 인왕이 용과 희롱하는 모습 치악산고판화박물관 소장.

그 옆에 있는 중국 오대산의 〈성경전도〉는 청나라 도광황제 연간의 작품으로, 목판이지만 기가 막히도록 정교하게 판각되어 있다. 오대산에는 신라의 자장율사가 부처님의 진신사리를 가지고 와서 세운 적멸보궁이 있다. 그런데 재미있는 사실은, 조욕지에서 문수보살이 조나라 왕을 씻겨주는 장면이 이 목판에 포함된 것이다. 이 장면에 스며 있는 전설을 읽어내면 이렇다.

조나라 왕이 목욕하고 난 후 목욕을 도와준 동자에게 이렇게 말했다고 한다.

"왕을 목욕시켰다는 말을 나가서 하지 마라."

그러자 동자가 빙그레 웃으며 답한다.

"문수보살을 보았다는 말씀이나 하지 마시오."

동자는 그렇게 조왕에게 한 방 먹이고 홀연히 사라졌다고 한다.

문수동자 설화 판화(《오대산성경전도》 중에서) 치악산고판화박물관 소장.

그런데 이와 똑같은 전설이 한국의 오대산 상원사에도 있다고 한다. 조선 초 세조와 연관된 전설인데, 그러고 보면 중국 오대산의 이름이 우리나라로 옮겨온 듯하고 동일한 전설이 왕을 신격화하는 과정에 덧붙여진 듯하다. 세조의 결격사유를 보완하기 위한 신격화 과정이라니, 이 얼마나 흥미진진한 콘텐츠인가?

조왕과 문수보살의 전설은 전시장 바로 옆에 별도의 다른 판화로 전시되고 있다. 신하들이 지켜보는 가운데 문수동자가 조왕을 목욕하는 장면이 나오고, 그 위에는 문수보살을 상상하는 장면이 나온다. 왕이 보살과 함께 한다는 것은 분명 왕을 신격화한 것이라고 볼 수 있다.

오대산 판화의 규모와 예술성으로 볼 때, 이 판화를 만드는 것은 엄청나게 큰 사업이었을 것으로 짐작된다. 청나라 황실이 하사한 것으로 추정되는 이 작품은, 폭이 180센티미터가 넘고 길이가 1미터 23센티미터에 이를 정도로 규모가 크다. 이 대형 판화에는 둥그스름한 산세를 갈필 산수화 그리듯이 묘사했고, 골짜기에는 나무를 짙게 그리고 그 사이에 여러 가지 생활풍경들을 그려 넣어 원나라 말기의 거대한 문인화풍을 보는 듯하다. 오대산을 매우 상세하게 묘사했을 뿐만 아니라, 농사나 건축 등 실생활을 상세히 그려내어 민속학적으로도 중요한 그림이다. 우리가 가끔 보는 겸재 정선의 〈금강전도〉보다도 훨씬 상세한 그림이라고 생각하면 된다. 건물이나 다리의 숫자와 형태는 물론이고, 작은 산길부터 청나라 군사들의 모자 쓴 모습과 거리에서 행사를 진행하는 사람들까지 무척이나 세밀하게 묘사되어 있다. 한마디로, 이 판화에는 수천 개의 역사와 민속학의 주제가 숨어 있다고 해도 과언이 아니다. 이 때문에 하나하나 뜯어보려면 하루 종일이 걸려도 부족할 정도다. 다른 말로 하면, 이 판화 하나만 봐도 본전은 뽑은 셈이다.

미국의 국회도서관에 이것과 같은 판화가 한 장 소장되어 있는데, 아직까지 본격적인 연구는 이루어지지 않고 있다고 한다. 중국불교의 성지라고 일컫는 오대산 곳곳을 사진을 박은 듯 그려낸 이 판화를 보고 있자니 특이한 점이 눈에 띈다. 목판 주위로 만주문, 몽골문, 티벳문, 그리고 한문 등으로 불경을 판각해 놓은 것이다. 어쩌면 이 목판화를 여러 민족들이 사용할 수 있도록 배려한 게 아닐까?

이 박물관에는 목판화뿐만 아니라 많은 목판들이 함께 전시되어 있다. 목판을 보면 앞뒤로 판각이 되어 있는데, 판화의 절반은 전면에 있고 나머지 절반은 후면에 있는 경우도 많다. 앞뒤에 자리한 두 판화가 합쳐져 하나의 판화로 완성되는 것이다. 필자의 서재 앞에 걸린 개관8주년 기념특별전 포스터판화인 대세지보살판화 역시 목판이 그렇게 되어 있다. 이 판화도 청대 가경연간의 작품으로 불화의 미세한 표현을 다 갖추고 있다.

박물관의 전시를 감상하다 보면 '불교에서 목판을 많이 사용했구나.'라는 생각이 든다. 〈화엄변상도〉 같은 것은 이 박물관에도 여러 벌 있다. 그런데 세밀한 묘사로 사람을 질리게 하는 경우도 있는데, 우리나라에서 국보로 지정한 금니사경들도 이런 목판화를 원본으로 삼아 이

금작업을 했을 것이다. 과거나 현재나 믿음의 힘은 상상할 수 없을 만큼 크다는 것을 판화를 보면서 실감하게 된다. 결국 해인사의 팔만대장경도 똑같은 과정을 거쳐 만들어진 것이다.

"이 목판은 엄청 많이 사용했나 봐요? 닳아서 홈이 깊지 않네요."

동그라미 꽃무늬가 정교하게 반복된 책보목판을 보고 아는 체를 했더니, 전혀 기대하지 않았던 대답이 돌아온다.

"아니오. 그것은 그 정도만 파도 충분히 좋은 책보를 찍기 때문입니다. 이것 보세요."

그 목판으로 찍은 책보가 옆에 전시되어 있었는데, 문양의 모양이 압출되어 선명하게 남아 있었다.

"천을 덮어 누른 다음에 찍기 때문에 깊지 않아도 됩니다."

판화를 만드는 사람들은 선비들이 책을 귀하게 여기도록 하기 위해, 빳빳한 종이를 아름다운 문양을 가진 천으로 뒤집어씌우는 장황기법을 고안해냈다. 대체로 같은 문양이 반복되는데, 큰 목판이 똑같은 문양으로 가득한 것을 보면 이들도 디자인의 귀재들이었나 보다.

우리 판화를 되찾는 일에 모든 것을 걸다

이 박물관 소장품 가운데 압권은 〈오륜행실도〉이다. 삼강, 이륜, 삼륜 그리고 동국신속삼강 등 우리나라의 행실도판류를 찍은 판화는 있어도 목판은 발견되지 않았다고 한다. 〈오륜행실도〉는 정조 때 초간되었는데, 19세기 중엽에 복각되어 간행된 것이 이 박물관에 소장되어 있다.

〈오륜행실도〉목판 화
로 치악산고판화박물
관 사진제공.

"이 목판을 발견하고는 잠을 제대로 못 잤어요. 섣불리 대들면 값이 천정부지로 올라갈 테니 그럴 수도 없고……."

한선학 관장은 목판을 수집하던 때가 떠오르는 듯 잠시 상념에 잠겼다. 그가 겪은 고통은 아마도 수집가들이라면 누구나 거치게 되는 경험이다.

"이 목판은 일본에서 발견했습니다. 일본인들이 이 목판으로 차를 달이는 일본식 화로[이로리]를 만들었던 거지요. 그래서 네모상자 형태가 되었답니다."

상자의 테두리에 한글 목판이 장식처럼 사면에 끼어 있다. 그런데 이게 전부가 아니다. 한석봉의 초기 천자문 초서체 목판이나 조선 중기의 영웅담인 《유충렬전》 한글소설 목판 역시 똑같이 훼손된 것을 수집한 것이다.

'이 귀중한 것으로 어떻게 차화로를 만들 생각을 했을까? 남의 문화재를 멸실하여 자신들의 즐거움을 채우다니…….'

지금도 그때가 떠오르는 듯 착잡한 표정을 짓고 있던 한 관장을 향해 조심스럽게 말문을 열었다.

"그러면 사들이는 데는 어려움이 없었나요?"

"긴 줄다리기 끝에 현금을 싸들고 가서 담판을 했지요. 부르는 값을 다 준 셈이지요."

애국자가 따로 없다. 일본에 있는 우리 문화재를 찾아온 셈이니 나라가 할 일을 한 관장이 해낸 것이다. 이것이 지금까지 알려진 〈오륜행실도〉의 유일한 목판이란다. 〈오륜행실도〉는 유교에서 사람이 지켜야 할 최소한의 도리를 적은 것으로, 도덕을 가르치는 경전 가운데 고전 중에

만다라 판화. 경매에서 중국인과 치열한 경쟁 끝에 낙찰 받은 **작품** 치악산고판화박물관 소장.

고전으로 꼽힌다. 아마도 이 방에 전시된 모든 목판에는 한 관장의 숨은 노력이 먹물처럼 스며들어 있을 것 같다.

박물관에 전시된 정교하기 이를 데 없는 둥근 만다라 목판에도 사연이 있었다. 대만에서 사오는 과정에, 목판의 가치를 알아본 대만인 경쟁자와 붙어 오랜 실랑이 끝에 반입한 것이란다. 그런데 지금은 중국에서 그 값의 수십 배를 줄 테니 팔라고 한다. 동아시아의 목판화를 두고 아마도 한중일 그리고 대만까지 네 나라가 경쟁을 해대는 모양이다. 물론 한국의 대표적인 수집가는 바로 한선학 관장이다. 승복을 입고 항상 웃음을 잃지 않아 부드럽게 보이지만, 그는 속이 꽉 찬 검투사 같은 면모를 하고 있다.

이 박물관에는 중국 목판화와 목판들이 많이 있는데, 한 관장이 이 분야에 일찍 눈을 떠서 중국을 다니며 아무도 관심이 없을 때 사서 모은 것들이다. 지금은 상황이 달라져서 중국에서 다시 사려고 하는 것들이 많고, 한 관장이 필자에게 준 관음보살목판화 한 장이 중국에서는 우리 돈으로 300만 원을 호가한다니 격세지감이 든다.

채색된 게 많은 일본 판화 수집품들과 구입 스토리도 재미있는 게 많았다. 일본 판화들은 세세한 이야기를 담은 것보다는, 큰 스토리나 이미지를 구성해 판각하고 채색하는 게 특징인 듯했다. 그런데 일본의 유명한 우키요에 Ukiyo-e , 浮世繪 가 고흐뿐만 아니라 드가, 고갱, 마네 등의 인상파 서양화가들에게 인기를 끌었다는 것은 놀랄 만하다. 어쩌면 그들은 격변하는 서양의 세계를 우키요 근심스러운 세상 라고 생각하고, 우키요에가 지향하는 이상향인 '극락정토'를 꿈꾸었는지도 모르겠다. 일본에서 애니메이션이 발달한 이유가 바로 이 우키요에에 있다는 점을 우리 전통미술은 깊이 돌아보아야 할 것이다.

"여기 이 그림과 옆의 그림을 비교해 보세요. 얼마나 비슷합니까! 서양 예술가들이 일본의 판화에 매료된 셈이지요."

1857년 안도 히로시게[安藤廣重]가 만든 〈에도명소백경〉첩의 비오는 다리 그림이, 고흐의 〈비 내리는 다리〉라는 1887년 작품에 그대로 재현되어 있다. 뿐만 아니라 가츠시카 호쿠사이[葛飾北斎]라는 에도시대 후기의 대표적인 판화가의 파도 작품이 드뷔시 음반의 표지로 '바다'라고 표기되어 재현된 것도 놀라운 일이다. 이렇게 일본 판화의 그림들이 유럽에서 그려진 많은 그림의 배경화로 등장한 것은, 지난 19세기 중엽 일본의 미술이 유럽에 소개된 이후 서양미술의 트렌드로 자리 잡았기 때문이다. 일본의 미술이 서구에 소개되었을 때, 유럽의 화가들은 일본 판화의 화려한 색상에 매료되었을 것이다. 채색된 작품을 선호하는 서양 사람들이 색상이 화려한 우리나라의 민화와 불화에 심취하는 것도 그

일본의 명승을 판화로 감상할 수 있도록 만든 병풍 치악산고판화박물관 소장.

런 경향 때문이리라.

고판화에게 역사와 문화를 배우다

전시실 안쪽에는 수장고가 있다. 수장고라고 해도 유리벽으로 되어 있기 때문에, 전시실에서 다 볼 수 있는 공간이다. 그곳에는 목판들이 빽빽이 책처럼 꽂혀 있다. 대부분 한쪽에 먹이 묻어 있어서 검정색으로 반짝인다. 작은 것과 큰 것들이 섞여 있어서 키가 들쭉날쭉하지만 보기가 좋다. '이 속에 보물 같은 정보가 들어 있겠지.' 하는 생각으로 수장고를 바라보니 더욱 귀하게 느껴진다.

"걱정되지 않으세요?"

올 때마다 반복하는 질문이지만 또다시 던지게 된다.

"글쎄요. 긴급 소화전을 설치해 달라고 이야기했는데, 이것이 부동산 유산이 아니라서 잘 안 되는 모양입니다."

역시나 행정관청과의 조율이 문제다.

과거에 일본인들이 저지른 우리 문화유산 수탈과 훼손에 대해 목소리를 내고 그들이 그 사실을 부끄럽게 여기도록 하는 것도 중요하지만, 우리가 우리 문화유산을 보존하는 데 얼마나 관심을 갖고 있는지도 생각해 봐야 한다.

"우리 자신이 우리 문화재를 얼마나 사랑하고 있는지 뒤돌아봐야 합니다."

한 관장이 오래전에 한 말이 가시처럼 박혀 있다가 문득문득 떠오른다.

목판 보존실 치악산고
판화박물관 사진제공.

목판이나 판화 같은 것들은 습기와 불에 약하다. 과다한 습기는 피하고 적당한 습기를 공급해야 하되, 불이 나면 그것으로 끝이니 무엇보다 정교하게 관리해야 한다. 사실 한 관장에게 그런 시설을 하라고 하는 것은 개인적으로 너무 큰 희생을 요구하는 것일지도 모른다. 돈이 생기면 외국에 가서 목판을 구입하는 그에게, 엄청나게 많은 비용이 들어가는 관리시설까지 자비로 세우라고 강요하는 것은 아무리 생각해도 말이 안 되는 게 아닐까?

'내가 가진 귀중한 문화유산은 국가의 것이기도 하지만, 인류 모두의 유산이기도 하지 않은가?'

한 관장이 소유하고 있는 목판 가운데는 국가적으로 중요한 의미를 지닌 것들이 적지 않다. 비단 치악산고판화박물관의 사례가 아니더라도, 개인이 가진 문화유산 중에서 나라가 전략적으로 보호해야 할 것에 대해서는 하루속히 방안을 만들어야 한다.

해가 뉘엿뉘엿 넘어갈 때 한쪽이 완전히 유리로 된 다실에 한 관장과 마주 앉았다. 보이차를 연속해서 따라주던 한 관장이 넌지시 비법

한 가지를 전수한다.

"보이차가 비싸잖아요. 그래서 저는 오래된 것과 3년 정도 된 것을 섞어서 차를 만드는데, 그러다 보면 돈도 아끼고 섞은 것이 아주 독특한 맛을 냅니다. 한번 비교해 보세요."

작은 찻잔에 고인 차 한 잔에서 은은한 향이 피어올라 머리 깊숙한 곳으로 파고든다.

목판 속에 들어있는 서권기, 목판화의 문기, 그리고 먹향에 다향까지 어우러져 그저 마음이 푸근해진다. 이런 즐거움이 앞으로도 지속되면 얼마나 좋을까? 지난 40년 이상 고고학을 하면서 거칠게 살았지만, 박물관과의 인연이 끊어지지 않는 거미줄처럼 이어졌으니 그만큼 보람을 느낀다.

고판화박물관에서 오래된 판화들을 만나고 돌아가는 길. 문득 판화는 수려한 경관을 조각하는 자연의 손재주를 닮았다는 생각이 든다. 그래, 빼어난 경관과 인생을 함께 품은 박물관이 있었지. 다음 여정은 바다 금강산이라 하는 해금강에서 열어가리라.

37

자연과 인생을 품은
해금강테마박물관

'바다금강산' 위에 자리 잡은 박물관

이 박물관의 이름을 처음 들은 사람들은 이름 그대로 '해금강'이라는 강을 테마로 볼거리를 전시해 놓은 박물관이라고 생각할 것이다. '해금강이라는 강과 주변 경치가 무척 아름다워 이렇게 박물관까지 만들었구나.' 하고 말이다. 그나마 지리를 조금 아는 사람들은 '해금강'이라는 이름을 듣고, '금강산에 있는 박물관인가?' 하고 생각할지도 모르겠다. 그렇다면 이 박물관은 정말 금강산에 있을까?

해금강은 '바다에 있는 금강산'이라는 뜻인데, 오늘의 주인공은 북한의 해금강이 아니라 경상남도 거제도의 해금강이다. 1971년 우리나라의 명승 2호로 지정된 해금강은 남해안 제일의 명승지로 꼽히는데, 3개의 봉우리가 바다에 떠 있는 모양을 하고 있다. 1968년 한려해상국

립공원 해금강지구로 지정
되었는데, 전체 면적은 약
20만 4,000평으로 서울로
따지면 상암동 하늘공원의
3.5배 정도다.

폐교를 예쁘게 단장한
해금강테마박물관에서 시
작되는 작은 산책로를 따
라 바다를 향해 걷다 보면,
이곳이 왜 남해안 제일의
명승지인지를 깨닫게 된다.
천혜의 자연경관을 자랑하
는 한려해상국립공원 해금
강 끝자락에 자리한 해금
강테마박물관은 2005년 8
월 5일 문을 열었는데, 놓
쳐서는 안 될 우리나라 현

해금강 해금강테마박
물관 사진제공.

대사와 더불어 외국의 흥미로운 볼거리들을 모아서 보여 주는 '재미있
는' 박물관이다. 1970년대에 학교를 졸업하고 1980년대에 사회생활을
한 사람에게는 고향 같은 곳이 될 수도 있고, 그런 부모를 둔 사람들에
게는 부모 세대의 추억을 공유하는 아련한 장소가 될 수도 있다.

육지의 끝이라 할 수 있는 곳에 있지만 도로가 잘 연결되어 있어서
인지, 섬이라고 생각되지 않을 정도였다. 여기서 조금 내려가면 우리나
라에서 가장 아름다운 정원을 간직한 외도 행 선착장을 만날 수 있다.

물론 해금강을 둘러보는 배도 이곳에서 기다리면 된다.

거제도는 조선소 덕분에 우리나라에서 개인 소득이 손꼽을 만큼 높
은 곳으로 알려져 있는데, 지금은 박물관이 된 거제포로수용소가 있던
곳으로 유명하다. 해금강테마박물관은 교육적인 콘텐츠로 잘 알려진
만큼, 해금강을 비롯한 한려해상국립공원의 명승지를 만난 뒤 의미 있

는 전시물들을 편안하게 둘러볼 수 있는 곳이다. 우리 근대사를 담아낸 내부 전시실에 이어, 박물관 뒤편 나무마루로 된 테라스에서 내려다보는 남해의 풍경은 해금강이라는 이름에 어울릴 만큼 절경이다. 그곳은 신선대라 불리고 있으니, 해금강테마박물관은 아마도 세상에서 가장 아름다운 경관을 가진 박물관이라 할 수 있다.

고장 난 라디오가 박물관이 되다

이 박물관은 중세유럽장식미술박물관과 격동의 한국 근현대 100년사 생활자료박물관이라는 두 가지 테마를 담은 종합박물관이라 할 수 있다. 유천업 관장은 이 박물관에 평생 동안 수집해 모은 5만여 점의 소장품을 전시해 놓고, 과거부터 현재까지 우리 삶의 모습을 타임머신 타고 여행하듯 둘러볼 수 있도록 했다.

유 관장이 적은 말 가운데 "황학동에서 고장난 라디오를 구하던 날의 가슴 설렘"이라는 문구가 있다. 불혹의 나이를 지나 라디오를 만나 가슴 벅찬 감동을 느꼈다는 그의 얘기는, 하나의 소품이 인생을 어떻게 바꿀 수 있는지를 깨닫게 한다.

유럽풍의 신비로운 박물관으로 들어가는 순간 너나 할 것 없이 모두 '그때 그 시절'로 돌아가게 된다. 작은 현대사박물관은 1950년대부터 1970년대까지의 아련한 추억을 고스란히 간직하고 있는데, 그중에도 1층은 어렵고 힘들었던 어린 시절을 회상하게 하는 아련한 추억의 공간이다. 그러나 이곳은 과거를 회상하고 추억하는 데 익숙한 중장년층만의 공간은 아니다. 사교육 때문에 추억을 만들 공간마저 잃어버린

박물관 1층에 마련된 옛 거리 해금강테마박물관 사진제공.

오늘날의 어린이들과 청소년들이 부모 세대의 소중한 가족문화를 느낄 수 있는 공간이기도 한다.

이곳에서는 사진관, 인쇄소, 세탁소, 다방, 만화방과 당시의 교실모습을 재현한 곳이 단연 인기다. 여기 전시된 것들은 현재 10대들의 할아버지나 증조할아버지 세대가 드나들던 곳이며 그들의 손때가 묻은 물건들이다. 요즘은 발전 속도가 너무도 빨라서 옛날 모습이 남아 있는 게 별로 없다. 이 때문에 우리 사회에 가장 필요한 게 바로 여러 세대를 이어줄 수 있는 매개체를 만드는 작업일 것이다. 해금강테마박물관에 소장된 과거의 유산들은 이런 요구를 충족시켜 줄 수 있는 맞춤형 소장품이라는 생각이 든다. 이전 세대의 추억 속으로 들어가 손때 묻은 흔적들을 보고 만져봄으로써, 어린 세대는 역사와 문화와 전통을 자연스레 이어받게 된다.

오늘날 우리가 사용하고 있는 것들도 앞으로 50년 후에는 모두 등록

문화재가 될 수 있는 조건을 갖춘다. 아마도 50년 뒤에는 우리의 스마트폰도 박물관에서나 보게 될 것이다. 자신들이 살아가는 현재가 '미래의 근현대사'가 될 거라는 사실을 깨닫는 순간, 어린 세대는 이 박물관의 근현대사를 먼지 쌓인 고물이 아니라 소중한 자산으로 인식하게 된다.

필자는 탄자니아의 수도인 '다르 에 살람'에 머문 적이 있다. 비포장도로여서 차가 지나가면 먼지가 풀풀 날렸고, 거리 옆에는 쓰레기와 동물들의 배설물이 치워지지 않은 채 남아 있었다. 그 당시를 떠올리면, 낡아서 잘 닫히지도 않던 단층집 식당문을 힘겹게 열고 들어가 급하게 식사를 마치고는 도망치듯 숙소로 돌아오곤 했다. 하지만 그 전에는 식당문을 열고 내미는 검은 얼굴들이 무서워 한동안 밥 먹으러 가는 것조차 두려운 적도 있었다. 그때 그 도시의 거리풍경은 필자가 어릴 적에 살았던 50년 전 대구의 변두리 풍경을 연상시켰다. 그래서일까? 필자는 이 박물관의 한국 현대문화 세트장은 반세기 전의 대한민국을 경험할 수 있는 안성맞춤의 공간이라는 생각이 든다.

중년 아버지의 까까머리 시절 이야기

사람들은 전설을 만들고 전설을 이야기하면서 살아간다. 스마트폰, 클라우드, 소셜네트워크가 일상화된 지금 같은 세상에서, 먼 곳에 있는 사람과 편지와 소포로만 소통할 수 있었다는 것은 그야말로 전설 같은 이야기다. 요즘 어린 세대들은 '말도 안 되는 얘기'라며 웃을는지도 모르겠다. 하지만 40대 이후 세대라면 어린 시절 부모와 함께 했던 그 시절의 이야기를 자녀들에게 들려줄 수 있으리라. 부모가 앉아 공부했던 콩나물시루 같던 책걸상과 빛바랜 흑백사진들을 돌아보는 동안, 이 박물관은 부모 세대와 자녀 세대를 연결시켜 주는 촉매제 역할을 제대로 해낼 것이다.

박물관의 좁은 통로에서 중년이 되어버린 아버지는 상기된 표정으로 자식들을 향해 눈빛을 반짝일는지도 모른다. 라면 한 박스면 부러울 것이 없었다고. 라디오에서 흘러나오는 팝송을 테이프에 녹음해 늘어질 때까지 들으며 마냥 행복했다고.

"라면이 처음 나왔을 때, 그게 삼양라면이지예? 뜨거운 물만 부으면 국수가 된다고 해서 얼마나 신기하던지……."

유 관장이 그때를 떠올리며 너털웃음을 지었다.

요즘 아이들이 들으면 무슨 원시시대 얘기를 하나 싶을 게다. 하지만 당시를 살았던 사람들에게 라면은 천국의 맛이었다. 그때로부터 오랜 세월이 흐르는 동안 라면은 건강을 추구하면서도 현대인들의 기호에 맞게 발전해 왔다. 그리고 지금도 세대를 초월해 사랑을 받고 있다.

필자 생각에는 이런 박물관이야말로 라면 맛처럼 시대와 세대를 초월해 공유하고 공감할 수 있는 매개체 같다. 빠르게 바뀌고 있는 문화의 흐름 속에서 세대 간의 이질감과 격차를 줄이기 위해서라도 이런 박물관들이 지역마다 하나씩 나타나야 하지 않을까? 그 격차를 제때 줄이지 못하면 필자가 파키스탄에서 경험한 것처럼 조금은 황당한 상황을 만나야 할는지도 모른다.

지난 1990년대 중반에 파키스탄을 여행할 때 음식이 맞지 않을 것 같아서 라면을 몇 봉지 들고 간 적이 있다. 개별 취사가 불가능해 필자가 묵고 있던 호텔에 양해를 구한 뒤 라면을 끓여달라고 부탁했다. 그랬더니 웨이터가 냄비에 라면을 봉지채로 넣어 끓여온 게 아닌가! 이것은 물론 세대 차이가 아니라 식재료에 대한 이해부족 때문에 일어난 일이었지만, 세대 차이가 심해지면 이런 황당한 상황을 경험하게 되는지도 모른다. 그렇기 때문에 가족과 함께 이런 박물관을 찾아 공유하는 부분을 넓히면 세대 차이를 극복하는 데 도움이 되지 않을까?

자식들과 함께 이런 과거의 유산을 만나게 되면, 검정고무신을 신고 등교하던 일, 몽당연필을 다 쓴 볼펜에 끼워 쓰던 일, 양은도시락을 조개탄 난로 위에 올려놓고 누룽지가 되기만을 기다리던 학창시절을 자랑스레 얘기하곤 한다. 때로는 집에 전화기가 없어도 있는 척, 텔레비전이 있는 집에 동네사람 모두 모여 흑백텔레비전으로 영화를 보던 그 시절을 이야기한다. 타자기를 칠 때도 종이를 아끼기 위해 앞뒤가 빼곡하게 찰 때까지 치고 또 치던 얘기까지 스토리는 무궁무진하게 이어진다. 그러다 문득 젊은이들의 데이트장소였던 "약속다방"이 보이면, 신청곡을 적어 꼬깃꼬깃 접은 뒤 다방 DJ에게 건네던 추억을 아련하게 떠올린다.

둘만 낳아 잘 기르자던 전설 같은 이야기

전시관을 둘러보다 보면 가족계획 포스터가 있는데 무척 인상적이다. 왜냐하면 이제는 인구가 점점 줄어들고 있기에 머리를 싸매고 아이 낳기 운동을 하고 있기 때문이다. 가족계획 표어변천사를 보니 "덮어놓고 낳다보면 거지꼴을 못 면한다."라는 표어가 있었던 모양이다. 요즘은 아이를 낳기만 하면 지원금까지 받을 수 있기에, 이런 표어는 정말 격세지감을 느끼게 한다. 세계에서 인구가 가장 많은 중국도 마찬가지 아

가족계획포스터 해금강
테마박물관 사진제공.

닌가? 이제는 한 가구 한 자녀가 아니라 두 자녀도 허용할 것이라고 한다. 이런 것을 보면 상황에 따라 사회를 이끌어가는 가치관도 바뀐다는 것을 절감하게 된다.

이처럼 여러 가치들이 서로 존중하며 균형 있게 발전해야 건강한 사회라고 할 수 있다. 인구를 줄이려고 그토록 매달리더니, 이제는 많이 낳아야 나라가 흥한다고 난리다. 이 박물관에서 젊은 날의 추억을 여과 없이 되새김질할 수 있는 것은, 작은 물건들까지 소홀히 다루지 않고 고스란히 재현해 놓았기 때문이다. 마치 영화세트장을 연상케 하는 공간에서 우리는 지나온 세월 속으로 걸어 들어간다. 페인트칠을 한 간판이 내걸린 가게로 들어가면 아폴로, 쫄쫄이, 쫀득이와 같은 추억의 불량식품들이 고스란히 전시되어 있다. 또 당시의 요금표, 낙서까지 고스란히 복원해 놓아 마치 과거로 타임슬립한 것처럼 놀라게 된다.

이 박물관에 펼쳐진 이야기들은 특정인에게 국한된 게 아니라 우리 모두에게 열려 있다. 우리가 가장 힘들었던 시기를 한 편의 다큐멘터리처럼 펼쳐 놓았기에, 이곳을 찾으면 마음이 편해지고 마치 오래전에 써 놓은 일기를 보듯 편안함을 느끼게 된다. 이곳을 걸을 때마다 누가 이런 것들을 이토록 잘 보관하고 있었는지 박물관 일을 하는 필자로서도 신기할 따름이다.

지난번에 가족과 함께 왔을 때 이곳의 은하사진관에서 가족사진을 찍은 적이 있다. 사진사가 있어서가 아니라 필자의 핸드폰으로 옛날 동네 사진관으로 꾸며놓은 세트에서 찍었던 것이다. 이런 배경은 필자가 학창시절 검은색 교복에다 모자를 눌러쓰고 친구와 함께 조금은 무표정하게 찍은 증명사진에서나 볼 수 있었는데, 지금과 같은 하이테크 시대에 만나게 되니 반갑고 고마운 마음 가득하다. 과거를 고스란히 옮겨놓은 듯한 이런 곳에서 가족과 함께 추억을 담는 것은, 세대를 초월해 가족 모두에게 특별한 느낌을 갖게 한다. 사진관 세트에서 가족이 함께 앉아 같은 카메라를 쳐다보는 경험은 그리 자주 있는 일이 아니기 때문이다. 다들 조금은 긴장하기도 하고 웃기도 하면서 여행의 행복한 마침표를 찍었던 것 같다.

이 박물관 2층은 우리나라뿐만 아니라 전 세계에서 만들어진 각종

박물관 2층의 깐느영화관 해금강테마박물관 사진제공.

예술품, 중세 범선, 밀랍인형 등이 전시되어 있고, 매월 다양한 주제의 기획전시도 열린다. 이곳에 소장된 물품들은 유 관장이 세계 20여 개국을 돌아다니며 직접 수집한 것이라고 하니 놀라움을 금할 수 없다. 그중에도 철갑을 입은 기사들 사이에 왕의 의자가 놓여 있었는데, 관람객들에게 마치 왕이 된 것 같은 판타지를 제공하는 박물관의 센스가 돋보였다.

이 박물관을 찾을 때마다 느끼는 것은, 이곳의 테마가 진화하고 있다는 것이다. 같은 소장품으로 꾸미는 데도 이전과는 다른 목소리를 내는 테마를 만들어낸다는 얘기다. 이는 이 박물관이 그만큼 많은 소장품을 가지고 있기에 가능한 것 같다. 안보교육을 위한 전시관, 해양자료 전시관, 그리고 최근에는 유경갤러리를 열었다. 처음에는 유천업 관장과 그의 부인 경명자 관장이 함께 맡아 운영했는데, 요즘은 경 원장이 맡아 운영하는 모양이다.

박물관의 커피숍을 거쳐 지붕 위의 테라스로 나왔다. 남해에 비치는 햇살이 파도에 반사되어 은빛 고기의 비늘처럼 반짝인다. 아련히 보이는 섬들이 또 다른 추억을 불러일으키는데 언덕으로 올라오는 바닷바람이 머리를 어루만진다. 박물관을 거닐며 떠오르던 추억들이 햇빛에 그리고 바람에 하얀 연기가 되어 사라지는 느낌이다. 그저 따스한 햇살과 시원한 바람이 마냥 좋다.

"요즘 관람객이 많은가요? 어렵지요?"

걱정이 되어 조심스레 물었다.

"어쩝니까. 그래도 외도 가는 분들이 들르기도 해서 견딜만합니다."

여러 가지 교육프로그램을 만들어 활동하고 있다지만, 아직까지는 관람객이 많지 않아 적지 않게 힘들 것이다.

"회장님, 다음에는 꼭 하룻밤 주무시고 가이소."

서울로 가려고 일어서는 필자의 등 뒤로 유 관장의 목소리가 잡아끈다. 다음에는 그의 바람을 꼭 한번 이뤄주고 싶다.

유 관장의 열정과 추억이 담긴 소장품들이 박물관을 찾는 사람들에게 잔잔한 감동으로 남았으면 좋겠다. 아마도 관람객들은 이곳의 소장품을 바라보며 자신이 자라왔던 과거의 얼굴을 떠올릴 것이다. 그러면서 이내 자신이 만났던 가장 소중한 얼굴도 함께 추억하겠지. 우리 인생길에서 만났던 혹은 만나게 될 수많은 얼굴들. 이제 그 얼굴이 가득한 경기도 광주시로 떠난다.

38

수만 가지 표정이 내걸린
박물관 얼굴

당신의 얼굴을 찾아보라

　박물관이라고 하면 옛날 물건들을 떠올리는 것이 보통이다. 물론 오늘날은 별의별 박물관이 다 있지만, '박물관 얼굴'은 그 이름만으로도 궁금하기 짝이 없는 박물관이다. 필자도 그 이름을 처음 들었을 때는 '박물관 이름을 장난스럽게 지었네.'라고 생각했지만 막상 설립자의 이름을 들었을 때는 그 이유를 알 것 같았다.

　경기도 광주에서 중부고속도로를 지나서 팔당댐 쪽으로 가다보면 도마리에서 퇴촌으로 우회전을 하게 되고 다리를 건너자마자 왼쪽으로 분원리 가는 길이 나타난다. 다리를 건너 팔당호 쪽으로 들어서면 조선시대에 도자기를 구웠던 유적지들이 연이어 나타난다. 마을은 크지 않지만 경관이 빼어난 곳이어서 민물매운탕집을 비롯한 음식점들이 많다. 집에서 책읽기가 싫어지는 여름날 이곳으로 산보를 오면 안개와 어우러진 풍광이 천하의 절경을 연출한다. '수도권 8경'을 정한다고 할 때 거뜬히 들어갈만한 그런 곳이다. 유적 때문인지 동리에 현대식 호텔들이 보이지만 아직은 전통적인 가옥들이 많고, 길거리의 건물이 높지 않아서 마을 중간에 우뚝 솟은 양옥건물에 박물관 간판이 달린 게 길에서도 보인다. 골목으로 들어서면 언뜻 현대의 성처럼 만들어진 담벼락에 "박물관 얼굴"이라는 이름이 붙어 있는데, 입구를 가로막고 있는 두꺼운 철문 옆에 독특한 문구가 있어 발걸음을 멈추게 한다.

"자유로운 대화를 즐기고 싶은 사람은 문잡고 딴 세상으로 태어난 듯 들어오시오."

초대의 글이 무척 특이하다. 종로에 있는 쇳대박물관의 최홍규 관장이 제작한 이 철문은 묵직하지만, 얼굴들이 가득한 세상으로 들어가는 문은 의외로 가볍게 열린다. 처음 방문하는 사람들은 아마도 긴장이 좀 되지 않을까?

'박물관 얼굴' 전경 '박물관 얼굴' 사진제공.

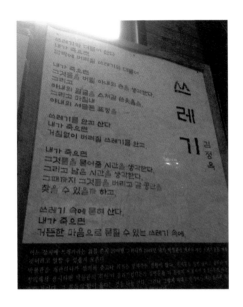

김정옥 관장이 지은 〈쓰레기〉라는 시 '박물관 얼굴' 사진제공.

박물관으로 들어가며 가장 먼저 만나는 시, 쓰레기

이 박물관은 예술원 원장을 지낸 원로 연극연출가 김정옥 관장이 지난 40여 년간 우리나라를 비롯한 세계 여러 나라에서 수집한 인형과 석인, 사람의 얼굴을 본 따 만든 와당과 가면 등을 모아 2004년에 건립한 박물관이다. 이분은 평생 연극을 하던 분이고 인간의 얼굴표정에 일가견이 있는 분이라는 점에서 이 박물관을 만든 연유가 짐작이 된다. 배우는 항상 새로운 배역을 준비하며 그 배역에 맞는 얼굴을 만들어야 하니, 세상에 존재하는 모든 얼굴과 표정에 관심을 기울이지 않을 수 없었으리라.

그런데 막상 박물관 앞에 서면 〈쓰레기〉라는 다소 의외의 단어와 마주하게 되어 깜짝 놀라게 된다. 하지만 그가 이 제목의 시를 통해 박물관 건립의도를 설명하는 것을 들어보면 이해가 된다. 사람의 표정을 전문적으로 연구한 그였으니 박물관 소개문도 그만의 방식으로 표현한 것이다.

박물관 앞에 큼직하게 써 붙여 놓은 설명에는 김 관장의 철학과 인생관은 물론 아내와의 관계도 담겨 있다. 아마도 박물관을 세우면서 집안의 반대로 꽤나 힘이 들었던 모양이다.

일단 〈쓰레기〉라는 제목의 시를 보자.

> 쓰레기와 더불어 산다. 내가 죽으면 단박에 버려질 쓰레기와 더불어. 내가 죽으면 그것들을 버릴 아내의 손을 생각한다. 그리고 아내의 얼굴을 스쳐갈 쓴웃음, 그리고 마침내 아내의 서글픈 표정을.
> (중략)
> 쓰레기 속에 묻혀 산다. 내가 죽으면 거뜬한 마음으로 묻힐 수 있는 쓰레기 속에.

그리고 그 아래에 달린 주석에 중요한 문구가 나오는데, 거기에는 박물관에 대한 김 관장의 철학이 담겨 있다.

> (전략) 모든 박물관이 한결같이 질서정연할 필요도 없다고 생각한다. 무질서하게 마치 고물상이나 벼룩시장에서처럼 흩어져 있는 오브제들 가운데 옛사람의 훈김이나 아름다움을 발견하고 만날 수 있다면, 그것도 또 다른 즐거움 아니겠는가. (중략) 쓰레기와 미술품의 경계선에서 그들은 수줍은 미소를 당신에게 보내고 있다고 그렇게 생각하시고 봐 주시기 바란다.

인생과 사물의 속성을 꿰뚫고 사람의 생각을 한 가지 소리로 격파하는 김 관장의 내공 넘치는 문구다. 왜냐하면 감동이라는 것은 받아들이는 사람이 어떻게 생각하는가에 달려 있다. 그래서 깨끗하고 정돈된 박물관만 보던 사람들이 이 박물관의 전시를 보면 '전시하지 않은 전시'라고 할 만하다. 그리고 전시를 하는 데 돈과 품이 많이 드니까 그대로 둔 것도 있을 터인데, 그가 달아놓은 주석은 그 변명으로 그럴 듯하게 들린다. 그리고 '쓰레기'라고 표현한 것도 재미있는데, 사실 유물이

라는 것은 주인을 따라가지 못하고 세상에 남은 것이니 현대적인 관점
에서는 '쓰레기'와 다를 바 없지 않을까?

유물들의 스킨십

작은 정원을 지나 현관으로 들어서면 진나라 병마용이 기다리고 있
다. 근엄하고 한껏 존경을 표하는 얼굴을 하고 말이다. 그런데 계단으
로 연결된 전시관에 얼굴만 있는 것으로 생각하면 착각이다. 얼굴 돌
조각, 나뭇조각, 얼굴 사진, 얼굴 그림들과 함께 우리의 심금을 울릴
수 있는 여러 가지 물건들이 자유롭게 전시되어 있다. 언뜻 오래된 작
가의 작업실 같다. 그런데 이 박물관의 가장 큰 특징은, 전시물이 가
진 물성을 제대로 느낄 수 있도록 전시하고 있다는 점이다. 작품들 가
운데 상당수는 유리창 속이 아니라 벽에 걸려 있는데, 이런 점 때문에
관람객들은 작품의 민낯을 제대로 볼 수 있다. 또 작은 공간에다 전시

'박물관 얼굴' 1층 전시실 '박물관 얼굴' 사진 제공.

하기 때문에, 바로 코앞에서 볼 수 있으니 여러 가지 얼굴들과 무척 가깝게 만날 수 있다.

얼굴, 우리는 하루에도 수많은 얼굴을 만났다가 떠나보낸다. 사람은 속마음을 전하기 위해 입으로 말하지만, 사실은 감정이 곧바로 드러나는 표정 언어가 먼저다. 그래서 말이 없는 사람에 대해서도 '안색을 살펴' 상대방의 의사를 읽어내지 않는가? 사람이 태어나 자라면서 먼저 습득하는 것도 표정을 읽어내고 표정으로 의사를 표현하는 것이니, 얼굴의 비중은 절대적이라고 해도 과언이 아니다. 또 아무리 포커페이스 무표정한 얼굴 라고 하더라도, 그것조차 인간의 내면을 보여 주는 것으로 생각하는 게 보통이다. 그래서 얼굴에는 인간의 희로애락이 모두 담겨 있다. 이 때문인지 사람들은 작은 초상화 한 장에 그 사람의 인생이 담겨 있다고 열광한다.

2층까지 높게 뚫린 박물관 내부에는 목각인형, 도자인형, 유리인형과 같은 다양한 종류의 인형들과, 초상화와 인물을 그린 무속화, 사람 얼굴의 와당과 가면 등 여러 종류의 얼굴들이 무수히 전시되어 있다.

'박물관 얼굴' 2층 전시실 '박물관 얼굴' 사진 제공.

전시작품 〈Blue hair woman—fly away, 강경연〉 '박물관 얼굴' 사진 제공.

한마디로 전 세계를 대표하는 얼굴들이 시대와 문화를 뛰어넘어 이곳에 모여 있는 것이다. 그중에는 일그러진 얼굴이나 무섭게 생긴 가면들도 있지만, 우리가 잘 아는 오드리 헵번 같은 예쁜 영화배우의 사진도 찾아볼 수 있다. 어떻게 보면 별게 아닌 것처럼 보일 수도 있지만, 김 관장이 한 점 한 점 거둬들인 까닭이 있을 듯해 숨은 스토리가 기대되는 박물관이다.

국립박물관을 자주 찾은 관람객이라면, 이 박물관 전시물에 붙은 설명이 무척 낯설게 느껴질지도 모르겠다. 자유롭게 전시된 작품에 설명 또한 많지 않기 때문이다. 하지만 필자는 박물관의 이런 조치야말로 관람객이 전시물의 "수줍은 미소"를 직접 보고 느낄 수 있도록 한 것 같았다. 김 관장이 박물관 입구에서 밝힌 〈쓰레기〉라는 시에서 잘 나타나듯이.

이 박물관의 인형과 얼굴들은 일종의 다문화 전시물이다. 박물관 벽과 구석구석에 있는 전시품들을 하나하나씩 모두 감상하기는 어렵겠지만, 눈에 들어오는 것들이 왜 그곳에 자리하게 되었는지를 생각하며 본다면 얻을 게 무척 많은 박물관이다. 이곳에 모인 수집품들은 비록 시작은 달랐지만 김 관장에게 스카우트되어 이 박물관에서 화합과 조화를 노래하는 오케스트라 단원이 된 것이다. 이런 과정을 거치며, 우리는 자신의 얼굴을 발견하기도 하고 화합하는 법을 배우기도 한다. 이것은 관람객이 전시품을 재해석하고 재발견하는 훈련과정이라고 해도 좋을 것이다. 다른 말로 한다면, 관람객이 '새로운 방식의 박물관 감상법'을 터득하는 장소라고 할 만하다.

인생은 어차피 무대 위의 연극

　김 관장은 연극연출가답게 박물관 내부에서도 연극 공연이 이루어
질 수 있도록 설계했다. 1층에서 2층으로 연결된 계단도 그렇고, 높은
천장에 조명들을 달아 박물관을 하나의 공연장처럼 꾸몄다. 이곳 박물
관의 중앙에서는 실제로 공연이 이루어지곤 한다는데, 이곳을 찾는 배
우들은 수많은 얼굴에서 표정연기에 대한 힌트를 얻을지도 모르겠다.
이렇게 이름 없는 옛 사람들의 작품들과 현대작가의 작품들, 그리고 배
우들의 살아있는 얼굴을 보며, 관람객들은 작지만 큰 공간에서 인생의
모든 순간이 하나가 되는 독특한 경험을 하게 된다.

　《캐스트 어웨이》라는 영화를 보면, 주인공이 혼자 무인도에 살게 되
면서 호박으로 할로윈 때 사용하는 가면얼굴을 만들어 친구 삼아 대화
하는 장면이 이어진다. 호박껍질에 구멍을 뚫어 얼굴을 만들었지만, 주

**박물관에서 공연하는
장면** '박물관 얼굴' 사
진제공.

인공의 기분에 따라 그 얼굴은 웃기도 하고 울기도 하는 셈이다. 이 박물관의 얼굴을 뚫어지게 바라보다 보면, 저도 모르게 같은 얼굴이 된다. 웃고 울고 화내고 시무룩한 표정들을 따라하는 관람객들은 어떤 눈치도 보지 않고 그 순간을 즐긴다.

관람객들 가운데 가장 빨리 반응을 보이는 사람들은 어린이들이다. 우스꽝스러운 표정을 보고 까르르 웃기도 하고, 얼굴과 목만 덩그러니 전시된 작품을 볼 때는 엄마랑 아빠한테 설명을 요구하기도 한다. 그런데 이렇게 전시물을 보고 있으면 어느덧 얼굴에 깃든 희로애락까지 감지하게 된다. 얼굴만 보았을 뿐인데 어떤 삶을 얘기하는지 저절로 상상이 된다는 얘기다. 웃는 얼굴을 보고도 마음이 찡해지고 옅은 미소 뒤에 숨은 슬픔이 느껴진다. 아무런 설명이 없는 조그만 목각 인형 하나인데도 쉽게 발걸음이 떼어지지 않는다. 아마도 박물관의 얼굴에 자신을 투영하기 때문이리라.

이렇게 얼굴들을 보다 보면 어느새 2층에 올라와 있다. 1층에서 2층까지 연결된 계단에도 얼굴들이 자연스럽게 전시되어 있기 때문에, 관람하다 보면 계단을 오르게 되는 것이다. 2층에 있는 다실에서는 관장 내외가 끓여주는 차를 마실 수 있다. 차를 마시며 잠시 이야기를 나누면 박물관에 대해 더 깊이 이해할 수 있다. 2층에서는 커다란 창을 통해 팔당호를 볼 수 있는데, 이런 구조만 봐도 김 관장의 안목을 확인할 수 있다.

수많은 얼굴들이 있고 수많은 사람들을 만나는 곳. 사람들은 무척이나 독특한 만남을 한 잔의 차를 마시며 음미하거나 되새길 수 있다. 이곳 책상이나 서가에는 수많은 소품들이 전시되어 있는데 이것들도 역시 박물관의 일부다. 이 박물관은 전시소장품−관장−공간이 하나로 된 '혼돈의 덩어리'처럼 보이는데, 그 속에 있으면 김정옥 관장이 창조한 우주 속에 있는 기분이 든다.

간절함이 있다면 한옥도 통째로 옮긴다

이 박물관에서 하나 음미해야 하는 게 있는데, 바로 전통한옥이다. 전통한옥이라고 하면 서울의 북촌이나 남산골 한옥마을에서 볼 수 있지만, 박물관에서 이런 생활한옥을 볼 기회는 많지 않다. 하지만 박물관 관람도 하고 차도 한잔 마실 수 있는 한옥이 바로 이곳에 있다. 필자가 소개하려는 곳은 이 박물관 뒤뜰에 있는 "관석헌 觀石軒 "인데, 이 한옥을 보기 위해 일부러 찾아오는 사람이 있을 정도로 유명세를 타고 있다.

이 한옥은 전라남도 강진에 있던 것으로 상량문에는 장춘실 長春室 이라고 되어 있었는데, 이곳으로 옮겨오면서 이름을 바꾼 것이다. 강진이 고향인 시인 김영랑과 같은 가문의 여류화가 김승희의 조부가 백두산 소나무로 지은 한옥인데, 도시정비 사업으로 헐릴 뻔한 것을 김 관장이 가까스로 살려내어 박물관으로 옮겨온 것이다. 한낱 폐기물로 전락할 뻔한 이 한옥은 경기도 광주의 '박물관 얼굴'에서 많은 사람들에게 사랑받고 있다. 한옥을 옮겨 짓는 데는 돈이 많이 들고 제대로 신경 쓰지 않으면 금세 손상이 간다. 김정옥 관장의 고집이 우리 좋은 전통한옥을 하나 살린 셈이다. 사람과 함께 호흡하며 전통문화의 향기를 전하고 있으니, 우리 문화의 얼굴이 된 셈이다. 장춘실에서 관석헌으로 당호를 바꾼 이유가 궁금해 한자어를 꿰맞춰보았다. 그랬더니 제법 그럴듯한 의미가 우러난다.

'이 집에서 차 한잔하면서 박물관의 돌장승이나 괴석들을 보고 있으면 오래 힘 좋게 잘 살 것이오!'

시원한 대청마루는 전시실 관람으로 지친 관람객의 발걸음을 붙잡는다. 신발을 벗고 방 안으로 들어서면 옛 물건들로 가득 차 있다. 소박하지만 정성껏 꾸민 공간에서는 온기가 느껴진다. 한옥이 있는 박물관은 몇 군데 있지만 실제로 그 안에 들어가서 편히 쉴 수 있는 곳은 많지 않다. 그러나 관석헌은 오히려 평소에는 문을 닫고 있다가 관람객이 오면 문을 활짝 연다. 어린아이뿐만 아니라 어른들에게도 특별한 추억을 선사하는 곳이 바로 고택 관석헌이다. 일정 비용을 내고 예약하면, 잠시나마 모든 것을 내려놓고 이 한옥에서 하룻밤 묵을 수도 있다. 관석헌 뒤쪽의 언덕에 오르면 멀리 예봉산과 팔당호가 눈에 가득 차니 이

수많은 석상들이 자리한 박물관 야외전시장 '박물관 얼굴' 사진제공.

풍경을 보는 것도 또 하나의 즐거움이다.

관석헌 앞에도 화분이나 괴석 등의 많은 전시물들이 있지만, 정원을 내려다보는 풍경은 그런 소소한 전시물들을 압도한다. 그곳에 펼쳐진 수많은 문인석, 무인석, 장승과 벅수, 불상, 선비석 등은 모두 무덤이나 동리의 입구에 있던 무표정한 것들이지만, 여기에 서 있으니 우리의 얼굴인 듯 생기가 돈다. 옅은 미소를 짓고 있는 석인도 있고 화가 난 듯 미간을 찌푸린 모습도 눈에 띈다. 마당을 가득 메우고 서 있는 다양한 종류의 석인들에게서는, 오랜 시간 그래왔듯이 늘 우리를 지켜주는 것 같은 든든함이 느껴진다.

화초가 생생한 정원으로 내려서는 길. 관석헌을 보니 기와가 날개를 편 듯 날아갈 것만 같다. 그래서일까? 필자는 그 날개에 의지해 다음 방문지인 중남미문화원으로 향한다. 그곳에서는 중남미의 역사와 문화는 물론이고 먹거리까지 체험할 수 있다니 벌써부터 가슴이 뛴다.

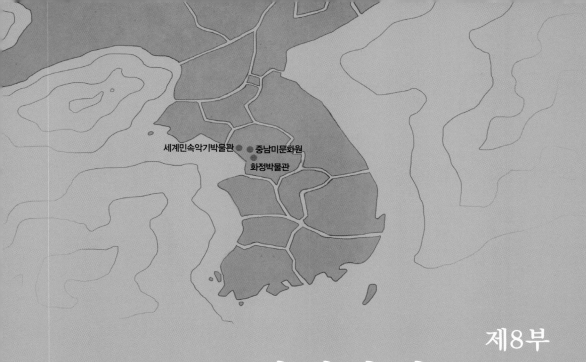

세계민속악기박물관 ● ● 중남미문화원
화정박물관

제8부
세계와의 소통,
문명의 대화를 찾아서

이제는 세계 모든 사람들이 실시간으로 소통하고 영향을 주고받는 글로벌시대가 되었다. 싸이가 유튜브를 통해 세계에 대한민국의 이름을 알리는 시대가된 것이다. 다문화 사회를 부르짖는 데서 그치지 않고, 우리 문화 속에 스며든세계문화를 만나는 행복한 시간. 한국 속의 세계문화를 꿈꾸며 소통과 융합으로 나아가는 신인류의 노하우를 세 곳의 박물관에서 찾는다.

39

라틴 아메리카의 열정과 신비, 중남미문화원

지구 반대편의 이국적 문화를 보는 행운

눈을 감고 먼 이국땅을 상상해 보라. 사계절 내내 따뜻한 곳에서 눈이 시리도록 푸른 하늘과 바다가 맞닿은 수평선을 바라보며 한없는 여유를 즐기는 모습을. 이번 퀴즈는 이런 분위기를 느낄 수 있는 곳을 맞추는 것이다. 힌트는 유럽을 제외해야 한다는 것과, 여러 인종이 뒤섞여 살아가는 지역이라는 것. 더 이상 힌트를 주면 재미가 없어지니, 이쯤에서 답을 공개해 볼까? 답은 중남미다.

중남미는 인간의 독특한 경험이 남아있는 곳이다. 신비한 마야문명의 달력이나 피라미드뿐만 아니라, 안데스 산꼭대기의 잉카 미라, 아스카의 거대한 그림 등 아직도 풀지 못한 수수께끼가 많은 곳이다. 또한 강렬한 색과 춤, 삶의 애절함과 환한 웃음이 떠오르는 지역이 바로 라틴 아메리카다. 애절함이라고 하면 선뜻 이해되지 않을는지도 모르지만, 이 지역에는 노예의 길을 따라온 사람들이 많았다. 그리고 역사적으로도 거대한 자연에 순응하면서 살아가던 종족들이 많다.

필자도 고고학 공부를 하면서 동료들이 라틴 아메리카 유적을 발굴하고 돌아와 유적과 유물들에 대해 흥분하며 설명하던 것을 종종 본 적이 있다. 그래서 조금이라도 빨리 그 매력을 느껴보고 싶었지만, 라틴 아메리카 방문을 계속 미루다가 2013년에야 업무 차 브라질을 방문하게 되었다. 그리고 그곳에서 지금까지 경험한

〈날개 달린 뱀(께짤꼬아뜰, Quezalcoatl)〉 중남미문화원 사진 제공.

것과는 전혀 다른 새로운 세상을 만났다. 사람들의 감성을 고조시키는 흥분된 목소리가 울리는 거리들, 자연의 모습으로 금세 돌아갈 것 같은 사람들의 몸짓, 강렬한 자연의 색상을 재현한 미술품 등 원초적 문화로 가득한 세상이었다.

인간의 상상력은 무한하다. 그리고 그 상상력의 보고가 바로 중남미다. 이런 중남미문화를 상징적으로 드러내는 게 바로 중남미 사람들이 지도자로 믿어온 '날개 달린 뱀'이다. 이 뱀은 이집트의 파라오처럼 신과 사람 사이의 전달자로 알려져 있다. 그런데 신과 사람 사이의 전달자는 아니지만, 문화와 문화를 잇는 '날개 달린 뱀'이 우리나라에 있는데 그것은 바로 중남미문화원이다.

한국 속의 '중남미특별국'으로 알려진 중남미문화원은, 오랫동안 중남미를 탐사하려고 준비했던 필자가 애정을 갖고 찾는 곳이다. 한때 필

중남미문화원 전경 중
남미문화원 사진 제공.

자는 칠레 정부로부터 남미에서 가장 오래된 유적의 보존과 활용을 위
해 와달라는 요청을 받기도 했지만, 오가는 데 시간이 너무 오래 걸린
다는 점 때문에 포기한 적이 있다. 우리나라를 기준으로 지구 반대편
에 있기 때문에 비행기를 타는 시간만 해도 24시간이나 된다. 가까이
하기엔 너무 먼 그대이기에 중남미문화원은 그만큼 소중하다. 오랜 시
간을 들여 지구 반대편으로 여행하지 않아도 중남미문화를 배우고 즐
길 수 있는 곳이기 때문이다.

　통일로에서 고양시로 접어들어 조금 나아가면 아파트들이 많이 들어
서 있는 복잡한 마을이 나오는데, 바로 그 뒤편에 벽제관이 있다. 옛날
에 중국에서 사신이 오면 벽제관에 머물렀다가 한양으로 들어왔다. 비
록 건물은 사라졌지만, 벽제관이 있던 터는 여전하다. 그곳에서 산이
있는 방향으로 좀 더 올라가면 고양향교 앞에서 중남미문화원을 만날
수 있다. 그 옛날 중국의 문물이 벽제관을 거쳐 들어왔다는 점에서, 외

래문화를 소개하는 중남미문화원의 위치는 그야말로 절묘하다.

영원한 외교관, 한국에 중남미를 심다

중남미문화원은 이름 그대로 우리에게 중남미의 문화를 보여 주지만, 라틴아메리카 출신 외교관을 비롯해 중남미와 이런저런 방식으로 관련을 맺은 사람들이 고향처럼 찾는 곳이다. 그래서일까? 이곳을 설립한 이복형 원장은 "문화는 소유가 아니고 나눔"이라고 얘기한다. 누군가 한 사람이 고향을 소유할 수 없듯이 문화 또한 나눠가져야 하며, 그렇게 할 때 더욱 풍성해진다는 얘기다. 그는 자신의 생각을 중남미문화원 설립으로 몸소 실천했다. 30년의 중남미 외교관 생활을 마친 뒤 1992년에 중남미문화원을 연 것이다. 하지만 그는 여기에 그치지 않고 1994년에 박물관을 설립하고 1997년에는 미술관까지 열어서 우리가 알고 있는 지금의 중남미문화원으로 키웠다.

함께 원장을 맡고 있는 이복형 원장의 아내 홍갑표 원장은 지금도 태양의 열정으로 꿈을 꾼다고 한다. 이 부부는 이렇게 식지 않는 열정으로 오늘날의 중남미문화원을 만들어냈다. 그런데 두 분이 이 문화원을 세운 데는 문화에 대한 열정이나 과거의 경험 때문만은 아니었다. 중남미 국가들 가운데는 한국전쟁 때 우리나라를 도와준 나라들이 많다는 점에서 중남미문화원 설립은 보은報恩의 뜻도 있다고 한다. 이렇게 보니 '한 번 외교관은 영원한 외교관'인 셈이다.

삶의 동반자이면서 문화의 동반자이기도 한 이 두 사람은 정말 환상의 커플이다. 중후한 인상과 온화한 성품의 이 원장과 밝고 따뜻한

따꼬하우스의 가을을 담은 정원풍경 중남미 문화원 사진 제공.

감성을 지닌 홍 원장이 만났기에, 이토록 멋있는 세계를 만들 수 있었으리라. 이곳에 있는 건축물이나 유물 가운데 어느 것 하나 두 사람의 손때가 묻지 않은 것이 없고, 심지어 의자와 테이블에 이르기까지 아름다운 빛깔의 청동으로 만들어 방문하는 이들로 하여금 중남미 문화의 정수를 만끽하게 한다.

중남미문화원은 2014년에 설립 20주년을 맞이했다. 이복형 원장은 이 땅을 외교관 시절에 마련했으니, 이곳에 문화원이 들어서기 훨씬 전부터 그는 이 땅을 가꾸고 돌봐왔던 것이다.

"배 회장, 내 손 좀 봐. 내가 매일 아침에 일찍 일어나면 바로 정원부터 돌보거든."

그의 얘기처럼 이 문화원에는 두 사람이 평생 경험하고 소통한 중남미문화에 대한 애정이 오롯이 담겨 있다. 그러다 보니 문화원 어느 곳을 가더라도 중남미문화의 자취를 찾아볼 수 있다. 그런데 여기서 우리가 헷갈려 하는 용어 하나 짚고 넘어가자. 흔히 '라틴문화'와 '중남미문화'를 같은 것으로 보곤 하지만 그 의미는 완전히 다르다. 라틴문화는 한마디로 라틴어 문화권에 속한 유럽계 민족이 이뤄낸 결과물이다. 하지만 중남미문화는 라틴문화권 사람들이 '중남미'라는 지역에서 원주민과 소통하며 이끌어낸 것이다. 두 가지 이질적인 문화가 융합되어 독특한 색깔로 재탄생한 게 바로 중남미문화라는 얘기다.

세부적으로 들어가면 더 복잡하다. 중남미에 흔한 스페인풍의 건축물들은 결국 이슬람 문화가 가미된 것이고, 음악도 아프리카의 선율이 카리브해로 건너와서 현지의 리듬과 융합된 것이다. 결과적으로 지난 수백 년 동안 이 지역의 문화는 원주민의 문화를 기반으로 세계화된 셈이다. 중남미문화원에서는 바로 이런 과정을 거쳐 형성된 중남미문화의 정수를 제대로 맛볼 수 있다.

벽제관을 지나 아파트 사이의 좁은 길을 거쳐 조금 더 나아가면 고양 향교와 이웃한 박물관 입구가 기다렸다는 듯이 맞이한다. 입구로 들어서면 붉은 벽돌건물 앞에서 강철로 된 중세의 말 탄 기사가 뛸 듯이 반긴다. 그 너머에는 박물관, 미술관, 그리고 종교전시관이 앞서거니 뒤서거니 자리하고, 정원의 소녀조각상은 오가는 모든 이들에게 '감사'의 메시지를 전한다. 아마도 이곳을 찾은 모든 사람들에게 감사한다는 뜻을 담은 것 같다. 하지만 필자는 이 조각상을 보며 오히려 날마다 감사할 것들을 찾고 또 찾아야겠다고 생각해 본다.

중남미 문화가 꽃처럼 피어나는 야외미술관

이곳의 건물들은 모두 붉은 벽돌로 되어 있고 문들은 아치형으로 걸

조각공원에 전시된 2001년 작품 〈비상(El vuelo Olivia Guzman, Mexico)〉 중남미문화원 사진 제공.

려 있는데 무척 이국적이다. 언덕에 의지한 수목들은 이 관장에 의해 이곳으로 와서 30년 넘게 나이를 먹는 동안 해마다 꽃을 피웠다. 예쁘게 단장한 정원에는 청동으로 된 의자가 있는데 이곳을 찾는 사람들에게 사시사철 눈요기와 휴식을 제공한다. 그래서 중남미문화원을 검색하면 이 의자가 단연 인기다. 필자는 이 중남미문화원이 우리나라의 대표적인 현대정원이라고 생각하기 때문에, 박물관 학예사들에게 꼭 방문하라고 권한다. 이국문화가 가득한 정원을 둘러보다 보면 그동안 경험하지 못했던 상상의 세계로 들어갈 수 있기 때문이다. 그런데 이런 아름다운 경관은 하루아침에 이루어지는 게 아니다. 나무는 자식과 같아서 돌봐줘야 잘 자라고 조형물도 자식을 씻겨주고 옷을 입히듯 정성을 기울여야 한다. 이 중남미문화원은 이렇게 두 원장의 정성과 이곳을 찾는 많은 사람들의 애정이 결합해 오늘에 이르렀다.

지난 2001년에 조성된 중남미문화원 조각공원에는 중남미 10여 개국에서 온 대표 작가들의 작품들이 자리를 차지하고 있다. 사람을 능력과 적성에 따라 배치하는 것이나 조각에게 안성맞춤의 자리를 지정하는 것은 본질적으로 동일한 능력이다. 이런 점에서 중남미문화원을 이끄는 두 사람의 안목은 탁월하다. 조각 가운데는 원주민의 모습을 한 것도 있고 라틴계 연인들의 당당한 입상도 있다. 고뇌하는 인간의 모습도 있고 거룩한 모습을 한 성모상도 있다. 이 지역의 저명한 작가들이 이 정원에서 중남미의 다양한 표정을 보여 주는 공간인 셈이다. 2011년 문화원에서는 종교전시관과 도자기벽화관의 문을 열었는데, 하나는 타일모자이크 기법으로 아즈텍의 제사연력, 마야의 상형문자, 그리고 피라미드의 유물 등을 모티프로 하여 길이 23미터에 높이 5미터의 거대한 벽을 세웠다. 전시관 앞의 작은 광장은 공연장으로 활용되기도 하고 방문객들의 사진 촬영장이 되기도 한다. 그 앞에 서는 순간 사람들은 사진을 찍든 놀이를 하든 행위예술가가 된다.

강렬한 메시지를 던진 '심장을 꺼내던 칼'

우리에게 중남미문화는 아프리카문화보다는 익숙하게 다가온다. 마야문명과 잉카문명이라는 이름은 마치 우리 역사의 한 장면처럼 익숙하다. 하지만 중남미에 문명이 자리 잡은 시점은 다른 곳에 비해 상대적으로 늦었는데, 이는 세계에서 가장 늦게 사람이 들어가 살았기 때문이다. 칠레의 끝에 있는 몬테 베르데 Monte Verde 유적은 1만 2,000년 전의 유적인데 남미에서 가장 오래된 유적이다.

중남미의 문화유산이나 미술작품을 보면 태양의 강렬함이 폭발적으로 드러난다. 중남미 가운데서도 적도 인근의 유적지에서는 태양의 영향력을 더 구체적으로 확인할 수 있다. 그래서일까? 중남미문화원의 전시물들에서도 태양의 기운이 물씬 풍긴다.

박물관에는 중앙 홀과 4개의 전시실이 있는데, 중앙 홀에는 중남미의 저택에서 흔히 볼 수 있는 분수가 솟아오르고 천장에는 금빛을 입은 목조 태양 조각이 시선을 끈다. 제1전시실에는 기원전부터 기원후

1400년까지의 토기와 토우들이 전시되어 있는데, 대부분 멕시코와 중미 일대의 마야, 쪼로떼가 Chorotega, 1000~1400, 올멕시대의 것들이다. 그중에 어떤 토기는 심장을 망치로 때리는 듯 강한 인상을 주기도 하고, 넋을 잃고 바라보게 만드는 것도 있다. 인물토기 가운데 하나는 신라기마형 인물상의 얼굴과 흡사하다. 제2전시실에는 각종 목기와 석기가 전시되어 있는데, 1,300년 전에 인신공양을 하려고 심장을 꺼내던 마야문명의 제례용 칼이 유독 눈에 띈다. 인신공양은 고대 중남미 문화의 주요한 요소 가운데 하나인데, 이 칼은 상징성 때문인지 가장 많은 방문객을 끌어모았다. 이 칼을 보는 관람객들은 순간적으로 '내 심장을?' 하는 환상에 빠질지도 모른다. 제2전시실에는 이 칼 외에도 멕시코 똘떼까 tolteca, 700~1179 왕조의 '날개 달린 뱀'과 도미니카공화국 따이노족의 의례용 의자들이 전시되어 있다.

제3전시실에는 중남미 사람들이 종교의식이나 축제에 사용한 엄청나게 다양한 모습의 가면들이 200여 점 전시되어 있다. 일반적으로 가

가면 전시장 중남미문화원 사진 제공.

면은 그것을 쓰는 인간에게 특별한 힘을 준다는 전설이 있지만, 중남미의 신앙은 그런 기본적인 틀을 훨씬 넘어선다. 예를 들어 나무, 가죽, 천, 철기, 석기, 토기, 보석 등 가면의 재료도 다양하지만, 희로애락이 고스란히 담긴 얼굴들은 마치 인생 전체를 담고 있는 것처럼 보였다. 또 마귀나 동물, 천사, 나비, 두 개의 얼굴 등으로 이루어진 가면에 대해 중남미 원주민들은 특별한 의미를 부여했다. 특히 가면과 사후세계를 연결해 문화를 일궈낸 중남미 부족의 경우는 주목할만한데, 멕시코 동해안 쪽에 사는 또또낙 부족은 죽은 사람의 얼굴을 가면으로 덮으면 영혼이 해방된다고 믿었다. 태어나 늙어가다가 결국 죽음에 이르는 우리네 인생 전체를 가면으로 표현한 '삼중가면'도 있다.

제4전시실에는 근현대의 생활용품인 그릇, 악기, 가구 등을 전시해 놓았는데, 따지고 보면 이 박물관은 고대로부터 현대까지 중남미문화가 어떻게 발전해 왔는가를 보여 주는 셈이다.

박물관을 모두 둘러보았다면 딱 한 가지만 생각하고 넘어가자. 16세기 초 마야 및 잉카문명이 멸망하기 전후의 문화를 비교해 보는 것이다. 중남미 원주민들이 독창적으로 창조해낸 힘차고 풍만한 석상들의 모습은 천주교 유입을 기점으로 어느 순간 성모마리아상으로 바뀐다. 또 토기 그릇들이 구리그릇으로 바뀌면서 스페인 티라베라의 영향으로 만들어진 도자기들도 보인다.

인신공양을 위해 심장을 꺼내는 마야의 칼 (Maya Chichen Itza, Mexico) 중남미문화원 사진 제공.

토우 전시 중남미문화원 사진 제공.

　박물관에 전시된 토기를 비롯해 금속으로 만들어진 가면이나 인물
상들을 보면 눈이 동그랗고 입을 벌린 얼굴들이 많다. 언뜻 인간의 내
면이 정지된 것처럼 보이는데, 중남미문화의 유산들을 보면 의식은 물
론이고 생명까지 정지된 것처럼 보이는 것들이 많다. 일종의 해탈의 경
지 혹은 열락의 순간이랄까? 왜 이런 모습으로 표현했는지는 모르지
만, 중남미문화를 이뤄낸 사람들은 자연에 대한 두려움으로 가득 차
있었을지도 모르겠다. 이 때문에 자연에게 생명을 불어넣은 태양을 비
롯해 자연의 온갖 대상을 신으로 섬겼는지도 모른다.

　마야문명의 피라미드는 신에게 제사를 올리는 제단이었는데, 발굴
결과 인간 제물을 바친 증거들이 주변에서 발견되었다. 그런데 아르헨
티나 안데스산맥의 쥬재이 자코산에서는 이보다 더 독특한 제물의 흔
적도 발굴되었는데, 만년설 얼음구덩이에서 15세 잉카소녀의 미라가 발
견된 것이다. 세계 고고학의 불가사의라고 할 수 있는 이 발굴은, 피라
미드 꼭대기에서 이루어진 희생보다도 훨씬 더 극적으로 신에게 접근

한 흔적이다. 여기서 발견된 소녀를 살펴본 결과 인신공양 의식에 참여하기 1년 전쯤부터 특별한 음식을 먹으며 생활했다는 게 드러났고, 한 소녀는 상당량의 코카를 물고 있었다. 아마도 의식에 참여하는 가운데 환각에 빠지도록 준비한 것 같다. 그리고 보면 안데스산맥 고산지대에 깊숙이 자리한 마추픽추는 신의 도시일 것이다. 그리고 고고학자들은 선사시대의 것으로 추정되는 나스카 문명의 유적, 다시 말해서 사막에 그려진 거대 문양 역시 신에게 보내는 메시지로 해석한다. 고고학자인 필자는, 아프리카에서 출발해 유라시아 대륙을 건너온 인류가 아메리카대륙으로 건너와 안데스산맥에서 자신을 이 땅으로 보낸 신의 품으로 되돌아가기 위해 몸부림 친 흔적으로 여긴다.

미술관에는 멕시코, 아르헨티나, 브라질 등을 대표하는 작가들의 작품 100여 점이 전시되어 있다. 이 작품들도 박물관 유물들처럼 강렬한 색채와 대담한 구도로 사람들의 시선을 사로잡는다. 강하고 단순화한 선과 대담한 변형, 그리고 신체를 묘사한 독특한 기법도 인정할 만

종교관 내부 중남미문화원 사진 제공.

하지만, 중남미의 자연과 식민지의 애환을 그린 작품들과 마주치면 탄성이 절로 나온다. 붉은 벽돌로 만들어진 스페인식 종교전시관 까삐야 capilla 에서도 다양한 종교예술품과 함께 라틴아메리카 최고의 작가 빠라 A. Parra 의 바로크풍 예술을 감상할 수 있다.

중남미의 맛을 볼 수 있는 곳

중남미문화원에서는 고대 및 현대 중남미문화를 관람할 수 있고, 그 문화적 정서를 정원에서 느낄 수 있으며, 중남미의 맛까지 음미할 수 있다. 중남미문화원의 식당 따꼬하우스는 멕시코 요리를 대표하는 따꼬에서 이름을 따왔는데, 이것은 옥수수로 만든 전병에 돼지고기나 닭고기를 양파와 파인애플 조각과 섞어 매콤한 양념에 버무려 같이 싸서 먹는 음식이다.

이 식당에서는 여러 가지 중남미 음식들을 맛볼 수 있는데, 중남미의 다양한 미술작품으로 장식되어 있고 분위기도 아주 좋다. 식당에서 바깥으로 보이는 울창한 숲을 구경하면서 식사하는 것도 좋고, 높은 천장 아래의 공간을 즐기는 것도 좋지만, 날이 좋을 때 청동의자에 앉아 먹는 맛도 무척 즐거울 것 같다.

이 식당에서 맛볼 수 있는 요리는 우리나라의 도시락에 해당하는 따꼬 외에 빠에야도 있다. 빠에야는 프라이팬에 밥, 닭고기, 해산물을 넣어 요리하는 것으로, 노란색으로 물든 밥이 특이하다. 이것은 스페인 전통음식으로 중남미 여러 나라에서 쉽게 찾아볼 수 있는데, 새우의 붉은색과 샤프론의 노란색이 밥을 화려하게 해준다. 스페인의 대도시인 바로셀로나의 바닷가 광장에서 먹었던 빠에야보다 이곳 따꼬하우스에서 먹은 요리가 우리 입맛에는 훨씬 맞는 듯하다.

중남미문화원에 들렀다가 북쪽으로 향하는 길에는 우리 문화유적들이 줄이어 있다. 중남미문화원을 나와서 벽제공동묘지 옆으로 난 길을 따라가면 신라의 유명한 사찰인 보광사가 나오고, 북쪽으로 더 올라가면 왕릉과 선현의 유적인 서삼릉과 최영장군묘, 윤관장군묘, 율곡선생 유적 등 수많은 주요 문화유적이 길을 따라 이어진다. 중남미문화원의 '날으는 뱀'을 보고 이런 유적들을 방문하면 또다시 새로운 세상이 열리는 경험을 하게 될지도 모르겠다. 계절이 바뀌는 시점이면 언제나 자리를 박차고 입던 옷 그대로 입고 나서도 푸근하게 맞아줄 것만 같은 이 길. 그 입구에 바로 중남미문화원이 있다. 목련이 피는 계절이나 단풍이 짙어가는 계절이면 또 다른 감성으로 다가오겠지.

중남미문화를 예술품으로 즐기고 먹거리까지 만나고 나니 갑자기 그 화려한 브라질의 리우카니발 Rio carnival 이 떠오른다. 화려한 춤도 춤이려니와 온갖 악기로 표현하는 세상에서 가장 열정적인 축제! 그런데 먼 곳으로 떠나지 않고도 세계의 민속악기들을 만날 수 있는 곳이 있다. 이제 그 소리를 따라 경기도 파주 헤이리에 있는 세계 민속악기를 담은 박물관으로 향한다.

40

소리가 전시되는 곳, 세계민속악기박물관

제5의 본능, 떨림

"인류는 밥그릇을 만들기 전에 왜 악기부터 만들었을까요?"

헤이리에 있는 세계민속악기박물관의 이영진 관장이 인류의 문화에서 악기가 얼마나 중요한가를 설명하기 위해 한 말이다. 고고학자인 필자에게는 솔깃한 말이다. 사실 토기는 신석기시대 지층부터 발굴되지만, 악기의 흔적은 이미 4만 년 전 구석기시대부터 나타나기 때문이다. 밥그릇보다도 앞서는 악기라니 재미있는 표현이다. 아마도 관장이 악기를 수집하면서 깨달은 '악기에 대한 철학'이라고 생각한다.

악기는 한자어로 樂器_{악기}, 즉 "즐기는 기계"라고 쓴다. 음악을 뜻하는 영어단어 Music_{뮤직}도 결국 뮤즈에서 온 것이니 '즐기는 것'이라는 뜻이다. 국내는 물론이고 세계 곳곳을 다니다 보면, 사람들이 제각기 즐기는 방법을 알고 있다는 것을 발견하게 된다. 명상처럼 고고하게 보이는 것도, 게으름처럼 나태하게 보이는 것도 나름대로의 명상 방법이라고 볼 수 있다. 또한 소리를 내서 즐기거나, 어떤 것을 그리거나 만들면서 즐기는 경우도 있다. 물론 우리나라 사람들은 아직은 일에 푹 빠져 있는 경우가 많아서, 일을 통해 즐거움을 찾는 경우가 많지만…….

하지만 그 어떤 즐거움도 소리를 내서 즐기는 것만큼 큰 카타르시스를 주지는 못한다. 소리가 우리 몸에서 일으키는 공명, 아름다운 음악을 들었을 때 우리 몸이 느끼는 감동은 세상 무엇보다도 더 크고 진하다. 그리고 그 감동은 곧바로 우리 정신을 자극하고 멋진 글을 통해 세상을 울린다.

우리의 몸에서 온갖 기관들이 저마다의 역할을 하며 하모니를 이루듯이, 소리도 다양한 높낮이로 아름다운 음악을 만들어낸다. 그리고 그 음악은 인간을 하나로 묶어내고 때로는 모든 것을 걸 만큼의 카타르시스도 이끌어낸다. 음악이 창조해 내는 소리의 마술이랄까? 그래서인지 인간은 어느 곳을 가든 소리를 만들어내곤 했다. 하지만 이 세상에는 인간의 종류보다도 더 많은 소리가 존재한다. 어쩌면 인간은 이 모든 소리를 듣고 싶은 욕망 때문에 악기를 만들어낸 게 아닐까?

인간은 끊임없이 악기를 발명한다. 사람의 몸도 악기다. 휘파람, 박수, 그리고 춤출 때의 발자국소리 등을 생각하면 될 것이다. 소리는 신호이기도 하지만, 인간의 몸을 적정한 수준으로 유지시키는 기능이 있다고 생각한다. 예로부터 우리 조상들은 길거리의 풀잎으로 풀피리를 만들거나, 가는 나무껍질을 벗겨 피리를 만드는 등 이 땅의 모든 재료로 악기를 만들었다. 아프리카에서도 골목이나 시장, 그리고 심지어 구멍가게에서도 쉽게 눈에 띄는 악기가 있다. 가느다란 철사의 한쪽 끝을

인형으로 형상화한 카림바 세계민속악기박물관 사진제공.

못으로 고정시킨 뒤 반대편 끝을 퉁기면서 유행가를 연주하는 것으로 카림바라고 한다.

이 악기는 단순하여 만들기도 쉬운데, 그 단순함에 비해 아름다운 금속 울림의 소리를 만든다. 아프리카인들은 이 악기를 더운 나무그늘 아래에서 튕기면서 새로운 소리를 만들어내어 지나가는 사람들의 걸음을 멈추게 할 때도 있다. 그리고 버스정거장에서 거리를 걷다 보면 기념품으로 파는 광경도 자주 볼 수 있다. 악기박물관에서 들은 것이지만, 이 악기에서 힌트를 얻어 차임벨이 만들어졌다고 한다.

헤이리를 아름답게 하는 집

문산에서 뻥 뚫린 자유로를 타고 통일동산으로 가다 보면, 이국적인 정서마저 느껴진다. 그러다가 통일동산 입구 큰 사거리에서 좌회전을 하면 바로 그 유명한 헤이리다. 처음에 개발할 때는 긴가민가했는데, 이제는 우리나라에서 손꼽을 만한 문화명소로 자리 잡았다. 주말에 이곳으로 진입할라 치면 이 사거리를 지나는 길이 남산1호터널 입구처럼 붐빈다. 유명 연예인들의 집이나 사립 미술관 그리고 박물관뿐만 아니라,

예쁜 카페나 음식점이 많아서 젊은이들이 많이 찾는 까닭이다.

세계악기박물관은 헤이리 뒤편에 있어서 7호 문으로 들어가니 바로 오른쪽이다. 그런데 길에 간판은 있는데 건물이 보이지 않아서 살피니 약간 뒤에 앉아 있다. 박물관 현관으로 들어서자 관장이 기다렸다는 듯이 반갑게 맞이한다. 오기 전에 전화를 한 때문이다. 그러고 나서 바로 반지하에 있는 전시장으로 내려갔다. 크지 않은 공간이지만 두 개의 전시장으로 구성되어 있는데, 전시장마다 악기들이 가득하다. 부산시와 협약을 맺어 그곳에도 전시장을 가지고 있었지만 어떤 이유로 문을 닫았다고 한다. 이 관장은

해외에 오래 주재하면서 악기에 관심을 가지게 되었고, 이 때문에 악기 모으는 마니아가 되었다고 한다.

그가 처음 악기를 모으기 시작한 곳은 구소련의 모스크바였다. 아시아 유목인의 현악기인 두다르를 구입하면서 시작된 악기수집벽 때문에, 그는 월급의 상당 부분을 악기 구입에 쏟아 부어야 했다.

"우리나라에서 가장 많은 외국 유물이 바로 이곳에 있을 거예요. 115개국에서 온 악기가 2,000점이 넘으니까요."

이 관장의 자랑이다.

01 세계민속악기박물관 전경 세계민속악기박물관 사진제공. **02** 하단 전시실 세계민속악기박물관 사진제공.

그의 말에 따르면, 우리나라에서 언론에 가장 많이 소개된 곳도 바로 세계악기박물관이란다. 악기는 누구나 쉽게 접근할 수 있는 대상인데다, 여러 나라의 전통악기가 무척이나 많으니 인기가 있을 수밖에 없을 것이다. 박물관은 2003년에 개관했는데 공간이 협소해 악기를 다 전시하지 못해 영월에도 박물관을 운영하고 있다.

전시장에 들어서자 한편으로 마음이 답답해지기 시작했다. 원체 많은 악기들이 전시장에 빼곡히 들어차 있어서, 어느 것부터 먼저 봐야 할지 알 수 없었기 때문이다. 그런데 이런 고민은 잠깐뿐이었다. 이 관장의 설명을 들으며, 각 종족이 악기의 특유한 소리를 내기 위해 사용한 재질이나 기법에 저도 모르게 빠져들었다.

살아 있는 입술부터 죽은 사람의 머리뼈까지 모두 악기가 된다

민속악기들은 각 종족이 쉽게 사용할 수 있거나 귀하게 여기는 물질로 만들어진다. 짐승의 가죽이나 뼈 외에 힘줄이나 내장 등도 악기의

재료가 된다. 말할 것도 없이 나무는 다양한 악기를 만드는 데 사용된다. 쇠나 청동 역시 중요한 재료다. 나무껍질, 모래, 돌 등 별의별 물질들이 재료로 쓰이는 것을 보면, 음악이 인간의 삶에 얼마나 깊이 잇닿아 있는지를 알게 된다.

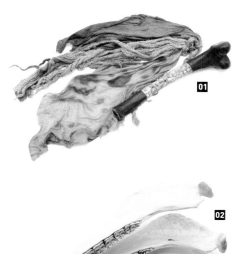

몽골악기인 "야산갈링"은 죽은 사람의 무릎뼈로 만든 것이고, 사람의 머리뼈로 만든 "다마르"라는 악기는 불교음악을 연주하는 데 사용했단다. 아메리카의 "차라이나"라는 타악기는 말의 하악골을 그대로 사용한다. 아마도 막대기로 말의 이빨을 스쳐 소리를 내는 모양

이다. 그리고 타악기 중에는 조개를 엮어 그물처럼 만든 것도 있는데, 이리저리 흔들면 특유의 부딪히는 소리를 낸다.

그래서 필자는 묻는다.

"왜 스테인리스 밥그릇은 없어요?"

왜냐하면 난타공연에 사용되는 악기들은 밥그릇과 주방용기 아닌가? 그 유명한 한류음악의 도구들이 여기에 없다니!

이 관장은 원래 악기전문가는 아니었다. 그랬던 그가 악기에 매료된 것은 아마도 악기의 다양한 모양과 소리, 그리고 인간과 잇닿아 있는 소리의 의미 때문이었을 것이다. 악기를 수집하는 과정에서, 그 종족의 언어와 연주법은 물론이고 문화적 의미까지 따지고 들어가다 보니 새로운 지식의 세계로 빠져들 수밖에 없었을 것이다. 그리고 지금은 누가

01 야산갈링 세계민속악기박물관 사진제공.
02 차라이나 세계민속악기박물관 사진제공.

봐도 민속악기를 잘 이해하는 전문가가 되었다.

"악기를 연주용으로만 여기는 것은 너무 협소한 생각입니다. 이 악기들은 사실상 그 종족을 대표하는 문화의 상징이거든요."

이 관장의 생각이다.

이런 관점에서 본다면, 이 박물관은 100여 나라의 악기만이 아니라 문화까지 음미할 수 있는 세계문화박물관이라고 할 수도 있겠다. 그리고 박물관을 안내하는 도중에, 그는 우리가 가진 악기에 대한 편견을 질타하기도 했다.

"학생들 중에서 우리 박물관에 왜 피아노나 바이올린이 없냐고 묻기도 합니다. 자기가 자주 접하는 악기들을 악기의 대표로 생각하게 된 거지요. 때문에 서양음악 외에는 원시인들의 음악으로 생각하는 경우가 많습니다. 인도네시아의 타악기 오케스트라 '가믈란'을 한번 들어보셨어요? 정말 아름답지요."

필자도 몽골에서 학회를 할 때 마침 대통령의 영부인이 참석해 당대

가믈란 연주 세계민속
악기박물관 사진제공.
(영월 전시관)

최고의 악사들을 모아 몽골전통 현악기와 관악기로 구성된 악단의 음악을 들으며 그 소리와 아름다움에 매료되어 처음부터 끝까지 동영상으로 녹화한 적이 있다. 당시 필자는 몽골 유목민들이 그토록 아름다운 화음을 내리라고는 생각지도 못했다.

전 세계 종족의 숫자만큼 많은 악기들

박물관의 전시는 문화권 및 지역별로 구분되어 있었는데, 각 장마다 전시장이 넓지 않아서 악기들이 진열장에 빼곡히 들어차 있다. 악기는 표면을 두드려 소리를 내는 타악기, 바람을 불어 소리를 내는 관악기, 그리고 현을 문지르거나 두드려 소리를 내는 현악기가 있다. 그런데 같은 종류의 악기라고 해서 동일한 모양을 가진 것도 아니고, 같은 소리를 내는 것도 아니다. 그리고 각 종족들의 악기는 그 재질과 만들어진 방식이 다르기 때문에 소리가 다르다. 우리가 흔히 보는 기타만 하더라도 수천 가지 모양으로 만들어지고 셀 수 없이 많은 음질을 가지고 있다.

톤박 세계민속악기박물관 사진제공.

들어가는 입구에 있는 진열장 속에 눈에 익은 악기가 있다. 바로 이란의 전통악기인 '톤박'으로 세워서 두드리는 북이다. 이란에서 자주 본 것이라서 무척이나 반가웠다. 그런데 여기 이 북은 문화재급이 될 만하다. 필자가 이란의 국립악기박물관에서도 보지 못했던 아주 치밀한 세공을 간직하고 있기 때문이다. 이 장식기법은 이란의 목공예 기술 중에서 최고로 꼽히는데, 이 기법으로 목공예를 하는 사람들은 대

발라폰 세계민속악기
박물관 사진제공.

체로 인간문화재급에 해당한다. 좋은 목재나 뼈 또는 뿔 같은 것들을 가늘게 만들어 모아 한 묶음으로 하여 자르면 단면이 꽃모양으로 피어난다. 테헤란이나 이스파한에 가면 이런 전통 목공상감기법으로 목공예를 하는 인간문화재의 가게가 있다. 아주 화려한 이 장식기법으로 물건을 만들라 치면 무척이나 공이 많이 들어 제작하는 사람은 아마 눈이 빠질 것이다. 이란의 여성은 카펫을 짜는 데 눈이 빠지고, 이란의 남성은 이 상감기법으로 물건을 만드느라 눈이 빠졌을 것 같다.

자일로폰 아래에 조롱박이 달린 악기도 눈에 띈다. 발라폰이라는 아프리카 악기인데, 소리를 내는 길쭉한 나무판 아래에 공명을 시키는 조롱박을 달아 놓았다. 이번에 이 악기를 알아본 것은, 그 조롱박이 달린 모습이 하도 신기해서 기억에 남았기 때문이다. 이 악기에 무척이나 강한 인상을 받았기 때문에, 필자가 관장으로 있는 전곡선사박물관 개관식 때도 네덜란드 라이든의 인류학박물관에서 이 악기를 빌려온 적이 있다. 그런데 이 세계악기박물관에는 발라폰이 여러 개나 전시되어 있다.

"혹시 이 악기의 기원이 어디인지 아세요?"

이 관장이 은근히 테스트를 한다.

"동남아시아 아닌가요?"

"어, 잘 아시네요! 박물관에 오는 사람들 중에 열에 아홉은 아프리카라고 합니다."

필자도 처음에는 아프리카라고 생각했는데, 악기공부를 하면서 발라폰의 기원이 동남아시아라는 것을 알게 되었다. 그런데 자일로폰은 구석기시대부터 존재했다. 프랑스와 이탈리아 국경 부근에서 발견된 후기구석기시대 아이의 머리 옆에 네 개의 막대로 구성된 작은 자일로폰이 망치와 함께 발견된 것이다. 그러고 보면 자일로폰은 무척이나 일찍 개발된 '음정을 갖춘' 복잡한 악기다.

그런데 아프리카에서 출발한 악기들이 꽤 많다. 이 관장은 하프도 아프리카의 쿤디나 볼론이 그 원형일 거라고 생각하는 듯하다. 하프는 그리스의 신화에도 나올 뿐 아니라 토기 등의 그림에도 흔히 나타나는 악기다.

아프리카 하프 역시 다양한 모양을 하고 있다. 떠올려보면, 일전에 전곡선사박물관에 상아와 악어의 가죽으로 만들어진 아프리카 하프를 전시하려 한 적이 있다. 희귀한 장식이 달린 그 악기는 감상할만한 가치가 충분했다. 하지만 장식 재료로 사용된 두 동물의 유체는 국제적으로 이동이 금지되어 있어서 허가를 받는 데 보험료와 시간이 너무 들어 결국 포기한 적이 있었다. 아프리카의 민속악기라고 하지만 웬만한 유명 바이올린 한 대 값이라고 하니 이 박물관의 소장 가치도 만만치 않을 것 같다.

그런데 박물관에 전시된 북도 각양각색이다. 이란의 톤박처럼 다리가 달린 게 있는가 하면, 다리에다 사람 모양을 조각한 나이지리아의 요루바 북도 있다. 때리는 부분을 사람이 이고 있

요루바 북 세계민속악기박물관 사진제공.

는 형상인데, 사람의 형상이 매우 입체적으로 조각되어 있다.

박물관 전시실로 들어가면, 입구에 바싹 마른 아프리카인의 형상이 산발을 한 채 코끼리가 그려진 북을 치며 맞이한다. 북은 고정시킨 상태로 치는 것도 있지만, 들고 다니면서 치는 것도 많다. 시베리아의 유목인들이 사용하는 솥북 Kettle drum 은, 전투 중에 명령을 전달하기 위해 만들어진 것이란다. 또 전투에서 북을 두드리면 병사들의 사기를 끌어올릴 수 있기 때문에, 군악대에서는 큰 북이 필수적이다. 우리나라에서도 고구려 고분에서 북이 보이고, 신라의 저수지 유적에서도 요고라는 북이 발견된 적이 있다. 당시에 북이 매우 보편적으로 사용되었음을 알 수 있는 대목이다.

울림통을 가진 현악기들 중에는 나무에 조롱박을 일렬로 매달아 단순한 소리를 내는 것에서부터, 여러 현이 울림통 위를 지나가는 기타식의 현악기에 이르기까지 그 종류가 무척 다양하다. 그중에서 인도의 '사랑기'라는 악기는 독특한 이름 때문에 눈길을 끈다. 인도와 우리나라는 산스크리트어에서 기원한 단어들을 공유하고 있는데, '사랑기'라고 하는 악기의 표면에 남자와 여자의 그림이 있어서 재미있다. 왜냐하면 '사랑'이라는 말이 산스크리트어라고 하는 말을 들었기 때문이다. 이런 현악기 중에서 관장이 특별히 아끼는 게 있는데, 동유럽에서 온 '니켈 하르파'라는 현악기란다. 타원형 울림통이 달려 있는 데다 여러 현의 음정을 조절할 수 있는 나사 시스템이 있는 걸 보면, 상당히 복잡하고 정교한 악기인 듯하다.

그런데 동유럽에서 다양한 악기가 나오는 이유가 뭘까? 이 지역이 동서양의 경계지점에 있기에 다양한 악기들이 나오는 것일까? 슬로바키아의 바샤라는 현악기는 생김새가 정말 우아하게 생겼다. 바이올린

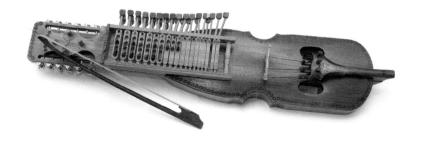

니켈하르파 세계민속
악기박물관 사진제공.

보다는 큰 것이 어쩌면 첼로급이라고 할까? 불가리아의 가돌까라는 비올라처럼 생긴 것도 아주 우아한 곡선에 큼직한 울림통 구멍을 가지고 있는 악기로, 큼직한 활로 연주하는 현악기이다. 그러고 보면 가장 우아한 현악기들을 중동이나 동유럽의 유목민들에게서 볼 수 있는 것은 문화전파 때문일까? 아니면 비슷한 생활방식에서 오는 공통적인 정서 때문일까?

유목민들은 이동하면서 텐트를 치면 양탄자를 깔고 향연을 벌인다. 이럴 때는 반드시 음악이 있어야 하는데, 중동의 세밀화나 근대 사진에서도 그런 모습이 많이 보였다. 때문에 이들에게는 악기가 우리보다도 생활에 더 큰 의미가 있다고 인정해도 될 것 같다. 몽골의 마두검도 이런 부류에 속한다.

언젠가 이란의 악기박물관에서 현악기의 울림통을 만드는 것을 보았는데, 하나의 나무를 다듬어 악기를 만드는 공예 기술이 흡사 장인의 경지에 오른 듯했다. 이렇게 악기를 만들어내다 보니 모양과 소리 또한 천상의 아름다움을 전하는 것이리라.

불어서 소리를 내는 악기 중에서 특이하게 생긴 것은, 스위스에서나 볼 수 있는 긴 파이프다. 박물관 벽에 몇 개를 기대어 두었는데, 커다란 진열장에 쭉쭉 뻗어 있는 모양새가 다른 악기들의 진열과는 사뭇 달라

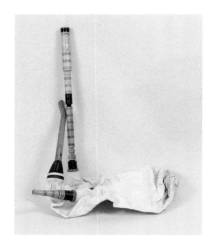

눈이 시원해진다. 그리고 스코틀랜드나 잉글랜드의 백파이프와 비슷한 악기들도 세계 여러 곳에서 찾아볼 수 있다. 불가리아의 '가이다'라는 것은 동물의 오줌보 몇 군데에 피리를 연결해 소리를 내는데, 백파이프와 원리는 같은 것으로 보인다. 결국 악기의 기본적인 원리는 비슷하지만, 만드는 방식이나 장식에 저마다의 고유한 특색이 담겨있는 것이다. 그러니 앞에서 얘기한 대로 종족의 문화를 보려면 악기부터 보는 게 좋고, 종족의 정서를 느껴보려면 악기의 소리를 들어보는 게 가장 빠른 길인 것 같다.

가이다 세계민속악기 박물관 사진제공.

소리와 음악이 선사하는 카타르시스

이 박물관 전시실의 여러 곳에서는 관람객들이 소리 체험을 할 수 있도록 배려했다. 보기만 하고 만져볼 수는 없었으니, 한 번쯤 튕겨 보고도 싶고 두드려 보고도 싶은 사람들에게는 그야말로 황홀한 순간이 아닐 수 없다. 특히 북이나 자일로폰을 치는 사람들의 표정이나 동작을 보면, 그간 쌓인 스트레스도 신나게 풀어내는 듯하다.

"이거 어느 나라에서 만들어진 것 같습니까? 우리나라 것이라고 구입하긴 했는데 아무래도 좀 다른 것 같아요. 아마도 중국 것 같지요?"

천장에 달린 목어를 보고 이 관장이 필자에게 묻는다. 필자가 보기에도 뭔가 이질감이 느껴졌다.

목어는 절에서 아침저녁으로 때려 소리를 내는 네 가지 악기 가운데 나무로 만든 물고기를 말한다. 속이 비어 있는데, 그것을 때려내는 소리는 온 세상의 물고기들을 성불하게 한단다. 이렇게 기상천외한 악기들이나 인간의 숨소리까지 배어들어간 정밀한 악기들이 모여 있는 곳이 세계민속악기박물관이다. 관람객들은 이곳에서 악기 하나하나에 스며든 문화적 상징성이나 전통기술을 음미할 수도 있고, 소리를 만들고 들으며 스트레스를 해소할 수도 있다.

생각해 보면 우리는 누구나 악기를 연주하고 싶어 한다. 필자도 젊을 때 하모니카와 기타를 연주할 수 있었지만 이제는 더 이상 연주하지 않는다. 그런데 이 박물관을 찾으면 평생 즐길 수 있는 악기를 하나 정할 수 있을 것 같다. 일전에 일본 아오모리의 작은 전통식당에서 일본의 저명한 전통음악인과 함께 큰 북을 연주한 적이 있는데 정말 속이 시원했다. 필자도 나무로 된 자일로폰을 하나 만들어서 집을 드나들 때 한 번씩 치고 싶다.

다음에는 영월에 있는 본관에 한번 가보고 싶다. 영월이 박물관 고을이라고 하니 청령포에 가는 길에 김삿갓처럼 여유 있게 찾는 것도 좋으리라.

악기로 가득 찬 박물관을 둘러보고 나니, 필자의 몸과 영혼이 소리와 음악으로 가득 차는 느낌이다. 세상의 모든 소리를 듣는 존재라면 '관세음보살'일 텐데, 우리나라에 불교예술의 정수를 모아놓은 곳이 있으니 바로 서울 북악터널 가는 길에 있는 탕가박물관이 그 주인공이다. 그곳에는 무형의 소리를 미술로 승화해 득도의 경지에 이른 예술품들이 기다리고 있다.

41
영원으로 가는 여행, 화정박물관

대영박물관에 선보인 화정의 탕가들

　박물관은 또 다른 세계를 발견할 수 있는 곳이다. 사람들은 유물을 이해하기 어렵다고 말하기도 하고 박물관 투어가 재미없다고도 하지만, 박물관은 현실을 넘어선 시공간으로 들어가는 입구다. 물론 누구나 이런 경험을 하는 것은 아니다. 오로지 보려고 하는 사람에게만 보인다. 그런데 박물관 중에서도 티베트의 신비로운 정신세계를 보여 주는 곳이 있는데 그곳이 바로 화정박물관이다.

　동아시아전문박물관으로 자리 잡은 화정박물관의 대표적인 소장품은 티베트의 탕가와 불상이다. 이 박물관의 소장품들은 지난 2003년 런던의 대영박물관에서 특별전을 열 정도로 인정받고 있는데, 이것은 이 박물관 설립자인 한광호 선생의 세계문화에 대한 집념과 열정 덕분이다. 한광호 선생은 얼마 전에 세상을 달리해 지금은 그의 따님인 한해주 선생이 관장을 하고 있다. 설립자가 평생에 걸쳐 관심과 노력을 쏟아 부었기에, 우리는 이 소중한 수집품을 너무도 편안하게 만날 수 있게 되었다.

화정박물관은 세검정에서 북악터널 가는 길에 있다. 화정이라는 이름은 지명을 뜻하는 게 아니라 설립자인 고 한광호 명예이사장의 아호이다. 원래 한남동에 있던 것을 지금 있는 곳으로 확장 이전한 것이다. 북악터널 방향으로 가다가 깜빡 지나쳐서 다시 돌아 박물관으로 향했다. 일요일 오후인데도 무척이나 조용한 박물관. 그래서일까? 주차장에 차를 댄 후에 호기심 가득한 소년처럼 기웃거리다가, 주차장에 나있는 좁은 통로를 따라 입구로 들어가니 안내데스크가 나타난다.

관음보살과 타라보살 (티베트) 화정박물관 사진제공.

표를 사려다가 "여기는 아이콤 ICOM 회원박물관이 아닌가요?"라고 물었더니, "카드가 있으세요?"라는 대답이 돌아온다. 아이콤이라는 것은 박물관을 위한 세계기구를 말하는데, 아이콤 회원들은 회원 박물관에 들어갈 때 입장료를 내지 않아도 된다. 그리고 줄을 서서 기다릴 필요도 없다. '줄을 서서 들어가는 박물관이 어디 있다고?'라고 생각하는 분들도 있겠지만 유럽이나 미국의 박물관 중에는 블록버스터 영화관처럼 줄을 서서 기다려야 하는 곳이 많다.

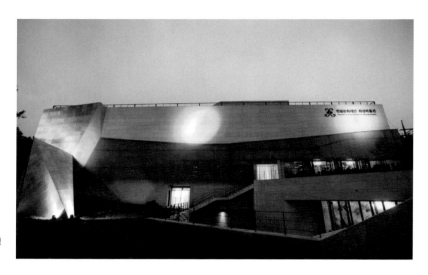

화정박물관 전경 화정
박물관 사진제공.

전시장이 3층까지라고 해서 마음을 단단히 먹고 1층 티베트전시관으
로 들어갔다. 탕가라는 이름이 붙은 전시실에는 그다지 많은 유물들이
전시되어 있지는 않았지만, 세 개의 방에 걸려있는 탕가 티베트 불교의 탱

아미타여래와 극락정
토(티베트) 화정박물
관 사진제공.

화 는 무척이나 위엄이 서려 있었다. 어떤 전문가는
탕가에서 탱화가 왔을 것이라고 주장하기도 한다.
탕가는 불교의 교리를 전하는 역할도 하지만, 티베
트의 역사를 이해하는 데 절대적으로 필요한 자료
이기도 하다. 만다라는 물론이고 여래와 보살, 불
교 관련 인물들을 표현한 것들이 많은데, 달라이
라마를 표현한 것도 전시되어 있다. 전시관 내부는
빛에 약한 회화유물을 전시해 놓은 때문인지 조명
을 은은하게 해놓았다. 하지만 중앙에 있는 불상
은 물론이고 불교 탱화가 발산하는 기운으로 인해
전시물이 더욱 또렷하게 다가왔다. 조금은 낯설기

도 하고 특별하기도 한 유물들과의 만남. 이 때문에 이런 전시를 감상
할 때는 해설사의 인도를 받으면 더욱 많은 것을 얻어갈 수 있다.

신의 나라 티베트가 그려낸 종교미술

　티베트는 고원지대에 위치한 라마불교의 나라다. 인류가 여러 지역
으로 흩어져 나갈 때, 추운 북극지방보다 더 늦게 찾아간 곳이 바로 티
베트고원이다. 숨 쉬기 힘들면 바로 죽는 줄 알았기 때문이리라. 해발
고도가 평균 4,500미터라는 이곳 티베트고원. 우리나라에서 가장 높
다는 한라산 백록담도 해발 2,000미터가 안 되니, 티베트고원의 위엄
은 짐작하고도 남는다. 이렇다 보니 평지에 사는 사람들은 고산지대에
서 살아가는 사람들을 경이로운 눈초리로 바라보았을 것이다. 그렇다.

송첸캄포 왕(티베트)
화정박물관 사진제공.

영화 속의 티베트는 "신의 나라" 내지는 "신비한
나라"로 등장한다. 실제로 티베트의 유산을 보고
있노라면 신비의 세계로 깊숙이 빠져들어 간다.
산청 전통의약전시회에 자리한 티베트 의학에 관
한 그림도 상상을 초월할 정도로 정교하게 만들
어져 있었다. 첩첩산중에서 살고 있는 사람들이
만든 의서라고는 믿어지지 않을 만큼 정교한 그림
으로 표현되어 있었던 것이다. 그런데 화정박물관
의 불교 탱화도 그런 분위기를 물씬 풍기고 있었
다. 이 때문일까? 티베트의 밀교그림을 보고 있
으면 그 신비한 마력에 저절로 빨려 들어가는 기

싸꺄빤디따(티베트)
화정박물관 사진제공.

분이 든다. 사실 티베트의 밀교그림은 교리를 철저하게 시각적으로 표현한 것인데, 이들이 말하는 8만 4,000권의 경전을 형상화한 것이다. 선과 색상에도 고유의 의미가 담겨 있어서 그 코드를 하나씩 읽어나가다 보면 티베트 불교를 저절로 이해하게 된다. 그림 속에 티베트 불교의 모든 것이 담겨 있는 셈이다.

박물관에 전시된 그림에는 티베트의 전설적인 인물들이 묘사되어 있다. 소엔감포 왕은 티베트 왕국의 시조로서 불교를 도입한 왕이다. 그리고 싸꺄빤디따는 12세기에 티베트 불교를 몽골에 전파하여 아시아 전역으로 확산되는 계기를 만든 사람이고, 아띠사는 11세기에 티베트 불교의 사상적 기초를 만든 사람이라고 전해진다. 하지만 티베트 불교를 얘기할 때 가장 먼저 떠오르는 사람은 역시 달라이라마다. 그를 빼놓고는 티베트를 논할 수 없다.

달라이라마는 티베트의 종교지도자인 동시에 정치지도자다. 달라이라마 체제는 15세기 전반에 시작해 현재 14대인 텐진 가쵸까지 이어지고 있는데, 체제를 정착시킨 사람은 제3대 달라이라마인 쇠남갸초였다.

전시된 탕가 중에는 제3대 달라이라마 쇠남갸초의 초상이 들어있

는 작품이 있는데, 달라이라마를 중심에
두고 네 귀에는 상당히 큰 비율로 손과 발
을 그려두었다. 금니를 포함한 진채로 그린
것인데 색상이 고졸하여 은은하고 신비롭
다. 두 손바닥과 발바닥에는 석가모니 부처
의 교법이 그려져 있는데, 이것은 나쁜 것
을 깨뜨리는 파사 破邪 의 의미를 지니고 있
는 것 같다. 이처럼 종교적인 그림에는 곳
곳에 중요한 의미가 담겨 있어서 배울 게
너무도 많다.

하지만 세세한 의미를 정확히 알지 못하
더라도 깊은 성찰과 예술성, 그리고 정성이
담긴 그림을 보고 있노라면 어느새 마음이
깨끗하게 치유되는 경험을 하게 된다. 그래
서 이런 신성한 유물을 감상할 때는 내용
에 집착하지 않는 게 더 낫다. 그림 속에
담겨 있는 지적인 내용에 너무 집착하다 보
면, 위대한 예술품과의 소통이 막혀 버릴
수도 있다. 화정박물관의 탕가는 물론이고
이런 종류의 탱화를 감상할 때는, 그 장엄
미를 참선하는 마음으로 감상하는 게 더
나을 것 같다.

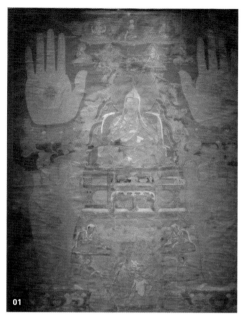

01 **제3대 달라이라마, 쇠남감초** 화정박물관 사진제공.
02 **백색타라(티베트)** 화정박물관 사진제공.

티베트 사자의 서

　박물관 1층의 맨 안쪽 전시장에는 여덟 장의 그림이 하나의 진열장에 전시되어 있는데, 그 전시품이 어떤 의미가 있는지 처음에는 전혀 몰랐다. 하지만 사람도 지위에 따라 자리가 달라지듯 전시품도 마찬가지다. 박물관 중앙 홀에 자리 잡고 있으니 이 전시품의 지위는 이곳 박물관에서 단연 최고이리라. 생각이 여기까지 미치니 그 정체를 더욱 알고 싶었다. 확인해 보니 이 그림들은 〈티베트 사자의 서〉의 저자로 알려진 "연꽃 위에서 태어난 사람" 파드마삼바바의 일생을 여덟 장의 그림으로 묘사한 것이었다.

　그런데 이 그림들이 함께 전시되는 경우는 거의 없다고 하니 필자는 엄청난 행운을 잡은 셈이다. 그림에는 니마위셀, 로덴촉쎄, 쌩게다독, 빼마중내, 돌제도뢰 등 발음하기 어려운 제목들이 붙어 있는데, 파드마삼바바가 수행자로 살아갈 때의 모습, 왕자로 지낼 때의 모습, 연꽃 위

〈티베트 사자의 서〉를 지은 파드마삼바바가 있는 방 그의 일생을 여덟 장의 그림으로 담았다. 화정박물관 사진제공.

의 부처, 소승불교와 대승불교의 가르침을 실천해 지혜가 충만한 모습 로덴촉쎄 등의 다양한 모습을 묘사하고 있다. 이 가운데 뺴마중내는 밀교의 신비주의를 표현한 그림이다. 파드마삼바바가 사호를의 왕녀와 밀교수행을 하는 것을 왕이 알고 화형에 처하려 하는데, 갑자기 화형장이 연못으로 바뀌면서 연꽃 위에 부처가 나타나는 장면을 묘사한 것이다. 결국 파드마삼바바의 원형을 보여 주는 그림인 셈이다.

파드마삼바바는 티베트 불교의 창시자이다. 그가 티베트에 와서 불교를 전파하자 그때만 해도 토속종교를 믿고 있던 원주민들은 거세게 반발했다고 한다. 그러자 그는 금을 모래로 만들고 강을 거꾸로 흐르게 하는 등 신통력을 발휘했고 이를 본 왕과 신하들은 불교에 귀의했다고 한다. 그의 신비주의적인 티베트 불교는 몽골뿐 아니라 중국과 우리나라에도 영향을 미쳤는데, 우리나라의 사찰 구조나 의식도 그 영향을 받았다고 한다.

〈티베트 사자의 서〉는 영국 옥스퍼드대학의 에반스 웬츠 교수가 다르질링의 한 불교사원인 부띠야 버스타 곰파의 그림을 보고 그 뜻을 번역해 세상에 알린 것이다. "죽은 자를 위한 글"이라는 제목인데 원제는 "바르도 퇴톨"이라고 한다. 바르도 퇴톨은 황혼녘을 의미하는 티베트 말로 결국 이승과 저승의 사이를 의미한다. 이것은 흔히 밀교라고 부르는 티베트 탄트라불교를 창시한 파드마삼바바가 저술한 필사본을 웬츠 교수가 라마승으로부터 전해 받아서 번역하고 편집한 것이라고 한다.

이 박물관에는 파드마삼바바를 그린 불화들이 있다. 그는 1,200년 전에 티베트 왕 티숭데친의 초청을 받아 인도에서 히말라야로 오는데, 가져온 경전을 티베트어로 번역해 티베트의 여러 동굴에 감추어 두었다고 한다. 그리고 제자들이 그의 사후에 사람으로 환생하여 그 경전을 하나씩 찾아내기 시작했는데 지금까지 65권을 찾아냈다. 이 경전들 가운데 〈티베트 사자의 서〉는 릭진 카르마 링파가 북부의 세르단강 기슭에 있는 감포다르산의 동굴에서 찾아낸 것이다.

그 앞에 있는 파드마삼바바의 금동불상은 등신대 크기이다. 왼손에는 영원불멸의 지혜가 담긴 작은 항아리 같은 것을 들고 석가모니만 취할 수 있는 항마인 자세를 하고 있는데, 오른손은 전법륜인을 하고 있다. 머리 위 정수리에는 번뇌를 깨뜨리는 밀교법구인 금강저 金剛杵 를 솟아오르게 했고 모자를 쓰고 있는 모습이다. 이 불상과 불상 뒤에 펼쳐진 여덟 장의 그림은 티베트 불교의 정수를 그대로 보여 주는 듯했다.

박물관으로 떠나는 행복한 여행

필자가 찾아갔을 때 이 박물관은 두 가지 여행을 함께 이끌어가고 있었다. 티베트 문화 속으로 나아가는 여행이요, 불교의 오묘한 세계로 들어가는 여행이다. 진리를 찾아가는 여정이 너무도 즐겁고 행복했지만, 한편으로는 무척이나 안타까웠다. 우리나라 불교의 가르침조차 치열하게 파고들지 못한 필자였기에, 티베트 불교의 용어가 무척 어렵게 느껴졌기 때문이다. 만년설로 뒤덮인 히말라야 산맥에서 안개 속을 거니는 느낌이랄까? 이 안개는 아마도 필자의 부족함과 마음의 때가 번져 나온 것이리라.

이곳에 전시된 탕가를 하나씩 만나는 동안 티베트 불교가 조금은 익숙하게 다가온다. 하지만 오랜 시간을 거쳐 수많은 사람들과 교감해온 티베트 불교의 신비를 한 번에 다 이해하기에는 너무도 부족함을 느낀다. 바로 옆 전시실에도 불화가 자리해 있었는데, 불교의 교리대로라면 이 불화를 본 인연으로 내세에는 부처가 되는 길을 가면 좋겠다는 생각이 들었다. 그래도 오늘은 티베트 불교의 내력을 이해하게 된 것만으로도 족하다. 그리고 우리나라 사찰에서도 낯설지 않게 만날 수 있는 것들이 있어서 우리 불교의 맥도 조금 더 이해하는 기회가 되었다.

필자가 들른 날에는 "루스트"라는 특별전이 열리고 있었는데 이른바 춘화 春畵 들을 전시한 것이었다. 동아시아 각국의 춘화들인데 청소년 입장불가이다. 일본의 춘화들이 많이 전시되어 있었는데 어떤 것은 정말 해학적이었다. 세속과의 결별을 추구하는 불화와 가장 세속적인 춘화. 두 장르는 언뜻 상반되어 보이지만, 인간의 양 극단을 보여 주기에 잡념을 잊고 몰입했던 것 같다. 김동리의 단편소설 〈등신불〉이 떠오르기도 했고 김기덕 감독의 영화 〈봄, 여름, 가을, 겨울, 그리고 봄〉이 스쳐 지나가기도 했다.

박물관의 계단에는 그동안 이곳에서 열린 특별전의 포스터들이 붙어 있다. 유럽의 약 항아리나 동양도자 등의 분야에서 손에 꼽을 만한 수집품을 바탕으로 이루어져, 모두 매우 높은 평가를 받았다. 이제까지 화정박물관이 개최한 특별전을 찾아 공부하기만 했어도 세계문화의 정수들을 제대로 섭렵할 수 있었는데, 그러지 못해서 무척 아쉽다.

이번에 열심히 들여다보기는 했지만, 티베트 불교를 속속들이 이해하진 못했다. 하지만 화정박물관 전시의 핵심인 티베트 탕가와 옷깃을 스친 듯해서 온몸에 전율이 일었다. 이로써 해탈의 계기를 마련한 것이라면 만족하고 또 만족할 일이다. 오늘 티베트 정신문화의 깊이에 매료된 김에, 기회가 되면 현장스님이 있는 전라도 승주의 대원사 티베트

박물관에 가서 불법을 배워야겠다. 그러고 나서 꾸준히 들르면 탕가의 핵심에 좀 더 접근할 수 있지 않을까? 이렇게 수행하듯 방문하지 않으면 그 진수에 접근할 수 없는 박물관임에 분명하다.

박물관 정문으로 나오니 잔디가 깔린 정원의 구석에는 돌무지와 돌비석이 서 있다. 너무도 정교한 탱화를 보다가 자연으로 나오니 마치 꿈이라도 꾼 듯하다. 이광수가 그려낸 삼국시대 승려 조신은 꿈에서 사바세계를 경험했다면, 필자는 세상의 지붕인 티베트의 정신세계에 푹 빠져 한 가닥 해탈의 순간을 맛보았다가 이제 사바세계로 나서는 느낌이 들었다고 할까?

박물관 모서리를 돌아 나오는데 일요일 저녁 무렵이어서 아무도 보이지 않았다. 닫힌 카페의 이마에는 'Slow Garden 슬로우 가든'이라는 간판이 선명하다. 그 이름 때문일까? 왠지 노곤해져 잔디밭에 앉은 의자로 다가가 커피라도 한 잔 하고 싶었다. 하지만 아름다운 꿈에서 막 깨어난 안타까움 때문인지 몸이 움직여지질 않는다. 왠지 이방인이 된 것 같은 기분으로 또다시 자하문 고개를 넘어간다. 하나 둘 네온이 서울의 어둠에 구멍을 뚫는 시간. 그 속으로 한 걸음 내디디는데, 자하문에서 내려다보이는 서울 풍경이 아득하다. 문득 고등학교 때 대구 보현사에서 만난 임풍 스님의 일갈이 머리를 친다.

"이 촛불이 밝아? 아니면 자네 마음이 더 밝아?"

이 책이 만난 박물관